Das Minas à Corte, de caixeiro a contratador:
Jorge Pinto de Azeredo

CONSELHO EDITORIAL
Ana Paula Torres Megiani
Eunice Ostrensky
Haroldo Ceravolo Sereza
Joana Monteleone
Maria Luiza Ferreira de Oliveira
Ruy Braga

Alexandra Maria Pereira

Das Minas à Corte, de caixeiro a contratador: Jorge Pinto de Azeredo

Atividade mercantil e negócios na primeira metade do século XVIII

Copyright © 2017 Alexandra Maria Pereira

Grafia atualizada segundo o Acordo Ortográfico da Língua Portuguesa de 1990, que entrou em vigor no Brasil em 2009.

Edição: Haroldo Ceravolo Sereza
Editora assistente: Danielly de Jesus Teles
Projeto gráfico, diagramação e capa: Danielly de Jesus Teles
Assistente acadêmica: Bruna Marques
Revisão: Alexandra Colontini
Imagem da capa: *Recife, capital de Pernambuco, meados da década de 1820.* Pintura de 1830, de autoria de Johann Moritz Rugendas.

Este livro contou com o apoio da ABPHE.

CIP-BRASIL. CATALOGAÇÃO NA PUBLICAÇÃO
SINDICATO NACIONAL DOS EDITORES DE LIVROS, RJ
P492m

Pereira, Alexandra Maria
Das Minas à Corte, de caixeiro a contratador: Jorge Pinto de Azevedo
: atividade mercantil e negócios na primeira metade do século XVIII /
Alexandra Maria Pereira. - 1. ed. - São Paulo : Alameda, 2017.
    23 cm.

    Inclui bibliografia
    ISBN 978-85-7939-489-8
   1. Brasil - História - Séc. XVIII. 2. Portugal - Colônias - América -
Administração. 3. Brasil - Política e governo. I. Título.
17-43179   CDD: 981.03
                 CDU: 94(81)

ALAMEDA CASA EDITORIAL
RUA 13 DE MAIO, 353 – BELA VISTA
CEP 01327-000 – SÃO PAULO, SP
TEL. (11) 3012-2403
WWW.ALAMEDAEDITORIAL.COM.BR

Dedico esse trabalho à minha mãe, Dona Dorocila.

O que vocês diriam dessa coisa
Que não dá mais pé?
O que vocês fariam pra sair desta maré?
O que era sonho vira terra
Quem vai ser o primeiro a me responder?

Sair desta cidade ter a vida onde ela é
Subir novas montanhas diamantes procurar
No fim da estrada e da poeira
Um rio com seus frutos me alimentar

Fernando Brant e Milton Nascimento,
Saídas e Bandeiras número 1.

Sumário

15	PREFÁCIO
19	APRESENTAÇÃO
21	INTRODUÇÃO
35	I. A ATIVIDADE MERCANTIL DE UMA LOJA EM VILA RICA SETECENTISTA
41	As Minas em 1730
49	O patrimônio ativo da loja (1737-1738)
84	A loja em 1746
93	II. COMÉRCIO E PRÁTICAS JUDICIÁRIAS NA COMARCA DE VILA RICA SETECENTISTA
96	Notas sobre a justiça local, as práticas judiciárias e a monetização na comarca de Vila Rica
109	Pelas ações sumárias: um estudo sobre as práticas judiciárias e as cobranças de dívidas

	do comércio local na comarca de Vila Rica
121	"Jurar em sua alma" e "reconhecer o seu crédito": as ações de Alma e Crédito
126	As Justificações
129	Credores e devedores: contendas em Execuções
138	Uma última contenda
161	III. UMA REDE MERCANTIL TRANSATLÂNTICA NA PRIMEIRA METADE DO SETECENTOS
170	Pelos caminhos do ouro: a teia mercantil nas Minas
197	Pelos caminhos do ouro: a teia mercantil na Corte imperial
235	IV. ASCENSÃO ECONÔMICA E PROJEÇÃO SOCIAL: A TRAJETÓRIA DO HOMEM DE NEGÓCIOS JORGE PINTO DE AZEREDO
236	De nobres lavradores às margens do rio Douro a homens de negócios no ultramar: notas sobre uma família de Santa Marinha do Zêzere
269	A composição da riqueza e nobilitação de Jorge Pinto de Azeredo
311	CONSIDERAÇÕES FINAIS
317	APÊNDICE: FONTES E METODOLOGIA
331	FONTES E REFERÊNCIAS BIBLIOGRÁFICAS
347	AGRADECIMENTOS

Índice de figuras, tabelas, quadros, gráfico e mapa

Figuras

309   Figura 4.1. Árvore de geração paterna de Jorge Pinto de Azeredo

318   Figura A.1. Lançamento de conta corrente

323   Figura A.2. Capa do inventário post mortem de Jorge Pinto de Azeredo

325   Figura A.3. Primeira folha do testamento de Jorge Pinto de Azeredo

328   Figura A.4. Contrato das Entradas da capitania de Minas Gerais – 1745

Tabelas

49   Tabela 1.1. Balanço patrimonial ativo da loja (1737)

50   Tabela 1.2. Balanço patrimonial ativo da loja (1737-1738)

57   Tabela 1.3. Composição das vendas a prazo por classe de produtos (1737-1738)

62	Tabela 1.4. Composição das vendas a prazo por varejo e atacado (1737-1738)
63	Tabela 1.5. Distribuição das vendas por atacado de acordo com a clientela (1737-1738)
74	Tabela 1.6. Distribuição do empréstimo de ouro de acordo com a clientela (1737-1738)
85	Tabela 1.7. Patrimônio ativo da loja (1746)
89	Tabela 1.8. Estoque e bens da loja (1746)
95	Tabela 2.1. Distribuição das ações judiciais por classe de processo envolvendo a clientela da loja – Termos de Mariana e Vila Rica (1724-1778)
110	Tabela 2.2. Distribuição de ações judiciais por origem de dívida. Termos de Mariana e Vila Rica (1723-1780)
112	Tabela 2.3. Presença do réu em juízo nas ações de Alma e Crédito – Termos de Mariana e Vila Rica (1723-1767)
118	Tabela 2.4. Distribuição das letras de crédito por classe de processos judiciais – Termos de Mariana e Vila Rica (1724-1777)
119	Tabela 2.5. Distribuição das letras de crédito por origem de dívida. Termos de Mariana e Vila Rica (1724-1777)
121	Tabela 2.6. Distribuição das letras de crédito por década – Termos de Mariana e Vila Rica (1724-1777)
270	Tabela 4.1. Composição do patrimônio de Jorge Pinto de Azeredo

Quadros

170	Quadro 3.1. A elite local da rede mercantil de Jorge Pinto de Azeredo – Comarca de Vila Rica
198	Quadro 3.2. Os homens de negócios da rede mercantil de Jorge Pinto de Azeredo – Lisboa e Porto
284	Quadro 4.1. Relação de documentos nos cartórios de Lisboa em nome de Jorge Pinto de Azeredo (1739-1747)
287	Quadro 4.2. Repartição do contrato das Entradas da capitania de Minas Gerais (1745-1747)

289	Quadro 4.3. Cotas consignadas por Estêvão Martins Torres a Jorge Pinto de Azeredo
291	Quadro 4.4. Cessão de Contratos Régios a favor de Estêvão Martins Torres nos cartórios de Lisboa (1739-1749)
297	Quadro 4.5. Cotas repassadas por Jorge Pinto de Azeredo ao sargento-mor João Fernandes de Oliveira
319	Quadro A.1. Conta corrente – Transcrição
320	Quadro A.2. Conta corrente – Planilha do Microsoft Excel

Gráfico

54	Gráfico 1.1. Distribuição mensal das vendas à vista (1737-1738)

Mapa

39	Mapa 1.1. Circuito de abastecimento da loja de Vila Rica (1737-1738)

Abreviaturas

AESP – Arquivo do Estado de São Paulo

AHMI/CPOP – Arquivo Histórico do Museu da Inconfidência – Casa do Pilar de Ouro Preto

APM – Arquivo Público Mineiro

CSM – Casa Setecentista de Mariana

IANTT – Instituto dos Arquivos Nacionais/Torre do Tombo

Prefácio

Negócios coloniais, negócios imperiais

O leitor tem em mãos uma tese premiada. Defendida no Programa de Pós-Graduação em História Econômica da Faculdade de Filosofia, Letras e Ciências Humanas da Universidade de São Paulo (PPGHE-FFLCH/USP), aos 11 de março de 2014, esta Tese de Doutorado concorreu com sucesso ao Prêmio ABPHE de Tese e Dissertação (2014-2016). A premiação foi recebida pela Dra. Alexandra Maria Pereira na cerimônia de encerramento do Quinto Congresso Latino-Americano de História Econômica (*CLADHE* V), realizada na Faculdade de Economia, Administração e Contabilidade da Universidade de São Paulo (FEA/USP). E o prêmio concedido pela Associação Brasileira de Pesquisadores em História Econômica foi exatamente o apoio para a publicação do trabalho na forma deste livro, que tenho a grande satisfação de prefaciar!

Mas esses eventos todos — defesa da tese, premiação, publicação — referem-se a um ponto de culminância na trajetória da Dra. Alexandra. Convém informar um pouco mais o leitor acerca do caminho trilhado até aqui. Para tanto, há que retroagir a elementos de sua formação de nível superior, realizada em Minas Gerais, Estado onde nasceu, e iniciada vários anos antes de ela haver entrado em contato comigo. A autora deste livro cursou sua graduação em História no Instituto de

Ciências Humanas e Sociais da Universidade Federal de Ouro Preto (UFOP); lá obteve sua licenciatura em 2004 e seu bacharelado em 2005.

Entre 2005 e 2009, Alexandra foi Chefe do Arquivo Municipal de Ponte Nova, simultaneamente à sua inserção no curso de Pós-Graduação em História oferecido pela Universidade Federal de Juiz de Fora (UFJF). Em 2008, ela defendeu sua Dissertação de Mestrado, intitulada *Um mercador de Vila Rica: atividade mercantil na sociedade do ouro (1737-1738)*. A elaboração desse trabalho ocorreu sob a orientação do Prof. Dr. Ângelo Alves Carrara.

Foi também em 2008 que Alexandra, então já Mestre em História, procurou-me com o intuito de inscrever-se no processo de seleção do programa de Pós-Graduação em História Econômica da USP. Seu objetivo era desenvolver uma tese de Doutorado sob minha orientação. O leitor decerto terá percebido que tive a sorte de receber como discípula uma pesquisadora plenamente formada. De fato, entendo ser esta a principal função de um mestrado e, no caso da Alexandra, o cumprimento dessa função vinculou-se à orientação segura do Prof. Carrara e foi, outrossim, facilitado pelas atividades exercidas por ela no Arquivo de Ponte Nova. Pude identificar, de imediato, como uma grande qualidade da candidata, sua experiência prévia no levantamento e na utilização profícua de fontes primárias. E, como o leitor seguramente notará, o embasamento em estupenda documentação manuscrita produzida no Setecentos integra o elenco de pontos fortes do estudo que a Alexandra levou a ótimo termo.

Será um desses documentos de conteúdo riquíssimo o responsável pela ponte entre as pesquisas de mestrado e de doutorado da autora. Trata-se de um livro contábil trazendo o movimento comercial de uma loja situada em Vila Rica, capitania de Minas Gerais. Nele estão registradas contas correntes cobrindo o período de fevereiro de 1737 a agosto de 1738. No decurso do Mestrado, a identidade do dono do estabelecimento manteve-se desconhecida, embora a mestranda acalentasse suas suspeitas. Ademais, a exploração desse documento foi então apenas parcial, privilegiando-se tão-somente as vendas a prazo. Partindo desse recorte, os esforços concentraram-se no levantamento das características das mercadorias comercializadas a crédito na loja daquele comerciante ainda anônimo, seus preços, bem como no delineamento do perfil dos consumidores assim supridos pela dita loja. Vale dizer, Alexandra dedicou sua dissertação à apreensão dos traços definidores da rede mercantil abastecida pela casa comercial geradora do livro contábil compulsado.

Das Minas à Corte, de caixeiro a contratador

A pesquisadora avançou muito mais em seu Doutorado, o que, de resto, de modo algum surpreendeu aqueles cientes de seu percurso acadêmico. Não apenas o livro contábil da loja de Vila Rica teve sua exploração continuada, mas a identidade de seu proprietário foi afinal desvendada: tratava-se de Jorge Pinto de Azeredo, negociante com atuação destacada na arrematação de contratos régios do Império português, a exemplo dos contratos da Extração de Diamantes de inícios da década de 1740. O acompanhamento da trajetória de Azeredo tornou-se o tema por excelência da tese, aprofundando-se o conhecimento das relações cultivadas por aquele comerciante, não apenas na colônia brasileira, mas igualmente na metrópole lusa.

Não tirarei neste prefácio o prazer do leitor ao ser conduzido por Alexandra na caracterização da trajetória de Jorge Pinto de Azeredo. O único *spoiler* —como se diz com frequência hoje em dia— que fornecerei é a seguinte revelação: em certa medida, o pináculo na vida de Azeredo foi atingido quando da obtenção do título de cavaleiro da Ordem de Cristo. Revelação que, assim espero, espicace a curiosidade do leitor. Com a mesma intenção, friso que, ao longo do caminho competentemente reconstruído pela autora ao compulsar múltiplas fontes documentais, a história narrada neste volume vai-se adensando com fragmentos da vida de familiares do negociante, bem como de parceiros de seus negócios.

Negócios coloniais, negócios imperiais, cujos meandros este estudo auxilia a descortinar, elementos da essência do funcionamento do Império colonial de Portugal no Setecentos. Ótima leitura!

José Flávio Motta
Novembro de 2016

Apresentação

A Associação Brasileira de Pesquisadores em História Econômica – ABPHE tem o prazer de apresentar com esta publicação a tese vencedora do Prêmio ABPHE de Tese e Dissertação, "Das Minas à Corte, de caixeiro a contratador: Jorge Pinto de Azeredo. Atividade mercantil e negócios na primeira metade do século XVIII", de Alexandra Maria Pereira. A Tese de Doutorado, defendida no Programa de Pós-Graduação em História Econômica da Faculdade de Filosofia, Letras e Ciências Humanas da Universidade de São Paulo e orientada pelo Prof. Dr. José Flávio Motta, foi a premiada na primeira edição do Prêmio ABPHE de Tese e Dissertação, destinado às melhores teses ou dissertações defendidas na área de História Econômica em instituições brasileiras entre 2014 e 2016.

A ABPHE, fundada em 10 de setembro de 1993, é uma sociedade civil que congrega economistas, historiadores, cientistas sociais e outros estudiosos da história econômica e disciplinas afins (história de empresas, história do pensamento, etc.). É a principal organização científica brasileira em sua área de atuação, promovendo estudos de história econômica por meio de revista especializada (*História Econômica & História de Empresas*) e realização de encontros regulares, nos quais a comunidade acadêmica debate artigos e paradigmas de interpretação, tem contato com pesquisas em andamento e dialoga com pesquisadores de outros países.

O objetivo da Diretoria da ABPHE (2015-2017) ao instituir o prêmio foi de estimular a pesquisa e reconhecer o mérito dos melhores trabalhos de história econômica defendidos em programas de Pós-Graduação do Brasil entre 2014 e 2016. Esta edição do Prêmio contou com o inestimável trabalho da comissão avaliadora composta pelos professores e sócios da ABPHE: Profa. Dra. Maria Heloisa Lenz (Universidade Federal do Rio Grande do Sul), Prof. Dr. Renato Leite Marcondes (Universidade de São Paulo, FEA-RP) e Prof. Dr. Paulo Roberto Cimó Queiroz (Universidade Federal da Grande Dourados).

A cerimônia de entrega do prêmio foi realizada durante a realização do V Congresso Latinoamericano de História Econômica – CLADHE V, evento do qual a ABPHE foi a entidade anfitriã, realizado na Faculdade de Economia, Administração e Contabilidade da Universidade de São Paulo – FEA/USP, entre os dias 19 e 21 de julho de 2016.

Esperamos, com a premiação desta Tese agora publicada em livro pela Editora Alameda, trazer ao público uma importante contribuição fortalecendo o desenvolvimento da pesquisa em História Econômica em território nacional.

Diretoria da Associação Brasileira de Pesquisadores
em História Econômica (2015-2017)

Introdução

Este estudo tem como objeto de pesquisa uma rede mercantil do Império português nos meados do Setecentos que emergiu tendo em vista as motivações do comércio com o Brasil, numa época fortemente marcada pela exploração do ouro e diamantes na capitania de Minas. Inicialmente estabelecida no espaço minerador, através do comércio de abastecimento da região, a dita rede é analisada sob o viés da trajetória encetada pelo português Jorge Pinto de Azeredo que tornou-se um proeminente homem de negócios das tramas mercantis que controlaram o comércio ultramarino e a arrematação de monopólios e cobranças de tributos régios do aludido Império, a partir da década de 1730.[1]

---

1   Antes do mais, merece breve comentário a grafia do sobrenome de Jorge Pinto de Azeredo. Homem de negócios conhecido pela historiografia, principalmente por sua atuação na Corte no primeiro e segundo contrato da Extração de Diamantes, amiúde referido como Jorge Pinto de Azevedo. A consulta em toda a documentação de natureza primária, como ação cível de execução, inventário *post mortem*, testamento, borrador da loja e, sobretudo, em assinatura de próprio punho no seu testamento, entre outros, produziu um mesmo resultado: a forma como seu nome estava escrito era Jorge Pinto de Azeredo. Por meio de consulta a sua árvore genealógica, anexa ao processo de habilitação para familiar do Santo Ofício, não foi possível relacionar a escolha do sobrenome Azeredo ligado aos seus ascendentes, pois não encontramos parente que fizesse uso do sobrenome Azeredo e tampouco Azevedo. Talvez seja possível remeter o sobrenome à sua naturalidade, a freguesia de Santa Marinha do Zêzere.

Alexandra Maria Pereira

Com a análise da trajetória de Jorge Pinto[2] e de sua inclusão na elite mercantil portuguesa, procuramos destacar elementos elucidativos de uma dinâmica mormente trilhada por uma burguesia conformada à custa do comércio de *grosso trato* e dos lucros auferidos com os monopólios régios que, especialmente, a política pombalina procurou associar ao Estado português bem como nobilitar (cf. ELLIS, 1982, p. 100).

Natural de Passos, freguesia de Santa Marinha do Zêzere, concelho de Baião e bispado do Porto, Jorge Pinto de Azeredo era o segundo entre os seis filhos do casal Manoel Cardoso Pinto e Josefa Pinta.[3] Em meados da década de 1720, provavelmente, Jorge e seu irmão, Manoel, chegaram às minas do ouro acolhidos por João da Costa Resende, um primo de seu pai e dono de uma loja no arraial da Itaubira (Itabirito), freguesia da comarca de Vila Rica. Durante os primeiros anos de estada na região, os irmãos minhotos se inseriram na atividade mercantil como caixeiros da loja daquele parente.[4] Depois de algum tempo trabalhando

---

2 Fernando Gaudereto Lamas, em sua dissertação de mestrado, apresentou um estudo de caso focado na participação de Jorge Pinto de Azeredo e Francisco Ferreira da Silva em alguns dos contratos régios a que ambos estiveram relacionados como, por exemplo, o primeiro contrato da Extração de Diamantes. Para tanto, sua pesquisa partiu essencialmente da análise dos documentos avulsos do Arquivo Histórico Ultramarino para as capitanias de Minas e Rio de Janeiro (cf. LAMAS, 2005).

3 Manoel Cardoso Pinto e Josefa Pinta casaram em Santa Marinha do Zêzere no mês de julho de 1705 e desse matrimônio nasceram seis filhos. O mais velho chamava-se Cosme Cardoso, nascido em agosto de 1706. Em seguida, nasceram Jorge Pinto de Azeredo (outubro de 1708), Manoel Cardoso Pinto (dezembro de 1711), Antônio Pinto de Távora (julho de 1713) e Josefa Thomázia (novembro de 1715). No testamento, Jorge Pinto faz menção à outra irmã, chamada Ana, mas não foi encontrado o seu registro de batismo. A consulta aos livros paroquiais de Santa Marinha do Zêzere foi gentilmente realizada por Gustavo Almeida. Referência: Registros Paroquiais do Porto/Paróquia de Santa Marinha do Zêzere – Casamento – Livro 03 – 1692/1710 – Fls.16 e 16 verso; Batismo – Livro 3 – 1693-1711 – Fl. 92 verso – Ano 1706; Batismo – Livro 03 – 1693/1711 – Fl. 103 verso – Ano 1708; Batismo – Livro 03 – 1693/1711 – Fl. 111 – Ano 1711; Batismo – Livro 04 – 1711/1738 – Fl. 10 – Ano 1713; Batismo – Livro 04 – 1711/1738 – Fl. 21 verso – Ano 1715; IANTT – Habilitações Incompletas do Santo Ofício – Maço 70 – Doc 2993 – Jorge Pinto de Azeredo.

4 De acordo com as informações apuradas em uma ação cível de Execução no ano de 1736, que moveu Jorge Pinto de Azeredo contra Ana Gonçalves da Silva, informou a ré pela pena de seu advogado: "(...) que o executante Jorge Pinto de Azeredo no tempo em que a contraiu a dívida alguns anos antes disso e seu irmão Manoel Cardoso Pinto eram primos caixeiros e sócios do dito João da Costa Resende e por tais conhecidos tidos e havidos tanto na freguesia da Itaubira (...) como no Serro do Frio e nesta vila [Vila Rica] aonde e em todos os lugares referidos fazia as cobranças a todos os mais negócios do dito seu primo sócio ou amo João da Costa Resende". AHMI/CPOP – Execução (1736) – Códice 378 – Auto 7698 – 1º ofício – Fls. 34 e 34 verso. Para a citação de fontes primárias, apoiamo-nos nas determinações explicitadas no *Manual de normas técnicas para a transcrição e edição de documentos manuscritos* elaborado pelo Arquivo

Das Minas à Corte, de caixeiro a contratador

para João da Costa Resende, estabeleceram uma sociedade mercantil[5] com loja aberta em Vila Rica (1734).

A ascensão econômica proporcionada pelo comércio e a rede mercantil entretecida no âmbito da mesma atividade foi o ponto de partida para Jorge Pinto de Azeredo ingressar no seleto negócio dos monopólios régios.[6] Houve, então, a consolidação de uma próspera carreira como homem de negócios, determinante para seu regresso à metrópole e acomodação em Lisboa, em 1739. Ademais, na Corte do Império português suas atividades mercantis foram alargadas ao comércio *por grosso*, particularmente o estabelecido entre a metrópole e a América portuguesa.

Especial referência para o estudo da trajetória de Jorge Pinto de Azeredo é a sua brilhante atuação no comércio estimulado pela mineração, na capitania de

---

Nacional. De igual modo, em nosso estudo optamos pela atualização da ortografia, inclusive de nomes próprios e de lugares, e eliminamos os arcaísmos gráficos. Já as abreviaturas foram desdobradas, mas o vocabulário da época foi mantido assim como a pontuação e demais elementos da redação original.

5 Tanto Luiz Antônio Araújo Silva como Fábio Pesavento, em suas respectivas teses de doutoramento, apresentaram uma sistematização sobre o conceito e tipologias das sociedades mercantis comumente afiguradas no século XVIII. Em síntese, as sociedades poderiam estar vinculadas a uma casa de negócios, onde houvesse dois ou mais interessados, também poderiam referir-se a uma escritura ou contrato entre sócios. Quanto à disposição das cláusulas que versavam sobre a estrutura das aludidas sociedades, estas deveriam compreender: declaração da entrada (capital) de cada sócio; tempo de duração; nomenclatura; autorizações sobre a sociedade; condições em caso de morte ou dissolução; repartição dos lucros e perdas; e, por fim, restrições a que os sócios estavam submetidos. As sociedades poderiam ser classificadas como sociedade geral e ordinária; comenda ou *comandite*; e anônima (cf. SILVA, 2002, p. 86-88; PESAVENTO, 2009, p. 122).

6 Jorge Pinto de Azeredo arrematou o contrato dos Dízimos Reais da capitania de Minas (1738-1741), o contrato das Entradas da mesma capitania (1745-1747), foi caixa na Corte do 1º e 2º contrato da Extração dos Diamantes (1740-1743 e 1744-1747), possuía cotas em diversos contratos régios, a saber: contrato da Dízima da Alfândega do Rio de Janeiro; contrato dos Dízimos de Goiás; contrato dos direitos novos e velhos que pagam por saída os escravos em Angola; contrato dos direitos que pagam os escravos que do Rio de Janeiro, Bahia e Pernambuco saem para as Minas; contrato do subsídio de vinhos e água ardente de Pernambuco; contrato do subsídio do açúcar de Pernambuco; contrato do subsídio dos vinhos e água ardente da Bahia; contrato da Dízima do Tabaco e mais gêneros que da Bahia embarcam para a Costa da Mina; contrato da Dízima da Chancelaria da Relação da Bahia; contrato da Dízima da Alfândega de Pernambuco; contrato da Dízima da Alfândega da Bahia; contrato da portagem e molhados de Pernambuco; contrato do Sal deste Reino para o Brasil; contrato da Entrada para os escravos da Bahia e Pernambuco para as Minas; contrato do Consulado da Alfândega de Lisboa; e, por fim, adquiriu seis ações na Companhia do Macau. O lapso temporal de envolvimento desse homem de negócios nos contratos régios esteve delimitado entre 1738 e o vencimento dos prazos dos últimos contratos arrematados antes do seu falecimento, ocorrido em maio de 1747. Reportar-nos-emos, no capítulo 4 adiante, ao estudo dos negócios articulados por Jorge Pinto de Azeredo. IANTT – Feitos Findos – Inventários Orfanológicos – Letra J – Maço 494 – Jorge Pinto de Azeredo.

Minas, em um momento particularmente favorável: a década de 1730.[7] Como da maior importância a este respeito, examinamos um dos livros de escrituração contábil da sua loja em Vila Rica, intitulado *borrador*[8] *de loja de comerciante anônimo,*[9] uma atividade desenvolvida em sociedade com seu irmão Manoel Cardoso Pinto, com registros entre fevereiro de 1737 e agosto de 1738. A partir das informações exploradas com o referido livro, ocupamo-nos da avaliação da rotina daquela atividade. Isto porque se destinava ao levantamento diário das movimentações da loja, com descrição das vendas a prazo e à vista das mercadorias, aos serviços prestados à sua clientela, ao empréstimo de ouro, a um balanço anual da empresa e à emissão dos bilhetes de crédito e pagamentos recebidos. No entanto essa análise surge como desdobramento de trabalho anterior, quando utilizamos parte dessas informações para o desenvolvimento de nossa dissertação de mestrado, pois desconhecíamos a identidade do proprietário do borrador (PEREIRA, 2008).[10]

Através da transcrição integral deste livro diário, fizemos o mapeamento da contabilidade da loja, dividida basicamente em três funções. A primeira função era o registro e controle das vendas de mercadorias, prestação de serviços e empréstimos de ouro em pó; uma atividade disposta na primeira parte do livro (folhas 03 a 190), onde foram arroladas as vendas a prazo, e na terceira parte (201 verso a 222), onde estavam as vendas à vista. A segunda função foi o balanço anual apresentado no mês de dezembro de 1737, no qual constava uma relação do estoque de mercadorias e bens daquela sociedade, que compõe a segunda parte do livro (folhas 190 verso a 201). Por fim, uma última função do borrador reuniu as informações sobre

---

7   O evolver econômico estimulado com a mineração, particularmente na década de 1730, será um tema abordado no capítulo 1.

8   Segundo Raphael Bluteau, "borrador, chamam os homens de negócio o livro em que assentam o que devem e o que hão de haver. Borrador de contas. É o livro em que se descreve a despesa, e receita de cada dia, ou outros gastos, e contas confusamente, que depois com melhor ordem se trasladam para outro livro, e se põem em limpo" (BLUTEAU, 2000, p. 163, CD-ROM). Mauro, ao estudar o Engenho Sergipe, referiu-se à utilização de borradores, que na verdade eram 'Livros-diários', um por ano, com um balanço a cada fim de exercício e um registro das letras de câmbio emitidas (MAURO, 1973, p. 159).

9   APM – Coleção Casa dos Contos – CC 2018.

10 Em nossa dissertação de mestrado (PEREIRA, 2008), optamos por desenvolver um estudo centrado apenas nas informações relacionadas às vendas a prazo que, por sua vez, compõem a primeira parte do borrador. Ou seja, naquele momento tivemos que limitar nossa análise ao estudo das mercadorias (valores e quantidades) e à clientela avistada nas vendas a prazo, porque as possibilidades tornadas disponíveis com o livro de contas correntes eram consideráveis. E uma análise de todo o conjunto de informações era, de fato, inviável nas condições de desenvolvimento de uma dissertação de mestrado.

Das Minas à Corte, de caixeiro a contratador

o sistema de cobranças, com registros atinentes à emissão das letras de créditos e livranças ou ordens de pagamento (folha 222 verso a 232) que a empresa fazia a seus clientes. Em seguida à transcrição do borrador, iniciamos o tratamento da informação e a transferência dos registros para uma base eletrônica.[11]

Considerando esse primeiro conjunto de informações e a transferência dos registros do borrador para uma base eletrônica, o nosso banco de dados passou a ser alimentado com outras fontes documentais envolvendo a clientela da loja, uma outra atividade desenvolvida depois da aprovação no concurso de doutorado. Da mesma forma, o nome do proprietário da loja, a quem o borrador pertencia, só veio a ser identificado com o levantamento das fontes para a feitura da tese, em especial, através das informações de uma ação cível de Execução movida por Jorge Pinto de Azeredo contra Ana Gonçalves da Silva, em 1736.[12] Ademais, com a identificação do proprietário, além de um levantamento voltado à clientela da loja que está relacionada no borrador, direcionamos nossas pesquisas para fontes primárias que fornecessem dados atinentes à trajetória de Jorge Pinto de Azeredo e da sua rede de relações familiares ou mercantis.

Para a composição do universo de pessoas relacionadas a Jorge Pinto de Azeredo, valemo-nos tanto dos registros da escrituração contábil da loja quanto de testamentos, inventários *post mortem*, autos cíveis e registros notariais que, afinal, tornaram-se fontes inestimáveis para a consecução dessa etapa da pesquisa. Sobretudo, porque através delas conhecemos boa parte dos sócios, compadres, parentes, credores e devedores atrelados à sua trajetória familiar e aos seus negócios mercantis. Acresceram, ainda, a esse aparato documental, os processos de habilitação da Ordem de Cristo e Santo Ofício que, através dos processos elaborados com a inquirição de testemunhas, forneceram relatos acerca do modo de vida desses habilitandos.[13]

De tal modo concluímos a etapa de alimentação do banco de dados sobre o nosso objeto de pesquisa. Não obstante as lacunas na documentação, o conjunto

---

11 Um detalhamento deste processo de adaptação do conteúdo do borrador a uma base eletrônica (Microsoft Excel) está explicitado adiante no apêndice Fontes e Metodologia.

12 AHMI/CPOP – Execução (1736) – Códice 378 – Auto 7698 – 1º ofício.

13 A análise aqui empreendida apoiou-se nas considerações apresentadas por Carlo Ginzburg (1991), em um texto que discutiu os recursos de uma investigação nominativa na qual afirmava que o nome se revelava como uma "bússola preciosa". Em suas palavras, "(...) Mas o centro de gravidade do tipo de investigação micro nominal que aqui propomos encontra-se noutra parte. As linhas que convergem para o nome e que dele partem, compondo uma espécie de teia de malha fina, dão ao observador a imagem gráfica do tecido social em que o indivíduo está inserido" (GINZBURG, 1991, p. 175).

esparso ou limitado de fontes primárias alusivo aos indivíduos que compunham aquela rede relacional, essas restrições não constituíram empecilho para uma microanálise focada na trajetória de Jorge Pinto de Azeredo, a qual apresentou elementos da formação de uma rede de importantes negociantes da praça mercantil de Lisboa durante a primeira metade do século XVIII.

Nas últimas décadas vimos uma produção acadêmica ocupada em apreender os processos históricos, por vezes distintos entre si, através da reconstituição de trajetórias de vidas individuais ou de um determinado grupo social. Este campo de abordagem historiográfica, em grande medida, privilegiou uma análise histórica de escala reduzida – de caráter monográfico e cruzamento de informações – desenvolvida através do levantamento de um diversificado acervo documental. Em tais pesquisas vimos, também, despontar um aporte metodológico voltado para investigações de caráter nominativo e prosopográfico.[14]

Na senda de artigos e teses que se apoiaram nessa perspectiva histórica e fizeram uso de um instrumental metodológico prosopográfico, nossa pesquisa, como outras tantas, beneficiou-se das análises e resultados já alcançados.[15] Dentre elas destacamos os estudos voltados para a comunidade mercantil do Império português no Setecentos, particularmente, as pesquisas realizadas por Andrée Mansuy Diniz Silva (SILVA, 1979), William Donovan (DONOVAN, 1990) e Jorge Miguel Pedreira (PEDREIRA, 1995).[16]

A primeira surgiu em formato de artigo, no qual a historiadora Andrée Silva apresentou um estudo de caso sobre João Paulo Bezerra Seixas, um magistrado que ocupou cargos de destaque na Corte portuguesa, entre 1790 a 1817. Dentre eles, o

---

14 O debate em torno da redução da escala de observação, bem como de uma investigação histórica voltada para o estudo de indivíduos e grupos de indivíduos circunscritos em uma determinada realidade social é um tema referendado por historiadores ligados a variadas tendências historiográficas. Dentre as análises que discorreram sobre o uso desse instrumental metodológico, destacamos o clássico artigo apresentado por Lawrence Stone sobre prosopografia (1987). Ver também os livros organizados por: (GINZBURG 1991; REVEL, 1998; e HEINZ, 2006). A respeito das pesquisas desenvolvidas mediante uma abordagem histórica voltada para o estudo de biografias coletivas ver, entre outros: (BORREGO, 2006; LEVI, 2000; DONOVAN, 1990; MONTEIRO, 2000; e PEDREIRA, 1995).

15 Vale dizer, com essa afirmação, que embora nossa pesquisa tenha estado atenta ao frutífero debate e direcionamento metodológico em torno do uso da prosopografia, ela não deve ser tomada como uma investigação notadamente prosopográfica. Ademais, haja vista uma afinidade com tal metodologia, a presente tese se aproxima, particularmente, de uma metodologia nominativa voltada para o estudo de caso.

16 Além dos trabalhos acima mencionados podemos inserir também as pesquisas de: (BORREGO, 2006; DONOVAN, 1990; FLORY, 1978; FURTADO, 1999; e SAMPAIO, 2003).

Das Minas à Corte, de caixeiro a contratador

de Ouvidor de Vila Rica, de enviado extraordinário aos Estados Unidos, à República Batava e à Rússia, além de ter sido Ministro das Finanças do Império (cf. SILVA, 1979, p. 22). No decurso dessa investigação e como chave para compreensão do sucesso do magistrado, Silva desenvolveu uma análise da família Bezerra Seixas, estendendo-se à trajetória de seus pais e avós, sobressaindo elementos categóricos dos laços e negócios de uma família que ascendeu à elite mercantil e obteve boa reputação na sociedade da Corte portuguesa em fins de Antigo Regime.[17]

A segunda é a tese de doutorado de William Donovan (DONOVAN, 1990). Um estudo de caso voltado para a trajetória do proeminente negociante português Francisco Pinheiro, através de um volumoso conjunto documental alusivo a sua casa mercantil. Pinheiro teve uma carreira fortemente marcada pelo comércio luso-brasileiro já no alvorecer do século XVIII, beneficiando-se, nomeadamente, do comércio de abastecimento da região mineradora. A partir desse personagem, o autor perscrutou a atividade mercantil conformada para atender às demandas ocasionadas pelo *rush* do ouro, dando especial ênfase ao funcionamento do comércio e ao universo de relações que poderia ser entretecido na comunidade mercantil portuguesa. Assim, ao tratar das relações entre comerciantes das praças mercantis de Lisboa e Rio de Janeiro, Donovan sugeriu uma revisão na literatura que, em grande medida, subjugava os negociantes portugueses em relação à comunidade mercantil estrangeira.[18]

---

17 De acordo com a pesquisa realizada por Silva, a trajetória percorrida pelo pai de João Paulo, ou seja, José Bezerra Seixas, foi primordial para a ascensão da família, um homem de negócios da praça mercantil de Lisboa, nos meados do século XVIII. Nascido em Lisboa, com a morte precoce de seu pai, Manoel Bezerra Seixas, José ficou aos cuidados de um tio em Viana até a época em que partiu para o Brasil, provavelmente nos primeiros anos da década de 1730. Suas atividades mercantis começaram quando estabeleceu residência, na mesma década, na cidade do Rio de Janeiro, de onde negociava com a capitania de Minas (cf. SILVA, 1979, p. 29). Destacou a autora que foi através do comércio colonial, em especial do estabelecido com a região de exploração aurífera, que José Bezerra Seixas reuniu capital necessário para seu primeiro grande negócio: a adjudicação do contrato do tabaco do Rio de Janeiro (cf. SILVA, 1979, p. 31). Ao regressar para Portugal, em 1750, José Bezerra inseriu-se no universo dos homens de negócios da praça mercantil de Lisboa e deu continuidade aos seus negócios com o Brasil, atuando no comércio e participando ativamente dos monopólios régios. Uma trajetória bem sucedida que o inseriu na elite mercantil portuguesa e proporcionou a seus descendentes, como foi o caso de seu filho João Paulo, um bom relacionamento e reputação refletidos no alcance de insígnias de nobilitação e a ocupação de cargos administrativos na Corte portuguesa.

18 Essa foi a problematização que norteou a perquirição empreendida por Donovan. Sendo, de fato, indiscutível os avanços que a sua pesquisa promoveu no âmbito do comércio ultramarino português do Setecentos, com destaque para a diversificação das atividades dos agentes envolvidos, o acesso ao crédito e à gestão dos negócios que dependiam largamente dos laços de parentesco e de confiança estabelecidos entre os agentes mercantis. Destarte: Dado a esse estado

E, por fim, a tese de doutoramento de Jorge Miguel Pedreira (PEDREIRA, 1995). Trata-se de um estudo aprofundado sobre os homens de negócios da praça mercantil de Lisboa (1755 a 1822), vinculado a um aporte metodológico prosopográfico, com um diversificado, abrangente e maciço acervo documental. Sua análise se deteve em questões como origem, padrão de recrutamento, ascensão econômica e social, padrão de riqueza, alianças matrimoniais, entre outros. Ou seja, uma pesquisa eloquente acerca da elite mercantil da capital do Império português, de Pombal ao vintismo.

No lapso temporal compreendido por nossa pesquisa, a elite mercantil portuguesa beneficiou-se do comércio colonial estimulado com o evolver econômico da atividade mineratória das minas de ouro e diamantes. Da mesma forma que os estudos citados anteriormente (DONOVAN, 1990; PEDREIRA, 1995; e SILVA 1979), também entrevimos uma rede mercantil de importantes negociantes que desfrutaram desse comércio e se inseriram no universo dos homens de negócios do Império português.

Em suma, nosso esforço centra-se na trajetória de Jorge Pinto de Azeredo, por meio de um estudo microanalítico, de cuja análise apreendemos características de sua dinâmica de inclusão na elite mercantil do Império. Para tanto, partilhamos do pressuposto que a noção de elite é "(…) uma forma de se estudar os grupos de indivíduos que ocupam posições-chave em uma sociedade e que dispõem de poderes, de influência e de privilégios inacessíveis ao conjunto de seus membros (…)" (HEINZ, 2006, p. 8). Tendo em vista essa perspectiva, ao longo desta pesquisa buscamos relacionar o percurso de Jorge Pinto de Azeredo, seus negócios e suas alianças, ao conjunto das características socioeconômicas, mais ou menos constantes, do universo econômico e social daquela comunidade mercantil.

---

de coisas, comerciantes como Francisco Pinheiro operavam como os demais comerciantes. Em geral, os comerciantes formavam conexões/redes por todas as partes do comércio atlântico no início da era moderna. A imaturidade dos mercados na América, juntamente com a natureza cíclica da economia colonial, conduziram a um comércio colonial não especializado. Portanto, em ambos os lados do Atlântico, os comerciantes e agentes estavam envolvidos em uma grande variedade de atividades econômicas para aproveitarem as diferentes oportunidades comerciais, e, mais importante, para repartirem os riscos financeiros. Quando visto em um contexto de gestão dos riscos, durante o século XVIII, a estratégia dos negócios de Pinheiro faz sentido eminente, e explica, em grande parte, porque ele simultaneamente comprava cargos tributários, administrativos e de fazenda enquanto atuava na compra e venda de produtos coloniais e de mercadorias e bens manufaturados da Europa. Nesse sentido, ele agiu com o mesmo estereótipo dos comerciantes de sua época. [Tradução nossa – AMP] (DONOVAN, 1990, p. 417 e 418).

Considerando a centralidade de nosso personagem no seio da elite mercantil portuguesa da época, elucidativas foram as discussões atinentes ao estudo de redes de comércio do século XVIII de estilo europeu, apontadas nas pesquisas de Gervais (2008) e McWatters (2010). O êxito promovido por essas análises deve-se, particularmente, à ênfase dada ao fato de que as redes mercantis e os seus processos de conformação, de modo geral, operavam com uma natureza semelhante independente das configurações específicas a que estavam integradas. Melhor dizendo, os autores observaram que a trajetória de um comerciante encontrava-se fortemente dependente das cadeias de correspondentes confiáveis, constituídas tanto de agentes limitados a uma escala local ou regional, assim como daqueles incorporados a escalas de negócios que extrapolavam os limites de um determinado território espacial.[19]

Nesse modelo explicitado pelos autores, sobressaíram características comuns na estruturação do universo mercantil de estilo europeu, afinal não era nada desprezível a relevância da informação em tempos quando as operações mercantis dependiam do crédito e as mercadorias estavam longe de alcançarem um nível desejável de padronização, além de subjugadas às normas e à fiscalização de um Estado constantemente sujeito a fraudes (cf. GERVAIS, 2008).

> Daí, o papel importante das redes. Nenhum comerciante poderia ser bom em tudo; mas um bom comerciante contava com uma rede confiável de bons pares, que realizaria o trabalho para ele. Na verdade, isso vai além da qualidade do produto, que era apenas a parte visível do *iceberg* comercial. Cada nível de qualidade implicava uma diferente estratégia de *marketing*, uma clientela diferente, e, finalmente, a partir de diferentes mercados em cada extremidade do processo. Assim, (relativamente) os comerciantes especializados negociavam toda uma série de produtos, sem uma escrita e nomenclatura institucionalizada para ajudá-los [Tradução nossa – AMP] (GERVAIS, 2008, p. 467).

---

19 O eixo analítico apresentado por Pierre Gervais teve por finalidade a desconstrução de uma noção de comunidade mercantil para o século XVIII focada apenas no mundo atlântico. Para tanto, o autor traz a lume a perspectiva do comerciante que vai além de uma percepção limitada ao domínio atlântico, estendendo-se, pois, a um universo mercantil conformado em redes/cadeias que poderiam ser incorporadas aos moldes de uma comunidade de alcance transnacional. Assim, "O resultado apurado com todas essas pressões é o fato de que a unidade adequada para a análise do universo dos comerciantes eram as cadeias discretas de relações comerciais/negócios que estruturava o mercado comercial. Este processo não tem nada a ver com o oceano Atlântico ou de qualquer relação entre o Antigo e o Novo Mundo, uma vez que pode ser observado em qualquer ambiente onde o capitalismo mercantil de estilo europeu era uma realidade significativa. Laços de solidariedade, trocas de informação, relações comerciais baseadas no crédito, foram não somente do Atlântico, mas características criadas na ordem da vida dos comerciantes em todos os lugares." [Tradução nossa – AMP] (GERVAIS, 2008, p. 468-469).

Segundo Pierre Gervais, numa espessa teia de relações como eram aquelas entretecidas pelos comerciantes do Setecentos, as mercadorias, pessoas e ideias circulavam livremente, sendo determinante para a relevância das mesmas os laços que as estruturavam. Como bem salientou McWatters, neste sentido, essa dinâmica envolveu um processo de duas vias, a de dar e a de receber, que estava baseada em um nível de troca, negociação de informações e recursos. Esses laços, por sua vez, estabelecidos pela confiança adquirida mediante o conhecimento e experiência poderiam ser divididos entre laços fortes e laços fracos. Os primeiros acorriam num contexto social mais restrito, vinculado a alianças pessoais ou familiares caracterizadas pelo respeito, conhecimento individual e familiaridade, ao longo dos anos, enquanto os últimos operavam em um contexto social mais amplo, "amigos de amigos", que, muitas vezes, favoreciam os recursos, reforçavam a reputação e geravam oportunidades de negócios (McWATTERS, 2010, p. 03).

Tratava-se, pois, de complexas cadeias de relações interpessoais que, independentemente da configuração entretecida por um determinado agente de uma determinada rede mercantil, assemelhavam-se quanto às características do seu processo de estruturação. Afinal:

> (…) Cada relação individual do comerciante, seja a nível local, regional, mundial ou transatlântico era expressivo. Uma ação básica para o comerciante era forjar um elo de uma cadeia comercial que tornaria possível a abertura, eventualmente, de um canal entre dois mercados separados, segmentados, bem como o transpor de um ou mais produtos a partir de um lado para o outro. Em outras palavras, os conjuntos de relações criadas por cada comerciante eram geograficamente diversificados, mas idênticos em sua natureza e função onde vieram a existir [Tradução nossa – AMP] (GERVAIS, 2008, p. 472).

Em termos de estrutura, num primeiro plano o foco da nossa análise voltou-se, em linhas gerais, para a atividade mercantil estimulada com o quadro econômico da mineração de Minas Gerais, na primeira metade da centúria setecentista. Desse recorte, com base na leitura de um conjunto documental consistente, caracterizamos a incipiente rede mercantil assim como a projeção de uma trajetória bem sucedida, percorrida por Jorge Pinto de Azeredo. Inferimos então que essa rede assim como o personagem relatado figuraram com destaque dentro do eixo mercantil da região mineradora. Mais ainda, através da avaliação do comércio e de como atuavam os seus agentes nas Minas, reunimos elementos contundentes para

Das Minas à Corte, de caixeiro a contratador 31

entendermos como Jorge Pinto de Azeredo e tantos outros negociantes amealharam recursos econômicos e sociais necessários para se inserirem no universo dos homens de negócios do Império português.

Em boa medida, esse propósito foi corroborado pelas vultosas operações mercantis movimentadas na sociedade comercial que Jorge Pinto de Azeredo manteve com seu irmão Manoel Cardoso Pinto, em Vila Rica, nos meados do decênio de 1730. Vimos, por exemplo, que a atividade encetada foi capaz de atender às demandas de um comércio local ávido por artigos de luxo vindos do Reino, o abastecimento *por grosso* a outros agentes mercantis da zona de mineração, além das operações lastreadas pelo crédito e os empréstimos de ouro em pó para alguns de seus clientes. Uma pujança reforçada com a análise do espólio apresentado em 1746, quando foram arrolados os bens daquela casa conforme a feitura do inventário *post mortem* de um de seus sócios à época, Manoel de Miranda Fraga.

Nesse mesmo sentido, ou seja, de um vigoroso comércio alentado pela mineração, as ações judiciais movidas por alguns dos agentes mercantis da comarca de Vila Rica, analisadas no segundo capítulo, se nos apresentaram como da maior importância, sobretudo para o entendimento das complexas relações em torno dessa atividade na região e de como os comerciantes se serviram da justiça local para a arrecadação das dívidas ativas de suas atividades.

Num segundo momento, vislumbramos a vida de alguns agentes da rede relacional de Jorge Pinto de Azeredo, bem como da sua trajetória, em especial das relações estabelecidas após seu regresso para Portugal, quando suas atividades estavam voltadas para a participação em monopólios régios e negócios a partir da praça mercantil de Lisboa. Nessa medida, conjugamos informações específicas sobre as suas experiências em uma escala geral, voltadas para o contexto mercantil do Império português. Como resultado dessa investigação, destacamos a relevância das redes tanto para a sua afirmação nesse universo dos homens de negócios do Império português como daqueles com quem manteve ligações, nos meados da centúria setecentista.

O trabalho está estruturado em quatro capítulos. Contextualizar o livro de escrituração contábil e a atividade mercantil empreendida pelos irmãos Jorge Pinto de Azeredo e Manoel Cardoso Pinto nas balizas de tempo e espaço da capitania de Minas, de modo particular no decênio de 1730, é o ponto de partida para a análise desenvolvida no primeiro capítulo. Adicionalmente a essa atribuição, cuidamos de explorar, com minúcia, as rotinas daquela atividade. À luz das informações computadas, percebemos alguns indicadores do destacado papel que essa empresa alcançou nos quadros da atividade comercial das Minas, durante a primeira metade do século XVIII. Discorremos sobre as vendas a prazo e à vista, o empréstimo do ouro e os pagamentos lançados no seu borrador diário entre fevereiro de 1737 e agosto de 1738 e, mediante tal abordagem, sobressai o elevado numerário movimentado com as operações da loja. Além do mais, como desdobramento dessa leitura, vimos a aptidão da empresa para o abastecimento de outros agentes mercantis, o fornecimento do crédito e seu amplo raio de atuação na região mineradora.

No entanto, o estudo sobre a empresa não se restringiu à análise do borrador, pois alguns elementos tratados a partir dos lançamentos desse livro foram apontados na avaliação do inventário que apresenta os bens da loja, após o falecimento de Manoel de Miranda Fraga, um dos seus sócios em 1746. Desta forma, encerramos o primeiro capítulo com um balanço sobre essa atividade mercantil, ao avaliar a sua gestão em função de dois momentos cruciais: os primeiros anos do estabelecimento da casa, pela contabilidade escriturada no borrador, e aquele que seria o seu balanço final, arrolado no inventário *post mortem* mencionado.

No segundo capítulo apresentamos o comércio sob o viés das cobranças de dívidas ajuizadas na justiça local da comarca de Vila Rica. A fim de avaliarmos essas contendas judiciais envolvendo dívidas contraídas no comércio local, examinamos os autos cíveis. Como critério de seleção desta documentação primária, reunimos aqueles processos envolvendo nas partes, seja como réu ou autor, os clientes listados no borrador da loja dos irmãos Jorge e Manoel.

Os processos foram selecionados de modo a segmentá-los em grupos de afinidade quanto à tramitação processual de cada um. Assim, as ações de Alma e Crédito foram analisadas em um mesmo item, pois eram processos com uma tramitação mais simplificada e, de modo geral, envolviam as contendas de cobranças de dívidas contraídas no comércio local, de um credor contra o seu devedor. Em seguida, foram avaliadas as ações de Justificação. Tratavam-se de processos recorrentes quando se fazia o inventário dos bens de uma pessoa falecida a fim de reaver, por parte dos seus credores, as dívidas contraídas e alusivas ao espólio inventariado, sendo esse o momento em que, por meio da justiça local, os herdeiros realizavam a partilha dos bens e liquidação das dívidas. Por fim, alocamos as ações de Execução e Libelo como último item a ser discutido nesse segundo capítulo. Essas ações, por seu turno, discorriam em forma de Libelo Cível, com apresentação de réplica e tréplica. Os relatos explicitavam com riqueza de detalhes as contendas entre credores e devedores ocorridas no comércio da comarca de Vila Rica.

Das Minas à Corte, de caixeiro a contratador

No terceiro capítulo apresentamos o que nos foi possível acompanhar dos retalhos de vida das pessoas que, em um determinado momento ou ao longo dos anos, fizeram parte da rede relacional de Jorge Pinto de Azeredo. Para dar clareza a estas conexões, relacionamos cada pessoa conforme sua interação dentro do grupo social que estava inserido, em função do perfil socioeconômico. Destarte, inicialmente analisamos os casos dos agentes mercantis da capitania de Minas; em seguida, discorremos sobre a elite local daquele universo para, por fim, apresentar o grupo dos homens de negócios que fizeram parte da rede mercantil de Jorge Pinto de Azeredo. Para tanto, concentramos nossa análise nos elementos presentes principalmente nos inventários *post mortem*, testamentos, processos para habilitação da Ordem de Cristo e do Santo Ofício, entre outros.

O objetivo do quarto e último capítulo é uma investigação centrada na trajetória de Jorge Pinto de Azeredo, na composição do seu universo relacional a partir de um aporte de fundo microanalítico. Acompanhamos desde as suas origens, com especial menção aos laços familiares, até a sua ascensão econômica e social, apresentando a composição do seu patrimônio e a sucessão dos bens e negócios após o seu falecimento, ocorrido em maio de 1747. Em primeiro lugar, uma abordagem atinente à suas origens e laços de parentesco permitiram avaliar em que medida essas relações interferiram e/ou se relacionaram com a sua trajetória de vida e na figuração como membro da elite da praça mercantil de Lisboa.

Em seguida, apresentamos um exame sobre a ascensão econômica e social de Jorge Pinto de Azeredo, inclusive com a composição do seu patrimônio, mediante os dados tornados disponíveis com o inventário dos seus bens. Na mesma medida, cuidamos de avaliar o processo de arrecadação da sua herança, que se estendeu ao longo da segunda metade do século XVIII e, a partir da aludida arrecadação, perscrutamos alguns elementos característicos dos negócios articulados pela sua casa.

Encerramos o nosso estudo com a avaliação tanto da sucessão dos seus negócios quanto do seu espólio (fortemente empenhado em dívidas ativas), levando-se em conta o fato de ter falecido relativamente jovem, com apenas 38 anos de idade, e em um momento especialmente favorável de sua trajetória, quando Azeredo estava associado a importantes contratos régios, como o 2º contrato da Extração de Diamantes, a Dízima da Alfândega do Rio de Janeiro e o contrato das Entradas para a capitania de Minas Gerais, além de sociedades comerciais de significativa envergadura estabelecidas com alguns agentes que fizeram parte desta rede mercantil.

I. A atividade mercantil de uma loja em Vila Rica setecentista

> (…) Tanto que se viu a abundância do ouro que se tirava e a largueza com que se pagava tudo o que lá ia, logo se fizeram estalagens e logo começaram os mercadores a mandar às minas o melhor que chega nos navios do Reino e de outras partes, assim de mantimentos, como de regalo e de pomposo para se vestirem, além de mil bugiarias de França, que lá também foram dar. E, a este respeito, de todas as partes do Brasil se começou a enviar tudo o que dá a terra, com lucro não somente grande, mas excessivo (…) (ANTONIL, 1997, p. 169-170).

Conforme a passagem retirada da obra *Cultura e Opulência do Brasil por suas drogas e minas* publicada em 1711, o jesuíta André João Antonil deixou um relato coevo do comércio conformado nas minas do ouro da América portuguesa, durante as primeiras décadas de exploração mineratória.

O dinamismo econômico engendrado pela mineração do ouro e diamantes em Minas colonial estimulou o desenvolvimento da atividade mercantil que esteve largamente difundida por toda a área mineradora. Desde as primeiras décadas de exploração aurífera na região, as amarrações da esfera mercantil tornaram o comércio um importante setor a impulsionar a sua economia e contribuíram na figuração de um vigoroso mercado de abastecimento interno. Ao longo do século

XVIII esse mercado adequava-se aos sabores e transformações sentidas naquele circuito minerador. E, mesmo que tenha sido acometido por um processo de crise e decadência da mineração, por sua trama há muito assentada em um sistema ativo de abastecimento, respondeu de maneira positiva aquele quadro e se manteve como destacado setor no sustento econômico da mesma região.[1]

A atividade mercantil articulada a partir dos descobertos auríferos e a conformação de um mercado para o abastecimento das zonas de mineração foram cruciais nos contornos da economia que se desenvolveu nas Minas setecentistas. Esse quadro, por sua vez, esteve relacionado com a forma de acomodação e alcance do comércio naquele contexto que tanto beneficiou os mercados envolvidos com o abastecimento quanto aos agentes mercantis. Nessa medida, traços atinentes à gestão mercantil e de como se organizavam os diversos agentes do comércio[2] são abordagens relevantes para uma leitura da estrutura mercantil da região.

Neste capítulo nosso objetivo é analisar a atividade mercantil de uma loja em Vila Rica constituída por uma sociedade entre os irmãos Jorge Pinto de Azeredo e Manoel Cardoso Pinto, fundada em 1734.[3] Debruçamo-nos, inicialmente, sobre a escrituração contábil da empresa através de um borrador com registros para o período entre fevereiro de 1737 e agosto de 1738. Esta análise, como assinalamos na introdução, surge como desdobramento de trabalho anterior (PEREIRA, 2008), no qual nos servimos de parte das informações da contabilidade da referida loja.

Com a presente pesquisa optamos por trabalhar categorias mais abrangentes que aquelas desenvolvidas em nossa dissertação de mestrado, utilizando o con-

---

1   Sobre o mercado de abastecimento interno em Minas Gerais durante o século XVIII, ver, entre outros, os seguintes trabalhos: (ALMEIDA, 2001; CARRARA, 2007; GUIMARÃES & REIS, 1986; MENESES, 2000; SILVA, 2002; SILVEIRA, 1999; e SLENES, 1988).

2   Cláudia Chaves explorou, com minúcia, a diversidade de agentes mercantis que circularam nas Minas e demonstrou que, "Havia dois tipos distintos de comerciantes no mercado colonial mineiro. O primeiro compreendia os comerciantes que transportavam e vendiam suas mercadorias pelos caminhos de Minas, nas vilas e arraiais sem localização fixa ou em feiras. (...) E entre eles estavam o tropeiro, o comboieiro, o boiadeiro, o atravessador, o mascate, a negra de tabuleiro. A segunda categoria de comerciantes está representada pelos que compravam e revendiam mercadorias em seus estabelecimentos fixos. Compunham este grupo os vendeiros, os lojistas e os comissários, que eram abastecidos por tropeiros, por produtores rurais e pelos artesãos mineiros" (CHAVES, 1999, p. 49). Ver também: (FURTADO, 1999; FURTADO & VENÂNCIO, 2000; e ZEMELLA, 1951).

3   No registro apresentado à folha 212 do borrador encontra-se o lançamento de todas as vendas que a loja fez desde 1734. A partir das informações lançadas nesse rol, acreditamos que a aludida sociedade mercantil com loja aberta em Vila Rica tenha começado suas atividades no mesmo ano. Referência: APM – Coleção Casa dos Contos – CC 2018 – Fl. 212.

Das Minas à Corte, de caixeiro a contratador

junto de informações tornadas disponíveis com o borrador. Procedemos então a um estudo mais sistemático sobre a rotina daquele estabelecimento, tendo em vista os registros das vendas a prazo, à vista, o estoque de mercadorias, os bens da loja e o lançamento de ordens de pagamento atinentes às letras de crédito[4] emitidas pela sociedade.

Perscrutamos através das vendas as características do perfil da clientela que comprava a prazo ou à vista, os produtos mais vendidos e os serviços oferecidos, como o empréstimo de ouro em pó. Conforme avançamos em nossa investigação, a pesquisa colocou em tela a importância do negócio empreendido pelos irmãos Jorge e Manoel no contexto da região mineradora durante a década de 1730. Pois, mais do que as vultosas vendas no varejo, emergiu a capacidade da empresa de abastecer outras atividades mercantis vendendo por atacado bem como fornecendo empréstimos de ouro para alguns de seus clientes. Dessa análise também despontou o peso das negociações a prazo e, por conseguinte, os acordos e recursos que garantissem o recebimento das dívidas, como a confiança empenhada na palavra, a emissão e cobrança das letras de crédito ou ainda o acionamento da justiça local, através das ações judiciais.

---

4 No borrador a palavra crédito foi utilizada para designar as dívidas da clientela que eram lançadas a uma espécie de letra ou obrigação, na qual o cliente reconhecia formalmente a sua dívida. Com a análise dos processos judiciais de cobrança, ou seja, as ações de Crédito (que serão analisadas no segundo capítulo) os encontramos anexados a essas ações. Essa obrigação, ao que parece, foi um recurso muito utilizado nas Minas para formalizar as negociações a prazo e possuía um formato textual padronizado. Nela deveria constar o nome do credor, a quantia e origem da dívida, as condições do seu pagamento (meses ou anos), quem poderia resgatá-la (o dono e/ou terceiros), os juros, a localidade, data e assinatura do devedor. De fato, em toda a documentação consultada verificamos apenas o termo crédito para designar a letra ou obrigação. A fim de diferenciar os ajustes de dívidas formalizados por uma obrigação escrita de um sentido mais abrangente da palavra crédito, como aquele apresentado no verbete de Bluteau, ou seja, "fé que se dá a alguma coisa (...) crédito entre mercadores. Abono de cabedal, e correspondência com os mais" (BLUTEAU, 2000, p. 604-605 CD-ROM), utilizaremos o termo "letra de crédito" quando referirmo-nos à obrigação escrita. O exemplo que segue abaixo foi emitido pela loja de Jorge e Manoel sobre uma cobrança de produtos da loja a Ana Gonçalves da Silva, no processo de Execução movido em 1736. Isto é: "Devo que pagarei ao Senhor Manoel Cardoso Pinto e Companhia 116 oitavas e 12 vinténs de ouro procedidas de fazenda que na sua loja lhe comprei e recebi a meu contento em preço e bondade, cuja quantia pagarei a ele dito ou a quem este me mostrar todas as vezes que mas pedir sem a isso por dúvida alguma em Juízo ou fora dele e para a dita satisfação obrigo minha pessoa e bens e o mais bem parado deles e por não saber ler nem escrever pedi e roguei a Manoel de Miranda Fraga que este por mim fizesse e como testemunha assinasse e eu me assinei com o meu sinal costumado que é uma cruz. Vila Rica do Ouro Preto 25 de setembro de 1735". Referência: AHMI/CPOP – Execução (1736) – Códice 378 – Auto 7698 – 1º ofício – Fl. 37.

Tendo em vista o conjunto de informações atinentes à movimentação das vendas a prazo, empréstimos de ouro e emissão das letras de crédito, o número de clientes relacionados alcançou o total de 440 nomes. Esses dados revelaram a grande diversidade social daquelas pessoas como, por exemplo, padres, comerciantes, mineradores, donos de patentes militares, advogados, licenciados, negros e negras, entre outros.[5] Dessa vasta clientela, algumas pessoas se destacaram e a atuação de uma rede relacional com a atividade mercantil em questão transpareceu, nomeadamente, com as operações avultadas de empréstimo de ouro, o abastecimento de outras atividades de comércio e o lançamento das letras de crédito emitidas pela empresa.

A partir da identificação da clientela e a atuação de uma rede relacional, destacamos também o circuito geográfico do abastecimento dessa atividade mercantil que se estendeu concomitantemente à boa parte das regiões que compunham os núcleos da zona mineradora do período em questão, ou seja, no decênio de 1730, conforme se vê no Mapa 1.1.[6]

---

5   Examinamos, pormenorizadamente, o perfil dos clientes da loja no capítulo IV da nossa dissertação de mestrado (PEREIRA, 2008, p. 152-114), assim como discorremos sobre essa mesma clientela, numa análise sucinta, com o artigo de nossa autoria publicado no livro "À vista ou a prazo" (CARRARA, 2010b, p. 52-33).

6   Localidades registradas no borrador: Antônio Pereira, Antônio Dias, Bento Rodrigues, Camargos, Caquende, Carijós, Catas Altas, Congonhas do Campo, Córrego Seco, Curralinhos, Furquim, Itatiaia, Itaubira, Mainarte, Mato Dentro, morro das Lavras Novas, Morro Grande, Ouro Fino, Padre Faria, Passagem, Penteados, Pitangui, ponte de São José, Sabará, Santa Bárbara, São Bartolomeu, rio São Francisco, São Gonçalo do Bação, São Sebastião, Serro Frio e vila do Ribeirão do Carmo.

Das Minas à Corte, de caixeiro a contratador 39

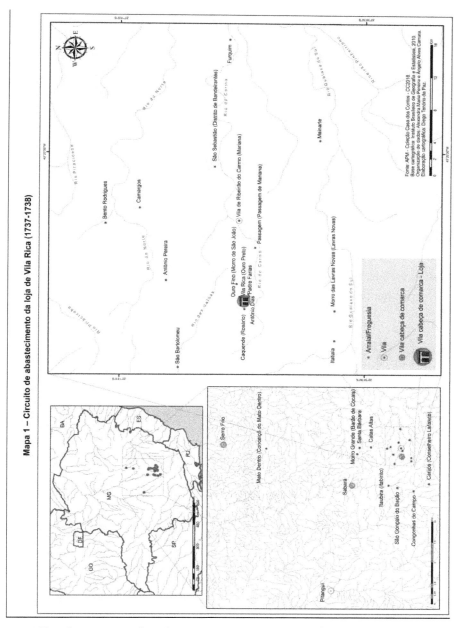

Além da comarca de Vila Rica, essa casa mercantil estabeleceu conexões com importantes núcleos de outras comarcas como o Serro Frio, Pitangui, Sabará, ou ainda, a região do rio São Francisco e muito provavelmente as novas minas de Goiás.[7]

Em dezembro de 1737, uma escrituração pertencente ao balanço anual da loja reuniu todos os negócios e bens daquela casa que foram avaliados em Rs. 53:681$323.[8] Um numerário elevado que pode ser tomado como ponto de partida para a contextualização daquela casa no universo mercantil das Minas setecentistas, muito significativo quando comparado com valores relacionados ao monte--mor dos inventários *post mortem* da época e as arrematações dos contratos régios.[9]

Para a administração de uma empresa mercantil dessa envergadura, os donos contavam com o auxílio de caixeiros que, na maioria das vezes, eram aprendizes incumbidos do atendimento nas lojas, da escrituração contábil e para fazerem as cobranças das dívidas. Neste caso, por exemplo, da mesma forma que Jorge e Manoel começaram suas atividades no comércio como caixeiros do primo João da Costa Resende, seus primos, Manoel de Miranda Fraga e João Pinto de Miranda, desempenharam a função na loja de Vila Rica durante os primeiros anos de sua

---

7   No borrador, entre uma das principais operações registradas estava a compra realizada pelos sócios José do Santos Freire e Antônio Pinto de Távora. Antônio era irmão mais novo de Jorge Pinto e Manoel Cardoso. No seu testamento o relato de que fora morador em vila Boa de Goiás, onde realizou atividades mercantis, além de ter sido caixa do contrato dos Dízimos da comarca de Goiás para o triênio de 1742/1744. IANTT – RGT – Livro 258 – Fls. 138 a 142 verso. Acresce a esse dado o fato de que junto ao processo cível de Execução movido por Jorge Pinto de Azeredo contra Ana Gonçalves, encontramos uma procuração bastante do mesmo autor, em 1735, onde nomeava seu irmão Antônio como procurador nas "Minas dos Goiases". AHMI/CPOP – Execução (1736) – Códice 378 – Auto 7698 – 1º ofício – Fl. 26.

8   Esse lançamento foi sistematizado na Tabela 1.1. Referência: APM – Coleção Casa dos Contos – CC 2018 – Fl. 199.

9   Acerca dos valores apurados com os contratos régios da capitania em uma relação extraída do "Mapa geral de todo o rendimento de Contratos desta Capitania de Minas Gerais" para os Dízimos, no ano de 1738, o valor total de Rs. 94:763$730, e para as Entradas durante o mesmo ano, o valor total de Rs. 158:398$546 (cf. CARRARA, 2009, p. 192). Sobre alguns valores de monte--mor de inventários à época, encontramos um de Rs. 12:961$417 para o inventário dos bens do comerciante Brás Gomes de Oliveira, morador em Vila Rica que iniciou suas atividades mercantis como caixeiro de Ventura Rodrigues Velho. AHMI/CPOP – Inventário (1764) – Códice 18 – Auto 190 – 2º ofício. Também encontramos um monte-mor avaliado em Rs. 21:760$603 para os bens do abastado minerador o capitão Manoel Fernandes de Araújo, que possuía um sítio e fazendas ao pé da serra do Paraopeba da Casa da Moeda, comarca de Vila Rica. AHMI/CPOP – Inventário (1751) – Códice 04 – Auto 43 – 1º ofício. Já de acordo com o levantamento realizado por Flávia Reis, o sertanista e coronel Salvador Furtado de Mendonça, importante minerador no termo de Vila do Carmo, ao falecer em 1725 deixou um monte-mor avaliado em Rs.33:482$400 (cf. REIS, 2007, p. 210). Da mesma forma, o inventário do minerador João Pinto Álvares, que foi avaliado em Rs.32:164$500, em 1748 (cf. REIS, 2007, p. 207).

fundação.[10] A falta de dados mais precisos nos impede de apresentar um histórico detalhado sobre a evolução da loja de Vila Rica. No entanto, afirmamos seguramente que depois de quase dez anos, em 1746, a loja já estava sob a administração de Manoel de Miranda Fraga, João Pinto de Miranda e Manoel Luiz dos Santos, como bem esclareceu João Pinto na inventariação dos bens que ficaram por falecimento do seu irmão Manoel.[11]

De acordo com o nosso propósito para o presente capítulo, partimos de uma leitura sobre a conjuntura vivenciada na primeira metade do século XVIII nas Minas a fim de entrevermos a rotina dessa atividade mercantil consoante ao contexto de que foi parte, principalmente, no decênio de 1730. Em seguida, debruçamos sobre a rotina e operações avistadas no conjunto de informações tornadas disponíveis com os registros do borrador da loja de Vila Rica (1737-1738), para, ao final desse exame, apresentarmos um balanço da evolução dessa casa mercantil com a incorporação dos bens da loja, a partir dos registros do inventário *post mortem* de Manoel de Miranda Fraga, em 1746.

As Minas em 1730

Durante a década de 1720, período de governo de Dom Lourenço de Almeida (1721-1732), a exploração do ouro de aluvião começou a apresentar sinais de escassez e deu lugar às explorações das encostas e grupiaras. Essa mudança experimentada com a atividade mineratória, segundo Costa, incidiu na consolidação dos núcleos de povoação da região das Minas desencadeando um processo de "estabilidade populacional" (cf. COSTA, 1982, p. 15). Nas palavras de Zemella "quanto mais complicados e custosos eram os processos de extração do metal, mais se sedentarizavam os mineradores, estabelecendo arraiais de caráter permanente, com construções sólidas, feitas para desafiarem os anos" (ZEMELLA, 1951, p. 35). Nessa medida, inerente ao decurso abalizado pelo processo de estabilidade popu-

---

10 Os irmãos Manoel de Miranda Fraga e João Pinto de Miranda eram filhos de Manoel de Miranda Fraga, um meio irmão de Manoel Cardoso Pinto, por sua vez o pai de Jorge Pinto de Azeredo e Manoel Cardoso Pinto. Em 1736, os irmãos Manoel e João foram identificados como caixeiros da loja por meio de uma lista para inquirição de testemunhas do processo de Execução que moveu Jorge Pinto de Azeredo contra Ana Gonçalves da Silva. Referência: AHMI/CPOP – Execução (1736) – Códice 378 – Auto 7698 – 1º ofício –; AHMI – CPOP – Inventário Manoel de Miranda Fraga – 1º Ofício – Cód. 106 – Auto 1336 – Ano 1746.

11 AHMI – CPOP – Inventário Manoel de Miranda Fraga – 1º Ofício – Cód. 106 – Auto 1336 – Ano 1746.

lacional dos núcleos de mineração, estava o longo período administrativo marcado pelo governo de Dom Lourenço.

Entre as atribuições vinculadas à política administrativa desse governador estavam à desarticulação das redes de poder local (ligadas aos potentados que para lá foram nos primeiros anos de descoberta do ouro) e a implantação da Casa da Moeda e Fundição, instalada em 1725. Além disso, as relações engendradas durante sua permanência na capitania sugerem a articulação de "redes de clientela em favor de lucros pessoais e da Coroa" (CAMPOS, 2002, p.318), que tiveram a figura de Dom Lourenço como elemento central.[12]

Para entendermos a conjuntura na qual se entrelaçaram a política administrativa, o evolver econômico e a estruturação social das Minas na década de 1730 é fundamental ter em conta as características do período precedente, ou seja, os anos de governação de Dom Lourenço de Almeida. Sua atuação no governo da capitania, como já assinalamos, foi singular para o aumento das rendas régias e a desarticulação dos potentados locais, mas o final da sua administração esteve marcado pelas denúncias de envolvimento em negócios ilícitos e improbidade administrativa. Afinal, uma deflagração sucessiva de fatos como a informação tardia sobre a descoberta dos diamantes no Serro Frio e a delação do governador do Rio de Janeiro, Luís Vahia Monteiro, da existência de uma casa de moeda falsa às margens do rio Paraopeba (cf. CAMPOS, 2002, p. 309)[13] assumiram proporções determinantes na substituição desse governador.

Decorridos dez anos de governo de Dom Lourenço e maior estabilidade populacional nas Minas, a década de 1730 principiou sob os auspícios de novas medidas políticas, as quais a Coroa buscou remediar o contrabando do ouro e diamantes, a falsificação das barras e moedas de ouro e a sonegação do quinto. O substituto de Dom Lourenço de Almeida no governo da capitania, o Conde de Galveias, André de Melo e Castro, assumiu em 1732 "em compasso de espera de uma resolução sobre a cobrança do quinto do ouro e melhor forma de administrar a extração dos diamantes" (CAMPOS, 2002, p. 321).

---

12 Maria Verônica Campos, em sua tese de doutoramento, traz uma importante contribuição acerca da administração de Dom Lourenço de Almeida (CAMPOS, 2002). Ver, também: (ROMEIRO, 2001; SOUZA, 2006; e BOXER, 1969).

13   A respeito da Casa da Moeda falsa do Paraopeba, ver o estudo realizado por Paula Regina Albertini Túlio (TÚLIO, 2005).

Das Minas à Corte, de caixeiro a contratador

O impasse quanto à exploração de diamantes foi temporariamente solucionado pela publicação do bando de 17 de julho de 1734, proibindo a mineração de ouro e diamantes no Distrito Diamantino (cf. CAMPOS, 2002, p. 332), proibição esta que perdurou até o ano de 1740. Já a comutação do quinto para a capitação, uma proposta tributária avistada no governo de Galveias concretizou-se apenas na administração interina de Martinho de Mendonça de Pina e de Proença e seguido adiante durante o segundo período de governação de Gomes Freire de Andrade.

De outro lado, o conturbado período entre a saída de Dom Lourenço de Almeida do governo das Minas (marcado pela suspeita de conivência na falsificação de moedas e contrabando do ouro e diamantes) e a nomeação do Conde de Galveias despontaram como um momento particularmente favorável à produção de ouro. Nesse sentido, os cálculos estimados por Virgílio Noya Pinto acerca da produção de ouro nas Minas setecentistas, de acordo com as informações apuradas através dos quintos reais, indicam que especialmente nos anos de 1734-36 foram para os cofres da Fazenda Real uma média anual elevada, de quase 2t de ouro (cf. PINTO, 1979, p. 63). Ainda segundo esse autor:

> Através do registro das matrículas para a capitação de escravos, os anos de 1737-39 destacam-se pelo número avultado de negros inscritos. Naqueles anos, a média foi de 98.500 escravos, teto que dificilmente poderia ter sido ultrapassado, quer anteriormente, quer posteriormente. Como o volume de ouro extraído esteve no Brasil dependente do número de braços que o extraía, não temos dúvida em colocar o ápice da produção aurífera das Gerais entre aqueles últimos anos da década de 30 e primeiros da década seguinte (PINTO, 1979, p. 69). [14]

Destarte, até meados da década de 1730 a administração da capitania de Minas passou por alterações políticas, fiscais e tributárias entre as quais a Coroa portuguesa adotou uma nova e importante medida de cobrança de impostos na época, fazendo a transição do quinto para a capitação. Essa alteração contou com uma intervenção estratégica de Gomes Freire de Andrade, um funcionário régio de inteira confiança do rei que assumiu o governo daquela capitania, qualificado a dispor os

---

14 Para Maria Verônica Campos, "(...) O quinto do ouro pela cota de 100 arrobas e fundição rendeu, de março de 1734 a abril de 1735, 134 arrobas e somente os três meses seguintes importara mais 43 arrobas de ouro, livres de qualquer despesa" (CAMPOS, 2002, p. 332).

ânimos revoltosos para a aceitação de uma nova tributação. De suas análises, Maria Verônica Campos destacou:

> De qualquer forma, decorrente de medo, coação, atos ilícitos, condução irregular da junta ou venalidade, referendaram a "comutação" do quinto. Os grandes proprietários de escravos, feito o ajuste e sentindo-se ameaçados pelo envolvimento generalizado na venda de ouro em pó e falsificação de moedas, acabaram conformando-se ao sistema. Além do mais, os poderosos de Vila Rica não eram os mesmos de outrora, cada vez mais institucionalizados e cooptados. Em substituição aos antigos potentados, surgia uma elite enquadrada nas milícias, cargos das câmaras e arrematação de contratos (CAMPOS, 2002, p. 338).

Charles Boxer, analisando as razões que levaram a Coroa a impor a capitação como nova forma de taxação, considerou o fato de ser mais equitativa do que a cobrança dos quintos reais. Isto porque enquanto os quintos incidiam tão somente aos mineiros e faiscadores, a capitação, por seu regimento, se estendeu a um número maior de indivíduos como os comerciantes e produtores rurais (cf. BOXER, 2000, p. 217). Verificou o autor, ademais, que a taxa vigente de 1735 a 1750, pela sua forma extensiva, igualmente assumiu um alto índice de impopularidade. Se por um lado não deixou escapar os mais diversos estratos que movimentavam a economia na região mineradora, por outro, era inconsistente, pois não levou em consideração as variáveis sobre os rendimentos, lucros ou prejuízos que incidiam de forma desigual tanto sobre a população mais abastada quanto sobre aquela menos favorecida. Em suas palavras:

> (...) incidia mais duramente sobre os pobres do que sobre os ricos, pois os mineiros cujos escravos tinham sorte na lavagem do ouro pagavam sobre cada escravo a mesma quantia que pagavam os outros mineiros cujos escravos pouco ou nada ganhavam – e esses formavam a grande maioria. Da mesma maneira, os donos de oficinas, lojas, e hospedarias que não davam lucros, pagavam as mesmas taxas impostas sobre os que estavam retirando grandes proventos de seus estabelecimentos. Fazendeiros e lavradores tinham que pagar não só dízimos sobre suas safras, mas também os quintos sobre seus escravos, sofrendo, dessa maneira, dupla taxação (...) (BOXER, 2000, p. 218).

Por um viés semelhante, discorreu Virgílio Noya Pinto ao analisar esse imposto *per capita*, ao destacar em sua abordagem as desvantagens do imposto que incidiu em praticamente toda população das Minas. Para esse autor, a capitação foi imprópria por duas razões: a primeira porque perdeu o seu significado de quinto e tornou-se um imposto sobre a renda, recaindo entre aquela população que viveu circunscrita à zona mineradora. Desse modo, os moradores das Minas pagavam por um imposto que deveria pesar apenas entre aqueles que extraíam o ouro. Já a segunda razão voltou-se, especificamente, para os mineiros, pois "a grande fase do ouro fácil e superficial começava a declinar, e a exploração das minas exigia agora trabalhos de desmonte, escavação e desvio de águas para se poder atingir as matrizes" (cf. PINTO, 1979, p. 63-64). Mediante aquela realidade, o sistema de pagamento semestral desse tributo não se adequou às transformações sentidas com o processo de exploração do ouro que, de igual modo, contou com um fisco intransigente na cobrança do imposto.

Segundo Charles Boxer, apesar da impopularidade da capitação como medida tributária, o imposto se manteve por 15 anos justificado inicialmente pelo período precedente à sua implementação, porque "foi a maneira alarmante pela qual o contrabando e a falsificação do ouro floresceram durante a década de 1725-1735", a razão para a comutação do quinto (BOXER, 2000, p. 219). Da mesma forma, consoante Mafalda Zemella "Assim, o extravio do ouro e a falsificação da moeda determinaram a proibição do giro do ouro amoedado e, mais do que isso, acarretaram a mudança radical do sistema de percepção dos impostos" (ZEMELLA, 1951, p.162). Campos, em sua avaliação, verificou que "os trabalhos que abordam a implantação do sistema de capitação em Minas são quase unânimes em afirmar que a razão da mudança fora o grande contrabando e a falsificação de barras e moedas, e o volume crescente de ouro extraído" (CAMPOS, 2002, p. 339).[15]

Quanto à crescente extração aurífera, João Antonio de Paula apresentou um balanço sobre os dados fornecidos por Virgílio Noya Pinto, no qual este último demonstrou que no quinquênio de 1736 a 1740, a produção do ouro em Minas atingiu os níveis máximos, com 10.637 quilos, seguidos do próximo quinquênio com 10.047 quilos (PAULA, 2007, p. 294). Nessa medida, considerou Paula:

---

15   A este respeito, Virgílio Noya Pinto assim se expressou: "Para a redução dos quintos em 1729, a Coroa só tinha uma explicação: os descaminhos, e para evitá-los um só remédio: a instituição de um sistema estável de arrecadação e que independesse das flutuações. Daí a longa batalha para a aplicação do imposto per capita" (PINTO, 1979, p. 62).

> Tomando os dados estimados por Noya Pinto chega-se a uma aproximação do perfil da evolução da produção aurífera de Minas Gerais, no Setecentos, que teria três etapas: a primeira de 1700 a 1735, marcada pela descoberta, consolidação e crescimento da produção até a introdução da sistemática da capitação; a segunda etapa, que é de auge da produção, marcada pela vigência da capitação, mas que também é o momento do incremento da produção de Goiás e Mato Grosso, que vai de 1735 até 1755, já no período pombalino, com o quinto restabelecido; finalmente a terceira etapa, iniciada em 1755, será marcada por queda irreversível da produção, sistematicamente, a partir daí (PAULA, 2007, p. 295).

Ademais, nos meados do decênio de 1730, quando a mineração atingiu níveis mais elevados, a administração portuguesa nas Minas deu sinais de harmonização com a elite local. A desarticulação dos potentados locais e a política administrativa que aos poucos se constituiu pela Coroa nas décadas anteriores começaram a surtir os seus efeitos positivos. Medidas como a concessão de patentes e privilégios, a conformação das redes relacionais que favoreceram o governo metropolitano e o funcionamento de um aparelho burocrático já se faziam sentir, por exemplo, com a aceitação da nova forma de tributação, ou seja, a capitação.

Mediante essas constatações, podemos afirmar que os mecanismos de controle adotados pela Coroa para a administração das Minas foi se modificando ao longo dos anos e avançavam na mesma medida que a população se acomodava naquele espaço. Essa evolução administrativa esteve relacionada com o processo de conformação dos seus núcleos de povoamento que, em grande parte, se constituíram de forma desordenada com uma população diversificada e o trabalho escravo como a principal mão de obra empregada nas atividades econômicas da região.[16] Muitos dos que para lá iam, em busca de melhores condições de vida, empreendiam seus negócios e amealhavam fortunas expressivas dadas às condições econômicas estimuladas com a mineração.

Tendo em vista as particularidades da composição social na sociedade mineira, para Laura de Mello e Souza, o Conde de Assumar após o levante de 1720

---

16 De acordo com a pesquisa de Iraci del Nero sobre a dinâmica populacional de Vila Rica, sua população escrava apresentou um rápido incremento nas primeiras quatro décadas do século XVIII. Assim, "Em 1716 contaram-se 6.721 cativos e, dois anos depois, 7.110; em 1728 a cifra subia a 11.521. Em 1735, segundo dados incorporados ao Códice Costa Matoso, o número de cativos atingia 20.863. Em 1743 somaram 21.746 (...)" (COSTA, 1982, p. 22).

Das Minas à Corte, de caixeiro a contratador

e em seu *Discurso histórico-político* "achou que devia escrever uma justificativa dos atos cometidos":

> Dom Pedro de Almeida foi o primeiro governante a deixar um retrato, mesmo se eivado de preconceitos, da sociedade das Minas no seu momento formativo, o que reforça a importância do testemunho. Tudo quanto disse mostra que era sociedade em movimento, transformando-se a cada dia, encurtando o tempo e subvertendo normas. Convenções e códigos estamentais perdiam ali qualquer sentido. Num mundo de linhagens e parentelas, aqueles homens eram seres soltos, desenraizados, sem memória, a quem a riqueza permitia inventarem um passado e um nome (SOUZA, 2006, p.158-159).

A elite local foi beneficiada pelo desenvolvimento econômico dos núcleos de exploração mineral, com recursos para negociar o seu reconhecimento e distinção social; espelhada em sua matriz metropolitana que era, por sua vez, sociedade estratificada, de Antigo Regime. A nobreza que para lá era designada assumiu, decerto, perplexidade perante as subvenções que a riqueza permitiu inventar, para usar as palavras do Conde de Assumar. Mas, além de tudo, uma sociedade ligada aos desígnios gerados pela escravidão. E foi assim, marcada pela riqueza e escravidão que aquela "sociedade em movimento" reproduziu as estruturas estamentais da pátria mãe.

De tal modo, suas vilas e povoados foram se assentando e a política governativa da metrópole ocupando o seu lugar. Se em princípio da década de 1720 o Conde de Assumar versava em tom de desaprovação o caráter insubmisso daquela sociedade, foi durante o governo de Gomes Freire de Andrade (1737-1752) que podia ser sentida uma harmonia política e administrativa entre o poder metropolitano e as Minas. Por um lado, pelo apoio das câmaras ao governo metropolitano e, por outro, pela concessão de patentes, sesmarias e outros benefícios em recompensa aos serviços prestados por aqueles súditos do rei, "Teve então início uma afinidade maior entre os poderosos locais e o governo" (SOUZA, 2006, p. 167).

Um vigoroso comércio emergiu nas Minas setecentistas desde os primeiros descobertos de ouro, indicando a opulência e o evolver econômico das minas do ouro que, algum tempo depois, também era animado pela exploração dos diamantes.[17] Destinado ao abastecimento da região, atendia às necessidades básicas

---

17 Para Myriam Ellis, "Se as zonas auríferas das Minas Gerais, de Mato Grosso e de Goiás no século XVIII deram origem a correntes comerciais ligadas ao seu abastecimento, excelentes

dos seus moradores com o suprimento de gêneros alimentícios, ferramentas para mineração, mão de obra escrava, e ainda apetecia aos desejos de uma sociedade emergente e abastada.

Setor de destaque no quadro das atividades econômicas das Minas, o comércio tornou-se objeto de medidas políticas e administrativas da Coroa portuguesa na tentativa de auferir seus lucros e controlar a atividade mercantil, assim como minorar o contrabando. Dentro dessa perspectiva:

> Portugal locupletou-se com o ouro brasileiro, de três modos: com a cobrança dos quintos, com a venda de produtos de sua fabricação ou de sua importação aos ricos mineradores e com outras rendas e taxas diversas, como os direitos que cobrava sobre os escravos e mercadorias que entravam nas minas, os direitos de passagem de rios e tantos outros (ZEMELLA, 1951, p. 91).

Por um viés semelhante, Junia Furtado analisou um documento coevo acerca dos rendimentos que a Coroa teve nas Minas, com o seguinte teor:

> (...) a Capitania de Minas é povoada de Mineiros, roceiros, negociantes e oficiais de diferentes ofícios. Os mineiros, são os que dão mais utilidade a Sua Majestade, no quinto que recebe do ouro. (...) Os comerciantes fazem a segunda parte do rendimento da Capitania nos Direitos que pagam à mesma Majestade, nos Registros e Alfândega de Mathias Barboza; de tudo quanto fazem entrar nas Minas (Documentos Diversos. RAPM, 1987. Ano 2. p. 507 *apud* FURTADO, 1999, p. 200).

Verificou a autora, ademais, que "a organização de um mercado abastecedor, por meio de um comércio fixo e volante, aconteceu rapidamente e a Coroa tratou de estimulá-lo, ao mesmo tempo em que buscava mecanismos para efetivar seu controle" (FURTADO, 1999, p.202). Além do mais, de acordo com a perspectiva de Junia Furtado o comércio favoreceu a imbricação dos interesses metropolitanos naquele ambiente que, por sua pujança, também foi um setor importante para o processo de ocupação da capitania de Minas Gerais (cf. FURTADO, 1999, p. 202).

---

mercados de consumo, com altos e atraentes preços, consequentemente não só alimentaram aquelas correntes como as incrementaram" (ELLIS, 1958, p. 458). A este respeito consultar os estudos de: (BOXER, 2000; CARRARA, 2007; CHAVES, 1999; FURTADO, 1999; MENESES, 2000; SAMPAIO, 2003; SILVA, 2002; e ZEMELLA,1951).

Nessa medida, a atividade mercantil esteve cerceada por uma legislação e fiscalização incisiva de Portugal, que viu no comércio uma fonte para captação de recursos e implementação do seu poder (cf. FURTADO, 1999, p. 216). É, sobretudo, a partir da dinâmica do abastecimento interno das Minas desde as primeiras décadas do século XVIII e, por conseguinte, a atuação de uma elite constituída em torno desse comércio em conjugação com as medidas administrativas e fiscais por parte da Coroa que vislumbramos o papel assumido pelo setor mercantil.

Em suma, o decênio de 1730 na capitania mineira pode ser visto como um período de importantes mudanças administrativas por parte da Coroa incidindo, por exemplo, na adoção de mecanismos que pudessem controlar o contrabando, ou ainda, na criação de uma nova medida tributária, a capitação. Mas foi também uma época de notável produção aurífera e descoberta de novas minas de ouro e pedras preciosas que, certamente, incrementaram a dinâmica econômica daquela região, inclusive o setor mercantil. Considerando, pois, esse conjunto de mudanças nas Minas para o período em tela, nosso foco centrar-se-á na atividade mercantil estabelecida por Jorge Pinto de Azeredo e seu irmão Manoel Cardoso Pinto, a partir da incorporação dos dados da escrituração da loja em Vila Rica, entre 1737 e 1738.

O patrimônio ativo da loja (1737-1738)

As duas tabelas apresentadas a seguir ilustram o fluxo financeiro da loja em Vila Rica. A primeira refere-se ao balanço realizado no borrador e a segunda, aos valores calculados a partir do nosso banco de dados sobre o mesmo livro.

Tabela 1.1. Balanço patrimonial ativo da loja (1737)

Patrimônio ativo	Valor (Réis)
Fazenda	8:656$049
Avanço de 12% sobre a fazenda	1:038$725
2 moleques couranos	340$000
José courano	384$000
Paulo	250$000
Ignácio mulato	400$000
Raimundo	180$000
Um novo vindo do Rio	200$000
Umas casas	2:400$000
Um cavalo	96$000
Ouro que se deve em [ilegível, 1 palavra]	[Valor rasurado]
Ouro que tenho em ser	1:076$577
Total	**53:681$323**

Obs.: Este balanço patrimonial ativo da loja corresponde ao apresentado no Borrador à fl. 199.
Fonte: APM – Coleção Casa dos Contos – CC 2018.

Tabela 1.2. Balanço patrimonial ativo da loja (1737-1738)

Patrimônio ativo	Valor (Réis)	%
Venda a prazo	23:152$374	62
Venda à vista	3: 302$970	9
Empréstimo de ouro	10:906$524	29
Total	**37:361$868**	**100**

Obs.: Os valores apresentados foram calculados a partir do nosso banco de dados.
Fonte: APM – Coleção Casa dos Contos – CC 2018.

O balanço patrimonial ativo da loja informado na Tabela 1.1 corresponde ao realizado pelo caixa que fez a aludida contabilidade, em dezembro de 1737. Os valores lançados foram distribuídos entre o estoque de mercadorias da loja (fazendas) e seus juros, os bens de posse da loja (escravos, casas e cavalo) e o montante ativo de créditos. Embora haja falta de clareza na origem e valor rasurado – que pela subtração das demais quantias do montante total resulta em Rs. 38:659$972 – podemos relacioná-lo com as vendas a prazo, à vista e o empréstimo de ouro em pó. Inclusive, o valor mencionado aproxima-se daquele calculado a partir do nosso banco de dados, como se vê na Tabela 1.2, sobre o registro das vendas a prazo, à vista e o empréstimo de ouro entre fevereiro de 1737 a agosto de 1738, num valor total de Rs. 37:361$868.

No que diz respeito ao montante total apresentado na Tabela 1.1, para o ano de 1737, o balanço patrimonial ativo da loja chegou ao valor expressivo de Rs.53:681$323. Como assinalamos anteriormente, comparado aos valores dos contratos régios daquela capitania ou ao monte-mor de inventários *post mortem* à época,[18] verificamos que se tratava de uma quantia avultada e não deixa dúvida sobre a grandeza dessa casa mercantil. Mais ainda, a soma corrobora a ideia de uma significativa pujança do comércio no conjunto das atividades econômicas das Minas setecentistas. Neste caso, em especial, na década de 1730, quando a exploração aurífera alcançava índices mais elevados e a capitania passava por condições favoráveis ao seu crescimento econômico.

Surpreendente, ainda, nos parece uma escrituração registrada na folha 212 à qual foram mencionados os valores de todo o faturamento da loja, com os seguintes resultados: vendeu-se à vista desde 13 de abril de 1734 até 24 de junho de 1738, Rs.10:144$312; fiado a oitavas de 1$200, reduzidas a Rs.1$500, o total de

---

18   Ver nota 9.

Rs.27:737$296; fiado à oitava de Rs.1$500, Rs.64:737$937; perfazendo um total de Rs.102:619$546.[19]

Anos depois, em 1746, no livro de lançamento da capitação[20] de Vila Rica a mesma loja que na data era uma sociedade entre Manoel de Miranda Fraga, João Pinto de Miranda e Manoel Luís dos Santos[21] apareceu como uma das seis lojas identificadas com o porte de "loja grande".[22] O estabelecimento estava localizado na freguesia de Ouro Preto, também denominada como freguesia de Nossa Senhora do Pilar.

Um exemplo elucidativo sobre a dimensão dos valores apurados na contabilidade da loja de Vila Rica e seu porte, relaciona-se com o caso assinalado por Laura de Mello e Souza, ao avaliar a fortuna do comerciante Matias de Crasto Porto[23] nos meados do século XVIII. Assim:

> As grandes fortunas desse período parecem se dever sobretudo ao comércio. O inventário de Matias de Crasto Porto, de 1742 – cujo montante líquido foi de quarenta contos –, ilustra o tipo de milionário da capitania no apogeu da mineração, quando a sociedade começa a se acomodar. As atividades econômicas eram diversificadas, bem como os investimentos; o número de penhoras era considerável; a escravaria, numerosa (SOUZA, 2006, p. 167-168).

Devemos salientar que, ao lado das considerações sobre o expressivo numerário movimentado, é importante apresentar o recurso monetário que prevaleceu

---

19   APM – Coleção Casa dos Contos – CC 2018 – Fl. 212.

20   APM – Coleção Casa dos Contos – CC 2027.

21   O vencimento sobre a capitação da loja estava em nome de Manoel de Miranda Fraga e foi lançado apenas para o primeiro semestre de 1746, um fato a ser relacionado com o falecimento de Manoel, ocorrido no início do mesmo ano.

22   Com base nos registros de dois livros de capitação, procedemos a um estudo sobre o perfil, disposição e hierarquização do comércio fixo – lojas e vendas – para as comarcas de Serro Frio em 1736 e Vila Rica em 1747. A partir desse estudo, verificamos que a principal diferença entre as lojas e as vendas esteve relacionada ao porte de cada estabelecimento que, por sua vez, refletiu na sua localização. Assim, as lojas eram estabelecimentos maiores e ocupavam localidades centrais nas comarcas. Seu tamanho se relacionava diretamente com as condições de investimento de seus donos, pertenciam à elite comercial e, com frequência, aquelas de grande porte abasteciam outras atividades, estabelecendo, por vezes, conexão com outras partes da capitania. Para o debate envolvendo as diferenciações dos estabelecimentos fixos nas Minas setecentistas ver, por exemplo, as pesquisas de: (CARRARA, 2010b; CHAVES, 1999; FURTADO, 1999; FURTADO & VENÂNCIO, 2000; PEREIRA, 2008).

23   Matias de Crasto Porto atuou como importante comerciante na vila de Sabará durante a primeira metade do século XVIII. Uma análise detalhada sobre esse comerciante foi realizada por Junia Ferreira Furtado (cf. FURTADO, 1999).

na contabilidade da loja de Vila Rica. Ou seja, excluindo o balanço anual sobre o estoque das mercadorias calculado em réis, para as vendas a prazo, à vista e o empréstimo de ouro em pó, os preços foram lançados em oitavas de ouro.[24]

Mediante essa constatação, fica claro o predomínio do ouro como instrumento monetário utilizado na atividade mercantil dessa empresa. Mesmo porque, durante a vigência da capitação (período que se inseriu os lançamentos da dita atividade), o ouro podia circular livremente dentro da capitania e era o principal instrumento monetário daquela região na época.[25] Uma situação que se estendeu ao longo do século XVIII, como nos mostrou Ângelo Carrara, por ter sido a circulação do ouro um "traço essencial da prática monetária das Minas setecentistas", posto que "(...) é a prática monetária de Minas Gerais até 1808 que ampara o pressuposto de que o ouro extraído e posto em circulação no interior da Capitania de Minas, fosse em pó ou em barras, funcionou até 1808 como moeda"(CARRARA, 2010b, p. 13).[26]

Já a Tabela 1.2 traz o detalhamento do patrimônio ativo da loja para 1737 e parte de 1738 que esteve distribuído entre as negociações no crediário (vendas a prazo e empréstimo monetário) e as vendas à vista. De acordo com esse detalhamento, o valor atribuído às negociações a prazo foi de Rs. 34:058$898 e representou 91% de toda a atividade mercantil da loja, isto é, Rs. 37:361$868. Esse percentual demonstra o destacado papel do crédito e consequentemente das práticas creditícias para a gestão daquela casa mercantil em comparação com os 9% restantes, alusivos às vendas à vista. A partir das próximas subseções abordaremos, com minúcia, cada uma das operações.

Vendas à vista

A distribuição percentual apresentada na Tabela 1.2 demonstra que tanto a venda a prazo de mercadorias quanto o empréstimo do ouro, ou seja, as negociações realizadas através do recurso ao crédito, responderam por 91% de toda a ati-

---

24 Os valores em oitavas de ouro arrolados nas operações do borrador, com a feitura do banco de dados, foram convertidos para réis que era a moeda oficial corrente na época. Cada oitava valia Rs.1$500 no período em que prevaleceu o tributo da capitação, de 1735 a 1751 (cf. ZEMELLA, 1951, p. 158).

25 De acordo com o estudo apresentado por Virgílio Noya Pinto, durante o período de vigência da capitação "(...) o valor da oitava passou a 1$500, podendo o ouro circular nas minas livremente, quer em pó ou em barra, e ao mesmo tempo extinguia-se a Casa da Moeda" (PINTO, 1979, p. 63).

26 Ainda sobre a utilização do ouro em pó como recurso monetário em circulação nas Minas, ver do mesmo autor seu artigo sobre "Amoedação e oferta monetária em Minas Gerais" (CARRARA, 2010a).

vidade mercantil da loja entre 1737 e parte de 1738. Todavia, essa preeminência do crédito para o desenvolvimento das atividades mercantis das Minas setecentistas não é uma novidade nos estudos voltados para o seu comércio.

Mafalda Zemella já havia mostrado que embora a capitania de Minas respondesse pela produção de ouro do Império português, um equivalente monetário de troca, suas movimentações "por incrível que pareça, eram mais comumente feitas a crédito do que mediante pagamento à vista" (ZEMELLA, 1951, p. 165). Tendo em vista o quadro apontado, a autora apresentou uma carta datada de 23 de Agosto de 1730, do Conde de Sabugosa:

> As minas foram a total perdição do Brasil e a falta delas será a sua última ruína; nestas se acha um formidável cabedal da Marinha e ainda de todo o Reino e de vários Estrangeiros que com os olhos no ouro introduzem as suas mercadorias por meio dos Portugueses e tem tantas dilações as remessas que muitos interessados está por esta causa perdidos porque as demoras dos pagamentos são de três e quatro anos, quando mais bem sucedidos e muitas vezes se procura o devedor em uma parte e não se acha, nem quem dê notícia dele (Anais da Biblioteca Nacional, vol. XXXI, pag. 26, *apud* ZEMELLA, 1951, p. 167).

A dinâmica mercantil das Minas e suas atividades lastreadas pelo crédito também foram temas abordados por Junia Furtado, para quem a "escassez de moedas" e as medidas de controle da "circulação de ouro em pó" contribuíram para a "proliferação de um sistema de empréstimos baseado em recibos e letras de crédito" (FURTADO, 1999, p. 107). Segundo suas observações, ainda que houvesse o acesso fácil ao ouro, sucedeu na região mineradora a proliferação dos mecanismos de endividamento da sua população em relação aos comerciantes. Partindo desse pressuposto, um relato destacado pela autora salientou:

> (…) o estilo observado nestas Minas, depois que elas se descobriram até o presente, foi sempre o comprar-se tudo fiado, a pagamento de um ano, ano e meio e dois anos, e não há cousa nenhuma que se compre que seja com pagamento a vista, senão fiada (Transcrição da segunda parte do códice 23 da Seção colonial. RAPM, 1980. Ano 31. p. 261, *apud* FURTADO, 1999, p. 120).

Um mercado assentado em negociações lastreadas pelo crédito em Minas colonial e, de modo particular, nos negócios da loja em questão não deixam dúvidas sobre a importância do sistema creditício para a região. Todavia, à Tabela 1.2 restam ainda 9%, ou seja, Rs.3:302$970 de fluxo mercantil movimentado pela venda de produtos com pagamentos à vista. A distribuição das vendas à vista na loja em Vila Rica, mês a mês, está representada no Gráfico 1.1, exceto de abril a julho de 1738, pois não há lançamentos no borrador nestes meses citados.

Gráfico 1.1. Distribuição mensal das vendas à vista (1737-1738)

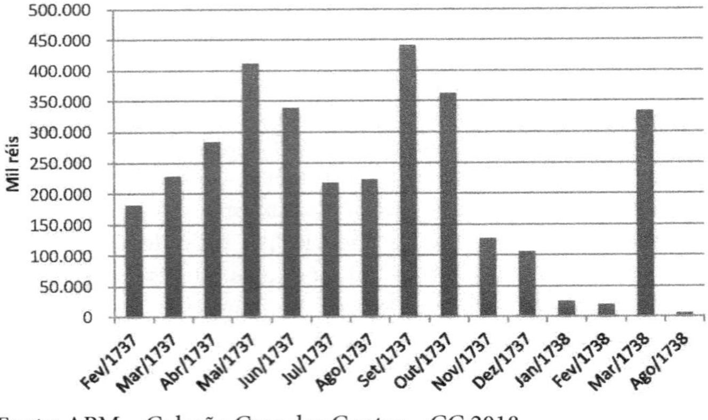

Fonte: APM – Coleção Casa dos Contos – CC 2018.

A tabulação dos dados demonstra que as vendas à vista obtiveram seus maiores rendimentos durante os meses de março a outubro de 1737, seguidos por uma queda acentuada a partir de novembro e que se estendeu até fevereiro de 1738, situação recuperada somente em março de 1738. Por meio desse gráfico, percebemos o movimento das vendas à vista acompanhando o ritmo avistado com o movimento dos serviços minerais, realizados preferencialmente durante as estações secas (de abril a setembro), devido a um menor volume de água nos leitos dos rios onde se concentravam parte do mineral (cf. REIS, 2007, p. 103). Este fato natural explica uma maior circulação do ouro em pó durante o período das estações secas.

Embora haja pertinência na explicação, é necessário procedermos a uma avaliação um pouco mais detalhada sobre a questão, mesmo porque para o período em tela, ou seja, em meados da década de 1730, as explorações auríferas já se concentravam nas encostas e grupiaras. Nesse sentido, Flávia Reis observou que:

> Os serviços de desvio eram feitos de preferência durante a estação seca (nos meses de abril a setembro) pois, com o menor volume das águas, ficava mais fácil desviá-las para o canal lateral. Além disso, evitavam-se as inundações causadas pelas cheias e, consequentemen-

te, a destruição das barragens, dos equipamentos e das escavações feitas ao longo de vários meses. Dessa forma, muitos trabalhos chegavam a ser interrompidos durante a estação chuvosa e os esforços se concentravam na apuração do material extraído (REIS, 2007, p. 103).

Para os serviços minerais que exigiam o uso de técnicas elaboradas e, por conseguinte, empregavam maior escravaria, durante o período chuvoso a atividade não ficava totalmente interrompida, pois havia a apuração do material já coletado. O resultado dessa prática certamente contribuiu para atenuar a escassez na circulação do ouro nos meses de chuva. Mas esse recurso empregado na mineração era desenvolvido apenas por uma parcela dos mineiros, os quais possuíam condições econômicas para arcar com os custos necessários deste serviço. Dito de outro modo, concentrava-se nas mãos da elite mineradora.

Ora, certamente essa elite não se inseriu no perfil daquela população que recorreu às compras à vista e em pouca quantidade, como a venda apresentada no borrador da loja. Tal elite, por seus recursos mais avultados e dada a natureza dos seus investimentos, teria sido a mantenedora do vigoroso mercado de créditos na capitania de Minas. Mais ainda, não estaria disposta a fracionar o metal acumulado para efetuar pagamentos em quantias módicas, evitando a perda com os inconvenientes da circulação do ouro em pó.

A este respeito, assinalamos a análise de Zemella do que apontou Teixeira Coelho sobre algumas utilidades da circulação de moedas nas Minas; mas, em especial, o que nos informa Coelho para a segunda utilidade apresentada. Afinal:

> São inumeráveis as quantias de ouro em pó que giram na Capitania de Minas, e infinitos os pagamentos que se fazem com ele. Está calculada a perda que costuma haver nestes pagamentos miúdos em 5%; porque a experiência tem mostrado que toda a pessoa que tiver cem oitavas de ouro, e as for gastando em pagamentos miúdos, vem a perder cinco; parte deste ouro fica pegado nas balanças; parte nos papéis em que se embrulha; e parte se desencaminha com o ar, o que acontece às partículas mais sutis.
> Esta perda é muito atendível, porque ninguém se aproveita daquele ouro assim desencaminhado, e ela se evita girando a moeda, porque, havendo-a, poucos hão de aceitar ouro, como fica dito (COELHO, [1782]2007, p. 304).

Por outro lado, das postulações contrárias à circulação do ouro em pó, Mafalda Zemella, dando continuidade ao quadro avistado por Teixeira Coelho, descreveu os efeitos que a sua proibição causaria àquela população:

> Apesar de apontar todos os inconvenientes do manuseio do ouro em pó, Teixeira Coelho era contrário à proibição absoluta do seu uso, porque, considerava ele, que grande parte da população das minas era formada por faiscadores, cada um dos quais extraía, dos córregos e ribeiros, dois, três ou quatro vinténs de ouro por dia. Essa gente miserável, quando encerrava o dia de trabalho, passava pelas vendas para adquirir o necessário ao sustento cotidiano. Jamais chegava a juntar uma quantia de ouro em pó suficiente para levar à Casa de Fundição e transformá-la em moeda ou em barra (ZEMELLA, 1951, p. 165).[27]

O que foi proferido por Teixeira Coelho, em fins do século XVIII, remete à importância que a circulação do ouro em pó como equivalente monetário nas Minas teve para parte da população favorecida com a mineração do ouro de aluvião, composta notadamente por faiscadores.[28] Desse modo excluímos, em grande medida, a participação daquela população mais abastada das movimentações à vista da loja, pautadas pela venda de artigos em pouca quantidade e em pequenos valores.[29] Assim, a movimentação mensal das vendas à vista justifica-se na medida em que estabelecemos sua correlação com a sazonalidade do ouro explorado nas estações de seca pelos faiscadores. Ou seja, o quadro apresentado nas operações das vendas à vista (pequenas quantidades e valores modestos) e distribuída mês a mês, revelou-nos uma clientela enquadrada no perfil daquela população que fazia

---

27 Teixeira Coelho, em suas palavras: "Além disto, uma grande e considerável parte dos mineiros da dita capitania são os faiscadores, cada um dos quais tira nas lavras deixadas nos córregos e nos rios dous, três e quatro vinténs por dia; muito destes faiscadores, quando acabam à noite o seu trabalho, passam às vendas e nelas gastam, ou todo, ou parte do ouro que tiraram; nem podem deixar de o fazer, porque eles necessitam de gastar no seu sustento; eles não podem juntar quantias que levem a fundir; e eles, finalmente, não poderão achar quem lhes troque por moeda o ouro" (COELHO, [1782] 2007, p. 302).

28 Para melhor explanação sobre os faiscadores, verificar o excelente contributo realizado por Flávia Maria da Mata Reis, especificamente, o quarto capítulo intitulado: "As unidades mineradoras e as suas engrenagens" (cf. REIS, 2007, p. 272-204).

29 A avaliação minuciosa dos itens arrolados nas vendas à vista, discorrida diariamente na escrituração do borrador, não apresentou qualquer caso em que houvesse a venda em quantidades e valores significativos. Ao contrário, o que se nos apresentou foi a venda de unidades de artigos como chapéus, copos, meias, canivetes, papel, linhas, assim como pequenas quantidades de tecidos, fitas e rendas.

Das Minas à Corte, de caixeiro a contratador

uso recorrente de pequenas frações do metal, beneficiada pela exploração do ouro de aluvião para prover o seu sustento.

Vendas a prazo

Tabela 1.3. Composição das vendas a prazo por classe de produtos (1737-1738)[30]

Classe	Valor (Réis)	%
Tecidos	14:576$183	64,42%
Aviamentos, linhas e rendas	2:199$739	9,72%
Artigos de vestuário	1:960$075	8,66%
Perfumaria, jóias e acessórios	1:414$746	6,25%
Ferramentas, arreios e armas	983$221	4,35%
Utensílios de casa	782$588	3,46%
Outros	365$296	1,61%
Artigos de escritório	253$021	1,12%
Especiarias	93$543	0,41%
Total	**22:628$412**	**100%**

Fonte: APM – Coleção Casa dos Contos – CC 2018.

Os artigos comercializados na loja foram alocados em classes a fim de verificarmos com maior clareza a demanda daquela atividade mercantil. Assim, o resultado desse arranjo viabilizou a feitura de um balanço por fluxos de mercadoria em uma casa mercantil de grande porte. Ao todo, os produtos foram distribuídos em nove classes de acordo com suas características e finalidades.

Conforme a Tabela 1.3, a venda dos tecidos respondeu por 64,42% das negociações dos produtos a prazo. Em seguida, vieram mais três classes de produtos

---

30   A mesma tabela foi analisada em nossa dissertação de mestrado e apresentada, de igual modo, no capítulo de nossa autoria intitulado "Uma loja de Vila Rica" publicado na coletânea "À vista ou a prazo". Com o presente estudo propusemo-nos a uma análise do conjunto das informações tabuladas na Tabela 1.3, diferente daquela pormenorizada, trabalhada nas pesquisas anteriores (PEREIRA, 2008; CARRARA, 2010b, p. 52-36). Antes que se proceda à análise dessa tabela, cabe ainda uma explicação para os valores indicados na mesma. Melhor dizendo, a soma total das vendas a prazo por categoria dos produtos apresentada na Tabela 1.3 diverge do valor total das vendas a prazo da Tabela 1.2. Para a feitura da Tabela 1.2 fizemos a soma de todos os valores dos produtos que foram comercializados no crédito bem como das prestações de serviços. Entretanto, para alguns desses produtos não obtivemos uma indicação precisa, pois a transcrição, por vezes, apresentava dificuldades na identificação das palavras, erros na grafia, rasuras e danificação do suporte. Desse modo, para que se alcançasse o propósito da Tabela 1.3 tivemos que excluir esses valores correspondentes aos produtos que não foram identificados. Além disso, excluímos aquelas operações referentes à prestação de serviços, como o pagamento por feitio de roupas e botões. A diferença nos valores apresentados entre a Tabela 1.2 e a Tabela 1.3, no valor total de Rs. 523$962, foi atribuída à Rs. 467$337 referente aos artigos que não obtiveram uma indicação precisa e Rs. 56$625 aos feitios.

que perfizeram a demanda voltada para a composição do vestuário da clientela. Ou seja, aviamentos, linhas e rendas; artigos de vestuário; e, perfumaria, jóias e acessórios, que ao todo, corresponderam a 89,05% dos artigos comercializados naquela casa mercantil.

Os dados confirmam a demanda por artigos voltados para a composição do vestuário da população assentada nas Minas o que, decerto, era realidade pela dimensão populacional da região mineradora (MENESES, 2000, p. 103). No entanto, as variedades (cerca de 59) e a opulência desses tecidos, dos aviamentos, rendas e acessórios também trazem a lume uma afluência econômica favorável à aquisição de artigos de luxo importados do Reino. Além do mais, o investimento na composição dos trajes era uma garantia segura para o "bom tratamento" dispensado ao reconhecimento social em uma sociedade hierarquizada (cf. ALMEIDA, 2001, p. 186).

Destarte, artigos de vestuário como tecidos, aviamentos, acessórios e jóias agregavam valor ao reconhecimento social dos candidatos à elite local de Minas Gerais, como bem resumiu e nos esclareceu Sílvia Hunold Lara, ao examinar o papel ocupado pela composição dos trajes na sociedade colonial:

> Os estudiosos do tema já observaram que a linguagem dos trajes tornava visível, exibindo aos sentidos, a hierarquia social. Num mundo em que a maior parte das pessoas era analfabeta, ver era experiência das mais importantes: o poder e o prestígio deviam saltar aos olhos; a condição social inscrita no vestuário constituía uma linguagem que não permitia dúvidas, dada a força das alegorias (LARA, 2000, p. 180).

Investir em artigos de luxo a fim de trazer requinte para a composição dos trajes e, consequentemente exteriorizar um modo de vida que garantisse o bom tratamento, sem dúvida, figurou como um recurso imprescindível ao alcance da tão almejada distinção social dos moradores da capitania do ouro. Tanto quanto era exigida à inserção em redes de sociabilidade, como aquelas relacionadas às Ordens terceiras e Irmandades religiosas, ou ainda, à aquisição de títulos de nobreza, patentes militares e cargos administrativos.

Para Fisher, o alargamento da procura portuguesa pelas manufaturas estrangeiras através do comércio estabelecido com a Inglaterra foi consequência do desenvolvimento verificado no Brasil, de modo particular, pela "fenomenal expansão da extração de ouro" a partir do decênio de 1690 (cf. FISHER, 1984, p. 53).

Das Minas à Corte, de caixeiro a contratador

De acordo com a sua pesquisa sobre o comércio anglo-português, os têxteis constituíam o grupo mais importante de produtos exportados da Inglaterra para Portugal e, "Quando traduzido em médias por quinquênios entre 1700 e 1760, o valor dos principais têxteis exportados relativamente ao total das exportações nunca desceu abaixo dos 70% e no seu máximo chegou a atingir 84%" (FISHER, 1984, p. 31-32). Na pauta dessas exportações, entre os têxteis ocupavam maior destaque os tecidos de lã e os estambrados que, por sua vez, eram "mais leves e de preços moderados" ocupando a baeta, o primeiro lugar entre todos os itens (cf. FISHER, 1984, p. 32).[31]

Consentânea à perspectiva assinalada por Fisher, o produto mais vendido na loja entre 1737 e 1738 foi a baeta. Este tecido alcançou a soma total de Rs.3:781$000 e era de algodão ou lã, geralmente grosseiro, sendo muito utilizado para o feitio de roupas dos escravos e pessoas de pouca condição (cf. PEREIRA, 2008, p. 54). Um côvado[32] de baeta custava em média Rs. $800, ou seja, um valor relativamente moderado se comparado com outros tecidos comercializados por esta loja, como o francês *gros de Tour*, que em média chegava a valer Rs. 2$300 cada côvado.

Ressaltamos a partir das variedades dos tecidos uma procura diversificada por parte da clientela e, por conseguinte, uma significativa oferta de tecidos luxuosos por esta casa. Dentre as suas especificações encontramos a indicação sobre suas origens como os tecidos finos e entre finos ingleses, as peças de holanda e as sedas e brocados da França ou da Itália, além dos indianos que eram dos mais caros.[33] Nas palavras de Mafalda Zemella:

> Logo, porém, atraídos pelos gordos lucros, os mercadores levaram para as Gerais todos os produtos que reclamavam seus habitantes, desde os artigos de primeira necessidade aos mais supérfluos artigos de luxo vindos de remotas partes do mundo, para afagar a vaidade dos nababos do ouro e do diamante (ZEMELLA, 1951, p. 184).

---

31   "(...) As baetas, um tecido semiestambrado, ocupavam o primeiro lugar entre os vários itens, atingindo a sua exportação a média anual de 159000 libras em 1706-10, 435000 libras em 1736-40 e 443000 libras em 1756-60" (FISHER, 1984, p. 32).

32   Unidade de medida equivalente a 66 cm. (cf. CARRARA, 2008; SAMPAIO, 2003).

33   Uma peça de cambraia da Índia chegou a custar Rs.15$000 e um côvado de seda da França ou da Itália variava entre Rs.1$800 a Rs.2$000. Já o tecido mais caro vendido na loja, um brocado conhecido como galacê, era de origem francesa e uma trama composta com combinações de ouro e carmesim ou prata e azul e valia, em média, Rs.8$500 cada côvado (cf. PEREIRA, 2008, p. 60-50).

Em suma, os dados apresentados na Tabela 1.3 sinalizam para as proporções assumidas com a procura por artigos de luxo, em especial, os tecidos e ornamentos que compunham o vestuário e imprimiam à clientela da loja e, de modo extensivo, aos moradores das Minas a avidez pela distinção social. Para Virgílio Noya Pinto, as alterações provocadas pelo "advento do ouro" no Brasil modificaram substancialmente o quadro de importações de Portugal que, como decorrência, traduziu em alterações tanto qualitativas quanto quantitativas dos artigos comercializados.[34] Sobressaem ainda desse fluxo mercantil as conexões alimentadas por uma cadeia comercial estabelecida entre Portugal e os centros de abastecimento europeus, pois:

> A burguesia comercial portuária, como a do Rio de Janeiro, Salvador, Recife, São Luís e Belém, para atender às exigências e às necessidades das populações mineiras, adquirem da burguesia comercial portuguesa, através das frotas, os gêneros alimentícios e os manufaturados para o consumo interno. Por sua vez, a burguesia comercial portuguesa irá adquirir, nas várias praças europeias, aquilo que necessita para atender à demanda brasileira (PINTO, 1979, p. 227).

A demanda para o abastecimento da região mineradora deixa entrever aspectos de uma cadeia mercantil estimulada com a exploração do ouro e diamantes, ou seja, um comércio vigoroso e lucrativo que segundo Virgílio Noya Pinto movimentava o Império português, além de um conjunto de nações europeias através do comércio anglo-português. As articulações decorrentes desse comércio de abastecimento das Minas responderam por uma significativa parcela de escoamento do ouro brasileiro para fora de Portugal.[35]

---

34 Segundo suas palavras: "Qualitativas, na medida em que uma burguesia, tanto mineira como comercial, procurava viver dentro dos padrões europeus, preocupando-se com a exteriorização de sua opulência. Daí a necessidade de importar veludos e sedas, brocados e tafetás, rendas e meias de seda, chapéus e fitas bordadas a ouro e prata" (PINTO, 1979, p. 225). Assim como: "Quantitativas, na medida em que o crescimento demográfico acarretou a necessidade de importar muito maior quantidade de tecidos, sobretudo os panos baratos, para vestir o grosso da população brasileira, quer as de classe média e pobre, quer a escrava. São as Baetas, os panos ordinários, as serafinas, as bretanhas e as camelas" (PINTO, 1979, p. 255).

35 Ademais, apontou o autor: "Assim, o mineiro pagava em ouro as mercadorias que adquiria nas áreas de mineração, ouro este que era remetido pelo comércio local às praças portuárias em pagamento das compras efetuadas. Por sua vez, a burguesia portuária o enviava para Lisboa em pagamento das suas dívidas, e de Lisboa o ouro brasileiro se distribuía, através do mesmo processo, pelas praças europeias, sobretudo Londres" (PINTO, 1979, p. 227-228). Para Fisher, a supremacia dos comerciantes ingleses no comércio com o Império português durante o século XVIII estaria no grau de especialização que este país alcançou na produção de têxteis mais leves de lã e estambrados, com preços módicos e favoráveis ao clima da colônia portuguesa na América. A esse

Na esfera local, como assinalou Zemella, essa cadeia mercantil contribuiu de maneira positiva na conformação dos espaços urbanos de Minas Gerais, à época. Pois, esses ambientes onde aconteceram as trocas do ouro pelas "mercadorias vindas de São Paulo, do Rio de Janeiro e da Bahia, e os artigos importados da Europa, realizaram uma função nobre nas minas: concorreram para a concentração dos povos e formação das cidades" (ZEMELLA, 1951, p. 175). Desse modo, o movimento de ocupação e povoamento alentado pela produção aurífera se beneficiou da acomodação do comércio fixo, como as "casas de venda, ranchos de tropeiros, etc" para a fixação dos primeiros núcleos urbanos das Minas (cf. ZEMELLA, 1951, p. 177).

Por tudo isso, a Coroa ocupou-se de obter suas vantagens com a atividade mercantil recorrendo a uma política tributária baseada na imposição de taxas e sobretaxas incidentes nas mercadorias e nos gêneros alimentícios. Além do estabelecimento de impostos aplicados diretamente no comércio fixo ou mesmo na instituição de direitos reais que incidiam sobre a atividade:

> Tendo sido Portugal o entreposto necessário de todo o nosso comércio europeu, auferia grandes lucros na importação das manufaturas estrangeiras que iam ser consumidas no Brasil; ganhava nas taxas alfandegárias que cobrava nos seus portos e nos portos coloniais; cobrava os direitos de entrada que pagavam os gêneros para penetrarem nas Gerais; impunha taxas para a passagem de rios e, por último, recebia os impostos das lojas e vendas que revendiam tais artigos (ZEMELLA, 1951, p. 82).

A política tributária adotada pela Coroa aliada aos custos com a importação dos produtos do Reino e as dificuldades de transporte para a região mineradora, estimuladas ainda pelo poder aquisitivo dos mineiros na compra desses produtos, agregavam ao seu preço final um valor elevado. Sendo assim, "A distância das Minas, a dificuldade dos meios de transporte, os inúmeros intermediários e a cobrança de vários impostos eram alguns dos motivos que faziam com que os preços das

---

quadro acrescia ainda a capacidade dos comerciantes ingleses de concederem amplos créditos em longo prazo, que por vezes variava entre dois ou três anos, um problema que entravava os comerciantes franceses. Ou ainda, no caso holandês, desfavorecido pela sua reduzida capacidade manufatureira em atender à demanda do comércio português (cf. FISHER, 1984, p. 62-64). Para finalizar, em suas palavras: "Deste modo, parece claro que foram o secular crescimento do mercado português e a forte posição de competitividade da Inglaterra entre as nações manufatureiras europeias que constituíram as principais razões da expansão das exportações inglesas para Portugal entre 1700 e 1760 e do grande fluxo de ouro e prata para Inglaterra" (FISHER, 1984, p. 64).

mercadorias atingissem nas Minas preços nunca vistos, tornando-a um mercado atrativo para o comércio" (FURTADO, 1999, p. 198-199).

Beatriz Ricardina de Magalhães, em estudo a partir dos inventários *post mortem* da comarca de Vila Rica para 1740-1770, refere-se ao vestuário e, em especial, aos tecidos importados como um importante componente na composição da fortuna dos inventariados à época (MAGALHÃES, 1987, p. 173). Ademais, a emergente sociedade mineradora estava envolta por um ambiente em que a moda e o luxo exteriorizados na composição dos trajes eram fatores circunstanciais para a distinção social naquele espaço.

Uma avaliação dos preços dos artigos de luxo tais como tecidos, acessórios de vestuário, rendas e aviamentos em comparação aos valores dos gêneros de primeira necessidade demonstram o quanto era oneroso para aquela população adquiri-los. Apesar da dificuldade de precisar valores consistentes sobre os preços dos gêneros alimentícios para Vila Rica durante os anos de 1737 e 1738, adotamos como parâmetro os preços dos gêneros do Arraial do Tijuco. Em 1737, um alqueire, ou 36 pratos de farinha, era vendido naquele arraial por Rs. 1$500 e a mesma medida de milho por Rs. 1$125, assim como a carne bovina que foi avaliada a Rs. 2$700 o quarto (CARRARA, 2007, p. 102); alimentos fundamentais para a base alimentar dos moradores das Minas. No entanto, seus valores não corresponderam aos preços dos tecidos nobres vendidos a côvado, como o veludo ou à vara, como a cambraia, que não eram comercializados por menos de Rs. 3$000 na loja em Vila Rica (PEREIRA, 2008, p. 94). Destarte, essa comparação reforça o que foi dito por alguns estudiosos que abordaram o tema, a respeito dos preços elevados atingidos pelos produtos importados do Reino e do quanto era oneroso para a população expressar a sua condição social na capitania de Minas.

Tabela 1.4. Composição das vendas a prazo por varejo e atacado (1737-1738)

Vendas a prazo	Valores (Réis)	%
Atacado	7:009$569	30%
Varejo	16:142$805	70%
Total	**23:152$374**	**100%**

Obs.: Os valores apresentados nessa tabela são os mesmos da Tabela 1.2 e correspondem aos resultados calculados a partir do banco de dados.
Fonte: APM – Coleção Casa dos Contos – CC 2018.

Uma análise detida e atinente à demanda das vendas a prazo apontou para a distinção de negócios realizados na loja, tanto no varejo quanto no atacado, emergindo a distinção de dois tipos de clientes: consumidores e comerciantes. O resultado dessa análise, como se pode notar na Tabela 1.4, salienta que 70% dos negócios a prazo foram realizados com os consumidores finais. Ao passo que o restante concentrava nas vendas para outros agentes do comércio ao adquirirem produtos por atacado para o suprimento de seus negócios.

No que diz respeito à venda no varejo, verificamos uma vasta clientela distribuída entre uma acentuada diversidade social que compareceu àquele estabelecimento, pessoalmente ou por meio de uma ordem, para aquisição dos mais variados artigos oferecidos pela casa. Vale a pena mencionar, em um breve parêntesis, o perfil de um desses consumidores, ou seja, o caso do padre Antônio de Souza Lobo que em valores absolutos foi o segundo cliente por dívidas de produtos, perfazendo Rs.479$578. Pelas datas registradas junto aos produtos arrolados em seu nome este cliente compareceu praticamente todos os meses na loja e comprou diversos artigos, sempre em pequenas quantidades, dos quais sobressaíram a qualidade dos tecidos e a diversidade de suas cores (cf. PEREIRA, 2008, p. 121). Mas assim como o padre Antônio de Souza Lobo, inserem nesse quadro pessoas como o mestre de campo Manoel da Silva Rosa, a negra Quitéria da Conceição, o sargento-mor João Fernandes de Oliveira e o ouvidor geral da comarca de Vila Rica à época, Dr. Fernando Leite Lobo, entre outros.

Tabela 1.5. Distribuição das vendas por atacado de acordo com a clientela (1737-1738)

Clientes	Localidade	Valor (Réis)
Manoel Correia Espíndola		1:886$330
Silvestre da Costa Braga	Pitangui	904$734
Jerônimo Ribeiro do Vale	São Sebastião	698$531
João de Almeida e Caldas	Santa Bárbara	480$562
Francisco Pinheiro Caldas	Pitangui	456$937
João de Abreu Guimarães		424$218
Francisco de Almeida Sande		420$187
Antônio Rodrigues Nogueira		388$453
Francisco Martins	rio S. Francisco	380$431
Henrique José Leal	Pitangui	352$781
Henrique José Leal e João de Abreu	Pitangui	319$734
João de Abreu		283$171
José do Santos Freire e Antônio Pinto de Távora		13$500
Total		**7: 009$569**

Obs.: A soma total apresentada para José do Santos Freire e Antônio Pinto de Távora não representa o valor dos produtos arrolados para esses comerciantes, pois para a quase totalidade dos produtos não havia o lançamento dos respectivos valores. Uma ausência que provavelmente foi relacionada ao fato de que Antônio Pinto de Távora era irmão mais novo de Jorge e Manoel.
Fonte: APM – Coleção Casa dos Contos – CC 2018.

Já a Tabela 1.5 reúne os valores das dívidas da clientela que comprou produtos por atacado totalizando o percentual de 30% das vendas a prazo apresentados na

Tabela 1.4. No entanto, esses resultados devem ser tomados como uma estimativa tendo em vista a ausência dos valores dos produtos vendidos para José do Santos Freire e Antônio Pinto de Távora, dado acima mencionado.

Quanto às localidades indicadas para alguns dos agentes mercantis, mais uma vez os dados revelam as conexões geográficas estabelecidas por essa casa mercantil na capitania de Minas no seu envolvimento com o abastecimento *por grosso*. Ao todo foram 13 agentes e duas sociedades que adquiriram produtos por atacado, sendo que a maior parte dessas negociações envolveram quatro carregações para três comerciantes e uma sociedade na vila de Pitangui, comarca do Rio das Velhas.

Francisco Martins, morador em Santa Bárbara conduziu artigos de luxo para o rio São Francisco, enquanto Jerônimo Ribeiro do Vale, morador em São Bartolomeu, também adquiriu quantidades significativas de tecidos e outros artigos comercializados nesta loja que certamente foram destinados ao suprimento dos moradores daquela localidade. Da mesma forma, acreditamos que João de Almeida e Caldas conduziu os produtos que comprou para o vilarejo de Santa Bárbara. Um quadro que não deixa dúvida sobre a capacidade das lojas de grande porte, sediadas nos núcleos de mineração, de abastecerem outros agentes da atividade mercantil tanto na área rural quanto no interior da capitania de Minas, o que remonta a ideia das sólidas e intrincadas redes comerciais nesse âmbito.[36]

Além das vendas a prazo em nome dessa clientela que comprou por atacado, como se pode notar na Tabela 1.5, ainda havia, para alguns deles, registros sobre o lançamento de letras de crédito alocados junto às ordens de pagamento, inclusive de contas ajustadas em datas anteriores ao período abarcado pelo borrador.

O principal agente mercantil identificado nas vendas por atacado era Manoel Correia Espíndola, com uma dívida no valor total de Rs.1:886$330. Como da maior importância para corroborar a proeminência dos negócios de Espíndola com a sociedade dos irmãos Jorge e Manoel, à folha 247 do borrador também constavam os lançamentos de letras de crédito em seu nome, na sequência seguinte: a primeira em 24 de junho de 1734 no valor de Rs.6:615$383; a segunda em nove de dezembro de 1735, de Rs.660$863; a terceira em 31 de outubro de 1736, somando

---

36 Júnia Furtado verificou em sua pesquisa sobre os comerciantes nas Minas setecentistas que: "(…) As lojas eram estabelecimentos de maior porte, que exigiam capitais mais vultosos, geralmente estabelecidas no perímetro urbano, pertenciam à elite comercial, vendiam a retalho ou a grosso e faziam conexões com a área rural e o interior da Capitania (…)" (FURTADO, 1999, p. 241).

Rs.1:663$928; e, por fim, uma em 16 de janeiro de 1738, no valor de Rs.2:291$227. A soma total dessas letras alcançou a elevada quantia de Rs.11:231$401.[37]

O arrolamento das letras de crédito no lançamento das ordens de pagamento desse livro, em nome de Manoel, revela que seus negócios com a sociedade mercantil dos irmãos Jorge e Manoel precederam ao período compreendido por esse livro de contas correntes, isto é, os anos de 1737 e 1738. Talvez seja essa uma das razões para explicar algumas de suas dívidas que foram assentadas em réis, diferente daquelas disponíveis para os demais comerciantes que tiveram suas dívidas calculadas apenas em oitavas de ouro. Assim, essa diferença pode estar relacionada com a variação que a oitava de ouro sofreu na comutação do quinto para a capitação, ocorrido a partir de 1735, pois a primeira letra de crédito foi registrada em 1734, sendo também a de maior numerário relacionado a Manoel Espíndola.

Em outra situação, no dia 16 de janeiro de 1738, quando então Manoel adquiriu a maior parte dos produtos lançados nas vendas a prazo, os preços também foram lançados em réis, e obtiveram o montante expressivo de Rs.2:291$337,[38] já incluso o avanço[39] de 25% sobre a mesma dívida. Neste caso, acreditamos na possibilidade de ter sido uma venda atacadista feita por encomenda, o que ressalta a competência dessa loja como centro de abastecimento comercial na região mineradora, tal como faziam as casas comerciais do Rio de Janeiro que escrituravam suas negociações utilizando a moeda corrente no Império português.[40]

Ainda que a dívida de Manoel Correia Espíndola flagrada nas ordens de pagamento e com o valor total de Rs.11:231$401 não estivesse alocada ao balanço patrimonial ativo da loja – no qual incluímos somente os valores sobre as vendas a prazo –, essas estimativas contribuem para afirmar a importância

---

37 É preciso ter cautela com o valor total apresentado, mesmo porque não conhecemos o conteúdo ajustado nas respectivas letras de crédito tampouco os acordos sobre as negociações. Por isso, é provável que essas dívidas fossem reajustadas na medida que Manoel Correia liquidasse parte das mesmas, sendo então abatidas e alocadas em novas letras que substituiriam as anteriores.

38 APM – Coleção Casa dos Contos – CC 2018 – Fl. 167. Esse valor difere daquele calculado a partir do banco de dados e apresentado na Tabela 1.5. Isto porque para o lançamento dos dados em nossa base eletrônica tivemos que excluir o valor atribuído ao avanço de 25%, além de alguns itens estarem com seus valores rasurados ou ilegíveis.

39 De acordo com o verbete elaborado por Raphael Bluteau, avanço é uma palavra tomada do italiano *avanzo*, equivalente a resíduo, restante. Mais adiante diz, "avanço entre nós quer dizer ganância, lucro" (BLUTEAU, 2000, p. 654, CD-ROM).

40 Para o caso do Rio de Janeiro ver: (SAMPAIO, 2003). Dentre os itens arrolados nessa compra estavam 558 côvados de baeta de cores, 100 chapéus grossos, 49 varas de renda da França, 4.000 pregos caixares, entre outros.

da sociedade empreendida por Jorge Pinto de Azeredo e seu irmão Manoel Cardoso Pinto no circuito comercial de Minas Gerais. Além disso, demonstra a qualificação da loja no negócio *por grosso* abastecendo outras casas ou agentes mercantis da região mineradora.

Como bem salientamos anteriormente, as dívidas apresentadas na Tabela 1.5 para essa clientela que adquiriu produtos por atacado foram calculadas a partir dos registros das vendas a prazo do borrador. No entanto, alguns desses clientes possuíram cobranças a partir de letras de crédito lançadas nas livranças ou ordens de pagamento do mesmo livro, como o caso de Manoel Correia Espindola. Uma constatação que indica a importância do uso das letras de crédito na gestão dos negócios da loja, ou seja, como instrumento utilizado para formalizar as dívidas e garantir a recuperação das mesmas.

Conforme os negócios perscrutados nas vendas a prazo da loja, ao que parece, Silvestre da Costa Braga adquiriu produtos por atacado para atender a demanda de sua atividade mercantil em Pitangui e sua dívida apresentada na Tabela 1.5 foi de Rs.904$734, a segunda maior negociação por atacado com valores indicados. Todavia, encontramos dívidas sobre créditos no seu nome, como um lançamento no dia nove de julho de 1737, de uma letra de 301 oitavas de ouro (Rs.451$500). Já em 26 de janeiro de 1738, verificamos o registro de uma "livrança do que se compra fora para este Senhor", sem indicação do valor; e em 18 de maio três letras de crédito totalizando Rs.1:356$703.

Da mesma forma que nos casos anteriores nos dispomos de informações para mais alguns agentes, no lançamento das ordens de pagamento, como João de Almeida e Caldas com dois assentos, um em 1737 e outro em 1738, que somavam uma dívida de Rs. 671$061. Em nome de Francisco Pinheiro Caldas estavam duas letras de crédito em 1737 e outra em 1738 totalizadas em Rs.574$781. Assim também vimos o caso de João de Abreu Guimarães, com duas letras emitidas em 1737 e duas em 1738 (Rs.290$000); de Francisco de Almeida Sande com um lançamento em 29 de abril de 1738 de Rs.268$312; e, para finalizar, Henrique José Leal com duas letras de crédito em 1737 e 1738 respectivamente, somando Rs.511$359.

Mediante os ajustes de negócios da loja com alguns de seus clientes, especialmente nas atividades envolvendo quantias mais avultadas sobre as vendas por atacado, verificamos a cobrança de juros diferenciados. Nesse sentido, estavam os negócios articulados com o comerciante Francisco Martins, morador em Santa Bárbara, que levou uma carregação de fazendas secas para o rio São Francisco ajustada com o pagamento de um avanço de 30% sobre o valor das mercadorias, totalizando Rs. 380$431. Assim como os casos acima explicitados, de clientes que se submeteram ao pagamento de juros acima do percentual permitido na legislação do Império português,[41] Antônio Lourenço, ao adquirir 31 pares de brincos e uma cruz de diamantes, concordou que pagaria 20% a mais de juros nos valores dos brincos.

Encontramos essa mesma situação no balanço patrimonial ativo da loja (Tabela 1.1), onde foi calculado um percentual de 12% de avanço sobre o estoque de mercadorias, o que traz a lume uma diferenciação entre a limitação de uma taxa de juros de 5% pela legislação portuguesa em relação à consignação de mercadorias em grande escala, evidenciada nas contas mencionadas, que possuíam uma variação entre 12% a 30%. Ocorre também que essa taxação era de comum acordo entre as partes e o seu ajuste incorporado junto ao rol das mercadorias nas vendas a prazo, indicando que o tal percentual tratava-se, pois, de um prêmio cobrado pela consignação de produtos por atacado, o que possibilitava a feitura das letras de crédito sem que houvesse a formalização do juro. A medida além de afirmar a aptidão da casa mercantil em tela no comércio *por grosso* da região, também sugere uma forma assumida pela atividade mercantil para burlar as regras impostas por um mercado ainda guiado pela moral, na qual a cobrança de juros excessivos era motivo de repreensão por parte da Coroa.

Para encerrar nossa análise acerca do relacionamento entre essa casa de comércio e outros agentes mercantis da região, visto pela escrituração do borrador, é curioso perceber que algumas vezes esses comerciantes se ajudavam mutuamente, recorrendo sempre que necessário aos seus pares para o atendimento à demanda dos seus clientes. Tal o caso de um lançamento registrado no dia nove de fevereiro de 1737, quando a loja adquiriu 13 côvados de nobreza do estabelecimento de Simão da Rocha Pereira, para atender a Diogo da Costa Escudeiro. No mesmo dia também foram enviados, por esse mesmo mercador, três côvados de baeta para Antônio Coelho de Barros, outro cliente arrolado nas vendas a prazo da loja. Mas em dois de junho de 1737 foi a vez de Simão da Rocha Pereira tomar emprestado dois castiçais de estanho que "tornou a vir em vinte do dito", além de uma peça

---

41 A este respeito, a disposição apresentada no Livro IV das Ordenações Filipinas sobre os contratos usurários permitiu o ganho de dinheiro em todo caso de câmbio. De acordo com o Alvará de 23 de maio de 1698, a cobrança de juros estipulava uma taxa de 5% ao ano. Entretanto, na prática a Coroa consentiu, ao longo do século XVIII, uma taxa máxima com percentual de 6,25% ao ano (cf. Ordenações Filipinas, Livro IV, Título LXVII, p. 875-876).

de bocaxim em sete de outubro. No mês seguinte foram compradas espiguilha e franjas de ouro na loja de Manoel Matheus Tinoco para Antônio Coelho de Barros.

Ao que parece, esse seria um procedimento comum entre os comerciantes de Vila Rica. Pois em outras ocasiões vimos que havia empréstimos nas contas correntes de alguns clientes da loja sobre artigos de luxo buscados, por exemplo, nas lojas de Brás Gomes de Oliveira, Manoel Martins Machado, Manoel Ferreira de Macedo, Domingos Francisco de Carvalho e Geraldo de Araújo.

Os empréstimos

No lapso temporal compreendido pelo borrador (1737-1738) e segundo é possível aferir por meio dos registros nele arrolados, as negociações a prazo responderam por 91% da atividade mercantil desenvolvida na loja (Tabela 1.2), distribuídas entre as vendas a prazo, com 62% desse percentual, e os empréstimos de ouro, que somaram 29%. O que não deixa dúvida sobre a centralidade do crédito para a gestão dos negócios da loja dos irmãos Jorge Pinto de Azeredo e Manoel Cardoso Pinto.

Para Manuela Rocha, o crédito se manifestava através de uma multiplicidade de práticas creditícias que perpassavam desde o empréstimo de dinheiro entre particulares ou instituições, às vendas a prazo e ainda pelo adiantamento de salários ou de serviços.[42] Dada à complexidade das práticas que poderiam ser tecidas numa sociedade em fins de Antigo Regime (assentada em privilégios, distinção social e pautada pela economia moral),[43] mas que ao mesmo tempo conviveu com uma economia de mercado e sua ordem racional, o crédito se revelava muitas vezes envolvido por múltiplos sentidos.

O quadro explorado por Rocha (1770-1830) era de envolvimento generalizado da população lisboeta, fazendo o uso de práticas creditícias que variavam conforme a "diversidade de situações que permitiam a sua aplicação". De suas postulações depreende-se ainda que "as compras e vendas feitas a crédito constituíam o

---

42   A difusão do crédito e da multiplicidade das práticas creditícias foi tema do doutoramento de Maria Manuela Rocha. Com base na atividade creditícia praticada em Lisboa entre 1770 e 1830, a autora apresenta profícua discussão sobre a dimensão representativa do crédito na Corte do Império português em fins do Antigo Regime. (ROCHA, 1996a).

43   Conforme Vitorino Magalhães Godinho: "Na sociedade de antigo regime, o mais aparente é a divisão em estados ou ordens – clero, nobreza, braço popular. É uma divisão jurídica, por um lado, é, por outro, uma divisão de valores e de comportamentos que estão estereotipados, fixados de uma vez para sempre, salvo raras exceções (GODINHO, 1977, p. 80).

Das Minas à Corte, de caixeiro a contratador

principal motivo que suscitava o recurso a mecanismos creditícios". Mas o empréstimo de dinheiro também despontou entre os motivos para o recurso ao crédito,
seguido das rendas em atraso e os adiantamentos nos pagamentos de salários, além
das letras de câmbio e risco (cf. ROCHA, 1996b, p.586). Dessa forma, a disseminação das práticas creditícias, nomeadamente àquelas atreladas ao empréstimo de
dinheiro entre particulares deixa entrever a existência de dois padrões:

> (…) Por um lado, a concessão de quantias de dinheiro em que pre-
> dominavam intuitos de entreajuda e auxílio econômico, destinadas
> a fazer face a momentos de maior dificuldade na vida das famílias
> e que tendiam a ocorrer no interior de um circuito que englobava
> parentes, amigos e conhecidos. Por outro lado, manifestou-se a par-
> ticipação numa actividade de empréstimo que visava a obtenção de
> rendimentos (ROCHA, 1996b, p. 598).

De acordo com esse propósito, o recurso ao crédito nem sempre se amparava
pela "reciprocidade" ou "troca desigual", elementos típicos de uma sociedade de
Antigo Regime. Isto porque também se entrelaçava ao que Braudel caracterizou
como economia de mercado, em expansão entre os séculos XV e XVIII, com sua
ordem racional e economia mercantil diversificada (cf. BRAUDEL, [1979] 2009).[44]

Quanto ao crédito na América portuguesa, Antônio Carlos Jucá de Sampaio
fez a seguinte ressalva:

> O estudo do sistema de crédito existente no período colonial tem-se
> mostrado, crescentemente, de grande importância para a compreen-
> são da sociedade da América portuguesa, dada a relevância de seu
> papel no interior desta. Essa relevância deriva, a nosso ver, de três
> fatores fundamentais, sendo que o primeiro deles é a existência de
> um controle dos fluxos monetários por parte de uma pequena elite,
> profundamente envolta na atividade mercantil. Essa elite situa-se no
> cume de um sistema creditício que em sua base encontra-se extrema-
> mente capilarizado, entranhando-se em todos os segmentos sociais
> (SAMPAIO, 2003, p. 186).

Para Sampaio, a partir das primeiras décadas do Setecentos, a elite mercantil
do Rio de Janeiro tornou-se a principal mantenedora do "controle dos fluxos mo-

---

44   A respeito da economia de mercado ver, em especial, as proposições de Braudel sobre o "mer-
      cado auto-regulador" (cf. BRAUDEL, [1979] 2009, p. 192-197).

netários" da região. Pois, na medida em que os comerciantes passaram a acumular recursos monetários e a impulsionar o crédito regional, promoveram tanto o desenvolvimento econômico como o crescente fortalecimento da atividade mercantil da aludida cidade; uma movimentação favorecida, sobretudo pelo seu papel destacado no abastecimento da região mineradora (cf. SAMPAIO, 2003, p. 175).

Assim como no Rio de Janeiro o controle do crédito nas Minas ficou por conta do setor mercantil, particularmente das grandes casas comerciais que não se restringiam apenas às vendas de produtos, mas também concediam empréstimos monetários para a sua clientela, tal como a loja de Jorge e Manoel. A este respeito, Junia Furtado ao analisar os agentes mercantis das Minas setecentistas observou:

> Vários comerciantes afirmaram que tinham devedores "por réis a juros", pois, além das provisões que comerciavam, dedicavam-se a negociar dinheiro, atividade muito rendosa nas Minas. A usura era investimento seguro mas, ao mesmo tempo, tecia relações de subordinação com os financistas (FURTADO, 1999, p. 129).

Embora tenha sido lastreado pelas operações a crédito, o setor mercantil era capaz de reunir uma concentração monetária que favoreceu os empréstimos em dinheiro comumente oferecidos pelas casas de comércio para a sua clientela. Destarte, o vigoroso comércio das Minas fomentou os "empréstimos em espécie e por isso funcionaram também como instituições de crédito" (FURTADO, 1999, p. 109). Nessa medida, "os grandes atacadistas estabelecidos em Minas tornaram-se importantes linha de crédito interno, o que fez com que o pequeno comércio recorresse a esses em busca de financiamento" (FURTADO, 1999, p. 124).[45] Isto porque, "Na inexistência de instituições bancárias ou de crédito, o capital comercial tornava-se importante fonte de financiamento de pessoas e de outros comerciantes, especialmente porque chegava às suas mãos grande parte do ouro extraído" (FURTADO, 1999, p. 122).

Ainda que não seja o objetivo da nossa pesquisa um estudo sobre as instituições financiadoras do crédito em Minas colonial, é oportuna, no âmbito da difusão

---

45 Raphael Santos, em estudo sobre o crédito na comarca do Rio das Velhas, também destaca: "Em um contexto de baixa liquidez, eles [os comerciantes] controlaram desde o financiamento ao consumo, à ascensão social e aos investimentos produtivos e ainda integraram, junto com os grandes mineradores, o grupo dos pouquíssimos homens capazes de acumular moeda" (SANTOS, 2005, p. 174).

Das Minas à Corte, de caixeiro a contratador

do crédito e do empréstimo monetário, uma abordagem mesmo que sucinta de algumas instituições que ali atuaram, particularmente as irmandades religiosas.

Segundo Caio Boschi, em Minas Gerais as irmandades religiosas tornaram-se importantes associações para a organização social dos primeiros anos de formação dos núcleos mineradores. Um fato que esteve relacionado às condições e dificuldades de ocupação da região, pois a população que para lá se deslocou necessitava de mecanismos de entreajuda. Assim, a instituição das irmandades aconteceu antes mesmo que o Estado e a própria Igreja ali se instalassem, "(...) quando a máquina administrativa chegou, de há muito as irmandades floresciam. Quando as primeiras vilas foram criadas por Antônio de Albuquerque, em 1711, a presença e a atuação delas já eram incontestáveis" (BOSCHI, 1986, p. 23).

E assim, a consolidação das vilas e arraiais tanto possibilitou o surgimento de novas irmandades quanto o fortalecimento das já existentes. No entanto, com o tempo a Coroa portuguesa pouco a pouco adotou medidas legislativas que cerceavam o poder dessas instituições; como, por exemplo, a proibição de adquirir bens de raiz sem a licença régia. Mas,

> (...) permitiu-lhes, no entanto, o expediente de hipotecar ou mesmo vender, como na maioria dos casos, utilizando o dinheiro obtido para a compra de paramentos, para complementação de obras ou até mesmo para empréstimo a juros. Essa prática parece ter sido frequente e feita às claras durante o período colonial (BOSCHI, 1986, p. 133).

Se por um lado as irmandades religiosas prosperavam na região desde os seus primeiros anos, por outro a Santa Casa da Misericórdia (importante instituição colonial do Império português e linha de frente no fornecimento do crédito),[46] apenas em 1736 obteve permissão de Dom João V para instalação da sua primeira casa nas Minas (cf. FURTADO, 1999, p. 224). Ou seja, o estabelecimento da Santa Casa ocorreu quase meio século depois da descoberta do ouro e 28 anos após a fundação das suas primeiras vilas.[47] Um relato das memórias históricas da Provín-

---

46 Para Charles Boxer "A Câmara e a Misericórdia podem ser descritas, com algum exagero, como os pilares gêmeos da sociedade colonial portuguesa do Maranhão até Macau" (BOXER, 2002, p. 286).

47 Como apontou Charles Boxer: "(...) Em geral, fundavam-se os ramos coloniais da Santa Casa da Misericórdia aproximadamente na mesma época em que se instituía o Senado da Câmara local (...)" (BOXER, 2002, p. 299).

cia de Minas Gerais nos oferece uma abordagem elucidativa das condições para a instalação da Santa Casa de Misericórdia em Vila Rica:

> Tendo o alvará de 16 de abril de 1738 mandado erigir aqui, sob a proteção real, casas de hospital, e de misericórdia para cura dos enfermos, e que esta se governasse pelo compromisso da do Rio de Janeiro, *a exceção da diferença de irmãos nobres, e mecânicos, que não haveria nela;* erigiu o General Gomes Freire de Andrade a casa existente de misericórdia, cuja instituição ou o seu compromisso confirmou o tribunal da mesa da consciência, e ordens, por provisão de dois de outubro de 1740. (RAPM, 1908, vol. 13, p. 584, itálico nosso).

Ao menos até os últimos anos da década de 1730 o principal núcleo de mineração bem como o restante da capitania não contavam com os préstimos oferecidos pela Santa Casa de Misericórdia, uma prática recorrente em todo o Império português. É, no entanto, esse motivo razoável para sublinhar que durante o período precedente à instalação da Santa Casa a assistência social estendida à população mineira era desempenhada pelas Ordens Terceiras. Assim, os compromissos das irmandades serviram para minorar as demandas sociais de seus membros como, por exemplo, a assistência aos enfermos e na hora da morte, além do exercício caritativo.

Mesmo com uma instalação tardia, fazer parte do corpo de irmãos da Santa Casa era sinônimo de pertencimento à elite local, gozando de distinção e prestígio social, como acontecia nas demais localidades do Império português.[48] Por isso, como assinalou Furtado a partir do aludido alvará, "Ao impedir a distinção entre os que viviam do seu próprio trabalho e os nobres, a Coroa extinguia uma das principais fontes de preconceito em relação aos comerciantes. Demonstração clara do reconhecimento da importância econômica e social que os negociantes desempenhavam na sociedade local" (FURTADO, 1999, p. 224).

A explicitação do Alvará revogava a distinção costumeira dessa irmandade, entre nobres e mecânicos, aos seus futuros membros em Vila Rica, pois sua elite estava maculada pelos defeitos da mecânica. Neste caso, como apontado por Furtado, uma elite conformada por agentes mercantis que reuniram em suas mãos poder aquisitivo e, por conseguinte, figuravam no quadro dos *homens bons* daquele universo social.

---

48 Ver, por exemplo: (BOXER, 2002; RUSSELL-WOOD, 1981).

Das Minas à Corte, de caixeiro a contratador

A fim de ilustrar o papel destacado assumido pelos comerciantes no contexto minerador, apresentamos uma passagem retirada de uma petição enviada pelo comerciante e capitão Simão da Rocha Pereira à Mesa de Consciência e Ordens, que compôs o seu processo de justificação para receber o hábito de cavaleiro da Ordem de Cristo. Dessa forma:

> (...) E posto que o suplicante negociasse algum dia em fazenda que vendia por seus caixeiros em Vila Rica das Minas Gerais parece que este trato lhe não irroga defeito maiormente *compondo-se a maior parte daquele continente só de comerciantes e mineiros que são os homens bons que formam o corpo da República;* além do que sendo tanto mais atendível *o negócio como coluna primeira* em que a mesma se sustenta que sem ele não podem os mineiros extrair o ouro em utilidade do Real Erário e dos interesses comuns do Reino, conservação e aumento do País. O que melhor se confirma com a certeza de que só os ditos comerciantes e mineiros são os que servem os empregos graves do Estado Político (...) [itálico nosso].[49]

A argumentação desse candidato a cavaleiro de Cristo traz a lume a composição da elite local mineira, já avistada no alvará de 1738. Uma elite que movimentava o dinamismo econômico da região, capaz de ocupar importantes cargos administrativos locais, detentora de patentes militares e inserida em instituições religiosas, como haveria de ter sido o caso da Santa Casa.

Apesar da ausência de estudos específicos sobre o crédito em Minas Gerais na primeira metade do Setecentos,[50] as observações sugerem com certa margem de segurança que o recurso ao crédito à sua população era oferecido pelas irmandades religiosas (com exceção da Santa Casa da Misericórdia, até 1740) e os comerciantes, de modo particular, aqueles relacionados às casas de grande porte. Ademais, a destacada posição assumida pelo setor mercantil e seus agentes no quadro econômico da

---

49   IANTT – Habilitações da Ordem de Cristo – Letra S – Mç 04 – Doc. 02 – Simão da Rocha Pereira.

50   A este respeito, por exemplo, não dispomos de estudos sobre o papel do Juizado de Órfãos, mas sabemos que para outras localidades ele atuou como importante linha de crédito durante o período colonial. Como apontou Sampaio para o caso do Rio de Janeiro, entre 1650 e 1700, o Juízo de Órfãos respondeu pela principal fonte de recursos da economia fluminense. No entanto, sua importância para a primeira metade da centúria setecentista era considerada irrisória, fato que esteve ligado ao acelerado desenvolvimento da economia mercantil fluminense, com o surgimento de novas fontes de recursos e o surgimento dos homens de negócios como grandes credores (cf. SAMPAIO, 2001, p. 193-194).

capitania, assim como o avanço historiográfico sobre o seu comércio, nos revela que os comerciantes participavam ativamente da concessão do crédito na região.

Na medida em que vistos pelos seus testamentos, inventários e relatos à época, entre outros documentos, os comerciantes se destacavam por conservarem em suas mãos uma parcela significativa dos bens e riqueza da região. Além do mais, alguns estudos que abordam essa temática têm demonstrado uma diversidade de registros relacionados com as práticas creditícias envolvendo o segmento mercantil.[51] O que permite, mesmo de maneira indireta, afirmar que o capital reservado às casas de comércio foi importante recurso mantenedor do crédito privado durante a primeira metade do século XVIII em Minas Gerais.

A concessão do crédito pelas casas mercantis também é constatada com a escrituração da loja de Jorge Pinto de Azeredo e seu irmão Manoel Cardoso Pinto em Vila Rica, como já assinalamos e demonstra a tabela seguinte.

Tabela 1.6. Distribuição do empréstimo de ouro de acordo com a clientela (1737-1738)

Cliente	Valor (Réis)
João Fernandes de Oliveira	4:786$125
Jerônimo de Paiva e Souza	1:128$000
José Lopes Ribeiro	636$000
Antônio da Rosa	591$281
Simão da Rocha Pereira	451$500
Quitéria da Conceição	236$343
Francisco da Silva Neves	232$875
Manoel de Souza Tavares	219$140
Feliciano Francisco	210$046
João Carneiro da Silva	185$625
Domingos de Amorim	166$781
Irmandade do Santíssimo	163$921
Valentim Gomes Ribeiro	135$000
Simão de Araújo Pereira	119$390
Total	**9:289$027**

Obs.: Os valores apresentados foram calculados a partir da escrituração das vendas a prazo.
Fonte: APM – Coleção Casa dos Contos – CC 2018.

O montante total alcançado pelo empréstimo monetário na loja durante o período de 1737-1738 foi de Rs.10:906$524, e foi lançado na Tabela 1.2. No entanto, selecionamos aqueles clientes que obtiveram uma dívida superior à Rs.100$000 para apresentar na Tabela 1.6, posto que a análise de todo o conjunto além de desnecessária tornaria a nossa exposição exaustiva. Mesmo assim, a tabela acima res-

---

51   Essa questão foi abordada nos trabalhos de: (ESPÍRITO SANTO, 2005; FURTADO, 2009; SANTOS, 2005; SILVEIRA, 1999).

pondeu pelo expressivo valor de Rs.9:261$839. Conforme a estimativa da presente tabela, 84% dos empréstimos estavam distribuídos entre apenas 14 clientes. A sua vez, ao restringirmos a uma análise mais detida, ou seja, de dívidas acima de Rs. 450$000, constatamos que o percentual atingiu 69% de todo o empréstimo realizado pela loja e ficou dividido entre cinco clientes. Esse crédito se revelou ainda mais concentrado ao verificarmos que apenas o sargento-mor João Fernandes de Oliveira[52] movimentou 43,88% de todos os empréstimos, seguido por Jerônimo de Paiva e Souza com 10,3%, perfazendo um total de 54%. Melhor dizendo, metade do valor total dos empréstimos estava concentrada entre apenas dois clientes.

Em 17 de abril de 1737, ao sargento-mor João Fernandes de Oliveira foi repassado o montante de 600 oitavas e 12 vinténs de ouro (Rs.900$562) de uma única vez. Além dessa soma avultada, em seu nome estava o registro de 240 oitavas de ouro e mais 339 oitavas e ½ retiradas durante o mês de maio. Em junho, este senhor fez mais três empréstimos nos valores respectivos de 579 ½, 214 e 163 ¼ e 4 vinténs, e, por fim, aos três de dezembro, 575 ½, e mais 478 e ½ aos seis dias do mesmo mês. A soma de todos os empréstimos alcançou a quantia de Rs. 4:786$125.

A elevada soma despendida com esses empréstimos aponta já em meados da década de 1730 a estreita relação entre o sargento-mor João Fernandes e Jorge

---

52   Segundo Junia Ferreira Furtado, o sargento-mor João Fernandes de Oliveira deixou a província do Minho ainda jovem, nas primeiras décadas da centúria setecentista, rumo ao Brasil, onde passou pelo Rio de Janeiro e seguiu para as Minas Gerais. Chegando lá, inicialmente estabeleceu residência em Vila Rica, depois se mudou para Vila do Ribeirão do Carmo, dedicando à mineração, quando então adquiriu uma fazenda chamada Vargem, que era uma propriedade rural e mineral, próxima ao pico do Itacolomi. Em 1726, com seus negócios já estabilizados casou-se com Maria de São José, de cujo matrimônio nasceram seis filhos. Dentre eles, seu primogênito e homônimo João Fernandes de Oliveira, formado em Direito pela Universidade de Coimbra que se tornou um Desembargador e retornou, na segunda metade do século XVIII, às Minas para assumir a administração do contrato da Extração dos Diamantes que seu pai, o sargento-mor, havia arrematado. Conforme Furtado, o sargento-mor: "João Fernandes de Oliveira investiu em vários setores, e essa diversificação permitiu que acumulasse riquezas e que em meados do século fosse considerado um *homem de negócio*. Essa expressão designava os donos de grandes capitais que se dedicavam ao setor atacadista, o comércio *por grosso*, emprestavam dinheiro a juros e arrematavam da Coroa a cobrança de diversos impostos, entre outras atividades que exigiam investimentos de monta" (FURTADO, 2003, p. 75). No entanto, foi em 1739 que o sargento-mor João Fernandes deu início ao seu mais importante empreendimento, a arrematação do primeiro contrato da Extração dos Diamantes em sociedade com Francisco Ferreira da Silva. Algum tempo depois, Jorge Pinto de Azeredo juntou-se à companhia que arrematou o aludido contrato, sendo um dos caixas na Corte; o que reforça ainda mais os laços já evidenciados entre João Fernandes e Jorge Pinto através dos empréstimos da loja, explicitados na Tabela 1.6. Apresentamos uma análise mais detida sobre os negócios estabelecidos entre ambos no quarto capítulo dessa pesquisa, em especial àqueles alusivos aos contratos régios.

Pinto de Azeredo. Laços que ficaram mais evidentes quando se entrelaçaram na formação de companhias para a arrematação de importantes contratos régios da capitania, como o dos Dízimos Reais de 1738 e da Extração de Diamantes em 1740.

De difícil avaliação foi o caso de Jerônimo de Paiva e Souza, pois as informações de que dispomos se resumem tão somente às compras a prazo e o empréstimo de ouro em seu nome, registradas no borrador. Da mesma forma, não dispomos mais do que as 424 oitavas de ouro emprestadas a José Lopes Ribeiro, em 20 de março de 1737.

Por sua vez, o comerciante Simão da Rocha Pereira tomou emprestado 301 oitavas de ouro em 15 de junho de 1737. E, à negra Quitéria da Conceição, além de 110 oitavas de ouro em 10 de julho de 1738, constam retiradas de pequenas quantias de ouro em pó para pagamento de uma diligência, almotaçaria e capitação, assim como utilizou de alguns empréstimos para quitar as suas dívidas atribuídas à prestação de serviços a oficiais mecânicos, em Vila Rica.

O caso de Francisco da Silva Neves pouco nos esclarece, pois em seu nome estava apenas a indicação de três somas de ouro no valor de Rs. 232$875. Já Manoel de Souza Tavares recorreu a esta casa mercantil para o empréstimo de 146 oitavas de ouro para quitar uma dívida com a Real Fazenda, em novembro de 1737, enquanto o homem de negócios João Carneiro da Silva, sócio em carregações de fazendas de tecidos enviadas por Jorge Pinto de Azeredo de Lisboa, no decênio de 1740, era devedor de pequenas quantias de ouro emprestadas para pagamento de várias diligências e ações movidas em Vila Rica e Vila do Ribeirão do Carmo (Rs.185$625). Para Valentim Gomes Ribeiro foram emprestadas 90 oitavas de ouro, em 26 de agosto de 1737, uma quantia utilizada no pagamento de uma negra que comprou a José do Santos.

No dia 12 de julho de 1737 foi registrado um empréstimo em nome da Irmandade do Santíssimo Sacramento de 11 oitavas de ouro para o púlpito, além de mais 98 oitavas "para dar a Antônio Francisco" em dois de janeiro de 1738. Tratava-se, pois, de uma irmandade de grande prestígio nas Minas setecentistas, figurando entre aquelas "responsáveis pela construção das igrejas matrizes" (BOSCHI, 1986, p. 131).

Ao considerarmos os resultados obtidos com o empréstimo monetário da loja, como mostra a Tabela 1.6, fica em evidência a forte concentração de somas avultadas de ouro nas mãos de poucos clientes, compondo um seleto grupo de pessoas. Por outro lado, podemos observar a competência dessa casa mercantil em fornecer elevadas quantias de ouro a apenas alguns de seus clientes. Somas que eram retiradas para pagamentos de dívidas particulares dessa clientela, como a compra de escravos ou dívidas com a Real Fazenda. Ainda em relação aos empréstimos monetários, podemos incorporar cerca de mais 80 clientes da loja se beneficiando de empréstimos sempre em pequenas quantias, reforçando, neste sentido, a aptidão que essa casa teve para fornecer crédito na região. Uma realidade que não deixa dúvidas sobre a centralidade do setor mercantil para o fomento do crédito em Minas colonial.

Destarte, Gabriel Alves da Costa tomou para si uma oitava de ouro para o pagamento das suas despesas com "milho e capim para os três cavalos que vieram a dormir aqui em oito de abril". Outra situação comum foram os pagamentos pelos gastos com "as custas", procurações, mandados e citações das ações judiciais que alguns desses clientes moveram na comarca de Vila Rica. Tal o caso dos vários pagamentos antecipados pela loja às ações movidas por João Carneiro da Silva, como quatro oitavas e ½ de ouro dadas a um oficial a fim de fazer uma diligência em 30 de novembro de 1737, ou os ¾ de ouro a "Luís da Silva para tirar uma procuração". Assim como as duas oitavas e ½ emprestadas a Pedro da Costa Guimarães "do ouro da capitação de janeiro de 1738".

De outra parte, mesmo quando arroladas ao lançamento dos empréstimos de ouro tivessem informações sobre a finalidade desses montantes, como nos casos acima explicitados, não encontramos quaisquer referências que pudessem remeter à cobrança de juros por parte da loja. Esse fato, porém, de maneira alguma justifica a ausência de juros obtidos nos empréstimos em espécie, uma cobrança que poderia ficar ajustada nas letras de crédito. Vale lembrar, ainda, que a escrituração das vendas a prazo, fosse de mercadorias ou de empréstimo de ouro, destinava-se ao controle do que era movimentado diariamente na loja, mediante o uso de borradores. Dessa forma, a ausência dos juros nesses registros poderia residir no fato de que, vencidos os prazos estipulados para a liquidação das dívidas e mediante o ajuste do pagamento ou cobranças judiciais, é que se dava a emissão das letras e nelas, quase sempre, constavam os juros de 6,25%.

Apesar de suas análises estarem centradas para um espaço diferente do nosso e o seu recorte temporal posterior, Maria Manuela Rocha ao examinar o crédito privado em Lisboa traz a lume uma característica marcante sobre as vantagens obtidas com o sistema creditício assumido pelo setor mercantil. Em outras palavras, o crédito oferecido pelas casas mercantis garantiu vantagens que compensavam os inconvenientes do seu emprego, mesmo quando a ele não estivessem reservados os benefícios financeiros, pela taxação dos juros. Interessa-nos, de modo particular, analisar suas considerações e relacioná-las às movimentações das vendas de produtos e do empréstimo de ouro concedido pela loja dos irmãos Jorge e Manoel, em que se apresentou com frequência o fornecimento de pequenas quantidades de ouro em pó. Desse modo:

> (...) A regularidade das aquisições a crédito que se iam acumulando numa conta que o cliente mantinha em aberto está, como vimos, bem documentada. A essa conta deduziam-se em intervalos irregulares certas quantias entregues pelo cliente ou acrescentavam-se novas parcelas de géneros vendidos a fiado e nalguns casos de empréstimos de dinheiro concedidos pelo lojista. Um determinado montante de dívida ia sendo mantido, sem que se manifestassem intenções de o saldar por completo. Perpetuava-se deste modo uma relação de crédito que ligava entre si vendedores e consumidores. A venda a fiado permitia ao lojista não só assegurar o escoamento dos produtos, mas também fixar uma rede constante de clientes. Residiam aqui as vantagens que o estabelecimento de relações de crédito permitiam ao comerciante alcançar (ROCHA, 1996a, p. 270).

A caracterização do sistema creditício também foi descortinada por Sampaio que, ao retratar a atividade mercantil do Rio de Janeiro, ressaltou a importância das relações mercantis de longo prazo como foi o fornecimento do crédito, a sua vez "uma forma de subordinação do devedor ao credor". Afinal, "Podemos dizer que todo grande negociante produzia a partir de si uma cadeia de endividamento que coincidia, em grande parte, com sua rede de relações mercantis. Em outras palavras, relações mercantis envolviam sempre, ou quase, a criação de relações de crédito" (SAMPAIO, 2003, p. 263).

Vista pela consulta ao seu borrador, a casa mercantil se mostrou fortemente envolvida com a disseminação do crédito na região, seja com o fornecimento de produtos ou oferecendo o empréstimo de ouro. E, na mesma medida em que atendeu à demanda por atacado ou amiúde de seus produtos, com o empréstimo monetário o quadro não era diverso. Por tudo isso, a empresa se adequou – dentro das atividades que seus negócios figuravam – a atender um consumo diversificado e, sobretudo, foi capaz de sustentar de maneira eficiente a circulação monetária solicitada pela sua clientela nas Minas.

Os pagamentos

Ao longo desse capítulo investigamos a rotina de uma loja em Vila Rica entre 1737 e parte de 1738. Tal análise teve como horizonte a dimensão que a empresa alcançou no universo mercantil das Minas setecentistas tendo em vista a sua conjugação com a historiografia relacionada ao tema. Considerando o conjunto dos dados apurados, ou seja, o patrimônio anual ativo da loja, podemos afirmar que a sociedade entre Jorge Pinto de Azeredo e seu irmão Manoel Cardoso Pinto figurou como importante casa mercantil na capitania de Minas para o período em tela.

A este respeito também vimos que a maior parte dos negócios empreendidos com a clientela da loja era mediante acordos ajustados a prazo. Mas resta-nos ainda uma investigação voltada para os instrumentos e recursos de que se valeu essa empresa para garantir o recebimento das dívidas de sua clientela. A fim de trazer elementos elucidativos, analisaremos os lançamentos que compõem a última função do borrador, em especial, a cobrança das letras de crédito. Nesse mesmo sentido, exploramos os ajustes de contas realizados com as vendas a prazo, que traduzem, em boa medida, o processo de liquidação daquelas dívidas.

Uma das primeiras anotações foi uma "Cópia da conta que deu Manoel Cardoso Pinto a Quitéria da Conceição de 4 de agosto de 1735". Conforme esse lançamento, realizado em 20 de dezembro de 1737, que apresentou a relação dos produtos comprados na loja bem como o empréstimo de 143 oitavas de ouro, é possível inferir que Quitéria fez alguns pagamentos e ajustou, através da feitura de uma letra de crédito, o restante de suas dívidas, que perfizeram o valor de 215 oitavas para se pagar em três meses.[53]

Temos aqui um caso ilustrativo do que foi enfatizado por Rocha acerca da regularidade das aquisições a crédito que assumiam um caráter cumulativo, tanto para a concessão de mercadorias como para o empréstimo monetário, estendido por intervalos irregulares de pagamentos e perpetuando, desse modo, uma relação de dependência que ligava a clientela aos comerciantes (cf. ROCHA, 1996a, p. 270). A situação envolvendo as dívidas de Quitéria também demonstra a possibilidade de acordos realizados em um momento posterior às vendas, mediante a feitura de letras de crédito durante o ajuste das contas. Assim, uma dívida contraída inicialmente pela palavra empenhada pelo devedor e, portanto, fundamentada na repu-

---

53 APM – Coleção Casa dos Contos – CC 2018 – Folha 189.

tação e confiança a ela associada, poderia ser ajustada posteriormente, através da emissão de uma letra de crédito.

Outra situação usual para a liquidação das dívidas se dava com o falecimento do devedor, mediante a confecção do inventário e partilha de seus bens. O procedimento para a cobrança era uma ação cível de Justificação, isto é, um processo judicial que corria paralelamente ao inventário *post mortem* e visava a separação de bens do espólio para o pagamento das dívidas do inventariado.[54] Desse modo, "em 25 de fevereiro de 1738 foi tirada uma conta em nome do defunto João da Costa Bravo" no valor de 36 - ¾ - 2, alusiva às mercadorias que comprou na loja no mês de outubro de 1736 e remetida ao Juízo dos Ausentes.[55]

Assegurar por meio judicial o pagamento das dívidas em atraso era também uma medida adotada quando havia dificuldade em recuperar as somas devidas, o que gerava contenda entre as partes envolvidas, ou seja, credor e devedor. Muitas vezes o embaraço acontecia por conta das dívidas contraídas com a aquisição de produtos oferecidos pelos comerciantes, prestação de serviços e pequenas somas de empréstimos em espécie, para as quais práticas creditícias eram largamente utilizadas nas negociações. Em muitos casos, por se tratarem de quantias módicas, o que havia era um rol assentado em escrituração de natureza privada para controle do ato em si, nos livros de escrituração das casas mercantis. Nessa medida, o sucesso da transação dependia fundamentalmente da confiança atribuída à palavra do devedor, como assinalamos anteriormente. Nesse caso, quando não se procedia à feitura das letras de crédito o recurso era o apelo à mesma palavra empenhada pelo devedor, através de processos judiciais chamados de ações de Alma. Raphael Santos, ao estudar o crédito na comarca do Rio das Velhas, assim se expressou sobre o tal procedimento:

> São ilustrativos da importância da palavra, escrita ou falada, nas transações comerciais, os processos sumários movidos junto aos cartórios durante todo o século XVIII que eram conhecidos como "ações de Alma". Nesses processos cíveis, as pendências financeiras e outros conflitos eram resolvidos por meio de um juramento sobre os livros sagrados do Evangelho. Lançaram mão desse artifício jurídico, principalmente, aqueles que foram lesados em alguma transação co-

---

54 Veremos o uso dessa prática mais adiante, no segundo capítulo, com uma análise voltada para as ações cíveis ajuizadas em Tribunal de primeira instância na comarca de Vila Rica.

55 APM – Coleção Casa dos Contos – CC 2018 – folha 222.

mercial – seja ela escriturada em documentos privados ou públicos, ou apenas feitas de palavra (SANTOS, 2005, p. 49).

Além das ações de Justificação, encontramos algumas situações envolvendo as ações de Alma e de Crédito no borrador. Como, por exemplo, uma listagem em 20 de janeiro de 1738, "das pessoas que se mandam citar". Assim, José Ribeiro Guerra e Domingos Lourenço Borralho foram citados "por alma", enquanto Manoel Fernandes [sic] Carneiro por alma e crédito e, Luiz Gonçalves Magro e o Dr. Manoel da Costa Reis sem especificação do processo a ser movido.[56]

Ainda que na escrituração da loja tenha despontado um significativo número de negociações a prazo envolvendo, quase sempre, pequenas dívidas lastreadas pela confiança na palavra, verificamos uma intensa movimentação das letras de crédito pela mesma casa. Sobretudo com a livrança[57] das letras de crédito que apontam para a formalização das vendas e empréstimos, nomeadamente, àquelas envolvendo somas mais avultadas. A circulação das referidas letras, por sua vez, parece ter sido de grande valia para o controle e cobrança das dívidas na atividade mercantil que se configurou nas Minas setecentistas, como foi o caso da empresa encetada por Jorge e Manoel.

Nesse sentido, em 20 de fevereiro de 1738 consta um rol com a "livrança dos créditos que levo para Mato Dentro". Ao todo foram sete letras de crédito que pertenceram, cada uma, a Manoel Correia, Manoel Pereira, padre [sic] Francisco Álvares, Antônio Lourenço, Luiz Pereira da Silva, Francisco Machado Portela e Euzébio José.[58] Sem a especificação dos seus valores não foi possível uma avaliação do numerário alocado com essas dívidas.

Dois meses depois, em 18 de maio de 1738, outro rol foi assentado e dessa vez havia a especificação dos valores atribuídos para cada dívida. Tratava-se da "Livrança dos créditos que levo para Pitangui", com quatro letras de crédito para o comerciante Silvestre da costa Braga que perfizeram um valor total de Rs.1:356$703; uma letra de Rs.68$531 a Manoel Alves Duarte; outra a Manoel Ribeiro Guimarães (Rs.36$562); a Antônio Carvalho Coimbra (Rs.52$359); Henrique José Leal (Rs.319$359); João de Abreu Guimarães, por duas letras de crédito (cada uma

---

56   APM – Coleção Casa dos Contos – CC 2018 – Folha 217.

57   Segundo Bluteau, "livrança é nome que se usa nas vedorias, significa um papel, ou ordem, em virtude da qual se faz um pagamento" (BLUTEAU, 2000, p. 162, CD-ROM).

58   APM – Coleção Casa dos Contos – CC 2018 – Folha 223.

no valor de Rs.165$281); Gonçalo Barbosa (Rs.131$203); Crispim do Santos (Rs.412$125); Antônio Rodrigues Nogueira (Rs.424$125); e, por último, uma letra ao comerciante Francisco Pinheiro Caldas (Rs.346$781).[59]

A circulação das letras de crédito como recurso para formalizar as dívidas instiga-nos a pensar sobre a sua relevância num universo mercantil onde a circulação de moedas era escassa e o principal recurso monetário era o ouro em pó que, por sua vez, estava condicionado a fatores como a sazonalidade das lavras de mineração, as medidas políticas para a circulação e o manejo desse metal.

Em outro caso, envolvendo uma relação dos créditos que Manoel Cardoso Pinto trouxe do Rio de Janeiro, percebemos, com maior clareza, a importância das letras de crédito para as negociações dessa casa mercantil. Embora o rol não revelasse detalhes da origem das dívidas e tampouco seus valores, fica uma ideia da teia de relações que a sociedade entre os irmãos Jorge e Manoel entreteceu no universo mercantil para o período em tela. Nele consta que Manoel trouxe consigo, para Vila Rica, letras de crédito de seu primo João da Costa Resende para João Carneiro da Silva, Manoel Pinto Viana, Lourenço Nogueira, Manoel Correa da Silva e Paulo Ferreira de Andrade. Além desses créditos, havia uma carta de João da Costa Resende para Manoel Carvalho Ferreira, outra de José Correa de Carvalho a Manoel Pinto Viana e duas cartas de Francisco da Silva Carneiro a Manoel Correa da Silva. A mesma relação declarava ainda uma letra de crédito no valor de Rs.2:000$000, em nome de José de Andrade e mais 13 letras de crédito resgatadas que pertenceram a Jorge Pinto de Azeredo.[60]

Tendo em vista os dados do aludido rol, flagramos o primo João da Costa Resende que, em 1736 era dono de uma loja em Itabirito, possivelmente residindo no Rio de Janeiro. Além disso, as informações demonstram que a confiança e a reciprocidade estabelecida iam além dos laços de parentesco, pois os dados sugerem que, dada à mobilidade geográfica dos negócios mercantis, os vínculos de entreajuda estabelecidos entre os negociantes eram vitais para o sucesso de trajetórias particulares.

Nesse universo marcado por estratégias de entreajuda e troca de favores, a loja solicitou nos meses de agosto e setembro de 1737 empréstimos que perfizeram o total de 400 oitavas de ouro a Simão da Rocha Pereira, comerciante em

---

59 APM – Coleção Casa dos Contos – CC 2018 – Folha 224.
60 APM – Coleção Casa dos Contos – CC 2018 – Folha 244.

Vila Rica, para atender à demanda solicitada pelo sargento-mor João Fernandes de Oliveira.[61] Assim, também em dezembro daquele mesmo ano foram entregues a João Fernandes de Oliveira 49 oitavas de pedras extraídas em Itatiaia para vender no Rio de Janeiro.[62]

Destacamos, ainda, nessa trama que se difundiu as relações mercantis que as letras de crédito circulavam como recurso monetário e favoreceram a articulação dos negócios. Se na redação da mesma letra estivesse inclusa a cláusula de mostrador,[63] o seu valor poderia ser resgatado pelas mãos de terceiros, ampliando, nesse sentido, as possibilidades de negócios envolvendo a emissão desses papéis. Dessa maneira acreditamos que foram resgatados no Rio de Janeiro 13 créditos pertencentes a Jorge Pinto de Azeredo, que na altura já residia em Lisboa. Tal prática também se revela em um trespasse de dívidas acordado no seguinte relato: "Remeti para o Serro do Frio por via do Dr. Florentino Soares da Fonseca um crédito que pertence a Ignácio Alves de Oliveira para se cobrar do devedor dele João Martins [sic] Viana de quantia de 354$920 réis".[64] Ou ainda, "em oito de julho de 1738 remeti a Manoel Martins Rodrigues um crédito que ao dito deve José Pacheco Correia de 120- ¼ - 4 vinténs e o remeti por Manoel Soares e um recibo feito para o dito Rodrigues assinar em como [sic] receber do dito crédito".[65]

Para encerrar a análise pertinente a arrecadação das vendas a prazo, resta o fluxo dos pagamentos efetuados sem que houvesse a necessidade de contenda judicial ou emissão de letras de crédito. Isto é, quando a clientela procurava a casa mercantil para pagar suas dívidas ou parte das mesmas. Tal o caso ocorrido em dezembro de 1737, quando algumas quantias recebidas foram lançadas no borrador, como, por exemplo: Francisco Pinheiro Caldas (Rs.70$000); Crispim dos Santos (Rs.35$250); Gonçalo Barbosa (Rs.48$000); Antônio Rodrigues Nogueira (Rs.48$000); Francisco Rodrigues Nogueira (Rs.10$031); João de Abreu Guimarães (Rs.30$187); Antônio Carvalho Coimbra (Rs.23$250); e Manoel Correia Espindola (Rs.103$500).[66] Da mesma forma, na folha 220 consta uma "livrança

---

61 APM – Coleção Casa dos Contos – CC 2018 – Folha 216.

62 APM – Coleção Casa dos Contos – CC 2018 – Fl. 140 verso.

63 Quanto à importância da apresentação da cláusula de mostrador, nos deteremos no segundo capítulo, ao analisarmos algumas das ações cíveis que envolveram a clientela dessa loja.

64 APM – Coleção Casa dos Contos – CC 2018 – Folha 221.

65 APM – Coleção Casa dos Contos – CC 2018 – Folha 216.

66 APM – Coleção Casa dos Contos – CC 2018 – Folha 206.

do ouro que se vai recebendo" que, assim como o relato anterior, trata-se uma relação de pequenas quantias que o caixeiro recebeu dos clientes da loja durante o mês de março de 1738.[67]

A loja em 1746

Em fins da década de 1730, Jorge Pinto de Azeredo regressou para a metrópole portuguesa, estabelecendo residência na capital do Império. De lá deu continuidade aos seus negócios, se inserindo no grupo dos homens de negócios da praça mercantil de Lisboa e arrematando importantes contratos régios relacionados à capitania de Minas Gerais, como os Dízimos Reais (1738) e as Entradas (1745). Mas o contato com as Minas, a partir de então, não se restringiu aos contratos régios, visto que o seu envolvimento com a atividade mercantil da região permaneceu em evidência, enviando carregações de baetas e outros artigos importados da metrópole. De igual modo, Azeredo manteve estreita relação com a companhia da loja em Vila Rica, mesmo quando depois de dez anos, em 1746, à frente daquele negócio estavam seus primos Manoel de Miranda Fraga e João Pinto de Miranda,[68] caixeiros da aludida casa em 1736.

Foi no Rio de Janeiro e durante o primeiro semestre de 1746 que Manoel de Miranda Fraga faleceu, sendo seus bens inventariados por seu irmão João Pinto de Miranda. Na época, João registrou que Manoel era morador em Vila Rica, onde teve "seu negócio de loja de Fazenda" em sociedade com Manoel Luiz dos Santos e ele, irmão e inventariante.[69] Apesar da informação, uma listagem dos créditos passados pela companhia e arrolados no inventário de Manoel nos diz que Jorge Pinto de Azeredo ainda estava envolvido com os negócios daquela loja, pois uma significativa parcela dos créditos arrolados no espólio estava em seu nome. Esse envolvimento também foi explicitado no inventário dos bens de Jorge Pinto de Azeredo, principiado em 1747, quando o seu inventariante declarou que recebeu

---

67 A este respeito, em sete de junho de 1738 foi apresentada uma prestação de contas com o seguinte teor: "cobrei depois que foi o Sr. Manoel Cardoso para Santa Bárbara de várias pessoas 60 oitavas, vendi à vista 46 – ¼ - 7, total 106 – ¼ - 7, entreguei ao dito Sr. 97 – 1/2". APM – Coleção Casa dos Contos – CC 2018 – Folha 221.

68 IANTT – Feitos Findos – Inventários Orfanológicos – Letra J – Maço 494 – Jorge Pinto de Azeredo; AHMI – CPOP – Inventário Manoel de Miranda Fraga – 1º Ofício – Cód. 106 – Auto 1336 – Ano 1746.

69 AHMI – CPOP – Inventário Manoel de Miranda Fraga – 1º Ofício – Cód. 106 – Auto 1336 – Ano 1746 – Fls. 73 verso e 74.

Rs. 4:091$799 procedidos de uma cobrança sobre uma sentença contra Manoel de Miranda Fraga e seu sócio Manoel Luiz dos Santos, em três remessas do Rio de Janeiro nos anos de 1749,1750 e 1751.[70]

A baliza cronológica entre a data do borrador (1737-1738) e o inventário de Manoel de Miranda Fraga (1746) refere-se a dois momentos circunstanciais para a história da loja, ou seja, os primeiros anos de sua fundação e o seu fim. Dessa forma, ao acompanhar a composição e a evolução do estabelecimento, mais uma vez depreendemos aspectos relevantes de uma atividade mercantil bem sucedida, nos meados da centúria setecentista, em um momento particularmente favorável à produção mineral na capitania do ouro.

Para dimensionar a gestão dos negócios e estrutura da loja em 1746, nos servimos do inventário *post mortem* de Manoel de Miranda Fraga, com especial atenção para os dados que pudessem explicitar o seu fluxo mercantil e os instrumentos de que se valiam seus sócios para o funcionamento da mesma, passados quase dez anos de atividade, e apresentados na Tabela 1.7.

Tabela 1.7. Patrimônio ativo da loja (1746)

Patrimônio ativo	Valor (Réis)
Créditos de contas correntes do livro atual	12:439$371
Dívidas que se deve a loja no livro velho	23:424$105
Créditos falidos	5:533$036
Estoque da loja	18:424$118
Total	**59:820$630**

Obs.: Os valores expressos foram calculados a partir do inventário dos bens da loja.
Fonte: AHMI – CPOP – Inventário Manoel de Miranda Fraga – 1º Ofício – Cód. 106 – Auto 1336. Ano 1746.

Um fato instigante sobre a composição do patrimônio da loja a partir da análise do inventário *post mortem* de Manoel foi perceber a ausência de qualquer dado favorável a uma avaliação de qual teria sido o montante passivo da casa.[71] Melhor dizendo, com as informações tornadas disponíveis para a composição do patrimô-

---

70 IANTT – Feitos Findos – Inventários Orfanológicos – Letra J – Maço 494 – Jorge Pinto de Azeredo – Fl. 31 verso.

71 Ou seja, seus credores e as dívidas contraídas pela companhia para o suprimento e aquisição de produtos necessários para atender à demanda da loja. Assim, o inventário apresentou somente as dívidas ativas da casa. Essa certamente é uma característica compreensível quando se avalia apenas um livro de escrituração de uma loja, caso verificado com o borrador. Entretanto, esse silêncio foge à regra por se tratar de um inventário *post mortem*, quando então são apresentados tanto aqueles bens possuídos como as dívidas passivas do inventariado.

nio da loja, não foi possível averiguar a sua solvência, tampouco uma estimativa de como teria se dado a liquidação das suas dívidas.

Assim, o patrimônio ativo da loja esteve distribuído entre o levantamento dos créditos das contas correntes compilados do livro corrente da loja, das dívidas que se deve a casa por um livro velho, das dívidas falidas e de um balanço do estoque e bens da loja, que alcançou um total de Rs. 59:820$630 (Tabela 1.7). Embora a sua composição não estivesse agregado os valores das vendas à vista e tampouco houvesse uma diferenciação entre as quantias levantadas pelas vendas a prazo e o empréstimo de ouro, o quadro apresentado em nada desqualifica as considerações apregoadas na análise dos resultados do livro de escrituração em 1737-1738. E denunciam, mais uma vez, a magnitude dessa loja cerca de dez anos depois da sua formação. Mais ainda, os resultados acerca da sua composição patrimonial explicitam que as negociações a prazo permaneceram como o principal recurso utilizado na gestão da aludida atividade mercantil.[72]

No que diz respeito aos créditos relacionados ao *livro corrente da loja* foram enumerados no inventário 174 lançamentos, entre eles alguns estavam ilegíveis pela péssima condição do suporte material. Por isso, elaboramos apenas uma estimativa dos valores alocados com essa movimentação, que foi de Rs.12:439$371, como se vê na Tabela 1.7.

Primeiramente devemos mencionar que, para alguns dos 174 lançamentos os devedores apareceram mais de uma vez e, desse modo, não podemos considerar para a totalidade desses lançamentos a mesma totalidade de clientes, embora essa fosse a regra. Uma segunda observação depreende-se da origem das dívidas, pois, a partir de uma leitura dos registros, concluímos que algumas provinham de contas alusivas às vendas a prazo da loja e dos empréstimos lançados no livro de contas correntes. Outras, no entanto, tiveram a sua origem na emissão das letras de crédito, além do trespasse de dívidas originalmente desvinculadas dessa casa mercantil. A este respeito, João Pinto de Miranda apresentou o seguinte detalhamento:

> (...) assim declarou que no presente inventário se achar descritos vários créditos que procedem de contas correntes lançadas no livro delas, os quais também se lançaram em inventário sendo que se deve constar [sic] pela clareza do livro, por senso pedirem duas vezes as

---

72 Nesse sentido, da mesma forma que os lançamentos do borrador, o principal recurso monetário utilizado nas negociações da loja, em 1746, foi o ouro em pó. Em vários casos também constava os juros cobrados pelas dívidas, de 6,25%, conforme a lei.

Das Minas à Corte, de caixeiro a contratador

> tais dívidas uma por créditos e outra por assento de livro. E outrossim declarou que entre os créditos lançados neste inventário estava alguns, que não pertencem a casa, e negócio dela e sim a terceiras pessoas que aí os tinham a [ilegível, uma palavra] que a apresenta se não lembram quais são [ilegível, uma palavra] (...).[73]

Quanto às datas indicadas na relação das dívidas que foram registradas no livro corrente e lançadas no inventário, encontramos dois créditos para o ano de 1734; um em 1736; dois em 1739; três em 1740; 20 em 1741; 14 em 1742; 21 em 1743; 31 em 1744; 43 em 1745; e 14 em 1746. Dentre eles, até o ano de 1740 somente dois se relacionavam diretamente com a companhia e estavam em nome de Manoel Luiz dos Santos. Os demais foram passados por pessoas desvinculadas à sociedade da loja, o que reforça o trespasse de dívidas na composição dos seus negócios.

Esse rol envolvendo as *dívidas correntes* também apresenta uma estimativa do giro dos créditos movimentados pela loja, pois representavam o montante ativo da empresa. Ou seja, tais lançamentos encontravam-se numa condição diferenciada em relação às contas que foram retiradas do livro antigo ou ainda dos créditos falidos especificados pelo inventariante. Nesse sentido, com a distribuição anual dos créditos, avistamos os prazos que a empresa possivelmente levava para fazer o resgate dos valores ajustados nas negociações a prazo. De acordo com esses resultados obtidos, apesar de verificarmos 20 créditos em 1741 e 14 em 1742, tudo indica que a maior concentração das dívidas esteve distribuída em uma escala progressiva entre 1743 (21), 1744 (31), 1745 (43) e para os primeiros meses de 1746 (14). Com isso, inferimos que os prazos estimados para a liquidação das negociações a prazo poderiam se estender entre um a três anos.

Como esses créditos foram lançados no espólio de Manoel de Miranda Fraga com a indicação dos seus credores, cuidamos de alocá-los separadamente, a fim de visualizar qual teria sido da sua proporção em relação aos sócios da loja. Ao todo identificamos 144 créditos envolvendo diretamente a companhia. Entre eles, 68 estavam em nome de Manoel Luiz dos Santos, 52 em nome de Jorge Pinto de Azeredo e apenas 24 em nome de Manoel de Miranda Fraga. Um resultado surpreendente, visto que 52 créditos foram passados em nome de Jorge Pinto de Azeredo, na altura, residente em Lisboa. Mais ainda, se a estrutura física da loja permaneceu

---

73 AHMI – CPOP – Inventário Manoel de Miranda Fraga – 1º Ofício – Cód. 106 – Auto 1336 – Ano 1746 – Folha 73 verso.

em Vila Rica, como explicar o fato de que Manoel de Miranda Fraga, residente na mesma localidade e à frente dos negócios da empresa possuir apenas 24 ajustes de crédito em seu nome? Os dados em nada auxiliam no entendimento desses resultados que se nos apresentam de difícil avaliação.

415 registros corresponderam ao montante contabilizado na relação das dívidas que pertenceram ao *livro antigo da loja* e alcançaram o produto final de Rs.23:424$105. Discorridos no inventário *post mortem* resumidamente, sem especificação de datas, esses dados se restringiram ao nome do devedor, geralmente acompanhado da localidade da sua residência, os valores (em oitavas de ouro) e, poucas vezes, uma informação indicando se o crédito procedeu de uma letra, fora dela, ou por execução de dívida.

De outra parte, embora mais sucinta que a relação dos créditos relacionados ao livro corrente, foi tão somente a partir dos dados inferidos do livro antigo que vislumbramos o circuito geográfico de abastecimento da loja em 1746. A partir desse mapeamento, assinalamos, mais uma vez, que esse circuito manteve as conexões com os principais núcleos de exploração mineratória à época, inclusive de outras comarcas da aludida capitania. Apesar do elevado número de clientes que residiam em Vila Rica e suas adjacências, encontramos alguns lançamentos indicando localidades como Paracatu, Pitangui, Serro Frio, sertão, Contagem, Piranga, Rio das Mortes, além dos casos de Maria Inácia no Rio de Janeiro e do capitão Lopo de Morais "no reino no Alentejo".

No inventário constam ainda 121 créditos computados como "falidos" e perfizeram um total de Rs.5:533$036. Pela leitura dessa relação, em uma margem muito pequena, foi incorporada a causa da inadimplência. Isto é, os casos de Manoel da Silva "fugido desta Vila", que devia 29 oitavas de ouro, e outras cinco ocorrências de devedores que já eram falecidos em 1746. De resto, nada mais que o nome do devedor que, em alguns casos, estava acompanhado da sua residência e o valor da dívida. Uma característica marcante para o caso das dívidas falidas deveu-se aos seus valores, que ficaram abaixo de Rs.30$000 e, em boa medida, corrobora o que foi assinalado por Santos sobre o fornecimento do crédito na comarca do Rio das Velhas.[74] Afinal:

---

74 Apesar da prevalência dos pequenos valores nessa seção de dívidas falidas, igualmente chamou nossa atenção uma dívida em nome de Antônio de Bastos Coimbra no valor de Rs.1:128$843, seguida pelos valores devidos por Antônio Pereira (Rs.447$656) e do falecido João Alves de Barros (Rs. 400$125).

Das Minas à Corte, de caixeiro a contratador

> (...) Muitos credores, ao fornecer um empréstimo ou adiantar algum produto e/ou serviço, sabiam que uma parte das dívidas nunca seria paga. Isso significa que o endividamento, ou melhor, a insolvência, era parte inerente das atividades creditícias praticadas no século XVIII. É com alguma frequência que encontramos nos inventários e testamentos processos nos quais existem dívidas incobráveis, por se desconhecer o paradeiro dos devedores ou, simplesmente, porque estes não tinham condições de pagar (SANTOS, 2005, p. 151).

Tal como visto anteriormente mediante a análise do borrador, as dívidas ativas apresentaram o maior componente patrimonial arrolado com o levantamento dos bens da casa mercantil. Ainda que um percentual elevado do capital da empresa estivesse comprometido com a morosidade das cobranças de suas dívidas e estas, por sua vez, poderiam se estender por anos ou mesmo serem dadas como falidas, foi através das operações de crédito, indiscutivelmente, que a gestão dessa atividade mercantil estruturou-se. Desde os anos iniciais até o inventário final do seu patrimônio.

Tabela 1.8. Estoque e bens da loja (1746)

Descrição dos bens	Valor (Réis)
Fazenda	16:920$118
Francisco Angola	100$000
Felipe Banguela	130$000
Antônio de nação [ilegível, uma palavra]	90$000
Selas usadas	32$000
Cavalo lazão	25$000
Cavalo castanho	27$000
Morada de casas com loja e sobrado	1:100$000
Total	**18:424$118**

Fonte: AHMI – CPOP – Inventário Manoel de Miranda Fraga – 1º Ofício – Códice 106 – Auto. 1336 – Ano 1746.

Como se vê na tabulação dos dados apresentados na Tabela 1.8, o capital alocado ao estoque dos produtos da loja (Rs.16:920$118) praticamente dobrou em relação aquele escriturado no borrador (Rs.8:656$049), entre 1737-1738, e informados na Tabela 1.1. No que diz respeito aos produtos da loja, os dados em nada diferiram daquele resultado apresentado pelo seu borrador. Assim, os tecidos permaneceram como o principal artigo comercializado na casa, tanto em quantidade quanto em valores e de suas variedades, qualidades e cores figuravam a aptidão dessa casa mercantil para atender à demanda exigente dos moradores das Minas. Dentre eles, valiosos cortes de tecidos como 142 côvados de pano fino avaliados em Rs.440$200, 21 peças de cetim por Rs.438$900 ou os 170 côvados de bertanha de cores que valiam Rs.515$500. Além dos tecidos, chapéus de Braga, 159 onças de galão de ouro avaliadas em Rs.349$800 e 133 onças de galão de prata a Rs.292$600 perfizeram o rol dos artigos de luxo vindos do Reino.

Quanto aqueles valores atribuídos aos escravos e à morada de casas, percebemos que os mesmos destoaram da avaliação explicitada no borrador. A começar pelo preço dos escravos, pois Felipe Banguela, avaliado a Rs.130$000, era o escravo mais valioso da casa em 1746. Ao passo que em meados do decênio de 1730, o escravo mais valioso era Ignácio mulato e custou Rs.400$000, ou seja, três vezes a mais que o valor indicado para Felipe. Essa diferenciação acentuada nos valores acima examinados certamente esteve relacionada à finalidade da avaliação dos bens no borrador e no inventário *post mortem*. Melhor dizendo, a partir da perspectiva de quem produzia a avaliação. Embora essa diferença não possa ser completamente justificada pela intervenção que os valores sofriam com a especulação inerente aos documentos produzidos por particulares dos oficiais, é bastante razoável afirmar que essas avaliações sofreram esse processo de exploração. Depreendemos, pois, dessa variação uma tendência a minorar os preços atribuídos aos escravos quando avaliados para compor a feitura do inventário *post mortem*, em relação aos levantados para o controle particular, em um livro de escrituração da empresa.

Da mesma forma, percebemos essa variação na avaliação das casas. Embora, para esse caso, o grau de complexidade seja maior, pela falta de descrição do imóvel avaliado no borrador assim como pela especulação do setor imobiliário que pode ter ocorrido em Vila Rica com o passar dos anos, o imóvel identificado apenas como "umas casas" foi avaliado em 1737 por Rs.2:400$000 (Tabela 1.1), e valia mais que o dobro do imóvel avaliado no inventário em 1746. Ou seja, segundo a avaliação dos louvados, "Uma morada de casas com loja e sobrado na Rua de Sima [sic] do Ouro Preto que partem da parte de cima com casas de Jorge Pinto de Azeredo e da parte de baixo com casas de Antônio de Torres vista e avaliada pelos ditos avaliadores em um conto e cem mil réis".[75]

---

75 AHMI – CPOP – Inventário Manoel de Miranda Fraga – 1º Ofício – Cód. 106 – Auto 1336 – Ano 1746 – Fl. 48 verso. Sobre o imóvel que pertenceu a Jorge Pinto de Azeredo, o que consta em seu inventário: "Item declararam que a este casal pertenceu uma propriedade de casas nas Minas em Vila Rica as quais foram vendidas pelo capitão Domingos Ferreira da Veiga como procurador deste casal a José de Siqueira por Rs.355$000 que outrossim cobrou de aluguer do inquilino delas Domingos Ferreira de Assunção [sic] Rs.14$250 que tudo faz Rs.369$250 dos quais abatidos 2% de cobrar e outros 2% de remeter veio a ficar líquido Rs.354$770 remetidos na frota do ano de 174 [sic]". IANTT – Feitos Findos – Inventários Orfanológicos – Letra J – Maço 494 – Jorge Pinto de Azeredo – Fl. 23.

Das Minas à Corte, de caixeiro a contratador

***

Por tudo isso, flagramos a loja nos primeiros anos de sua conformação, quando os irmãos Jorge e Manoel firmaram sociedade com estabelecimento em Vila Rica[76] após um processo de aprendizado na loja do primo João da Costa Resende, em Itabirito. Nesse primeiro momento, analisado ao longo do capítulo através do borrador da loja, não resta dúvida sobre a pujança dessa casa mercantil durante o período de escrituração de que dispomos (1737-1738). Ao esmiuçar a escrituração contábil da loja, através do seu borrador, também avistamos a rotina e o seu fluxo mercantil, suas movimentações financeiras, os mecanismos que sustentaram a atividade bem como o circuito de abastecimento da mesma. Foi assim, por meio dessas informações, que descortinamos a gestão dos negócios mercantis de uma importante loja em Vila Rica setecentista.

De outra parte, ao acompanhar o processo de formação e evolução dessa casa mercantil perscrutamos também os retalhos da trajetória dos negociantes envolvidos na atividade. Nesse sentido, frisemos que o mais importante dos sócios era Jorge Pinto de Azeredo que, no final da década de 1730 partiu de volta para o Reino, enquanto seu irmão Manoel continuou, por um período desconhecido, à frente da casa em Vila Rica. Mesmo sem precisar o momento que Manoel passou a administração da casa para os primos e então caixeiros Manoel de Miranda Fraga e João Pinto de Miranda, claro está a rotatividade da atividade nas mãos daquela família que, em 1746, ainda figurava como uma importante casa de comércio de Vila Rica.

Recapitulando o percurso trilhado na atividade mercantil por essa família, mediante o estabelecimento de uma casa mercantil na capitania de Minas, acreditamos que possivelmente seria João da Costa Resende o precursor com sua loja em Itabirito nos primeiros anos do decênio de 1730. Poucos anos depois, foi a vez dos primos e caixeiros daquela loja, Jorge e Manoel, estabelecerem uma companhia com uma loja em Vila Rica. Nesse caso, por mais que a transmissão da atividade não tenha se materializado pela continuidade do mesmo estabelecimento em Itabirito, foi, de fato, através da trajetória de Resende que esses irmãos imbricaram na atividade mercantil das Minas. Por sua vez, com a loja em Vila Rica principiaram

---

76 Pelas anotações do borrador à folha 212 e citadas à folha 13 desse capítulo, sobre o balanço de todas as vendas realizadas na loja a partir de abril de 1734, acreditamos que a sociedade firmada entre os irmãos Jorge e Manoel principiou a partir dessa data.

seus primos Manoel de Miranda Fraga e João Pinto de Miranda na mesma atividade que, corridos dez anos, em 1746, estavam à frente dos negócios em Vila Rica.

II. Comércio e práticas judiciárias na comarca de Vila Rica setecentista

O comércio estimulado com os descobertos de ouro e diamantes em Minas colonial reteve para aquela região e, consequentemente para as zonas de comunicação e abastecimento, parte da riqueza gerada com a mineração.[1] Uma dinâmica que favoreceu o desenvolvimento de uma vigorosa atividade mercantil, endossando redes de negócios que se movimentavam por entre diferentes partes do Império português, não se restringindo apenas à delimitação geográfica dos núcleos de mineração.[2]

De tal maneira, o comércio florescente na primeira metade do século XVIII colocou em tela a figura do comerciante que nas Minas compreendia uma variedade de agentes. Já a atividade mercantil se constituiu fortemente pelo recurso ao

---

1   Segundo Myriam Ellis, a demanda decorrente do abastecimento das regiões auríferas ativou um "(…) grande número de novos mercados para todos os gêneros de comércio: os mais variados produtos, artigos manufaturados, escravos e gado. Esses mercados foram os mobilizadores de correntes comerciais entre as Capitanias voltadas para o Atlântico e o interior; correntes comerciais que circulavam por vias de comunicação terrestres e fluviais, por onde trafegavam tropeiros, comboieiros, mercadores e boiadeiros vindos dos mais diferentes pontos do Brasil, tais como São Paulo, Rio de Janeiro, Bahia e Pernambuco, os principais mercados abastecedores das áreas de mineração" (ELLIS, 1958, p. 430).

2   A este respeito, ver, por exemplo: (CHAVES, 1999; ELLIS, 1958; FURTADO, 1999; PEDREIRA, 1995; SAMPAIO, 2003; e ZEMELLA, 1951).

crédito, com o desenvolvimento de práticas que foram largamente difundidas entre a sua população, como bem esclarece a historiografia voltada ao tema e conforme salientamos na análise da loja de Vila Rica no primeiro capítulo. O sistema creditício em Minas Gerais era, pois, um elemento central na gestão dos negócios mercantis, muitas vezes baseados na palavra, mas cuidadosamente trabalhados na escrituração comercial, seja pelo lançamento de contas correntes ou formalizados nos instrumentos de créditos, como as letras.

O objetivo deste capítulo é analisar o comércio a partir das cobranças de dívidas ajuizadas na justiça local da comarca de Vila Rica, nos meados do Setecentos. A fim de avaliarmos essas contendas envolvendo as dívidas contraídas no comércio local, nosso estudo debruçou-se no exame de 103 autos cíveis promovidos pela justiça da comarca.[3]

Descortinar a teia clientelar apreendida na escrituração da sociedade dos irmãos Jorge e Manoel foi um dos aspectos destacados para o desenvolvimento de nossa tese. Tendo em vista esse propósito, uma das primeiras medidas foi proceder ao levantamento de toda a clientela inscrita no borrador para consultarmos o acervo documental sob a tutela dos arquivos do Museu da Inconfidência/Casa do Pilar de Ouro Preto e da Casa Setecentista de Mariana, em busca de registros que permitissem acompanhar a trajetória daquelas pessoas.

Consoante à busca por inventários *post mortem* e testamentos, a investigação estendeu-se aos instrumentos de pesquisa de processos ajuizados na justiça local e, dessa investigação, sobressaíram processos sumários[4] como as ações de Alma, Crédito e Justificação, além das Execuções e Libelos. Assim, flagramos parte da mesma clientela envolvida em contendas judiciais de cobranças sobre dívidas contraídas no comércio local.

---

3   Como critério de seleção desta documentação primária, reunimos aqueles processos que envolveram nas partes, seja como réu ou autor, os clientes arrolados no borrador da loja de Vila Rica.

4   Como registrou Bluteau, "proceder sumariamente, *id est*, sem figura de juízo, sem as costumadas fórmulas de Direito, que vem a ser contrariedades, réplicas, tréplicas, e outras dilações" (BLUTEAU, 1712, p. 784, CD ROM). Nesse mesmo sentido, De Plácido e Silva, em seu "Vocabulário Jurídico", definiu a ação sumária como um "(...) rito processual adotado anteriormente à vigência do código de Processo Civil, para determinadas ações, em que não se fazia mister a adoção de solenidades próprias ao processo ordinário. Intentava-se por uma simples petição em que o autor declarava o que pretendia, alegando as razões jurídicas, em que se fundava seu pedido, dando seu valor e indicando as provas do seu direito. No intuito de torná-la expedita, respeitando-se embora a ordem natural do processo, eram dispensados alguns atos e formalidades, tendo reduzido os prazos, de modo a encurtar o período de seu andamento" (SILVA, 1989, p. 63 e 64).

Das Minas à Corte, de caixeiro a contratador

Assinalamos que os resultados obtidos com a documentação compilada para o presente capítulo não esgota o conjunto do aludido *corpus* documental judiciário do período contemplado nessa pesquisa, ou seja, de 1724 a 1778. Destarte, os dados reunidos são estimativas voltadas para essa parcela de clientes da loja que conseguimos acompanhar e não correspondem a uma análise de conjunto dos processos sumários para o balizamento cronológico e geográfico em questão.

Tabela 2.1. Distribuição das ações judiciais por classe de processo envolvendo a clientela da loja. Termos de Mariana e Vila Rica (1724 – 1778)

Processo	Número
Alma	7 (7%)
Crédito	52 (50%)
Execução	24 (23%)
Justificação	10 (10%)
Libelo	10 (10%)
Total	**103 (100%)**

Fonte: AHMI – CPOP; CSM – Ações de Alma, Crédito, Execução, Justificação e Libelo.

Antes de mais, o traço marcante desse quadro foi a preponderância de ações judiciais envolvendo a cobrança de dívidas contraídas no comércio local.[5] Dentre elas, figuravam as ações de Crédito que obtiveram o maior numerário, ou seja, 52 processos e um percentual de 50%, seguidas das Execuções com 24 processos e 23%. Como da maior importância para a pesquisa aqui empreendida, ou seja, a análise das cobranças sobre dívidas no comércio local, torna-se imprescindível uma apresentação do aparelho administrativo local português, pois que sob a sua alçada tramitavam os processos sumários e as ações de primeira instância.

---

5   Apenas um processo não se destinou à cobrança de dívida. Era um libelo envolvendo o cliente da loja e sargento mor Gabriel Fernandes Aleixo, como autor da causa, sobre passagem em caminho particular, movido contra a viúva e os herdeiros do capitão Domingos Martins Guedes, iniciado em 1746. Referência: CSM – Libelo – Cód. 375 – Auto 8214.

Notas sobre a justiça local, as práticas judiciárias e a monetização na comarca de Vila Rica

Em *Conselheiros municipais e irmãos de caridade* discorreu Charles Boxer sobre as instituições consideradas "como os pilares gêmeos da sociedade portuguesa do Maranhão até Macau", ou seja, a Santa Casa da Misericórdia e o Concelho Municipal (BOXER, 2002, p. 286). Segundo sua investigação, data de 1504, o regimento que estabeleceu o sistema de governo municipal de Portugal estendido até 1822. Um sistema formado por um núcleo de dois a seis vereadores que variava "conforme o tamanho e a importância do local, dois juízes ordinários (magistrados ou juízes de paz sem formação em direito) e o procurador" (BOXER, 2002, p. 287).[6]

Poderiam concorrer ao concelho municipal pessoas da sociedade local que possuíssem uma posição social privilegiada, comumente conhecidas como os "homens bons".[7] Uma vez escolhidos, os representantes do poder concelhio se reuniam, em média, duas vezes por semana para discutirem questões da alçada administrativa municipal.[8] A este concelho municipal também cabia o desempenho da justiça local, pois "atuava como tribunal de primeira instância em casos sumários" sujeitos à apelação[9] ao ouvidor (juiz da Coroa) mais próximo ou à *Relação* (tribunal superior) (cf. BOXER, 2002, p. 288-289).

---

6   A este respeito Russel Wood nos informa que "(…) As *Câmaras*, fossem elas de vilas da estatura de Goa e Bahia ou de municipalidades tais como Massangano e Cachoeira, eram modeladas por suas contra-partes em Lisboa e Porto, admitindo pequenas variações locais em sua composição, estatutos e termos de referência (…)" (RUSSEL WOOD, 1977, p. 27).

7   Segundo Coelho e Magalhães, "(…) Numa convergência de significados poderíamos então aceitar que aqueles homens bons, que por motivo de sua riqueza tinham cavalos, seriam afinal os mais aptos e melhores para exercerem a administração concelhia, encaminhando rectamente os homens no sentido do bem público" (COELHO & MAGALHÃES, 1986, p. 16). Conferir também: (MAGALHÃES, 1993).

8   Como descreveu Boxer, "A Câmara supervisionava a distribuição e o arrendamento das terras municipais e comunais; lançava e coletava impostos municipais; fixava o preço de muitas mercadorias e provisões; concedia licenças a vendedores ambulantes, mascates etc., verificava a qualidade do que era vendido; concedia licenças para construção; assegurava a manutenção de estradas, pontes, fontes, cadeias e outras obras públicas; regulamentava os feriados públicos e as procissões, e era responsável pelo policiamento da cidade e pela saúde e o saneamento públicos" (BOXER, 2002, p. 289). Uma análise detalhada sobre a organização concelhia em Vila Rica foi apresentada por Russel Wood (RUSSEL WOOD, 1977).

9   Conforme o verbete conceituado por Bluteau, apelação era a "interposição de queixa de uma das partes, que da sentença do juiz subalterno apela para o juiz superior (…)" (BLUTEAU, 1712, p. 443, CD ROM).

Das Minas à Corte, de caixeiro a contratador

Para Nuno Camarinhas "o desenvolvimento do aparelho judicial nas colônias é gradual e obedece a lógicas intrincadas onde o interesse político e econômico da região se cruza por vezes com exigências locais" (CAMARINHAS, 2009, p. 85). Na América portuguesa, por exemplo, foi tão somente com a descoberta do ouro que o desenvolvimento de uma administração judicial mais próxima àquela vivenciada na metrópole passou a vigorar (cf. CAMARINHAS, 2009, p. 85).

Ainda que o foco de suas análises fosse mais voltado para o quadro das magistraturas letradas, o autor ressaltou a importância do relacionamento entre a magistratura e as judicaturas não letradas vinculadas aos concelhos municipais, ou seja, as ordinárias. Assim, o interesse da Coroa ao enviar oficiais régios encarregados de assuntos de justiça e da fazenda ocorreu na mesma proporção do crescimento dos concelhos e da importância estratégica e econômica dos territórios (cf. CAMARINHAS, 2009, p. 86). Para o governo local, a Coroa designava dois magistrados. No âmbito municipal atuavam os juízes de fora, enquanto no regional o exercício ficava a cargo dos ouvidores. Contudo, os ouvidores foram os primeiros oficiais de justiça da administração portuguesa a estarem presentes nos territórios coloniais, a eles era concedida uma jurisdição semelhante à dos corregedores das comarcas metropolitanas e:

> (...) Tinham a última instância sobre os feitos cíveis e sobre os feitos crimes inferiores aos montantes referidos [até quatro anos]. Em todos os outros, os processos deviam ser enviados à Casa da Suplicação. Julgavam também em segunda instância os feitos dos juízes ordinários e podiam mesmo encarregar-se diretamente dos seus processos, à imagem do que faziam os corregedores na metrópole. Além disso, deveriam proceder a todas as inspeções de que os corregedores eram habitualmente encarregados (CAMARINHAS, 2009, p. 86).

Em Minas colonial as atividades ligadas ao poder concelhio começaram em 1711, quando o Governador da capitania do Rio de Janeiro, Antônio de Albuquerque, pressionado pela Coroa instituiu através de decretos as primeiras câmaras municipais na região. Naquele ano foram então criados os primeiros municípios que corresponderam aos principais núcleos mineradores na época: Vila do Ribeirão de Nossa Senhora do Carmo, Vila Rica de Nossa Senhora do Pilar e Vila Real de Nossa Senhora da Conceição de Sabará.[10] (cf. RUSSEL WOOD, 1977, p. 36)

---

10 Ainda segundo este autor "(...) O estabelecimento desses municípios era parte de uma política

Durante as duas décadas subsequentes à criação das câmaras, a justiça local na comarca de Vila Rica (termos da Vila do Ribeirão de Nossa Senhora do Carmo e Vila Rica) era exercida basicamente pelos juízes ordinários vinculados aos concelhos municipais e pelo ouvidor da comarca, um juiz magistrado nomeado pela Coroa. Essa realidade foi alterada em 1731, quando a Câmara de Mariana passou a contar com a presidência do juiz de fora, um magistrado nomeado pela Coroa, além do vereador mais velho que também era juiz pela ordenação e dividia com o primeiro a resolução das demandas judiciais em primeira instância.[11] (cf. ANTUNES, 2008, p. 114) A função do juiz de fora e do juiz ordinário era julgar casos de alçada cível e criminal em primeira instância, passíveis de recurso ao ouvidor que, assim como o juiz de fora, era nomeado pelo rei e fazia às vezes de representante, em nível regional, da segunda instância judicial. Como bem mencionou Álvaro Antunes "O ouvidor responsável por Mariana cuidava de toda a comarca de Vila Rica" e, além disso, "Normalmente, os ouvidores de Vila Rica acumulavam o cargo de provedor, que tinha a tarefa de examinar as contas das Câmaras, tomar as contas dos testamenteiros, prover os inventários dos órfãos, entre outras incumbências" (ANTUNES, 2008. p. 116). De uma maneira geral, foi sob a alçada desse aparelho administrativo que as ações judiciais da comarca de Vila Rica foram produzidas.

As ações judiciais de natureza cível representavam o interesse em resolver sob os auspícios da justiça, local ou regional, as contendas e pendências financeiras e as situações conflituosas vivenciadas entre as partes a compor o processo, por meio de uma ação movida por um autor contra um réu. A escolha do caminho processual adequado a recorrer dependia do acordo firmado entre as partes antes mesmo do início da contenda judicial, ou ainda, por um desdobramento de fatos subsequentes a esse acordo, como, por exemplo, o falecimento de um devedor. Portanto, a escolha da ação judicial geralmente era baseada na prova que o autor fundamentava contra o réu.

Para o caso das ações de Alma, na petição inicial o autor apresentava uma solicitação na qual:

---

premeditada da Coroa e não o resultado de um interesse local comunitário, o que fica demonstrado pelo fato de que algumas nomeações municipais foram feitas antes do estabelecimento dos municípios em si" (RUSSEL WOOD, 1977, p. 36).

11   "Em 1731, Antônio Freire da Fonseca Osório foi designado o primeiro juiz de fora em Mariana, então Vila de Nossa Senhora do Ribeirão do Carmo. Normalmente, o juiz de fora é considerado pela historiografia como um representante do rei e da lei escrita, ao contrário do juiz ordinário, do qual não era exigido instrução jurídica" (ANTUNES, 2008, p. 116).

> Diz [nome do autor] que ele quer fazer citar [nome do réu] para em primeira audiência vir pessoalmente, ou por meio de seu procurador, jurar em sua alma se lhe é devedor ao suplicante da quantia pedida, com cominação de que não comparecendo se deferir o juramento, ao suplicante ou ao seu procurador, ficando logo citado para todos os mais termos, atos judiciais e extrajudiciais até final sentença e sua completa execução.[12]

O fator determinante dessa ação sumária era o juramento da palavra proferida pelo réu ou pelo autor que, conforme as Ordenações Filipinas, condicionava o desfecho da causa. Assim, a condição para que o juiz apresentasse sua sentença era a palavra empenhada pelo réu, pessoalmente ou por seu procurador, ou ainda, não comparecendo nos dias determinados pela lei e mediante juramento do autor ou seu procurador, fosse o mesmo réu condenado à revelia[13] pelo valor ajuizado.[14]

Da mesma forma que as ações de Alma, as ações de Crédito eram processos sumários e dispensavam a apresentação de contrariedades e dilações do direito praticado à época. Apesar da semelhança na tramitação, as ações de Crédito diferiam das ações de Alma porque se baseavam no recurso a uma prova escrita. Melhor dizendo, a partir do reconhecimento de uma letra de crédito onde constava o acordo realizado entre as partes, com assinatura ou sinal do devedor. Logo, a petição da ação se dava nos seguintes termos:

> Diz [nome do autor] que ele como [dono ou mostrador] do crédito junto lhe é devedor [nome do réu] e quer fazer citar para reconhecer se lhe é devedor do que no mesmo crédito se declara, para audiência deste juízo vir reconhecer seu crédito, sinal e obrigação, com comina-

---

12 Esse modelo de petição inicial foi elaborado a partir dos casos examinados nas ações de Alma da presente pesquisa.

13 Uma condenação à revelia ocorria quando o réu ou seu procurador não comparecia perante a justiça, durante o prazo determinado, a fim de apresentar a sua posição na causa impetrada (cf. BLUTEAU, 1712, p. 311, CD ROM). Ou ainda, "De revel, entende-se, propriamente, a rebeldia de alguém, que deixa, intencionalmente, de comparecer ao curso de um processo, para que foi citado ou intimado" (SILVA, 1989, p. 141).

14 A este respeito determinava as Ordenações Filipinas: "Porém, se a parte disser ao Julgador, que quer deixar no juramento do réu a cousa, que entende demandar, mandá-lo-á o Juiz citar per Carta, ou Porteiro, ou per outra maneira, para vir perante ele. E se esta parte citada por juramento dos Evangelhos negar o que lhe o autor demanda, e condene o autor nas custas, que lhe por causa dessa citação fez fazer. E se o citado não quiser jurar, e recusar o juramento, e o autor jurar, que o réu lhe é obrigado, em aquilo que lhe demanda, o Juiz condene o réu per sentença no em que o autor jurar, que o réu lhe é obrigado pagar, pois o réu, em cujo juramento o autor o deixava, não quis jurar" (Ordenações Filipinas, Livro Terceiro, Título LIX, parágrafo 5, p. 653).

ção de que não comparecendo se houver por reconhecido a sua revelia e se lhe assinarem os dez dias da lei ficando logo citado para todos os termos e atos judiciais até final sentença e sua completa execução.[15]

Já a ação de Justificação dependia da exibição ou produção dos títulos ou testemunhas em ordem de prova de uma verdade (cf. BLUTEAU, 1712, p. 234, CD ROM), e era comumente utilizada para cobrança de dívidas quando o devedor falecia e havia a feitura do seu inventário *post mortem*. Para ilustrar a forma como as Justificações decorriam, apresentamos o exemplo do capitão Simão da Rocha Pereira, comerciante em Vila Rica que moveu uma Justificação junto ao juízo responsável pela feitura do inventário do falecido Apolinário da Silva da Fonseca. Assim:

> Diz Simão da Rocha Pereira que o defunto Apolinário da Silva da Fonseca ficou devendo a quantia de 26 oitavas e quatro vinténs de ouro procedida de fazenda de sua loja que consta da conta inclusa e porque por este juízo se fez inventário de seus bens e se há de proceder a partilha quer o suplicante justificar sua dívida para na partilha se lhe separarem bens para pagamento dela portanto.[16]

Nesses casos, era imprescindível à ação o parecer do testamenteiro acompanhado da verba do testamento (se houvesse), o interrogatório de testemunhas e, se fosse o caso, a exibição da letra de crédito ou cópia da dívida para que o juiz pudesse determinar a sentença final da ação impetrada.

Outro típico processo acionado na justiça local era a ação de Execução, quando se procedia à execução nos bens do réu, ou como esclareceu Bluteau, "Tirar do seu poder a sua fazenda para obrigá-lo a pagar a dívida" (BLUTEAU, 1712, p. 378, CD ROM). Em nosso recorte documental verificamos que as ações de Execução foram processos gerados a partir de uma contenda judicial anterior, por exemplo, uma ação de Alma ou Crédito. Essas ações também assumiram uma estrutura mais complexa, indo além de uma simples execução sobre os bens do réu. E, por isso, muitas vezes discorriam as Execuções no mesmo formato de um Libelo que:

> Deriva-se do latim *Libellus* que quer dizer livrinho, e assim Libelo, é um papel ou breve escrito, em que a pessoa pede à outra, o que

---

15 Esse modelo de petição inicial foi elaborado a partir dos casos examinados nas ações de Crédito da presente pesquisa.

16 AHMI – CPOP – Justificação – Cód. 136 – Auto 1998 – 2º Ofício.

Das Minas à Corte, de caixeiro a contratador

> lhe deve, em matéria civil, ou em matéria crime, pondo em qualquer delas a sua razão e justiça, por artigos, e provarás. Este que faz isto se chama Autor, e contra quem, se chama Réu. Vai vista do Libelo ao Réu para contrariar, e faz uma contrariedade também por artigos, e provarás, mostrando que não deve, e no crime, que não tem culpa, ou que não o fez. Da contrariedade vai vista ao Autor para replicar, o que faz também por artigos, e provarás. Da réplica vai vista ao Réu para Treplicar, o que faz também na forma sobredita de artigos acumulativos, & c. Aqui se põe o feito em dilação, e se perguntam testemunhas do Autor, e depois de feito vai ao Réu para fazer o mesmo, e então vai concluso ao Juiz para sentenciar, à sentença se seguem agravos e apelações.[17] (BLUTEAU, 1712, p. 108, CD ROM)

Ainda que de maneira sucinta, identificamos o quadro administrativo local qual foi produzido o *corpus* documental a ser investigado no presente capítulo, além de uma apresentação prévia das ações compiladas em nosso recorte. Mas, resta-nos uma abordagem a respeito de um intercurso, ao menos parcial, do comércio local e a circulação monetária nas Minas setecentistas.

Perscrutando um histórico das Casas de Fundição e Moeda de Vila Rica (1724-1735), Ângelo Carrara explorou as rotinas de amoedação registradas pelo superintendente Eugênio Freire de Andrada. A abordagem do autor compreendeu uma análise comparativa da produção de moedas nas casas de Vila Rica em relação às congêneres no Rio de Janeiro e Lisboa da época, tendo em vista o numerário apresentado pelo aludido superintendente. Os dados forneceram contundentes informações acerca da circulação e nível de monetização para a capitania do ouro.

---

17 Segundo o verbete de Bluteau, agravo "(...) na jurisprudência portuguesa é apelação para Juiz igual, ao contrário da apelação, que é de Juiz subalterno a Juiz superior" (BLUTEAU, 1712, p. 168, CD ROM). Ainda conforme o mesmo dicionário, o verbete sobre a apelação nos diz que se tratava de "(...) interposição de queixa de uma das partes, que da sentença do Juiz subalterno apela para o Juiz superior" (BLUTEAU, 1712, p. 443, CD ROM). Na linguagem do direito processual, conforme nos informa De Plácido e Silva, agravo "(...) sempre foi tido para designar o recurso interposto contra decisão interlocutória ou mesmo definitiva (...)", distinguindo-se, mormente da apelação "(...) em razão da qualidade do juiz, de quem se interpõe" (SILVA, 1989, p. 113 e 114). Ocorre, ainda, que a apelação sendo um recurso interposto de juiz inferior para superior, em regra, pode ser recebida nos efeitos devolutivo e suspensivo. Assim: "Em qualquer hipótese, a apelação é recebida no efeito *devolutivo*, porque a sua interposição leva ao conhecimento do tribunal superior toda a matéria contida na demanda. Este é o sentido de *devolver* à superior instância o conhecimento da causa, isto é, de todas as suas questões. O efeito *suspensivo* é aquele que faz sustar o andamento da ação. E, assim, a execução da sentença não se prossegue, enquanto não é julgado o recurso. Mesmo que se autorize, excepcionalmente, a execução, enquanto pendente o recurso, esta (execução) *será tida como provisória*" (SILVA, 1989, p. 167).

Nesse sentido, a contabilidade realizada por Eugênio Andrade apresentou um montante total da produção de moedas em Vila Rica no valor de Rs.7.105:026$960 distribuídos entre os anos de 1724 a 1727.[18] Uma elevada produtividade de moedas que pouco alterou o nível de circulação dessas moedas nas Minas, pois, para Carrara: "Pelo menos as 397.074 moedas com valor igual ou superior a Rs.4$800 réis não se destinavam à circulação interna na capitania, mas a pagamentos no reino. Seu valor elevado não se presta às transações comerciais de varejo" (CARRARA, 2010a, p. 224).[19]

Esse resultado para a produção de moedas em Vila Rica indica que a sua Casa de Fundição absorveu uma parcela considerável da produção monetária se comparado à produção das Casas do Rio de Janeiro e Lisboa (cf. CARRARA, 2010a, p. 230).[20] No entanto, a elevada cunhagem de moedas em Vila Rica pouco refletiu na sua módica utilização nas Gerais, uma vez que a comparação entre o total de moedas cunhadas e os manifestos do ouro revela que esse ouro amoedado escoou rapidamente para Lisboa (cf. CARRARA, 2010a, p. 230-231).

O instigante resultado evoca elementos profícuos para questionarmos o modo como se orquestrava, de um lado, a elevada produção de moedas em Vila Rica e seu rápido escoamento para a metrópole portuguesa e, de outro, a intensa atividade mercantil e profuso mercado de abastecimento interno na capitania. Para Carrara,

---

18 As moedas que somaram a referida quantia foram distribuídas entre a produção de: 226.810 dobrões de Rs.24$000 réis, 109.510 meios dobrões de Rs.12$000 réis, 60.754 moedas de Rs.4$800 réis, 13.159 meias moedas de Rs.2$400 réis, 18.879 quartos de Rs.1$200 réis e 3.357 décimos de Rs.$480 réis (cf. CARRARA, 2010a, p. 224).

19 Ainda segundo Carrara: "Portanto, a aparência de que as moedas de ouro jorravam em Minas – e, claro, no Brasil – é falsa. Mas muita atenção: não se vá cair na armadilha de tomar o fato de essas moedas de ouro não circularem na colônia como prova de escassez monetária. Isto porque a circulação monetária em Minas – vale dizer, de uma outra forma de moeda – ocorria intensamente antes de ir para as fundições. Mais uma vez, é a contabilidade dos estabelecimentos comerciais que permitem demonstrá-lo" (CARRARA, 2010a, p. 225).

20 No estudo empreendido por Rita Martins sobre moeda e metais no Portugal setecentista, a autora apresentou uma estimativa da produção de moedas em Vila Rica baseada nas informações que a este respeito forneceu Michel Morineau, com dados para o decênio de 1724-1734, de uma amoedação total no valor de 30 contos de réis (cf. SOUSA, 2006, p. 157); um valor muito abaixo daquele divulgado por Carrara e baseado na contabilidade do superintendente Eugênio Freire de Andrade. Apesar da divergência desses resultados, a autora, ao traçar um paralelo entre a amoedação das Casas da Moeda do Rio de Janeiro e Lisboa ao longo do século XVIII, apresentou dados sugestivos sobre esse panorama. Assim, "(…) Por último saliente-se como as emissões monetárias em Lisboa foram inferiores às realizadas na Casa da Moeda do Rio de Janeiro, pois, no período compreendido entre 1704 e 1789, a Casa da Moeda de Lisboa amoedou apenas 61% do total amoedado naquela Casa da Moeda do Brasil" (SOUSA, 2006, p. 162).

Das Minas à Corte, de caixeiro a contratador

as análises direcionadas ao comércio apontam para o papel do ouro em pó como meio circulante a sustentar a economia da região. De fato, uma proposição que o exame sobre a escrituração da loja de Jorge Pinto de Azeredo e Manoel Cardoso Pinto não deixa dúvida.

Mais do que a relação entre produção de moedas e nível de monetização, a problematização em torno da circulação monetária nas Minas se estendeu à contradição da concentração da produção aurífera nas mãos de poucos mineradores e a nada desprezível monetização da economia local. Para esse historiador, a explicação certamente residiu em considerar a circulação daquela parcela de ouro em pó que não era levada imediatamente à fundição. Afinal:

> (...) Não há negar que todo o ouro em pó que não se ache hoje nas igrejas e museus de Minas tenha saído da capitania. Ele sempre esteve predestinado a percorrer este caminho. Contudo, antes de sair, ou ser levado às fundições para poder sair metamorfoseado em duas barras – uma, do proprietário, e outra, do Rei – muito ouro em pó circulou de mão em mão. Não se deve esquecer que, até o limite de 500 oitavas, o ouro em pó poderia permanecer nas mãos do seu dono sem ter de ser levado à fundição. Esta quantidade equivalia a 600$000 réis, o que não era, de maneira alguma, pequena (CARRARA, 2010a, p. 233).

Esse seria parte de um quadro contundente do vigoroso mercado de abastecimento interno que se articulou à exploração mineratória das Minas Gerais, pois a utilização do ouro em pó como instrumento monetário respondeu por uma significativa parcela das movimentações realizadas naquele universo. Por isso, vale dizer que a falta de moeda (réis) não era sinônimo de baixa monetização, tampouco suficiente para explicar as práticas creditícias, como as vendas a prazo e a emissão das letras de crédito. Mesmo porque, em boa medida, o pagamento das dívidas – fossem elas arroladas em livros de escrituração das casas de comércio ou formalizadas em letras de crédito – era realizado através do manejo do ouro em pó, e este, por sua vez, o principal instrumento monetário das Gerais.

Por outro lado, esse resultado não desconsidera os prejuízos causados com a circulação do ouro em pó e as medidas políticas que restringiam a sua circulação.[21]

---

21 Os prejuízos causados pela circulação do ouro em pó, de acordo com Zemella, aconteceram porque "(...) era de manuseio difícil, eivado de vícios e impurezas que depreciavam seu valor" (ZEMELLA, 1951, p. 164). Além disso, algumas medidas políticas restringiram a circulação do

Mesmo sendo o principal recurso monetário utilizado nos pagamentos, respondendo pela circulação monetária local, ao seu uso concorreram a emissão de letras de crédito e as vendas a prazo arroladas nos livros de escrituração como práticas creditícias largamente difundidas no comércio local; seja pela falta de moeda ou ouro em pó, ou ainda, pelo costume praticado na região. Assim mais, importa-nos considerar a relação entre o recurso às práticas creditícias e a sazonalidade das safras e entressafras do ouro, bem como as vantagens de reunir quantidades significativas desse metal antes de colocá-lo em circulação, como instrumento monetário na liquidação das dívidas.

Investigar o crédito privado em Lisboa, entre 1770-1830, foi o objetivo de Maria Manuela Rocha em sua tese de doutoramento. Apesar de o quadro apreendido em sua análise não se relacionar diretamente com o recurso ao crédito desenvolvido em Minas Gerais na centúria setecentista, a sua abordagem apresentou-nos um referencial sobre o debate. A partir da análise dos inventários orfanológicos e do imposto da décima na capital lisboeta, a autora dedicou-se a dimensionar a difusão do crédito na principal rede urbana do Império português. Conforme a sua pesquisa e também como uma tendência geral observada por outros estudiosos, foi nos meados do século XVI que ocorreu a disseminação das práticas creditícias no continente europeu, um processo observado a partir de análises localizadas para algumas regiões como em Inglaterra e França.[22]

Se por um lado, as causas que levaram à disseminação do crédito em diferentes espaços europeus apresentaram certa generalidade e foram corroborados, da mesma forma, em seu estudo sobre Lisboa (cf. ROCHA, 1996, p. 92). Por outro, seu estudo aponta a relevância de investigar pormenorizadamente "as razões que podem explicar esta tão larga disseminação das práticas de crédito nos circuitos de abastecimento do mercado" em Lisboa, levando-se em conta as suas particularidades (cf. ROCHA, 1996, p. 326). Ou seja, mesmo que a expansão econômi-

---

metal, conforme Júnia Furtado esclarece: "A proibição de circulação de ouro em pó em 1725 e a criação das Casas de Moeda também trouxeram dificuldades para os consumidores pagarem os comerciantes diretamente com o ouro que extraíam, generalizando o crédito. Para isso contribuíram, a partir de 1730, a proibição de circulação de moedas de ouro e a imposição de cunhagem de moedas de metais menos nobres para circularem nas Minas" (FURTADO, 1999, p. 121).

22 De acordo com a análise de Maria Manuela, para o pesquisador C. Brooks: "As razões são, em seu entender, claras: o aumento demográfico e uma situação de maior prosperidade econômica geraram uma dinamização da atividade produtiva, do consumo e consequentemente da expansão do crédito" (ROCHA, 1996, p. 86).

Das Minas à Corte, de caixeiro a contratador

ca fosse o principal fator a explicar o aumento das relações de crédito, deveriam ser incorporados a esse universo fatores como a escassez de moeda e o ineficiente sistema de comunicação da atividade mercantil, nomeadamente, no comércio de longa distância. Elementos estes que acentuavam a busca pelo recurso aos mecanismos creditícios.

Entretanto, o caminho para se compreender a expansão do crédito, levando-se em conta apenas os fatores já explicitados, não responderia totalmente a questão, pois nas situações envolvendo as transações mercantis em um mercado a nível local, como o comércio entre lojistas e seus clientes, a pouca eficiência dos meios de transporte quase nada interferiu na utilização do crédito que de igual modo era largamente utilizado. Sem deixar de validar os respectivos argumentos, Rocha ampliou o debate para outro elemento elucidativo para esse largo recurso ao crédito em Lisboa.

> O primeiro elemento que neste contexto deve ser introduzido prende-se com a irregularidade das receitas, nomeadamente daquelas que provinham do exercício de uma ocupação. O facto de estarmos perante sociedades em que os rendimentos em dinheiro entravam de forma descontínua nos orçamentos dos agregados domésticos é, a meu ver, um aspecto crucial para a compreensão da importante extensão destas formas de crédito no quotidiano das populações (ROCHA, 1996, p. 328).

A irregularidade das receitas flagrada na composição das dívidas arroladas nos inventários do seu corpo documental proporcionou uma análise bem sucedida. Com várias inferências a mencionar atrasos no pagamento de salários e serviços, ela evidenciou uma situação estendida para todos os níveis da escala social de Lisboa, como por exemplo a classe dos oficiais mecânicos, artesãos e prestadores de serviços à administração régia.[23]

---

23 Isto é: "Qualquer que fosse a entidade empregadora, e independentemente do tipo de relação contratual existente, a situação de adiar o pagamento de salários estava longe de constituir uma ocorrência pouco habitual. Ora esta irregularidade que afectava os fluxos de rendimento constituía um elemento que provocava o estabelecimento de novos e acrescidos actos de crédito. Se um oficial artesão assistia com frequência ao adiamento no pagamento do seu salário, via-se constrangido a utilizar também mecanismos creditícios para, nomeadamente, assegurar as aquisições básicas de produtos de consumo quotidiano. Por seu turno, também o comerciante obtinha com irregularidade o resultado monetário das vendas efectuadas e, como tal, o pagamento aos seus fornecedores ou a outros indivíduos que lhe apresentassem determinados serviços seria de igual forma protelado. Criava-se desta forma uma cadeia alargada de sucessivos

Em suma, o desenvolvimento do mercado assentado nas práticas creditícias e a generalização de seus recursos mostraram um sistema vantajoso para os participantes desse processo de difusão, "apelidado como uma 'coincidência de interesses' entre os intervenientes da relação de crédito" (ROCHA, 1996, p. 334). A linha de crédito concedida a partir do aludido sistema gerava estabilidade entre os participantes de uma dada transação comercial, de cuja clientela se esperava fidelidade. Nesse sentido, era considerado um mecanismo eficaz na fixação de clientes e distinção social por parte de quem fornecia o crédito.

Para o contexto econômico da América portuguesa, o quadro de certo modo não foi diverso daquele apresentado na Corte, visto que o mercado esteve fortemente lastreado pela disseminação do crédito. Tal o caso de Minas colonial, quando relatos coevos versavam sobre as práticas creditícias a sustentar as atividades mercantis.[24] Ou, ainda, os estudos que, de uma maneira geral, também demonstraram que o deficitário sistema de circulação monetária com um numerário insuficiente para atender à demanda da região foi a principal razão do recurso ao crédito.[25]

Marco Antônio Silveira ao analisar as "devassas civis" da comarca de Vila Rica (1735-1808), viu despontar a importância econômica de setores e atividades que concorreram paralelamente à mineração, como o comércio, a agricultura e os ofícios (cf. SILVEIRA, 1997, p. 87). Ou seja, uma profusão de atividades que conviveram com a exploração mineratória e estimularam a economia local,[26] notadamente, a atividade

---

recursos a actos de crédito que interligava gente com diferentes posições na hierarquia social" (ROCHA, 1996, p. 332).

24 É o caso da citação seguinte, analisada por Junia Furtado e já assinalada no primeiro capítulo da nossa tese: "(...) o estilo observado nestas Minas, depois que elas se descobriram até o presente, foi sempre o comprar-se tudo fiado, a pagamento de um ano, ano e meio e dois anos, e não há cousa nenhuma que se compre que seja com pagamento a vista, senão fiada" (Transcrição da segunda parte do códice 23 da Seção colonial. RAPM, 1980. Ano 31. p. 261, *apud* FURTADO, 1999, p. 120).

25 A respeito das pesquisas que abordam o uso do crédito e das práticas creditícias nas Minas setecentistas, ver, por exemplo: (FURTADO, 1999; ESPÍRITO SANTO, 2002; SANTOS, 2005; SILVEIRA, 1997; e ZEMELLA, 1951).

26 "Tem-se, portanto, um quadro relativo à população livre e majoritariamente masculina da região de Vila Rica. A despeito das limitações que um levantamento desse tipo pode apresentar – em especial as dúvidas quanto a sua representatividade, resultantes da verificação de que critérios variados deviam presidir à escolha de testemunhas para depor em uma devassa -, algumas conclusões merecem ser adiantadas. Em primeiro lugar, demonstra-se que a mineração estava longe de ser hegemônica no emprego da população. Pelo contrário: ela aparece em terceiro lugar em Vila Rica, atrás das ocupações comerciais e de ofício; nas freguesias, cai para o quarto lugar, perdendo ainda para o trabalho em roça. De modo geral, a maioria dos depoentes dedicava--se aos mais variados ofícios e às atividades ligadas ao comércio (viver de loja, venda, agência,

Das Minas à Corte, de caixeiro a contratador

mercantil, mediante o elevado percentual de ações cíveis envolvendo o comércio local (cf. SILVEIRA, 1997, p. 90). Para o autor, nesse sentido, a propagação do sistema creditício nas Minas teria sido o resultado da carência e inconstância do ouro em pó como equivalente monetário, agravado pela instabilidade social e interdependência em que "todos tinham o que pagar e receber" (SILVEIRA, 1997, p. 99).

Das razões discutidas por Silveira, estava a expansão do mercado de abastecimento interno que, embora sofresse com a precariedade do sistema de circulação monetária, se serviu da articulação da palavra (escrita ou falada) como recurso para negociações no comércio local. Afinal, "Na falta do ouro – ou mesmo articulando-se a ele –, as trocas estabeleceram-se em razão das promessas e empenhos de palavra, fossem ou não embasados em papéis escritos" (SILVEIRA, 1997, p. 100).

Numa perspectiva semelhante, Cláudia Coimbra estudou a disseminação do crédito e as estratégias socioeconômicas da Vila Rica setecentista. Para tanto, reuniu um amplo conjunto documental, com cerca de 320 ações sumárias de Alma entre 1730-1770, pelas quais analisou as relações tecidas a partir das práticas creditícias recorrentes naquele espaço minerador. Assim:

> (...) Em uma sociedade desmonetizada, em que – como pudemos ver no capítulo anterior – a palavra empenhada poderia funcionar como meio circulante para as atividades econômicas cotidianas, o crédito era a base das relações comerciais e esse mesmo "crédito" dependia do prestígio que se tinha na sociedade. Tornar pública uma dívida poderia resultar em severas restrições de acesso ao crédito, ao passo que, cometer crime de perjúrio, seria correr o risco de perdê-lo definitivamente (ESPÍRITO SANTO, 2002, p. 42).

As ações de Alma também foram exploradas para estudo sobre as práticas creditícias da comarca do Rio das Velhas, realizado por Raphael Santos (cf. SANTOS, 2005). Seguindo pela mesma trilha das pesquisas anteriores, atribuiu à escassez de moedas a disseminação do crédito na região. Com resultado semelhante aos de Silveira e Espírito Santo, sua pesquisa demonstrou a relevância da palavra com recurso indispensável ao crédito, embora o número de ações de Alma encontradas para aquela comarca fosse de apenas 25, entre 1713-1773.[27]

---

fazer cobranças, trabalhar como caixeiro, etc.). Se se acrescentam os roceiros, atinge-se o total de 65,3% de ocupações voltadas a um mercado local contra 15,2% das vinculadas à exploração aurífera" (SILVEIRA, 1997, p. 89).

27 Segundo Santos, "Dessa forma, a palavra – que possuía inclusive suporte institucional, haja

Tomando o que foi discutido por esses autores, o sistema de crédito dependia fortemente do empenho da palavra, escrita ou falada, e assumiu um papel destacado na organização do mercado de abastecimento interno em Minas colonial. Tendo em vista esse resultado, a disseminação do crédito teria como causa a ineficiente circulação monetária, acrescida pelos inconvenientes e restrições do ouro em pó como equivalente monetário. Sobressaindo, afinal, uma atividade mercantil lastreada pelas práticas creditícias e o endividamento da sociedade mineradora.

Mesmo que a falta de um sistema de circulação monetário eficaz despontasse como um fator relevante na disseminação de um mercado sustentado pelo crédito, é importante ter em conta que o processo era mais complexo, sobretudo quando avaliamos o dinamismo econômico de um mercado amparado pela produção mineral.

No que diz respeito às fontes primárias consultadas para uma avaliação do crédito, particularmente chamou nossa atenção o discurso apresentado por Braudel, ao afirmar:

> Mas confrontemos essa imagem com as de Defoe, que explica longamente que a cadeia do crédito está na base do comércio, que as dívidas se compensam entre si e que por isso há multiplicação das atividades e dos rendimentos comerciais. O inconveniente dos documentos de arquivo não será coletarem para o historiador falências, processos, catástrofes, em vez do andamento regular dos negócios? Os negócios felizes, tal como as pessoas felizes, não tem história (BRAUDEL, [1979] 2009, p. 58).

Considerando essas restrições para o quadro de escassez monetária e endividamento da sociedade nas Minas através das ações sumárias, devemos, pois, entender que o resultado cotejado nessa fonte produzida pela justiça local permite-nos explorar tanto os embaraços gerados pela difusão do crédito como uma parcela importante do seu universo mercantil. Como assinalamos no primeiro capítulo, as vendas a prazo, ou seja, o recurso ao crédito, responderam fortemente pelo fluxo movimentado na loja de Jorge Pinto de Azeredo e Manoel Cardoso Pinto, com 91% (Tabela 1.2) dos negócios realizados naquele estabelecimento mercantil. Além disso, também vimos que as ações judiciais envolvendo a co-

---

vista a legislação vigente na época – foi um importante sustentáculo para a circulação eficaz do crédito na sociedade mineira setecentista. Para ter fácil acesso ao crédito era preciso, portanto, ser uma pessoa de palavra, reconhecidamente honrada perante a sociedade. Esse objetivo foi perseguido por vários habitantes da região" (SANTOS, 2005, p. 54).

brança de dívidas no comércio local foram instrumentos de que a loja se serviu para garantir o recebimento das dívidas.

Esses dados colocam em evidência a relevância do crédito como propulsor da atividade mercantil da loja em Vila Rica. Contudo, não devem ser tomados somente como resultado de um baixo nível de monetização ou, ainda, que estivessem relacionados com o endividamento generalizado da clientela. Isto porque após um determinado prazo entre a realização das vendas a prazo, ou o empréstimo de ouro, ou a emissão das letras de crédito, as dívidas eram liquidadas através de pagamentos em espécie, isto é, ouro em pó. Esse fato ajuda-nos a entender o intercurso do ouro em pó enquanto equivalente monetário naquela capitania e sua monetização, além de descartar a insolvência dos negócios movimentados em uma importante casa mercantil nas Minas Gerais da primeira metade do século XVIII.

Pelas ações sumárias: um estudo sobre as práticas judiciárias e as cobranças de dívidas do comércio local na comarca de Vila Rica

Das considerações expendidas até agora vimos que o recurso ao crédito era uma forte condição para o desenvolvimento do comércio em Minas colonial, uma prática já explorada pela historiografia que aborda o tema e reforçada pelos estudos que privilegiam a análise das ações sumárias produzidas pela justiça local da região. Esse resultado, despontado com a análise dessas ações, traz a lume a preponderância das dívidas realizadas no comércio local no quadro das contendas levadas para a justiça e não deixa dúvidas de que os comerciantes se serviram do procedimento para recuperar as suas vendas. A fim de explorar um pouco mais a estreita ligação que existia entre o comércio local e as práticas judiciais da comarca de Vila Rica, utilizamos as ações relacionadas a alguns dos clientes da loja de Vila Rica.

O primeiro resultado dessa análise segue adiante, na Tabela 2.2, que apresenta uma redistribuição de ações judiciais por origem da dívida.

Alexandra Maria Pereira

Tabela 2.2. Distribuição de ações judiciais por origem de dívida.
Termos de Mariana e Vila Rica (1723 – 1780)

Origem	Alma	Crédito	Execução	Justificação	Libelo
Empréstimo	1 (15%)	3 (6%)	1 (4%)	-	1 (10%)
Escravos	-	14 (26%)	1 (4%)	1 (10%)	2 (20%)
Fazenda Seca	4 (57%)	14 (27%)	17 (71%)	2 (20%)	3 (30%)
Molhados	1 (14%)	8 (15%)	1 (4%)	2 (20%)	1 (10%)
Prestação de Serviços	1 (14%)	3 (6%)	-	1 (10%)	1 (10%)
Outros	-	7 (13%)	3 (13%)	3 (30%)	1 (10%)
Sem Informação	-	3 (6%)	1 (4%)	1 (10%)	1 (10%)
Total	**7 (100%)**	**52 (100%)**	**24 (100%)**	**10 (100%)**	**10 (100%)**

Fonte: AHMI – CPOP; CSM – Ação de Alma, Crédito, Execução, Justificação e Libelo.

Com os montantes reunidos na Tabela 2.2, podemos traçar o perfil das demandas judiciais do nosso conjunto documental para os termos de Mariana e Vila Rica, cujo resultado põe em destaque as cobranças relacionadas ao comércio local (empréstimos, escravos, fazenda seca e molhados) em relação às demais categorias.

Em relação às ações de Alma, quatro das sete cobranças postas em juízo tinham a sua origem em dívidas por aquisição de fazenda seca, uma de molhados, uma relacionada a empréstimo e a outra à prestação de serviços. O conjunto das ações de crédito teve um arranjo de 14 ações por cobranças sobre a venda de escravos e outras 14 por fazendas secas que foram compradas nas lojas dos termos de Vila Rica e Mariana. Também encontramos oito casos envolvendo a venda de gêneros molhados, totalizando então 36 ações de Crédito que estavam ligadas diretamente ao comércio da região.

Considerando essa perspectiva apontada na Tabela 2.2, as ações de Execução somaram 17 cobranças de fazenda seca, uma de molhados e outra que se referiu à venda de escravo. Tal como as ações judiciais já avaliadas, as Justificações e os Libelos igualmente acompanharam o nível de concentração do numerário apresentado por origem de dívida. Sendo assim, duas Justificações cobravam dívidas por fazenda seca, duas por gêneros molhados e uma por escravos. Já os Libelos foram distribuídos entre três cobranças de fazenda seca, duas sobre escravos e uma de molhados. Dessa forma, o conjunto de ações judiciais reunidos na Tabela 2.2

Das Minas à Corte, de caixeiro a contratador

destaca o preponderante número de contendas relacionadas à cobrança de dívidas contraídas no comércio local. Um resultado que se aproxima daquele obtido por Silveira (1997) e Espírito Santo (2002) a partir da análise das ações sumárias do termo de Vila Rica ao longo do século XVIII.

Como desdobramento dessa análise envolvendo as ações judiciais, verificamos as práticas creditícias relacionadas a cobranças de dívidas no comércio local por essa parcela de clientes da loja, seja na condição de autor ou réu das causas levadas a juízo em primeira instância. Em especial, as dívidas contraídas nos estabelecimentos fixos como as lojas, pelas vendas de fazenda seca e empréstimos de ouro, as vendas e, por fim, pela aquisição de escravos. Práticas que revelaram o destacado papel da atividade mercantil e a fluência de um vigoroso mercado de abastecimento interno a impulsionar a economia da região.

As ações judiciais de Alma e de Crédito eram procedimentos sumários produzidos na justiça local e estavam vinculadas ao poder concelho. Por se tratarem de processos semelhantes, no mais das vezes, a esses procedimentos jurídicos não se utilizavam "as costumadas fórmulas de Direito" como a apresentação de embargos e demais dilações (cf. BLUTEAU, 1712, p. 784, CD ROM). Em consequência, essas ações tendencialmente se desenvolveram num rápido curso de tempo,[28] e a sentença final do juiz dependia do comparecimento ou da ausência do réu, que também poderia ser representado por seu procurador, intimado para jurar em sua alma ou reconhecer o seu crédito, se era devedor da cobrança, em uma audiência pública. Desse modo, a justiça estava confiada à palavra do réu ou do autor, para a resolução da contenda judicial. Afinal, segundo Santos: "Curiosamente, nas ações de Alma, a falta de compromisso com a palavra de um devedor era resolvida também por meio da palavra" (SANTOS, 2005, p. 49).

Para dar prosseguimento à nossa análise e mediante as características sumárias das ações de Alma e Crédito, reunimos esses processos a fim de apresentar uma tabulação dos dados conforme a presença do réu em juízo, um resultado que segue na Tabela 2.3.

---

28 Especificamente no caso das ações de Alma, Cláudia Coimbra apontou que as referidas ações, em média, duravam um período máximo de dois meses (cf. ESPÍRITO SANTO, 2002, p. 68).

Tabela 2.3. Presença do réu em juízo nas ações de Alma e Crédito. Termos de Mariana e Vila Rica (1723 – 1767)

Presença	Alma	Crédito
Pessoalmente	-	9 (17%)
Por procurador	-	10 (21%)
Não compareceu	7 (100%)	27 (52%)
Outro	-	1 (2%)
Sem identificação	-	4 (8%)
Total	**7 (100%)**	**52 (100%)**

Fonte: AHMI – CPOP; CSM – Ação de Alma e Crédito.

Para o caso das ações de Alma, particularmente, ainda que o número contemplado em nossa investigação seja limitado, não ocorreram casos em que o réu compareceu em audiência para assumir ou negar a cobrança intentada pelo autor. Isto significa que todos os réus foram condenados à revelia.

O número significativo de réus que não compareceram em audiência para reconhecerem ou negarem suas dívidas foi um fato já assinalado por Silveira e Espírito Santo (cf. SILVERIA, 1999; ESPÍRITO SANTO, 2002).

Para Silveira, de um total de 55 processos examinados, em 41 casos o citado não compareceu, em 12 as dívidas foram afirmadas e apenas dois a negaram. Esse número acentuado de pessoas que não compareceram nas audiências e, portanto, foram condenadas à revelia, poderia ser justificado pela falta de recurso do devedor para pagar a dívida posta em juízo, ou ainda, que elas sentissem vergonha daquela situação (cf. SILVEIRA, 1997, p. 104).

No mesmo caminho estão os resultados apontados por Cláudia Coimbra, ao ver despontar entre as décadas de 1730-1770 um número reduzido de pessoas citadas no termo de Vila Rica que compareceram em juízo para reconhecimento da dívida. Para a autora, mesmo que a lei fosse clara sobre a importância da palavra do réu para definir o veredicto da ação, havia um grande número de réus que não compareceram em juízo. Pois:

> É importante lembrar que o perjúrio ou falso testemunho restringia o crédito. Os dados parecem confirmar que, ao comparecer, o réu tendia a formalizar dívida publicamente conhecida. O "sabe por

ouvir dizer" se espalhava pela vila, e esta publicidade poderia representar futura restrição de crédito para devedores recalcitrantes (ESPÍRITO SANTO, 2002, p. 69).

A tendência quanto ao número de réus que não se apresentaram em juízo para reconhecer a cobrança judicial também se manteve para as ações de Crédito em nossa pesquisa, embora a diferença não fosse acentuada, como se vê na Tabela 2.3. Dentre os 52 processos analisados, em 27 casos, ou seja, pouco mais da metade dos citados (52%) não compareceram, pessoalmente ou por procurador, para reconhecerem o sinal e obrigação da letra de crédito levada a juízo pelo seu credor. Para o restante dos casos, nove pessoas afirmaram pessoalmente a dívida e 12 pela nomeação de procuradores.

Encontramos também um caso isolado de uma ação de Crédito movida pelo capitão Domingos Ferreira da Veiga, como seu mostrador, contra o mestre de campo Pedro da Fonseca Neves, que traz à lume um aspecto central sobre o papel atribuído à *cláusula de mostrador*. Ou seja, um recurso que geralmente fazia parte da composição das letras de crédito e servia para indicar se terceiros poderiam resgatar a dívida formalizada com aquele acordo. Assim, em 1734, Pedro foi chamado para reconhecer em juízo uma letra de crédito que estava acordada na seguinte forma:

> Devo ao Sr. Manoel Barreto [ilegível, uma palavra], de 97$600 réis de resto de uma crioula que lhe comprei por 200$000 réis de que lhe dei ao fazer deste 122$400 e o dito resto lhe pagarei depois de sair a frota que se acha no Rio de Janeiro a dois meses sem por dúvida alguma a que obrigo minha pessoa e bens. Vila Rica, 14 de junho de 1731.[29]

Na ocasião, o ouvidor de Vila Rica responsável pelo julgamento da ação, Dr. Fernando Leite Lobo, ao analisar a aludida letra entendeu que a solicitação não estava legalmente fundamentada e, sem mais, aplicou a seguinte sentença:

> Visto como o crédito não contém *cláusula de mostrador e o Autor não é o mesmo Autor Credor* a quem foi passado termo em que não tem lugar a via sumária que se intentou; absolvo o Réu da instância e condeno nas custas o Autor que poderá por meios ordinários intentar seu direito. Vila Rica, 24 de maio de 1735 [itálico nosso].[30]

---

29 AHMI – CPOP – Crédito – Cód. 211 – Auto 3015 – 1º Ofício – Fl. 04.

30 AHMI – CPOP – Crédito – Cód. 211 – Auto 3015 – 1º Ofício – Fl. 05.

De maneira geral, as ações de Crédito eram solucionadas num rápido decurso de tempo, com processo composto por uma petição, carta citatória, letra de crédito, audiência e sentença. Contudo, encontramos algumas situações que se estenderam um pouco mais, havendo a apresentação de embargos e de contrariedades.[31] Destarte, o réu amparado pelo direito costumado à época, recorria ao advogado de sua confiança para apresentação de embargos no intento de contornar uma situação vexatória, pela qual estava supostamente condenado a pagar ou ser executado em seus bens, e assim liquidar uma dívida que de outro modo dificilmente seria solucionada.

Dos processos com dilações a partir dos "dez dias de assinação", ou seja, um prazo estimado por lei para que o réu após o recebimento da carta citatória pudesse comparecer perante a justiça a fim de reconhecer a cobrança ou apresentar recursos, estava uma ação cujo réu por "embargos de paga" alegava que havia liquidado uma parcela da dívida cobrada. Tratava-se, pois, de uma causa movida pelo já conhecido comerciante, o capitão Simão da Rocha Pereira, em 1768, por uma cobrança como mostrador de um crédito contra o devedor Manoel Teixeira de Carvalho, da quantia de 302 oitavas de ouro.[32] Outrossim:

> Devo que pagarei a Agostinho Peixoto de Faria 302 oitavas de ouro procedidas de cargas de molhados que lhe comprei a meu contento tanto em preço como em bondade a qual quantia pagarei a ele dito ou a quem este me mostrar, a saber da fatura a um ano 40 oitavas de ouro e daí a um ano outra 40, e da fatura deste a três anos outras 40, e da fatura deste a quatro anos outras 40 e no fim de cinco anos o resto e declaro que nesta forma nos ajustamos e para a satisfação obrigo a minha pessoa e bens, e o mais bem parado deles sem a isso por dúvida alguma e para assim ser verdade, e não saber ler nem escrever pedi e roguei a José Teixeira da Cunha este para mim fizesse e como testemunha assinasse presente as mais abaixo assinadas. Cidade de Mariana, 21 de outubro de 1761.[33]

Após o recebimento de uma carta citatória, o réu Manoel Teixeira de Carvalho, pela pena do seu advogado, Dr. Jorge de Abreu Castello Branco, em audiên-

---

31 Segundo Bluteau, embargo era a apresentação de um "impedimento que se põem à execução de uma sentença" (BLUTEAU, 1712, p. 39, CD ROM). No mesmo dicionário também encontramos o verbete sobre contrariedade que "é a resposta do réu ao autor" (BLUTEAU, 1712, p. 509, CD ROM).

32 CSM – Crédito – Cód. 460 – Auto 10099.

33 CSM – Crédito – Cód. 460 – Auto 10099 – Fl. 03.

cia logo apresentou um embargo apontando que a causa tivesse legítima razão de "embargos de paga", conforme um novo trato. No primeiro artigo daquele embargo, afirmava que "vendo-se o embargante vexado de seus credores, e pretendendo assinar uma concordata, convocou a Agostinho Peixoto de Faria como seu credor. O qual conveio e entrando em ajuste de contas, apresentando várias vezes livros e papéis, achava-se tudo tão confuso e sem clareza, que nada podia averiguar".[34]

Em outro artigo desse mesmo embargo, informou a respeito de um novo ajuste de contas, quando então Agostinho de Faria teria aceitado como parcela de pagamento a quantia de "49 oitavas e ½ que devia ao embargante Rita Ribeira ou o que na verdade constar de um crédito que a mesma Rita Ribeira passou ao credor originariamente cujo crédito se acha em poder do embargado".[35] Mais ainda, que o embargante em outro trespasse de dívidas ajustou de "(...) botar em Vila Rica em casa de Jerônimo Alves Pereira morador no Alto da Cruz, um barril de cachaça cada semana, até se pagar aquilo que liquidamente lhe devesse: e nesta forma ficaram justos a pagar-lhe como dirão as testemunhas".[36] A fim de concluir os embargos, Dr. Castello Branco declarou "que não pode ser o embargante obrigado a pagar a dívida de que se trata mais do que tão somente com um barril de cachaça cada semana botado em casa do dito Jerônimo Alves, na forma do ajuste que fez com o credor originário, até se pagar o que liquidamente dever".[37]

Mas o esforço foi em vão e o juiz de fora à frente da causa entendeu que o réu devia ser condenado porque não apresentou provas contundentes para as modificações alusivas ao novo ajuste de contas. Passados cerca de dois anos, a causa ainda não havia sido solucionada e Manoel Teixeira de Carvalho, como réu, solicitava o agravo ao ouvidor geral e corregedor da comarca, da sentença dada pelo juiz. Ao defender que sua queixa esteve fundamentada nas razões apresentadas nos embargos, uma vez ainda que o trato "não foi deduzido em causa de Execução; termos em que se entendem as doutrinas ex adverso: foi sim em uma causa de assinação de dez dias, na qual se pode articular toda e qualquer matéria de embargos impeditiva da ação (...)".[38] Vê-se, pois, uma estratégia comumente

---

34 CSM – Crédito – Cód. 460 – Auto 10099 – Fl. 07.
35 CSM – Crédito – Cód. 460 – Auto 10099 – Fl. 07 verso.
36 CSM – Crédito – Cód. 460 – Auto 10099 – Fl. 07 verso.
37 CSM – Crédito – Cód. 460 – Auto 10099 – Fl. 08 verso.
38 CSM – Crédito – Cód. 460 – Auto 10099 – Fl. 17.

utilizada durante os dez dias que a lei permitia ao réu recorrer da sentença, antes que se procedesse à execução nos seus bens.

Em resposta, com perspicácia informou Francisco Ferreira dos Santos, advogado do comerciante e capitão Simão da Rocha Pereira que "Sendo a matéria dos embargos de paga, e novo tratado admissível no decênio, não é a sua admissão tão fácil que não *careça de prova plena e concludente,* para relevar da condenação, e assim dispõem a nossa Ordenação (…)" e porque a prova que o agravante fez aos embargos considerou "não ser perfeita, nem concludente que persuadissem relevá-lo da condenação" e "como o agravante não fez esta necessária prova, como constou do assento, parece-me que em receber os seus embargos com condenação lhe não fiz agravo (…)" [itálico nosso].[39] Por esse motivo, o ouvidor geral da comarca de Vila Rica condenou o agravante nas "custas do presente agravo em que não teve provimento e não será ouvido com cousa alguma sem as pagar. Sigam-se os termos dos autos".[40]

Esse foi um claro exemplo de demonstração dos recursos jurídicos e estratégias aplicadas nas ações judiciais com apresentação de embargos e contrariedades. O caso também ilustra a importância de provas que pudessem embasar legalmente a alegação apresentada com o embargo intentado. Flagramos, ainda, a dificuldade do réu de dispor de instrumento monetário (em espécie) para a solvência de sua dívida, o que gerava um complexo sistema de meios de pagamentos, onde o réu se serviu do trespasse de dívida e de pagamentos em gêneros para liquidar suas contas. Pelo teor da ação, tudo indica que o réu, Manoel Teixeira de Carvalho, teria sido um produtor de cachaça e como tal entregava a sua produção para agentes do comércio fixo ou volante, como fez, certamente, a Rita Ribeira e a Jerônimo Alves. Uma realidade recorrente em alguns setores daquela sociedade.

Outra situação que nos permite avaliar estratégias para a negociação das dívidas que eram municiadas, inicialmente pelo ajuste em letras de crédito, foi uma ação judicial movida por Francisco Martins. Esse comerciante impetrou uma ação, como mostrador de um crédito, cujo devedor era Miguel Cardoso Pereira, da quantia de 41 oitavas e ¼ de ouro de Rs. 1$500 a José Manso. Uma dívida procedida de ferramentas compradas "a seu contento" no vilarejo de Lavras de Nossa Senhora dos Remédios do Caraça, aos 22 dias de maio de 1738.[41] A fim de ganhar

---

39   CSM – Crédito – Cód. 460 – Auto 10099 – Fl. 19.

40   CSM – Crédito – Cód. 460 – Auto 10099 – Fl. 24.

41   CSM – Crédito – Cód. 480 – Auto 10706.

tempo sobre aquela dívida, o réu, Miguel Cardoso, por via de embargos durante os "dez dias de assinação", declarou que:

> (…) ele suplicante celebrou com maior parte de seus credores de maiores quantias no qual lhe [ilegível, uma palavra] farão de indúcias cinco anos para lhes satisfazer atendendo aos muitos danos e perdas que sem culpa sua experimentou declarando, outrossim que o tal compromisso em que procedeu justificação dos requisitos necessários se julgou por sentença (…).[42]

Em suma, desejava o réu protelar a aludida ação judicial através de um compromisso por indúcias, ou seja, o ajuste de uma concordata concedida pelo credor estabelecendo por cinco anos o prazo para negociar a mesma dívida.[43] Por esse motivo, o juiz da causa José Pereira Moura condenou o réu na quantia, mas recebeu seus embargos para que o autor os contrariasse conforme lhe parecesse, em setembro de 1738.

Nos artigos que fundamentavam a contrariedade, o autor e embargado pela melhor forma de direito informou que o compromisso pretendido pelo embargante Miguel Cardoso era "falso, fantástico e simulado". Pois o fazendo "acumulou com vários credores supostos fingindo ser-lhe devedor de várias dívidas supostas para fazer maior número de credores e maior número de dívidas para assim compelir os credores de menores quantias e demorar-lhe a solução de suas dívidas".[44] Mais adiante, no terceiro artigo, finalizava sua contrariedade afirmando que:

> (…) o embargante não teve perdas e infortúnios alguns, mas antes o seu mau governo o fez ou tem constituído em pobreza porque tendo extraído bastante ouro das suas lavras o deixa gastar a seus filhos desordenadamente com jogos e outras coisas mais que as testemunhas

---

42 CSM – Crédito – Cód. 480 – Auto 10706 – Fl. 10.

43 De acordo com De Plácido e Silva, indúcias "(…) serve para exprimir, na linguagem forense, o espaço concedido aos devedores para pagamento da dívida, estando a *lide pendente* em juízo". Para o mesmo autor, o recurso difere da moratória, "(…) que é o espaço concedido ao devedor, antes de se encontrar a causa em juízo", aproximando-se mais de uma "(…) concordata judicial, proposta no curso da falência. Mas, por seu sentido etimológico, quer significar qualquer dilação ou o espaço de tempo concedido, para que a dívida seja resgatada nele, isto é, no seu transcurso" (SILVA, 1989, p. 460).

44 CSM – Crédito – Cód. 480 – Auto 10706 – Fl. 14 e 14 verso.

declararão, e por isso, ainda que o dito compromisso fosse verdadeiro o que se nega se fazia indigno de [ilegível, uma palavra] concessão.[45]

No entanto, não sabemos qual teria sido o desfecho para essa querela, pois a última informação disponível foi uma resposta dada pelo juiz após Francisco Martins contrariar os embargos, quando concedeu ao réu e embargante o direito de lançar a sua réplica.

Os episódios acompanhados com essas ações de Crédito retratam aquelas dívidas acordadas inicialmente pelas letras de crédito e que movimentavam parte das operações de um mercado de abastecimento interno dinâmico na capitania das Gerais. O exame quantitativo e também uma leitura qualitativa das ações judiciais sobre cobranças de dívidas no comércio local nos aproximam de algumas nuances do universo mercantil vivenciado nas Minas Gerais. Mostram desde contendas judiciais envolvendo grandes somas e pessoas que viviam abastadamente até as situações com pessoas de poucos recursos e cobranças sobre pequenos valores, muitas vezes imbricadas nas relações que cerceavam a sobrevivência cotidiana nos vilarejos do ouro.

A fim de compor um estudo pormenorizado das características desse conjunto de letras de crédito, apresentamos as tabelas subsequentes que trazem informações gerais sobre a emissão dessas letras.

Tabela 2.4. Distribuição das letras de crédito por classe de processos judiciais. Termos de Mariana e Vila Rica (1724-1777)

Processo	Quantidade
Crédito	59 (79%)
Execução	9 (12%)
Justificação	5 (7%)
Libelo	2 (2%)
Total	**75 (100%)**

Fonte: AHMI – CPOP; CSM – Ação de Crédito, Execução, Justificação e Libelo.

A Tabela 2.1 apresenta as ações judiciais de acordo com a distribuição dos processos de parte da clientela arrolada no borrador da loja de Vila Rica, entre 1737

---

45   CSM – Crédito – Cód. 480 – Auto 10706 – Fl. 14 verso.

e 1738. Ao todo, foram 103 processos distribuídos entre ações de Alma, Crédito, Execução, Justificação e Libelo. A partir desse conjunto documental, sobressaíram as 75 letras de crédito que acompanhavam algumas dessas ações, conforme se vê na Tabela 2.4.

A sua vez, as ações de Crédito responderam pela maioria das letras de crédito analisadas no nosso universo de pesquisa. Ou seja, foram 59 letras distribuídas entre 51 das 52 ações com um percentual de 79% do conjunto total das mesmas. Desse resultado, três ações possuíam duas letras em cada uma, uma ação com três letras e outra contendo quatro, enquanto para as demais havia uma letra vinculada a cada ação judicial. Em seguida, registramos nove letras nos processos de Execução, cinco para as Justificações e um Libelo contendo duas letras de crédito.

Tabela 2.5. Distribuição das letras de crédito por origem de dívida. Termos de Mariana e Vila Rica (1724-1777)

Origem	Quantidade
Empréstimo	5 (7%)
Escravos	20 (27%)
Fazenda Seca	23 (29%)
Molhados	7 (9%)
Prestação de Serviços	3 (4%)
Outros	17 (23%)
Sem Informação	1 (1%)
Total	**75 (100%)**

Fonte: AHMI – CPOP; CSM – Ação de Crédito, Execução, Justificação e Libelo.

Já a Tabela 2.5 apresenta a distribuição das letras de crédito conforme a origem das dívidas. Da mesma forma que a distribuição das ações judiciais por origem da dívida (Tabela 2.2) obteve uma concentração de ações envolvendo o comércio local da comarca de Vila Rica, as letras de crédito também acompanharam esse mesmo movimento. O maior destaque ateve-se às dívidas do comércio fixo, notadamente, daquele praticado nas lojas pela compra de fazendas secas, com 23 letras e um percentual de 29%. Com uma pequena diferença, vieram em seguida as letras envolvendo a compra e venda de escravos, que alcançaram o percentual de 27% e 20 letras de crédito. Em boa medida, esses dados conferem à atividade mercantil um papel destacado dentro das práticas creditícias dessa parcela de clientes da loja.

À seguinte categoria, com 18 letras e 24% do total levantado, alocamos aquelas que, dada a sua diversidade, não couberam pelo recorte assumido em nosso contexto de análise uma representação em nova faixa por origem de dívida. Nesses casos estavam as contendas judiciais por dívidas entre sociedades, ajuste de contas, trespasse de dívidas bem como a compra de gado, sítio, cavalos e resto de contas que animaram as audiências judiciais nos termos de Mariana e Vila Rica.

Num destes casos, o capitão Lourenço Dias Rosa, em 1741, moveu uma ação de Crédito para cobrar de João de Lana um acordo ajustado em uma letra cuja obrigação era pagar Rs. 1:159$500 por seu genro Manoel Gonçalves Porto, resultado de uma sentença que Rosa havia alcançado no ano de 1724.[46] Em outra ação de Crédito, no ano de 1743, o capitão Antônio da Costa Ribeiro, morador em Itaubira (Itabirito), fez uma cobrança de dívida contra Pedro Nunes Barreto, morador na freguesia da Cachoeira, por uma dívida acordada pela emissão de uma letra no valor de Rs. 1:527$325 pelo resto de todas as contas havidas entre eles até o ano 1738.[47]

Já Caetano José de Almeida, como mostrador de Pedro de Oliveira Freitas, colocou em juízo um crédito devido por Antônio Sutil de Siqueira, em 1748, por uma boiada que comprou em julho de 1743 no valor de Rs.1:998$600.[48] 355 oitavas de ouro de Rs. 1$500 mais 6,25% de juros resumiu a dívida de Domingos Soares Fernandes com o capitão Domingos Correa Lopes, por uma sociedade entre ambos na serra dos Penteados, com água e regos, cobrados em ação de Crédito no ano de 1750.[49] Por último, Francisco da Costa Pereira contra Manoel do Sacramento intentou uma ação para recuperar a soma de 350 oitavas de ouro procedidas de duas letras ajustadas pela compra de cortes de gado em 1749 e 1750.[50]

A partir dos casos vistos com essa investigação, tudo leva a crer que as contendas judiciais e a emissão de letras relacionadas à atividade mercantil compunham o maior número de causas judiciais da comarca de Vila Rica. Assim também fica-nos uma ideia acerca dos valores dessas cobranças que assumiam uma menor expressividade se comparadas às quantias levantadas nas ações que não se relacionavam diretamente com o comércio fixo e, por sua vez, possuíam valores mais elevados.

---

46 AHMI – CPOP – Crédito – Cód. 183 – Auto 3419 – 2º Ofício.
47 AHMI – CPOP – Crédito – Cód. 249 – Auto 4326 – 1º Ofício.
48 AHMI – CPOP – Crédito – Cód. 210 – Auto 2970 – 1º Ofício.
49 AHMI – CPOP – Crédito – Cód. 247 – Auto 4196 – 1º Ofício.
50 CSM – Crédito – Cód. 454 – Auto 9852.

Tabela 2.6. Distribuição das letras de crédito por década.
Termos de Mariana e Vila Rica (1724-1777)

	Década de 1720	Década de 1730	Década de 1740	Década de 1750	Década de 1760	Década de 1770
Número de Letras	2 (3%)	24 (32%)	30 (40%)	3 (4%)	11 (14%)	5 (7%)

Fonte: AHMI – CPOP; CSM – Ação de Crédito, Execução, Justificação e Libelo.

Como era de se esperar, o período de maior confluência das letras de crédito e, por conseguinte, das ações sumárias relacionadas aos clientes da loja (1737-1738), restringiu-se às décadas de 1730 e 1740. Desses casos, apenas a dissonância de 11 letras de crédito no decênio de 1760. Um fato que esteve relacionado ao processo de arrecadação da herança de Antônio Pereira dos Santos, comerciante na freguesia de Guarapiranga, quando seu irmão o capitão Manoel Pereira da Silva e sua viúva Gertrudes Bernarda Rosa, moveram ações judicias para as cobranças de dívidas da loja mediante a apresentação em juízo de letras de crédito.

"Jurar em sua alma" e "reconhecer seu crédito": as ações de Alma e Crédito

Na seção anterior apresentamos um panorama geral dos processos judiciais envolvendo uma parcela de clientes da loja de Vila Rica. Uma investigação que partiu de uma busca nominal e se debruçou sobre ações produzidas na justiça local dos termos de Mariana e Vila Rica, na centúria setecentista. Considerando esse critério de amostragem, vimos que as cobranças sobre dívidas do comércio local eram o principal motivo que levava aquela parcela de pessoas a recorrerem à justiça, a fim de solucionarem suas contendas.

Nesse sentido, esses processos produzidos pela justiça local trazem informações relevantes sobre as dívidas comerciais e, por conseguinte, de como se estruturou o comércio na comarca de Vila Rica. Mediante esse potencial explorado com esse conjunto documental, procedemos a investigação amiúde das cobranças judiciais relacionadas às dívidas contraídas no comércio. Para as análises subsequentes, foram selecionadas algumas ações judiciais ilustrativas do dinâmico mercado de abastecimento interno da região.

Foi em 1752 que Antônio Ferreira Neves, mercador em Santo Antônio da Casa Branca, termo de Vila Rica, colocou em juízo uma ação de Alma contra Custódio de Oliveira Guimarães, intimado a jurar em sua alma se devia 20 oitavas e nove vinténs de ouro de fazendas da loja de Antônio. Mas o réu, como tantos outros, não compareceu em audiência pública e muito menos alegou algo que pudesse favorecê-lo na causa, sendo condenado à revelia a pagar a dívida e custos do processo.[51] Já Manoel de Araújo Guimarães, como autor de uma ação de Alma, em 1741, afirmou ter sido João de Brito, morador no morro de Santo Antônio da freguesia das Congonhas, devedor de 30 oitavas e ½ e um vintém de ouro, uma dívida calculada a partir dos artigos que comprou em sua loja. Da mesma forma que o caso anterior, o réu não compareceu e, por isso, condenado à revelia.[52]

Do mesmo modo, o capitão Domingos Cardoso foi condenado a pagar uma dívida cobrada no ano de 1740 por uma causa apresentada pelo comerciante Manoel Teixeira Sobreira, que desejava:

> (...) fazer citar ao Capitão Domingos Cardoso de Almeida, morador nesta freguesia de Nossa Senhora da Conceição das Congonhas, para pessoalmente vir à primeira audiência deste juízo jurar ou vir jurar se lhe é devedor ao suplicante da dita quantia de 105 oitavas e 18 vinténs de ouro procedidas de fazenda que lhe comprou na sua loja, para seu uso e João Batista Lima, como consta da carta junta da quantia de 54 oitavas e ¾ de ouro (...).[53]

As ações de Alma demonstram, sobretudo, a importância do recurso à justiça local para recuperar dívidas formalizadas verbalmente, a partir da confiança atribuída à palavra. Enquanto as ações de crédito, por se basearem na apresentação de um acordo formal em uma letra de crédito, mais do que um recurso para solucionar essas cobranças também retratam os detalhes e ajustes das dívidas contraídas no comércio local.

Um desses casos aconteceu quando um abastado membro da elite mineradora ainda era comerciante em Vila Rica. Trata-se de Manoel Teixeira Sobreira, mencionado na ação anterior, que em julho de 1740 entrou com uma ação de Crédito contra Pedro Nunes Barreto pedindo 183 oitavas de ouro por "resto do crédito junto". Mesmo com a realização da audiência e transcorridos os dez dias determinados por lei, o processo permaneceu em suspenso, sendo retomado dois anos depois, em dezembro de 1743, quando Manoel lançou uma segunda petição solicitando pro-

---

51   AHMI – CPOP – Alma – Cód. 276 – Auto 5637 – 1º Ofício.
52   AHMI – CPOP – Alma – Cód. 275 – Auto 5590 – 1º Ofício.
53   AHMI – CPOP – Alma – Cód. 275 – Auto 5575 – 1º Ofício – Fl. 02.

vidências para citar novamente o réu. Então, em janeiro de 1744, o juiz autorizou uma nova ação instaurada para a cobrança da dívida sobre fazendas compradas em sua loja, no mês de julho de 1739. Mais uma vez o réu não compareceu nem alegou ou mostrou prova que o relevasse, motivo pelo qual levou o juiz a condená-lo a pagar a quantia pedida pelo autor, além das despesas com a mesma ação.[54]

Manoel Teixeira Sobreira, no ano de 1745, também acionou a justiça local para mais uma ação de Crédito. Dessa vez, moveu uma ação contra David Ferreira pela cobrança de duas letras de crédito. A primeira em 1733, em cuja obrigação David ajustava uma dívida com Manoel Teixeira Sobreira e Companhia, por 76 – 1/4 – 6 vinténs de ouro, resto de contas por artigos que na sua loja comprou. E a segunda, como mostrador de uma letra de crédito passada em 1735, como devedor de Manoel de Souza Peixoto. Por sua vez, o réu não compareceu à audiência e, portanto, foi condenado à revelia.[55]

Em nome de Jerônimo Rodrigues dos Reis e Companhia estava a letra anexada a uma ação de Crédito em outubro de 1753, na qual Sebastiana Arcângela de Jesus se comprometia a pagar 31 oitavas e ½ de ouro por fazenda comprada em sua loja e parcelada em duas vezes. O pagamento ficou ajustado de modo que a primeira parcela sobre a metade da soma seria liquidada em dois meses e a segunda, no final de quatro meses, tudo a partir da data de ajuste da obrigação que foi realizada em abril de 1753. Nesse caso, o seu procurador compareceu em audiência para o reconhecimento da dívida, de cuja quantia e gastos com o processo Sebastiana foi condenada a pagar.[56]

Em boa medida, a composição das letras de crédito relacionadas ao comércio indicava a atuação de companhias estabelecidas entre dois ou mais sócios. Por isso era comum o acionamento da justiça por parte de autores como mostradores das letras. Uma alternativa quando na redação da mesma letra houvesse a *cláusula de mostrador*, tornando legal o trespasse de dívidas.

Em seis de junho de 1741, o comerciante Domingos Dias Lopes apresentou uma petição pedindo para citar Antônia Maria de Almeida, moradora em Vila Rica, como devedora de uma letra de crédito no valor de 85 oitavas de ouro procedidas de fazendas compradas na sua loja, no mês de julho de 1740. Por não com-

---

54 AHMI – CPOP – Crédito – Cód. 253 – Auto 4484 – 1º Ofício.

55 AHMI – CPOP – Crédito – Cód. 216 – Auto 3319 – 1º Ofício.

56 AHMI – CPOP – Crédito – Cód. 261 – Auto 4971 – 1º Ofício.

parecer em audiência, a ré foi condenada aos 19 dias de janeiro de 1742 a pagar a dívida.[57] Nove anos depois, em abril de 1750, Domingos Dias Lopes recorreu à justiça para mais uma cobrança na qual pediu ao sargento-mor Manoel de Souza Portugal o pagamento de uma letra de crédito na quantia de Rs.250$000. Dessa vez, Domingos desejava recuperar a soma da venda de um moleque chamado Manoel, de nação angola e ofício de barbeiro, que ajustou de pagar a metade em um ano e a outra metade em dois a partir da feitura da mesma letra, que ocorreu em nove de janeiro de 1748. Da mesma forma que Antônia, Portugal não compareceu perante o juiz, tampouco alegou por meios jurídicos prova que o livrasse daquela cobrança e então, no mês de maio de 1751, foi condenado à revelia.[58]

Assim como as companhias e o trespasse de dívidas despontaram no exame das letras de crédito, o ajuste dos prazos para o pagamento das dívidas também apresentou informações relevantes sobre a atividade mercantil. Conforme esse aspecto, ou seja, analisando a data de feitura da letra e o ajuste para o pagamento da mesma, algumas implicações podem ser cotejadas com esse lapso temporal tolerado pelos credores antes que essas dívidas fossem levadas à justiça local.

Um exemplo elucidativo a este respeito, encontramos nas ações de autoria do tenente João de Siqueira. Este senhor era dono de uma loja de molhados em Vila Rica e vendeu em junho de 1741 uma carga para Bento da Costa de Oliveira, no valor de 47 oitavas e ½ de ouro, ajustado em uma letra de crédito para pagar em dois meses após a compra. Por esse motivo, passados exatos dois meses, o comerciante acionou a justiça local a fim de cobrar a referida dívida. Bento compareceu em audiência e mediante a sua confissão, o juiz ordinário Manoel Matheus Tinoco o condenou de preceito, aos cinco dias do mês de setembro de 1741.[59]

O mesmo tenente, em 1742, mandou citar a José Vieira Lemos, morador na Soledade, pelo valor de 78 oitavas e ¾ de ouro por uma letra de crédito sobre uma carga de molhados, a qual havia ajustado o seu pagamento depois de três meses da feitura daquela obrigação, em outubro de 1741. Mas José Vieira não compareceu em audiência ou apresentou prova que relevasse aquela dívida, por isso sentenciou o juiz condenando-o na quantia pedida e nas despesas com o processo.[60] Mais um

---

57   AHMI – CPOP – Crédito – Cód. 247 – Auto 4192 – 1º Ofício.

58   AHMI – CPOP – Crédito – Cód. 247 – Auto 4210 – 1º Ofício.

59   AHMI – CPOP – Crédito – Cód. 260 – Auto 4867 – 1º Ofício.

60   AHMI – CPOP – Crédito – Cód. 263 – Auto 5053 – 1º Ofício.

caso envolvendo o tenente João de Siqueira demonstrou que esse comerciante era pouco tolerante aos vencimentos das dívidas de sua loja. Por conseguinte, em julho de 1742 moveu uma ação de Crédito contra Inácia de Santa Ana, cobrando 50 oitavas de ouro procedidas de uma carga de molhados adquirida em fevereiro de 1742. Por meio de seu procurador, a ré reconheceu o crédito e foi condenada a pagar a dívida.[61]

O comerciante Brás Gomes de Oliveira iniciou sua trajetória como caixeiro de Ventura Rodrigues Velho e se tornou um dos sócios de uma companhia com loja em Vila Rica. Foi em nome da mesma companhia que Braz moveu uma ação sumária para cobrar o crédito devido por Luís Pinto Ribeiro, sobre 42 oitavas e 2 tostões de ouro, de artigos comprados em março de 1744. Quase um ano depois, em janeiro de 1745, o réu compareceu em audiência para confessar a sua dívida, sendo condenado de preceito a pagar a quantia solicitada na causa.[62]

De autoria de Antônio Gomes de Souza, dono de uma loja em Vila Rica, foram examinadas duas ações de crédito. Uma delas contra João Rodrigues Lima, em fevereiro de 1741, a quem Antônio cobrava uma letra de crédito no valor de 19 oitavas e 14 vinténs de ouro pelo resto de contas em sua loja, no mês de novembro 1740. Vista sua confissão, que aconteceu no mês de março de 1741, o réu foi condenado.[63] Se as datas ajustadas com essa módica quantia obteve um prazo limitado entre a efetuação da compra, seu vencimento e a cobrança mediante ação judicial, a segunda ação, movida em abril de 1742, aponta para outra situação. Naquela data, Antônio Gomes de Souza acionou a justiça para requerer uma ação de Crédito contra José da Costa Pereira e Domingos de Amorim. A cobrança recaía sobre a elevada soma de 433 oitavas de ouro de fazendas compradas em sua loja em fevereiro de 1739. A quantia, por sua vez, foi ajustada em uma letra de crédito que calculava o pagamento da metade da dívida em dois meses e o restante após 18 meses contados a partir da aludida data do acordo. Representado por seu procurador, José da Costa Pereira confessou a dívida e foi condenado em maio 1742.[64]

Essa característica também foi evidenciada quando o comerciante Manoel Martins Machado, em junho de 1740, passou para a alçada jurídica a contenda

---

61   AHMI – CPOP – Crédito – Cód. 185 – Auto 3501 – 1º Ofício.

62   AHMI – CPOP – Crédito – Cód. 210 – Auto 2967 – 1º Ofício.

63   AHMI – CPOP – Crédito – Cód. 249 – Auto 4306 – 1º Ofício.

64   AHMI – CPOP – Crédito – Cód. 256 – Auto 4681 – 1º Ofício.

contra Izabel Maria Rosa. A dívida cobrada sobre uma letra emitida no valor de 84 oitavas e quatro vinténs de ouro procedia de artigos de luxo levados no mês de agosto de 1739, com um ajuste de pagamento vencendo no prazo de seis meses da feitura da letra. Mas a ré Izabel não compareceu e, portanto, como tantos outros foi condenada à revelia, em julho de 1740.[65]

As características mencionadas, no que diz respeito ao comportamento dos mercadores que acionavam a justiça para a resolução de contendas sobre dívidas contraídas por alguns de seus clientes, se estendiam a uma avaliação dos prazos estimados sobre as vendas a prazo. Vê-se com esses casos que os prazos estipulados no pagamento das dívidas apresentadas nas letras de crédito envolvendo a comercialização de gêneros molhados e de fazenda seca geralmente ficavam entre os dois e seis meses decorridos da data do ajuste da compra. Eles poderiam se estender um pouco mais, se estes valores fossem sobre quantias mais elevadas, como o caso de José Gomes de Souza que cobrou 433 oitavas de ouro devidas por José da Costa Pereira e Domingos de Amorim. Acresce ainda que os prazos não se dilatavam muito entre o vencimento da letra de crédito ou da dívida e o acionamento da justiça, tampouco a resolução da contenda, que não passava dos 60 dias.

As Justificações

As ações de Justificação eram processos comumente utilizados pelos agentes do comércio e garantiam a eles a recuperação das dívidas quando o devedor falecia e então se procedia à feitura do seu inventário *post mortem*. Em 1737, o alfaiate Gaspar Lourenço morava no morro de Padre Faria, uma freguesia que ficava nas adjacências de Vila Rica, e lá vivia trabalhando no seu ofício. Durante aquele ano, Antônio Teixeira Souto, um cliente que frequentava seu estabelecimento assiduamente faleceu de forma inesperada, deixando várias dívidas em aberto com Gaspar Lourenço. A fim de receber as somas que ficaram do falecido cliente e perfizeram a considerável quantia de 180 oitavas de ouro e 90 réis, Gaspar deu entrada a uma ação de Justificação sob a alçada do então ouvidor de Vila Rica, Dr. Fernando Leite Lobo, responsável pela arrecadação da herança de Antônio Teixeira Souto.

A ação discorreu sob a forma de artigos, porque desejava o autor se municiar de todas as razões que pudessem assegurar a arrecadação sobre a herança de Antônio. Por conta disso, seu advogado informava que "o suplicante é mestre alfaiate

---

65   AHMI – CPOP – Crédito – Cód. 254 – Auto 4511 – 1º Ofício.

conhecido por verdadeiro e de sua consciência" e, Antônio Souto, quando vivo "se tratava com o suplicante com boa causa de, e se servia deste para lhe fazer as suas obras de alfaiate e para lhe comprar toda a fazenda que para elas necessitava, fiadas e por conta do dito Souto, em a sua loja, e em outras quaisquer donde se achava".

Portanto, a cobrança incidia entre 34 oitavas e ½ de ouro pelo "feitio de obras e o necessário para elas," produto do seu trabalho e bens da sua loja, além daquela que "pela mesma ordem do falecido" era proveniente de tecidos e artigos comprados nas lojas de Manoel Rodrigues Chaves, Bento da Rocha Correa, Manoel Ferreira de Macedo, Simão da Rocha Pereira, Antônio Gomes de Souza, Antônio de Faria Viana, Manoel Teixeira Sobreira e Manoel Álvares Távora. Ou seja, as dívidas acumuladas com os comerciantes, "todas elas foram mandadas comprar por conta do dito Souto, e por sua ordem, e que é costume nesta virem os Alfaiates, de que se fiam as pessoas, comprar para elas o necessário para as obras, as lojas fiado, de que fazem assento para quem e por ordem de que, como mostram todos os recibos".[66]

Gaspar Lourenço também informava que não havia recebido valor algum "nem em sua vida, nem depois de seu falecimento", razão porque deveria ser ressarcido de toda a quantia apresentada. E, ademais, era o falecido Antônio Teixeira Souto de "grande crédito, e que não só se fiava aquelas parcelas, mas outras maiores, e o fariam os mercadores de todas as suas lojas, se lhe as quisesse comprar". Mas faleceu "apressadamente em termo de três dias, e que a fadiga da morte lhe não deu lugar a expressar estas dívidas, se não pela cláusula geral de seus testamenteiros pagassem quaisquer que lhes constassem dever, e sendo de verdade os credores, como o suplicante".

Por esse motivo, pedia Gaspar Lourenço em tribunal de primeira instância a admissão daquela Justificação, citando ainda o testamenteiro e colocando-se à disposição porque "sendo necessário jurará supletoriamente".[67] Mas respondeu o testamenteiro à petição, dizendo que Antônio Souto não havia declarado em seu testamento a aludida dívida e, portanto não tinha certeza se o falecido devia a Gaspar Lourenço que teria de "fazer certo o que alega pelos meios competentes: sem embargos do que V. M. ordenará o que for justiça".

Em sequência foram apresentados vários recibos para as contas que, por ordem de Antônio, se comprometeu o alfaiate junto às lojas dos comerciantes acima

---

66 AHMI – CPOP – Justificação – Cód. 158 – Auto 2561 – 2º Ofício – Fls. 02 e 02 verso.
67 AHMI – CPOP – Justificação – Cód. 158 – Auto 2561 – 2º Ofício – Fl. 03.

mencionados, além de uma inquirição de testemunhas para o pronunciamento final do juiz, cuja sentença admitiu o processo de Justificação daquela dívida. Como nos informa o despacho do Dr. Fernando Leite Lobo, os autos mostravam que o suplicante era "pessoa de boas contas e ajustada consciência", a quem o falecido Antônio costumava encarregar de comprar tecidos e mais paramentos para a confecção do seu vestuário. E, por "fazer lhe tão bem seus vestidos fiados e consta legalmente que estando para morrer o dito Antônio Teixeira dissera na presença do suplicante que suposto não declarara por esquecimento em seu testamento o que lhe devia". Declarando, por fim, em seu despacho, que mediante o depoimento de algumas testemunhas, deveria o testamenteiro satisfazer pelos bens da testamentaria a aludida importância bem como os gastos com aquele processo.[68]

Numa outra ação de Justificação, despontou um caso interessante sobre as companhias de comércio das Minas setecentistas. Tratava-se de uma ação judicial movida junto ao juízo de órfãos de Vila Rica. Com ela, o alferes Francisco Pereira Duarte desejava recuperar dos herdeiros do advogado Manoel da Silveira Peixoto, falecido em 1742, uma dívida que estava em nome do seu sócio Antônio Borges de Freitas e reconhecida no testamento daquele advogado. No entanto, a sociedade entre Antônio e o alferes Francisco Duarte havia se encerrado, ficando a este último o direito de receber todos os bens da companhia por um ajuste de contas entre eles. Inclusive, a quantia de 43 oitavas e ¼ de ouro pedidas à herança de Manoel Peixoto, embora reconhecesse que aquela testamentaria fosse pobre.[69] Sem qualquer contratempo, reconheceu a viúva e tutora dos órfãos de Manoel, Josefa Maria de Santo Antônio, aquela dívida cobrada por Francisco. Isso porque seu falecido marido devia a "Antônio Borges de Freitas o que ele disser, e a mim consta que o suplicante [Francisco Duarte] era seu sócio e que ficara com o negócio e cobranças quando separaram e por isso não tenho dúvida no seu requerimento".[70]

Mesmo com a admissão da Justificação apresentada por Francisco Duarte, não há notícia sobre a liquidação daquela dívida, o que é pouco provável que tenha se consumado, visto que, a partir daí o processo prende-se a outras tantas Justificações apresentadas à arrecadação da herança de Manoel da Silveira Peixoto. Dentre

---

68   AHMI – CPOP – Justificação – Cód. 158 – Auto 2561 – 2º Ofício.

69   AHMI – CPOP – Justificação – Cód. 157 – Auto 2506 – 2º Ofício – Fl. 02.

70   AHMI – CPOP – Justificação – Cód. 157 – Auto 2506 – 2º Ofício – Fl. 02 verso.

Das Minas à Corte, de caixeiro a contratador

elas, por exemplo, uma dívida de 102 oitavas e quatro vinténs de ouro cobrada pelo comerciante Antônio Rabelo da Silva e Companhia, em julho de 1739.[71]

Para finalizar a presente seção, assinalamos a ação instaurada pelo comerciante Antônio do Couto Ribeiro, morador no arraial do Senhor do Bonfim, informando que, ao:

> (...) falecer da vida presente o capitão Manoel Rodrigues Passos lhe ficava este devendo a quantia de 231 ¾ 4 vinténs de ouro a saber 136 oitavas em coisa do que lhe havia emprestado e o mais de coisas que lhe havia comprado na sua loja de molhados e porque lhe ficou devendo digo e porque ficara por seu herdeiro e testamenteiro o Capitão Antônio Fernandes de Souza morador no mesmo Arraial lhe pede a por fim e conclusão da dita sua petição lhe fizesse mercê mandar que respondesse o dito testamenteiro a dúvida que tivesse em se lhe satisfazer a dita quantia (...).[72]

O juiz de fora de Mariana, mediante as explicações apresentadas pelo autor, admitiu o pedido de justificação de Antônio e solicitou então que fosse encaminhada a "sentença para se satisfazer ao justificante a importância da sua dívida", em março de 1745.[73]

Credores e devedores: contendas em Execuções

Ao longo desse capítulo, procuramos examinar através da nossa amostragem documental algumas práticas judiciais da comarca de Vila Rica e a sua relação com o comércio local. A análise, de modo geral, mostrou um número significativo de ações de cobranças judiciais sobre dívidas comerciais em relação às demais contendas que animavam as audiências judiciais daquela comarca no Setecentos.

O dinâmico comércio de abastecimento interno das Minas estruturou-se através das práticas creditícias. E os agentes mercantis se serviram largamente do respaldo jurídico representado pela justiça local como uma via determinante para a arrecadação de uma dívida que dificilmente poderia ser cobrada de outra forma. Muitas vezes os casos eram solucionados num rápido lapso temporal pela adoção

---

71 AHMI – CPOP – Justificação – Cód. 157 – Auto 2506 – 2º Ofício.
72 CSM – Justificação – Cód. 407 – Auto 8882 – Fl. 03.
73 CSM – Justificação – Cód. 407 – Auto 8882 – Fl. 03 verso.

de procedimentos sumários. As ações de Alma, Crédito e Justificação tendem a demonstrar essa perspectiva.

Todavia, casos mais extremados podem ser vistos nos recursos jurídicos mais complexos, tais como embargos, contrariedades, inquirição de testemunhas e até mesmo a apelação a um juiz superior. Esses recursos, em grande medida, fizeram parte da rotina processual das ações de Execução e Libelo Cível, em que as partes (autor e réu) por seus respectivos advogados agregavam ao recurso o mais refinado trato jurídico para o melhor desfecho da contenda e deixavam transparecer a complexidade do universo mercantil em questão.

Algumas ações de Execução foram acionadas pelo capitão Manoel Pereira da Silva e Ana Gertrudes, respectivamente irmão e viúva do mercador Antônio Pereira dos Santos, um comerciante que possuía uma loja na freguesia de Guarapiranga, termo de Mariana, com vistas a arrecadar a sua herança. Um desses casos partiu de uma ação de Crédito contra Agostinho Machado da Silva, com a condenação imediata do réu tendo em vista sua confissão, em 1765. Mas a contenda gerou uma ação de Execução que curiosamente se encontra dividida em dois maços separados e uma mesma numeração. Em um desses maços constava um mandado de preceito, cuja ordem judicial emitida pelo juiz do termo de Mariana determinava:

> (...) a quaisquer oficiais de justiça que [ilegível, uma palavra] este por mim assinado vão donde vive e mora Agostinho Machado da Silva e sendo lá o requeiram para que dentro do tempo de 24 horas depois de requerido ter [sic] dê e pague a Manoel Pereira da Silva e Gertrudes Bernarda Rosa ou a seus bastante procuradores a quantia de 88 oitavas de ouro de principal em que por mim se acha condenado de preceito por sua confissão e bem assim Rs.2$192 réis de custas feitas e pelas que acrescerem, tendo nos termos não pagando ou não nomeado [ilegível, uma palavra] será penhorado em seus bens móveis ou de raiz para neles correr a execução seus termos para pagamento dos autos [sic] o que cumpram.[74]

No outro maço daquela Execução havia um novo mandado, dessa vez de penhora, feito em 27 de julho de 1765 "na paragem chamada os caracóis, freguesia de Guarapiranga" que não teve o efeito esperado para a resolução da contenda. Pois, em agosto do mesmo ano, o réu apresentou embargos sobre a causa pedin-

---

74 CSM – Execução – Cód. 494 – Auto 10970 – 1º Ofício – Fl. 02.

do a anulação da penhora feita em um negro por nome Francisco, supostamente apreendido para o pagamento do montante principal e os gastos da Execução. Com isso, argumentava o advogado do réu e embargante:

> Provará que o embargante é mineiro atual com fábrica de minerar, contrair ouro na Freguesia de Guarapiranga na paragem chamada Ferros, em a qual ocupa seus escravos, que possui, que são mais de trinta seus próprios, como dirão as testemunhas e se mostrará por certidão, e no dito exercício de minerar se tem conservado, e conserva, há muitos anos.
>
> Provará que na forma das reais ordens são privilegiados os mineiros, que possuem trinta escravos para cima para não serem penhorados em seus escravos e mais bens pertencentes a fábrica de minerar, e só lhe deve fazer penhora nas terceiras partes de seus rendimentos, cobrando-se o contrário é nula penhora.

No entanto não conseguimos acompanhar o desfecho desse embargo apresentado pelo réu com essa ação de Execução, cujas últimas folhas referem apenas a um Termo de Data, subsequente ao aludido embargo.[75] Mesmo assim, o caso nos revela uma tentativa de aplicação da Lei da Trintena. Uma ordem régia regulamentada em 25 de maio de 1753, pela qual a Coroa concedia aos mineiros com um número acima de 30 escravos o "privilégio de se lhes não fazer execução e penhora deles, ou na fábrica de minerar (...)" (COELHO, 1994, fl. 184).[76]

Em outra situação, no ano de 1766, o capitão Manoel e a viúva Ana instauraram uma ação de Execução contra Inácio Moreira de Abreu que morava em "Piranga". A cobrança procedia de uma letra de crédito de 55 oitavas e 12 vinténs de ouro por artigos levados da loja de Antônio Pereira dos Santos e foi redigida em novembro de 1764. O andamento dessa ação ilustra as contendas judiciais que recaíam sobre aquela gente de recursos módicos, desprovida de condições financeiras para o pagamento das suas dívidas. Nesse sentido, o caso de Inácio foi ainda mais crítico que o do produtor de cachaça Manoel Teixeira de Carvalho, quando

---

75 CSM – Execução – Cód. 494 – Auto 10970 – 1º Ofício – Fl. 08.

76 De acordo com Maria Bárbara Levy "O delírio da mineração começou a levar à ruína muitas pessoas cujos bens eram executados e arrematados em leilão" (LEVY, 1979, p. 107). Pelo endividamento que poderia ter sido a causa da falência de alguns desses mineradores mediante seus credores, a Coroa, na tentativa de agir em socorro àqueles mineiros, promulgou a Lei da Trintena. Nesta lei, todos os mineradores que possuíssem mais de 30 escravos no serviço mineral só poderiam ser executados em um terço dos lucros das minas (cf. LEVY, 1979, p. 107), como bem esclarecia os embargos do réu Agostinho Machado da Silva, no processo acima.

alegou por *embargos de paga* um novo ajuste de contas porque não dispunha de instrumento monetário para liquidar a sua dívida. Pois, esse senhor não contava com dinheiro tampouco possuía bens que bastassem para a satisfação de uma dívida cobrada judicialmente, motivo que levou o capitão Manoel a fazer uma petição nos seguintes termos:

> Diz o Capitão Manoel Pereira da Silva e outros que fazendo requerer a Inácio Moreira de Abreu, nomeou este a penhora nas 24 horas um negro muito velho e um vestido, os quais bens tem andado na praça mais dos dias da lei sem neles haver lanço algum, por cuja causa quer o suplicante fazer e dar ao suplicado para no termo de três dias lhe dar lançados, pena de que não o fazendo se passar mandado para outros bens.[77]

Tendo em vista a dificuldade envolvendo a arrematação, em novembro de 1766 o capitão Manoel, como principal autor daquela causa, arrematou o escravo Antônio e uma casaca vermelha, que cobria apenas uma parcela da dívida requerida, no valor de 34 oitavas de ouro, encerrando a querela movida contra Inácio.

O que estava em jogo quando os agentes do comércio ajuizavam, mediante a justiça local, as contendas experimentadas na atividade mercantil ao realizarem uma cobrança já dilatada dos prazos ajustados nas dívidas de alguns dos seus clientes era, por certo, a sua liquidação. Em diversos casos entrelaçavam a estes processos de cobranças judiciais as práticas comerciais e a trajetória daquelas pessoas que faziam parte da contenda. Quase sempre, juntas a apresentação dos procedimentos jurídicos estavam informações que revelavam embaraços e até mesmo difamações envolvendo as partes. Com efeito, mediante apresentação de artigos a fundamentar a defesa de cada parte, ou seja, autor e réu, por meio de embargos, contrariedades, apresentação de provas e inquirição de testemunhas, a expectativa era tirar proveito das situações de modo a favorecer o ganho da causa.

Domingos Francisco de Carvalho, um importante mercador em Vila Rica, possuía uma loja na rua de cima do Ouro Preto, onde também ficava a loja dos irmãos Jorge Pinto de Azeredo e Manoel Cardoso Pinto. Em quatro de março de 1741, Domingos iniciou uma ação de Libelo Cível contra um amigo, o licenciado Antônio Labedrene, porque desejava receber uma dívida de 49 oitavas e quatro vinténs de ouro, composta por fazendas adquiridas em sua loja. Daí em diante, o caso se estendeu e

---

77   CSM – Execução – Cód. 494 – Auto 10969 – 1º Ofício – Fl. 20.

junta a esta causa a apresentação de réplica e tréplica, cujos relatos, como amigos que foram, eram pronunciados por meio de seus advogados – mediante a apresentação de artigos –, com relevantes informações de cunho pessoal que pudessem favorecê--los na causa. Vieram então à tona revelações da intimidade e do cotidiano de uma amizade colocada à prova, em tribunal da justiça local de Vila Rica, sob o julgamento do ouvidor geral Dr. Caetano Furtado de Mendonça.[78]

Naquele ano de 1741, Dr. Duarte Lopes Ulhôa, como advogado do autor fez o primeiro pronunciamento que compôs o Libelo. De acordo com o seu relato, Domingos Francisco de Carvalho era "mercador nesta vila abaixo do Ouro Preto aonde tem uma loja de fazenda seca que vende a vista e fiado, conforme o estilo do país" e, por esse motivo, mandou o "Réu comprar as fazendas que constam do rol junto" que somaram a quantia de "49 oitavas e 4 vinténs de ouro, as quais pedindo--as lhes não quer o Réu satisfazer". Alegava ser o autor uma pessoa de "muita ver-dade e consciência" e "incapaz de pedir o que se lhe não deve, e pelo contrário o Réu que é remisso em pagar o que compra e deve". Com efeito, esse discurso nada amigável dava início à contenda. Informando, por fim, que o "Réu devia ser com-pelido a pagar ao Autor a dita quantia cuja conta protesta dever-lhe em conta a importância de três visitas de seu ofício de cirurgião que fez a um escravo do Autor e assim se deve haver por condenado".[79]

Depois dessa citação, ambas as partes apresentaram suas procurações indi-cando os respectivos advogados para representá-los na causa. Dessa forma, Antô-nio Labedrene, por intermediação do seu advogado, o Dr. João Tavares do Amaral, deu encaminhamento ao processo com uma contrariedade no dia 14 de abril de 1741. Este senhor alegou na apresentação da defesa de Antônio, primeiramente, que o seu cliente não comprou de Domingos Francisco de Carvalho o que constava no rol, mas de seu irmão Custódio Francisco de Carvalho, porque na data estava o autor no Rio de Janeiro. Portanto, nada devia a ele pela ação intentada. Além disso, solicitou também que Domingos fosse "(…) citado para uma reconvenção em que declarará a quantia que nela lhe pede de receitas e curas, pelo que se deve mandar que seja citado e depois que tome para findar e por embargos e custas".[80]

---

78   AHMI – CPOP – Libelo – Cód. 163 – Auto 2214 – 1º Ofício.

79   Com essa petição encaminhava também o rol das fazendas que Antônio havia comprado na loja, em seis de outubro de 1738. AHMI – CPOP – Libelo – Cód. 163 – Auto 2214 – 1º Ofício – Fl. 04.

80   AHMI – CPOP – Libelo – Cód. 163 – Auto 2214 – 1º Ofício – Fl. 09.

O tal pedido de reconvenção se baseava em dívidas que Antônio cobrou do autor, o mercador Domingos Francisco de Carvalho, como os remédios que constavam de receitas para si, seus escravos e seu irmão Custódio Francisco de Carvalho, pelo valor de 24 oitavas de ouro. De acordo com o relato, o réu, na qualidade de cirurgião aprovado, foi "chamado pelo Autor várias vezes para a cura de três escravos, que lhe curou, e cujos nomes constam da relação inclusa" no valor de 15 oitavas de ouro. Também disse que havia curado um escravo com boubas, dado uma consulta e feito uma assistência ao próprio autor, que somavam mais 10 oitavas. Além de curar a Custódio Francisco, seu irmão, o qual lhe prometera pagar 20 oitavas de ouro, o que tudo o mais importou a quantia total de "89 oitavas em que por reconvenção deve o Autor ser condenado".[81]

Como anexo a este pedido de reconvenção estava a aludida relação elaborada por Antônio Labedrene, cujo teor justificava a sua petição. Nos termos adiante narrados explicou Labedrene que Domingos Francisco de Carvalho devia pagar "pela cura de um negro escravo dos ditos que curei de boubas em minha casa e assisti com alimentos, medicamentos, cirurgia e tudo o mais necessário para a dita cura". Desejava receber também por medicamentos das receitas juntas, administrados aos irmãos e seus escravos, por uma "cirurgia que fiz ao Sr. Custódio Francisco de Carvalho na doença maligna que trouxe do Sertão, a qual queixa foi muito perigosa de tão forte que ninguém lhe julgava escapar a vida de que resultou ser a assistência dilatada" e visitas diárias de três a quatro vezes ao dia pela "febre contínua que padecia". Assistiu a um negro doente e a mais outro "negro carpinteiro de que das pancadas que o dito Domingos Francisco de Carvalho deu ao dito negro com uma mão de pilão o qual deitou muito sangue pela boca da dita pancada o que presenciou o Alferes Antônio Tomás e o Licenciado José Gomes Ferreira, o qual fez a maior assistência do dito escravo".

A delação não parecia muito favorável ao autor, que se revelou um violento senhor de escravos, como se pode ler no caso seguinte em que o réu relatava uma assistência a um negro:

> O qual matou a açoites, e morreu, e assistia nas casas da ponte do Ouro Preto, e nelas morreu de açoites tão violentos que quase a metade do corpo do dito negro ficou gangrenado em menos de três dias perfeitos sem poder atalhar a dita gangrena, sem embargo de se lhe

---

81   AHMI – CPOP – Libelo – Cód. 163 – Auto 2214 – 1º Ofício – Fl. 10.

Das Minas à Corte, de caixeiro a contratador

aplicar todos os remédios, mais poder os que traz tem, e os tutores mandam fazer em semelhantes casos, nem por isso foi possível remediá-lo nem livrar da morte a qual foi ocasionada das ditas pancadas ou açoites, e para prova do referido foi enterrado de noite as escondidas sem embargo do que foi bem notório a vizinhança.[82]

Para não deixar qualquer dúvida sobre a qualidade e veracidade de todas as curas, medicamentos e assistências que prestou a Domingos, pediu ainda que esses casos fossem avaliados por "professores tanto de uma causa como da outra" a fim de que se pagasse pelo determinado, pois não faltou nas assistências e também em "várias vezes que lhe assisti grátis em casa de Paulo Vicente e Manoel Rodrigues Chaves".[83]

Conforme aquele pedido, o ouvidor Caetano Furtado de Mendonça logo passou um despacho mandando citar o autor para falar à reconvenção, no mês de maio do corrente ano. Diante dessa reconvenção assinada pelo ouvidor, apresentou Domingos Francisco de Carvalho a sua réplica, composta por seis artigos, esclarecendo no primeiro "que as fazendas do rol a fl. as comprou o Réu ao Autor em sua própria loja, e ainda que nela tivesse Custódio Francisco, por seu caixeiro, a quem pagava fazenda e este lhe vendesse alguma sempre do Autor" certo era que "os donos das fazendas é que correm risco as tais fazendas, e dívidas dos preços porque vendem".

Quanto ao fato de ter adquirido remédios da botica do réu, informava a defesa de Domingos que aquela era uma afirmação falsa. Continuando a argumentação contrária ao que foi proferido por Antônio no seu relatório e, numa tentativa de depreciar a qualidade do ofício exercido por Antônio Labedrene, afirmava no terceiro artigo: "nunca chamou ao Réu para lhe curar de cirurgia a ele Autor, ou algum escravo seu por fazer pouco conceito do Réu, e quem sempre assistiu as enfermidades da família do Autor foi o Dr. Agostinho de Guido e o Licenciado José Gomes e sempre foi o seu boticário o Dr. José Carneiro a quem mandava as receitas" e algumas vezes mais "à botica do licenciado Amaro Dias Delgado, não a do Réu".

Da mesma forma que negava as curas e serviços oferecidos por Antônio, disse nunca ter possuído escravo que "padecesse a enfermidade de boubas e nunca jamais teve juntas em uma casa para a sua pessoa e menos de sua família e se

---

82   AHMI – CPOP – Libelo – Cód. 163 – Auto 2214 – 1º Ofício – Fls. 11 e 11 verso.

83   AHMI – CPOP – Libelo – Cód. 163 – Auto 2214 – 1º Ofício – Fls. 11 e 11 verso.

se achou em algum ajuntamento seria em alguma ocasião de se comer e beber, e como dizia ser amigo do Autor, nela comia como os mais". Também era "contra a verdade", que se obrigou a pagar pelo irmão, Custódio Francisco, 20 oitavas de ouro. Além disso, "que sendo ao Autor citado pediu ao Sargento Mor João de Azevedo Portugal que não pusesse a ação que queria escrever ao dito Custódio Francisco para que lhe pagasse para daí lhe poder pagar o dito, lhe não mandasse o ouro que sempre lhe havia de pagar do seu". Consta ainda, na versão preparada pela defesa do autor, um ataque à moral e religiosidade de Antônio Labedrene. Quando no último artigo encerrava dizendo que Domingos era "de muita verdade e consciência e pelo contrário do Réu que tem tão pouca que come continuamente carne aos dias de sexta-feira e sábado e todos de jejum e assim deve haver o Réu por condenado na quantia".[84]

Tal como a especulação por parte da defesa do autor que buscava depreciar o réu, aos 17 dias do mês de junho, o advogado de Antônio não hesitou em apresentar uma tréplica cujo teor versava a respeito de doenças venéreas contraídas por Domingos. O que dava a entender ter sido aquele agente mercantil um homem de vida promíscua. De acordo com o artigo, no tempo em que Domingos ainda era um caixeiro e trabalhava na loja de Manoel Rodrigues Chaves, em Vila Rica, "(...) o curou o Réu de uma gonorreia, ou escantamento [esquentamento], de que lhe não pagou coisa alguma, e em outra ocasião, curou o Réu ao Autor de dois boubões ou mûllas, sem lhe satisfazer coisa alguma, e lhe deve as ditas curas, que duraram tempos".

Em seguida, no segundo artigo, esclareceu que o "Dr. Agostinho de Guido tenha curado o Autor é de medicina e o Réu curou-o de cirurgia que é o seu ofício, pois ao mesmo tempo tinha o Autor chagas nas pernas, de que o Réu curava ao mesmo tempo". Ao terceiro, tão somente o "Licenciado José Gomes, assistiu ao Autor na ausência do Réu como foi uns seis meses e sempre o réu curou o Autor e lhe deve o pedido na reconvenção em que deve ser condenado." E ao quarto e último artigo "que o Autor prometeu pagar por seu irmão Custódio Francisco tudo o que este lhe devia o que confessou muitas vezes diante do Autor, e muitas pessoas no mesmo lugar e tempo".

Depois dessa tréplica e tendo em vista os procedimentos jurídicos, procedeu-se então o interrogatório de testemunhas. Entretanto, no processo estava apenas o depoimento de seis testemunhas a favor do autor, o mercador Domingos Francisco

---

84 AHMI – CPOP – Libelo – Cód. 163 – Auto 2214 – 1º Ofício – Fl. 24 verso.

Das Minas à Corte, de caixeiro a contratador

de Carvalho. Dentre elas, o cirurgião José Gomes Ferreira e João de Azevedo Portugal, intermediador da aludida carta enviada por Labedrene a Custódio Francisco. Os depoimentos favoreceram, como era de se esperar, ao autor e examiná-los aqui nos parece exaustivo. Destacamos apenas uma parte do interrogatório feito a João de Azevedo Portugal, particularmente, quando discorreu "pelo ver" que nas moléstias do autor o Dr. Augustinho havia prestado sua assistência, mas que esteve algumas vezes em companhia do réu na casa de Domingos, na rua da Ponte, e não tinha certeza se era por favor ou por ter sido solicitado.[85] Também informou "pelo ver" que autor e réu se tratavam como amigos "até o tempo que começou este pleito", inclusive estiveram juntos em certa ocasião na casa de Domingos, para um jantar. E, por fim:

> (…) disse que depois que o Autor mandou citar ao Réu falara este a ele testemunha dizendo-lhe que pedisse ao Autor não continuasse com ação que ele escrevia a Custódio Francisco irmão do dito Autor sobre as contas que com ele tinha sobre assistências e medicamentos com que lhe tinha assistido, cuja carta entregou a ele testemunha para por sua via a remeter ao dito Custódio Francisco e que se este lhe mandasse dizer que devia ½ pataca ou a que quer que fosse queria que o Autor lhe abatesse e se a tal ou qual quantia na que lhe era devedor, o que o resto lhe pagaria, e sabe pelo ouvir dizer ao Autor passados alguns tempos vindo que foi a resposta que deveria ao Réu 20 oitavas de ouro (…).[86]

O processo, após o arrolamento das testemunhas do autor, não possui mais do que o lançamento dos gastos e salário do escrivão, além de um "Termo de paga e quitação que dá o Autor ao Réu" apresentado no dia 21 de novembro de 1741. O termo confirmava que Domingos teria recebido do réu, Antônio Labedrene, 20 oitavas de ouro "que se compensaram nas receitas da sua botica que seu irmão Custódio Francisco de Carvalho e o mais [sic] resto do principal destes autos a recebera em ouro de que lhe deve a quitação de principal e custas, e de como de tudo se deu por pago".[87]

Infelizmente, pela documentação encontrada, não foi possível acompanhar os acontecimentos que levaram ao desfecho final da ação, muito menos a sentença

---

85   AHMI – CPOP – Libelo – Cód. 163 – Auto 2214 – 1º Ofício – Fl. 36 verso.

86   AHMI – CPOP – Libelo – Cód. 163 – Auto 2214 – 1º Ofício – Fl. 36 verso.

87   AHMI – CPOP – Libelo – Cód. 163 – Auto 2214 – 1º Ofício – Fl. 37 verso.

do juiz. Com os dados disponíveis sabemos apenas que a contenda foi resolvida, através do ajuste de contas entre o autor e o réu que dá a entender o Termo de Pagamento do que ficou devendo Antônio após o abatimento das dívidas de Domingos.

Uma última contenda

Foi na década de 1730 que se estabeleceu a companhia entre os irmãos Jorge Pinto de Azeredo e Manoel Cardoso Pinto, com uma loja em Vila Rica e cuja atividade respondeu pelos negócios de uma vigorosa atividade mercantil nas Minas setecentistas. As informações exploradas com a escrituração contábil da loja e o inventário dos seus bens[88] possibilitou-nos uma análise sobre aquela atividade mercantil; uma tarefa executada no primeiro capítulo deste trabalho. Mas os contornos dessa trajetória ficaram mais aclarados quando nos servimos dos relatos de uma ação cível de Execução, produzida sob a alçada do juízo de órfãos de Vila Rica e principiada em 1736, sendo seu autor Jorge Pinto de Azeredo.[89] A causa teve sua origem na cobrança de uma dívida por produtos levados da loja em Vila Rica, pela parda Ana Gonçalves da Silva, viúva do sargento-mor Antônio Fernandes de Araújo.

O caso se estendeu por um longo processo judicial de Execução, com 332 folhas numeradas e uma duração de pouco mais de dois anos, entre os meses de outubro de 1735 a março de 1738, iniciado a partir de uma ação de Alma. Tudo começou quando Jorge Pinto de Azeredo citou Ana Gonçalves da Silva, viúva de Antônio Fernandes de Araújo e tutora de sua filha, para comparecer em audiência pública e jurar em sua alma uma dívida de 116 oitavas e ½ e 3 vinténs de ouro, sobre fazendas levadas da sua loja.[90]

Quando a contenda era apenas uma ação de Alma, compareceu como procurador da ré o solicitador de causas Francisco da Silva Neto em audiência, a fim de reconhecer a dívida em nome de Ana Gonçalves, sendo então condenada de preceito. Acontece que em abril de 1736 a situação ainda não tinha sido solucionada, levando o mesmo autor a apresentar uma nova petição para diante dos "termos da sentença"

---

88   APM – Coleção Casa dos Contos – CC 2018; AHMI – CPOP – Inventário Manoel de Miranda Fraga – 1º Ofício – Cód. 106 – Auto 1336 – Ano 1746.

89   AHMI – CPOP – Execução – Cód. 378 – Auto 7698 – 1º Ofício.

90   AHMI – CPOP – Execução – Cód. 378 – Auto 7698 – 1º Ofício – Fl. 04 verso.

Das Minas à Corte, de caixeiro a contratador

tratar da sua execução.[91] Assim, no último dia do mês de maio, um Auto de Penhora articulado pelo meirinho incumbido de fazer a apreensão certificou sua ida a São Gonçalo do Bação, onde viveu a ré, para a penhora e apreensão dos bens necessários para o pagamento da dívida. Um valor incidido em "umas casas térreas de telha com sua roça com todos os pertences que pertence a dita roça".[92]

No entanto, aos 18 dias do mês de Julho, em nome de Ana Gonçalves da Silva expediu-se uma petição cujo teor alegava "legítimos embargos de paga e quitação". A principal articulação apresentada pela defesa da ré nesses embargos partiu de um cálculo sobre a quantia de Rs. 139$920, isto é, o valor atribuído à conversão das 116 oitavas e ½ e 3 vinténs de ouro a preços de Rs. 1$200 cada oitava, cobradas com a ação de Alma. Desse valor total, a defesa solicitava o abatimento de 78 oitavas e ½ de ouro, que somavam Rs. 119$250 (cada oitava a Rs. 1$500), mediante um recibo passado por João da Costa Resende, em 24 de abril de 1736, apresentado como prova do pagamento daquela parcela, restando apenas Rs. 20$670 do montante inicial.[93]

A partir daí, toda a ênfase esteve voltada para a articulação dos artigos subsequentes a respeito de uma sociedade mercantil entre João da Costa Resende e Jorge Pinto de Azeredo. E, por conseguinte, à vinculação da dívida executada com a aludida sociedade, posto que a ré argumentasse não ter outras contas para se presumir a cobrança. O que era uma situação contrária à penhora realizada depois de um mês do pagamento das 78 oitavas e ½ de ouro para João da Costa Resende.[94]

Por isso:

> Diz não devia ser penhorado mais que pelo resto o qual não duvida pagar sem custas levando ele em conta Rs.119$250 que já tem pagado, havendo-se ao embargado por condenado nas custas a respeito do recibo, para o que espera não só se lhe recebam os presentes embargos mas se hajam por provados.[95]

Em resposta ao embargo, Dr. Francisco Xavier Ramos, por parte do autor, no dia 27 de julho declarou a matéria como inteiramente falsa e pediu permissão ao juiz que o recebesse para então contrariá-lo. Com efeito, o despacho do juiz veio

---

91   AHMI – CPOP – Execução – Cód. 378 – Auto 7698 – 1º Ofício – Fl. 09 verso.

92   AHMI – CPOP – Execução – Cód. 378 – Auto 7698 – 1º Ofício – Fl. 14.

93   AHMI – CPOP – Execução – Cód. 378 – Auto 7698 – 1º Ofício – Fl. 21 verso.

94   AHMI – CPOP – Execução – Cód. 378 – Auto 7698 – 1º Ofício – Fls. 21 verso e 22.

95   AHMI – CPOP – Execução – Cód. 378 – Auto 7698 – 1º Ofício – Fl. 22 verso.

em 16 de agosto com deferimento a favor do seu recebimento e logo foi encaminhado para o autor apresentar a contrariedade.

Assim, uma contrariedade apresentada depois de dois dias rebateu os embargos da ré, informando ter sido "contra verdade dizer a embargante pagara ao embargado por conta das 116 oitavas ½ e 3 vinténs de ouro que confessou a folha 7 dever-lhe".[96] Porque não existia a sociedade entre Jorge e João, muito menos uma dívida procedente sobre a mesma e pela qual supostamente tivesse recebido o autor 78 oitavas e ½, por via de João da Costa Resende. Mas o recibo declarado era verdadeiro e não foi questionado, pois certificava o pagamento de outra dívida que devia Ana Gonçalves a João da Costa, cuja origem era diversa e "nada pertencia" ao autor, da mesma forma que a da execução "nada tocava" a João.[97] Além disso, referiu que se a tal dívida fosse a mesma da execução, "(...) a declararia no recibo, e porque o não declara, nem se conforma nas quantias, se vê que é diversa (...)".[98] Com essa declaração, buscava a defesa do autor diferenciar a origem da dívida da Execução e do recibo passado por João, alegando que a ré "por gênio ou por necessidade procura meios, se não de não pagar, de o fazer tarde".[99]

Mas o licenciado Pedro da Fonseca Neves, advogado de Ana Gonçalves, no final do mês de agosto apresentou uma réplica à contrariedade afirmando que as 78 oitavas e ½ de ouro mencionadas no recibo passado por Resende foram pela quantia pedida por Jorge Pinto de Azeredo, pois:

> Provará que o executante Jorge Pinto de Azeredo no tempo que a contraiu a dívida alguns anos antes disso e seu irmão Manoel Cardoso Pinto eram primos caixeiros e sócios do dito João da Costa Resende e por tais conhecidos tidos e havidos tanto na Freguesia da Itaubira donde a Ré embargante é moradora como no Serro Frio e nesta Vila [Vila Rica] aonde e em todos os lugares referidos fazia as cobranças a todos os mais negócios do dito seu primo sócio ou amo João da Costa Resende.[100]

Na mesma réplica mencionou a existência de duas lojas, uma em Itabirito e a outra em Vila Rica, sendo a cobrança sobre fazendas levadas de ambas. A defesa da

---

96   AHMI – CPOP – Execução – Cód. 378 – Auto 7698 – 1º Ofício – Fl. 32.

97   AHMI – CPOP – Execução – Cód. 378 – Auto 7698 – 1º Ofício – Fl. 32.

98   AHMI – CPOP – Execução – Cód. 378 – Auto 7698 – 1º Ofício – Fl. 32.

99   AHMI – CPOP – Execução – Cód. 378 – Auto 7698 – 1º Ofício – Fl. 32 verso.

100 AHMI – CPOP – Execução – Cód. 378 – Auto 7698 – 1º Ofício – Fls. 34 e 34 verso.

Das Minas à Corte, de caixeiro a contratador

ré também explicava quanto à origem da dívida que a fazenda levada da loja de Vila Rica foi tomada sem o consentimento de Ana, pelas mãos do sargento-mor Pedro da Costa Guimarães, "quando teve a notícia de ser falecido de desastre o marido da Ré". E, se depois "o executante apartou a sociedade ou se retirou do serviço do dito seu primo João da Costa Resende e dividiram a fazenda da loja, isso ignora a Ré pelo que como pessoa que se acha no seu sítio e não sabe dos negócios que cada um fez na sua casa".[101] Como prova do todo alegado, ofereceu o artigo seguinte, no qual:

> Provará que é tanto assim verdade tudo o referido como manifesta a minuta do crédito [letra de crédito] da letra de Manoel de Miranda Fraga caixeiro do executante ao diante fl. 37 que Manoel Cardoso Pinto irmão do executante, sócio, caixeiro e primo de João da Costa Resende lhe levou querendo que a Ré o assinasse, achando-se nesta Vila [Ana Gonçalves], e dizendo-lhe que era o que importava a fazenda tomada em uma e outra loja em que todos eram sócios e que dava para o título de companhia cujo crédito a Ré não quis assinar, tanto por se não declarar nele os seis meses como porque sendo a dívida de ouro de Rs. 1$200 réis no crédito, se não declarava, sendo em tempo que já corria o ouro a Rs. 1$500 réis por oitava.[102]

E para encerrar a aludida argumentação, informou seu advogado "o articulado na Réplica é a pura e indubitável verdade, de que as 116 oitavas pedidas e procedidas de fazenda, não são diversas nem foi toda a fazenda tomada na loja do executante, mas em ambas, assim desta Vila, como da Itaubira, em que era sócio do Sr. João da Costa Resende".[103]

Mas ao receber o Termo de Vista, Francisco Xavier Ramos imediatamente rebateu todos os artigos articulados por Pedro da Fonseca Neves e negou a suposta sociedade entre João da Costa Resende e seus primos Jorge Pinto de Azeredo e Manoel Cardoso Pinto.[104] Assim, toda a dívida alegada na cobrança judicial teria sido contraída apenas na loja de Vila Rica, quando a ré por um "seu mulato" levou parte dos artigos, além de 46 côvados de baeta e um pouco de sarja, por via de Pedro da Costa Guimarães.[105] Nesses termos, defendia, por fim, "deve ser rejeitados

---

101 AHMI – CPOP – Execução – Cód. 378 – Auto 7698 – 1º Ofício – Fl. 35.
102 AHMI – CPOP – Execução – Cód. 378 – Auto 7698 – 1º Ofício – Fl. 35 verso.
103 AHMI – CPOP – Execução – Cód. 378 – Auto 7698 – 1º Ofício – Fl. 39 verso.
104 Para maiores detalhes sobre a família de Jorge Pinto de Azeredo, ver o capítulo 4.
105 AHMI – CPOP – Execução – Cód. 378 – Auto 7698 – 1º Ofício – Fl. 41 verso.

os embargos e desprezada a calúnia deles, e condenada a embargante nas custas em dobro, pela malícia, e mandada correr a execução e seus termos".[106]

Em novembro de 1736, como procedimento jurídico subsequente aos embargos e contrariedades foram interrogadas testemunhas por parte da ré e do autor, respectivamente.

O interrogatório começava com João Alves, um sapateiro que viveu no arraial da Itaubira (Itabirito) e possuía 24 anos de idade quando foi chamado para depor a favor de Ana Gonçalves. Das respostas oferecidas por essa testemunha, destacamos apenas uma informação que foi relevante para o acompanhamento do caso. Porque desconhecia:

> (…) se o embargado é ou não sócio de João da Costa Resende e só sim que algum tempo fora o embargado caixeiro deste na freguesia da Itaubira donde o conhecera, porém que a quantia mencionada no recibo que recebeu João da Costa Resende sabe ele testemunha recebera por conta de toda a dívida de que a Ré executada era devedora ao embargado e que sabe por lhe dizer também várias pessoas vizinhas naquela paragem (…).[107]

Assim como João Alves, o depoimento da segunda testemunha em quase nada favoreceu a ré. Tratava-se de Pedro Barbosa, morador em São Gonçalo do Bação, onde exercia o ofício de ferreiro e possuía 30 anos de idade.[108]

Nesses termos, o principal testemunho em defesa da ré foi aquele proferido por seu irmão, João Gomes Fernandes, morador no Bação que vivia de sua agência, tinha 22 anos de idade e "sem embargo disso diria a verdade do que sabia".[109] Segundo seu depoimento, era notório o fato de João da Costa Resende ter sido sócio dos irmãos Jorge e Manoel e, como tal, tivesse recebido a quantia já declarada

---

106 AHMI – CPOP – Execução – Cód. 378 – Auto 7698 – 1º Ofício – Fl. 42.

107 AHMI – CPOP – Execução – Cód. 378 – Auto 7698 – 1º Ofício – Fl. 51 verso.

108 Destacamos com esse depoimento o primeiro artigo da réplica, quando Pedro Barbosa informa: "(…) que mais facilmente poderia suceder [sic] que a executada embargante entregasse as oitavas mencionadas e declaradas no dito primeiro artigo a João da Costa Resende, se não como sócio do exequente como seu amo que havia sido e amizade grande que entre si conservam e em razão do exequente morar nesta Vila e a embargante distante dela na freguesia da Itaubira donde também mora o sobredito Resende e lhe fica assim mais cômodo o aplicar a cobrança da embargante executada (…)". Referência: AHMI – CPOP – Execução – Cód. 378 – Auto 7698 – 1º Ofício – Fl. 55 verso.

109 AHMI – CPOP – Execução – Cód. 378 – Auto 7698 – 1º Ofício – Fl. 57 verso.

como parte da dívida executada, em razão "de assistir na Itaubira donde também é moradora a embargante e lhe ficar mais cômodo".

Porém, a informação mais relevante oferecida por João Gomes era, de fato, o envolvimento do sargento-mor Antônio Fernandes de Araújo em negócios com João da Costa Resende e Jorge Pinto de Azeredo. Pois, no tempo que era vivo o marido da embargante e "estando no Serro do Frio em companhia dele testemunha, cobrava o exequente embargado do dito defunto várias dívidas de conta que tinham entre eles e o dito Resende".[110]

Uma situação que se tornou ainda mais clara quando João Gomes, interrogado sobre os artigos da réplica, certificou-se de que antes de vir com a loja para Vila Rica o autor e seu irmão assistiram em casa de João da Costa Resende, em Itabirito, vendendo na loja, cobrando suas dívidas e realizando os "mais negócios que se ofereciam". E, mais uma vez,

> (…) Assim declarou que estando ele testemunha no Serro Frio vira e presenciara o exequente embargado fazer várias cobranças, tratos e negócios do dito João da Costa Resende, tanto assim que ele testemunha lhe entregava em certa ocasião, naquela Comarca três dobros os quais lhe os havia dado para fazer a dita entrega o defunto Antônio Fernandes de Araújo, marido da embargante, de resto de ajuste de contas das que teve com o dito Resende o exequente embargado.[111]

A este respeito também informou que a pedido de seu cunhado, Antônio Fernandes de Araújo, levou até Vila Rica cinco dobros[112] para entregar a Pedro da Costa Guimarães por um acerto de contas entre ambos. Porém, naquele mesmo dia, chegou um certo Paulo Soares noticiando o falecimento por "um desastre o marido da embargante e querendo o dito Guimarães lisonjeá-la se antecipou a comprar-lhe a fazenda na loja do embargado para os lutos o qual lhe remeteu sendo condutor". Mas que "sempre entendeu, o dito Pedro da Costa teria dado ao embargado os cinco dobros mencionados, o que ao depois soube pelo contrário, pelo segurar e certificar João da Costa Resende, e por isso não tivera dúvida a jurar [a Ré] a dívida pedida pelo embargado (…)".[113]

---

110 AHMI – CPOP – Execução – Cód. 378 – Auto 7698 – 1º Ofício – Fls. 58 e 58 verso.

111 AHMI – CPOP – Execução – Cód. 378 – Auto 7698 – 1º Ofício – Fl. 60 verso.

112 O dobrão era uma moeda de ouro portuguesa e equivalia a Rs. 24$000 (cf. CARRARA, 2010a, p. 224).

113 AHMI – CPOP – Execução – Cód. 378 – Auto 7698 – 1º Ofício – Fls. 61 verso e 62.

A fim de estabelecer a coesão sobre a dívida contraída em ambas as lojas, João Gomes disse ainda que esteve pessoalmente na loja de João da Costa Resende, buscando baetas e ruão para o luto de sua irmã. Mas, sendo a quantidade disponível insuficiente, deslocou-se até Vila Rica, indo à loja "tomar a que lhe faltava".[114] Sobre o último artigo da réplica e finalizando o seu testemunho, esclareceu que, algum tempo depois de ter ficado viúva, Ana Gonçalves estava em Vila Rica na casa do mestre de campo Pedro da Fonseca Neves, onde foram ao encontro da ré Manoel de Miranda Fraga e Manoel Cardoso Pinto. Na ocasião, desejavam o caixeiro e o sócio daquela companhia que Ana assinasse uma letra de crédito redigida para formalizar a dívida cobrada com aquela ação de Execução. Mas a dita ré se recusou a assiná-la, pois na época do seu contrato valia a oitava de ouro "doze tostões" e a letra produzida determinava o preço em cima de "quinze tostões".[115]

A primeira testemunha que depôs a favor de Jorge Pinto de Azeredo foi seu primo Manoel de Miranda Fraga, identificado como caixeiro da loja e com 28 anos de idade. Ao longo do seu depoimento, vimos uma articulação cuidadosa para desconstruir a argumentação da defesa especialmente no que se refere a uma possível sociedade entre Jorge Pinto de Azeredo e João da Costa Resende. Nesse sentido, foi pelo "ver e presenciar" o seu conhecimento para afirmar que nunca existiu uma sociedade de loja, nem mesmo de fazendas entre ambos, "de forma que na loja da Itaubira não tinha o embargado coisa alguma mas antes toda é do dito Resende e na loja que o embargante tem nesta Vila não tem coisa alguma o dito Resende mas só sim o dito embargado".[116] Por esse motivo, os produtos que geraram aquela ação judicial foram comprados unicamente na loja em Vila Rica, pelo seu mulato, além daquela adquirida por mão de Pedro da Costa Guimarães, e levada pelo mesmo mulato, tudo por ordem de Ana Gonçalves.[117] Mas certamente o aspecto mais importante a ser ressaltado no depoimento de Manoel seria aquele referente à sua ida com Manoel Cardoso Pinto à casa de Pedro da Fonseca Neves, para formalizar a dívida cobrada em Execução, através da assinatura de Ana em uma letra de crédito. No entanto, pouco esclareceu Manoel

---

114 AHMI – CPOP – Execução – Cód. 378 – Auto 7698 – 1º Ofício – Fl. 61.

115 AHMI – CPOP – Execução – Cód. 378 – Auto 7698 – 1º Ofício – Fls. 62 e 62 verso.

116 AHMI – CPOP – Execução – Cód. 378 – Auto 7698 – 1º Ofício – Fl. 67 verso.

117 AHMI – CPOP – Execução – Cód. 378 – Auto 7698 – 1º Ofício – Fl. 68.

acerca do episódio, que se restringiu apenas a confirmar a tal incursão em companhia de seu primo e sócio da loja, Manoel Cardoso Pinto.[118]

João Pinto de Miranda era irmão de Manoel de Miranda Fraga e, por conseguinte, primo de Jorge e Manoel. Este senhor, nomeado para comparecer perante o juiz a fim de responder sobre os artigos daquele interrogatório, disse que era caixeiro da loja em Vila Rica e possuía 20 anos de idade. Sendo a segunda testemunha do inquérito, o discurso de João discorreu de maneira semelhante àquele proferido por seu irmão Manoel e demonstrava a afinação tanto com o conteúdo da causa movida contra Ana Gonçalves quanto com as respostas apresentadas por seu irmão.

Outra pessoa a testemunhar nesse processo foi o mercador Simão da Rocha Pereira, personagem já conhecido por nós, que morava em Vila Rica e tinha 28 anos de idade.[119] Dentre as informações apresentadas por ele, selecionamos o primeiro artigo sobre a contrariedade dos embargos, qual disse:

> (…) pelo ver e presenciar que além da dívida de que é devedora a embargante ao embargado, lhe foi a dita loja dele testemunha tomar alguma fazenda para a dita embargante por se não achar o embargado com ela na sua loja[120] e outrossim declarou ele testemunha que sabe pelo ouvir dizer a várias pessoas que a embargante não tem dado coisa alguma a conta da dívida de que é devedora ao embargado (…).[121]

O seu testemunho reforçava particularmente a inexistência de uma sociedade mercantil entre Jorge Pinto de Azeredo e seu primo João da Costa Resende. O que "(…) sabe por ter tido contas com o embargado que este é homem de verdade e consciência".[122] E, além disso, pelo "ver e presenciar que Manoel Cardoso Pinto é irmão do embargado e só entre estes são sócios ambos e o dito Resende não tem sociedade alguma com o dito Pinto nem com o embargado".[123]

---

118 AHMI – CPOP – Execução – Cód. 378 – Auto 7698 – 1º Ofício – Fl. 68 verso.

119 AHMI – CPOP – Execução – Cód. 378 – Auto 7698 – 1º Ofício – Fl. 71.

120 Essa situação corrobora àquela apresentada pela escrituração da loja, no seu borrador, e avaliada no primeiro capítulo de nossa pesquisa, sobre um sistema de entreajuda recorrente entre os comerciantes para o fornecimento de mercadorias quando estas lhe faltavam.

121 AHMI – CPOP – Execução – Cód. 378 – Auto 7698 – 1º Ofício – Fl. 71 verso.

122 AHMI – CPOP – Execução – Cód. 378 – Auto 7698 – 1º Ofício – Fl. 72.

123 AHMI – CPOP – Execução – Cód. 378 – Auto 7698 – 1º Ofício – Fl. 72 verso.

Da mesma forma que Simão da Rocha, o senhor Manoel da Assunção, residente no Bação, informou "pelo ver" que Jorge Pinto não teve sociedade com João da Costa na fazenda da loja, de cujo montante procedeu a dívida da embargante e, "por ter tido contas com o embargado que este é homem de toda a verdade e consciência incapaz de pedir o que se lhe não deve".[124]

Já a quinta e última testemunha a depor, Manoel Barbosa de Souza, morava em Itabirito onde possuía na época o seu "negócio de fazenda seca". No entanto, verificamos que Manoel também era caixeiro de João da Costa Resende e, por esse motivo, seu depoimento forneceu detalhes relevantes a favor do autor para desconstruir a articulação da ré. Dessa forma, ao ser questionado pela suposta sociedade entre Jorge Pinto de Azeredo e João da Costa Resende, Manoel Barbosa explicou que a afirmação era falsa. O que, ademais, pela razão de "ver e presenciar":

> (…) como também por ser caixeiro de João da Costa Resende que a quantia que se declara fl. 23 que ele Resende recebeu da dita embargante é pertencente só ao dito Resende de contas mui diversas que teria com este na sua loja e não coisa que toca ao embargado, porque a dívida que a embargante deve a este é de fazenda comprada na sua loja nesta Vila e não ao dito Resende (…).[125]

Apesar do seu discurso caminhar no mesmo sentido dos demais testemunhos a favor do autor, é inegável a propriedade de Manoel ao apresentar a sua versão sobre a contenda, cujo conhecimento esteve fortemente relacionado com sua atividade de caixeiro de João da Costa Resende. Além disso, "por ter tido contas com o embargado como também por ser notório geralmente que este é homem de muita verdade e assim todo em todas as suas contas incapaz de pedir o que se lhe não deve".[126] Tal como os casos de Manoel de Miranda Fraga e João Pinto de Miranda, o testemunho oferecido pelo caixeiro de João da Costa Resende além do rigor nos detalhes que, sem dúvidas, contribuiu para dar o ganho da causa ao autor, deixava transparecer a imagem de que Jorge era um comerciante honesto.

Mas o depoimento das testemunhas do autor foi motivo de reação por parte da defesa da ré que, alguns dias depois de receber o Termo de Vista sobre o tal inquérito, passava a rebatê-lo. Assim:

---

124 AHMI – CPOP – Execução – Cód. 378 – Auto 7698 – 1º Ofício – Fl. 74.

125 AHMI – CPOP – Execução – Cód. 378 – Auto 7698 – 1º Ofício – Fl. 76.

126 AHMI – CPOP – Execução – Cód. 378 – Auto 7698 – 1º Ofício – Fl. 76 verso.

Das Minas à Corte, de caixeiro a contratador

> Encontrada pois nas pardas sombras a verdade a quis o exequente escurecer nas claras cores de seus sócios e caixeiros produzindo por testemunhas, em cujos ditos, bem mostraram os defeitos que em semelhantes atos lhe condizera [sic] o direito são o dos mestiços, porque não só lhe tira o crédito a seus ditos, mas como não provam tão bem (...).[127]

Pedro da Fonseca Neves, numa tentativa de provar a origem da dívida ajuizada contra Ana Gonçalves sendo proveniente tanto dos artigos para o seu luto levados da loja de João da Costa Resende, em Itabirito, quanto daqueles buscados na loja do autor, em Vila Rica, mais uma vez caracterizou o lançamento das suas contas. Para tanto, alegou que o recibo passado por João da Costa Resende, cujo teor certificava o pagamento de 78 oitavas e ½ de ouro, era para o abatimento da cobrança ajuizada pelo autor de 116 oitavas e ½ e 3 vinténs de ouro. "E é tão sincera a verdade da Ré e tão boa consciência e temente a Deus",[128] "que o que toca ao exequente na importância das 116 oitavas e ¼ e 8 vinténs de ouro, são somente as 85 oitavas que importa o dito rol que se apresentou com a ação folha 7, foram faltas dos lutos tomadas na loja de João da Costa Resende" que deveria ser subtraída a "conta do recibo folha 23 [recibo de João da Costa Resende] em cuja quantia deve a Ré ser relevada e só condenada no resto confessado nos embargos, o que espera a Ré da costumada justiça".[129]

Em 23 de janeiro foi a vez de Xavier Ramos proferir, por meio do seu parecer sobre a inquirição das testemunhas, os argumentos em defesa do autor. Partindo da confissão da ré à dívida pedida em uma ação de Alma, alegava que além de ter falsificado a "qualidade dos seis meses havendo sido pura a venda das fazendas", introduziu "na execução com capa de verdadeira o papel folha 23 em que fundou os seus embargos, *pretendendo com ele pagar diversas dívidas;* e alcançando o recebimento deles, descoberta agora a sua invenção e desfeito o seu embuste, se hão de julgar não provados, mandando se correr a execução"[itálico nosso].[130]

Tendo em vista os motivos acima explicitados, somava à sua articulação os depoimentos das duas primeiras testemunhas a favor da ré, pois nada informaram sobre a sociedade do embargado com João da Costa Resende. E a terceira: "além de

---

127 AHMI – CPOP – Execução – Cód. 378 – Auto 7698 – 1º Ofício – Fl. 80 verso.
128 AHMI – CPOP – Execução – Cód. 378 – Auto 7698 – 1º Ofício – Fl. 81 verso.
129 AHMI – CPOP – Execução – Cód. 378 – Auto 7698 – 1º Ofício – Fls. 81 verso e 82.
130 AHMI – CPOP – Execução – Cód. 378 – Auto 7698 – 1º Ofício – Fl. 83.

ser uma é irmão da embargante e como tal interessado na causa, e tanto que este mesmo interesse o obrigou a jurar falso como se vê no seu juramento, justificada a falsidade pelas testemunhas do embargado".[131]

Num segundo momento, ao apresentar um posicionamento sobre o depoimento das testemunhas do embargado, os senhores Manoel de Miranda Fraga, João Pinto de Miranda, Manoel Barbosa de Souza e Manoel de Assunção:

> (...) que uniformes e de vista depõem todas com legal e atendível razão de seriedade que a quantia do dito recibo fora dada por conta da dívida do Resende, a quem foi passado, e não pela desta execução, que é diversa, e que os ditos Resende e embargado nunca foram sócios nas lojas e fazenda de que procede a dívida e que se algum dia foram amigos ou antiveram juntos foi antes de se contrair esta dívida com a embargante (...).[132]

Deveriam então ser julgados os embargos recebidos por não provados, para dar continuidade à execução nos bens da ré que, diante dos fatos, solicitava um curador para a sua filha que era menor, pelo juiz de órfãos, o que prontamente foi atendido ao se nomear o Dr. João Correia de Macedo.

Nesse momento, o juiz de órfãos Domingos Coelho Pereira, mediante a sucessão de embargo, contrariedade, réplica e inquirição de testemunhas, finalmente sentenciou a respeito da ação:

> Os embargos recebidos julgo não provados vistos estes autos e fazer certo o embargo do que nunca contraíram sociedade com João da Costa Resende e que a embargante lhe era devedora da quantia da sentença fl. procedida de fazenda que comprou na loja do embargado na qual não tinha o dito Resende sociedade alguma e que também a embargante era devedora ao mesmo Resende da quantia do recibo fl. [23] o que comprova por abundante número de testemunhas que desvanecem o que afirmam os que a embargante produziu, entre as quais foi um seu irmão que fica sendo de diminuta foi além da que não prova o que alegou legal e conducentemente portanto mando que a execução prossiga seus termos e pague a embargante as custas dos autos em que a condeno. Vila Rica, 26 de março de 1737 anos.[133]

---

131 AHMI – CPOP – Execução – Cód. 378 – Auto 7698 – 1º Ofício – Fl. 83 verso.

132 AHMI – CPOP – Execução – Cód. 378 – Auto 7698 – 1º Ofício – Fl. 84.

133 AHMI – CPOP – Execução – Cód. 378 – Auto 7698 – 1º Ofício – Fls. 88 e 88 verso.

No entanto, aos quatro dias do mês de abril, Antônio Caetano da Gama, como solicitador de causas e por parte da ré, solicitava a apelação da sentença àquele mesmo juiz de órfãos. Rebatendo o aludido pedido, o capitão Francisco da Silva Neto, naquele momento como um dos procuradores de Jorge Pinto de Azeredo, alegava que a apelação pretendida não procedia porque foi realizada por quem não teve procuração naqueles autos. E se assim fosse admitida, "requeria se lhe mandasse escrever a dita apelação em um só efeito por ser *execução da sentença*" [itálico nosso].[134]

Em contrapartida ao que foi alegado por parte do autor, respondeu Antônio da Gama que "a razão que tinha para fazer requerimento pela Ré apelando sem procuração era por esta se achar *presa na cadeia desta vila* e que como tal se fazia escusa a tal procuração e que a respeito de ser em um ou em ambos os efeitos pedia vista para apontar sobre eles" [itálico nosso].[135] Nesses termos coube ao juiz, a respeito da *"apelação entreposta"*, solicitar que as partes se pronunciassem quanto aos efeitos da mesma apelação.[136]

Como se vê, Ana Gonçalves da Silva esteve detida na cadeia de Vila Rica. O episódio mencionado pela primeira vez no relato acima foi sem dúvida um infortúnio vivenciado pela ré e, de certa forma, um acontecimento inesperado. Apesar da falta de maiores esclarecimentos sobre a sua detenção, certamente o desfecho estaria relacionado à essa ação de Execução.

Na qualidade de advogado do autor, Francisco Xavier Ramos alegou que as apelações de causas executivas jamais suspenderam a execução das sentenças, uma vez "de que estas causas requerem toda aceleração e brevidade". E se assim o fosse, tiraria a essência de "sumariança em ordinária", e menos ainda nesta causa, pois "nem obsta haver esta sentença e apelação nascido de embargos recebidos e afinal registrados por não provados". Devendo então o juiz receber a apelação em um só efeito: o devolutivo.[137]

---

134 Quando um juiz recebe um pedido de apelação, decide se o recurso terá efeito devolutivo, suspensivo ou ambos os efeitos. No caso do efeito devolutivo, o juiz apenas recebe aquele pedido, sem intervenção na sentença já aplicada, porém, se for suspensivo significa que o recurso suspende os efeitos daquela sentença. Ver nota 18. AHMI – CPOP – Execução – Cód. 378 – Auto 7698 – 1º Ofício – Fl. 90.

135 AHMI – CPOP – Execução – Cód. 378 – Auto 7698 – 1º Ofício – Fl. 90.

136 AHMI – CPOP – Execução – Cód. 378 – Auto 7698 – 1º Ofício – Fl. 91.

137 AHMI – CPOP – Execução – Cód. 378 – Auto 7698 – 1º Ofício – Fls. 92 e 92 verso.

Depois de receber o Termo de Vista sobre o processo em 10 de abril de 1737, Pedro da Fonseca Neves explicou que os efeitos da apelação, "Sem embargo da impugnação folha 92 parece se deve receber a apelação em ambos os efeitos porque não há regra nem lei sem limitação assim ainda que nas execuções ou causas sumárias ordinariamente se recebam no devolutivo".[138] De modo particular, a defesa da ré quis desqualificar a característica sumária daquela ação alegada pela defesa do autor, porque a mesma foi passível de dilações mediante a apresentação dos conhecidos embargos, com direito a réplica, tréplica e convocação de testemunhas, o "que consentido não se pode negar o efeito suspensivo na apelação, porque esta permitida, se entende impedida a execução pois [sic] aliás seria o seu ato frustatório e sem efeito".[139]

Mas o juiz de órfãos Domingos Coelho Pereira entendeu que deveria receber a apelação apenas no seu efeito devolutivo, em 16 de maio de 1737. Quatro dias depois, insatisfeito com o resultado da aludida apelação e, mediante a apresentação de uma nova petição, intentava o advogado da ré um pedido de agravo. Dessa vez, ao ouvidor geral e corregedor da comarca de Vila Rica, pela discordância quanto ao despacho sentenciado nos autos pelo juiz de órfãos.[140] Desse modo, declarava:

> Agrava-se a Vossa Mercê como digníssimo Ouvidor Geral e Provedor desta Comarca Ana Gonçalves da Silva viúva do Sargento Mor Antônio Fernandes de Araújo e consiste a razão de seu agravo em que executando o Jorge Pinto de Azeredo por uma mesma dívida que já tinha pagado a seu patrão e parente ou sócio João da Costa Resende, de quem apresentou o recibo fl. 23 sem embargo disso e condenou o Juiz dos Órfãos desta Vila Domingos Coelho Pereira na satisfação dela de cuja sentença apelando lhe recebeu em um só efeito a apelação, sendo a causa tratada com conhecimento e direito de Réplica e Tréplica e sem dúvida lhe fez agravo.[141]

Para Neves, o motivo do agravo era concludente, na medida em que o juiz de órfãos tinha razões para aceitar o recurso de apelação no seu efeito suspensivo e não o fez, porque em "direito trivialmente praticado nas apelações de causas sumá-

---

138 AHMI – CPOP – Execução – Cód. 378 – Auto 7698 – 1º Ofício – Fl. 94 verso.

139 AHMI – CPOP – Execução – Cód. 378 – Auto 7698 – 1º Ofício – Fl. 95.

140 AHMI – CPOP – Execução – Cód. 378 – Auto 7698 – 1º Ofício – Fl. 96 verso.

141 AHMI – CPOP – Execução – Cód. 378 – Auto 7698 – 1º Ofício – Fl. 97.

rias em que se receberam embargos pelo qual degenerou a dita causa em ordinária" era atendível aceitar "as apelações em ambos os efeitos como refere".[142]

No Termo de Conclusão que seguiu com o processo de Execução e seu pedido de agravo ao ouvidor de Vila Rica, esclareceu o juiz Domingos, baseado na doutrina jurídica, que a causa era sobre uma execução de sentença e, por isso, ao receber no efeito devolutivo não havia agravado à agravante.[143]

Um Termo de Remessa certificou o envio do processo à Ouvidoria da comarca de Vila Rica para avaliação do seu ouvidor geral. Dois meses depois, ou seja, aos três dias do mês de agosto, Dr. Fernando Leite Lobo emitiu seu despacho negando o pedido de agravo por parte da ré Ana Gonçalves e condenando-a ainda nos gastos com o aludido agravo.[144]

No entanto, mais uma tentativa era impetrada em defesa da ré e consistia em um novo pedido de agravo àquele mesmo ouvidor, pois, "com o devido respeito" Ana Gonçalves teria "justificada razão de embargos no suplentíssimo despacho". Sobretudo, porque a sentença do juiz de órfãos se baseava unicamente na defesa do autor, "por reportar os embargos frívolos e caluniosos, que é a razão ou causa".

Mais uma vez explicava Neves que o embargo oferecido pela ré tinha sido julgado ordinariamente, com réplica e tréplica, consentido e aprovado no juízo e se encontrava em "boa ordem e juízo e princípios de direito, o qual reporto".[145]

Em 14 de agosto, recebeu Termo de Vista o advogado do autor que numa sucinta resposta desconsiderou o pedido por parte da ré.[146] Três dias depois, Dr. Fernando Leite Lobo, "sem embargo da razão de embargo" não recebeu aquele pedido de agravo.[147] Mas a defesa da ré ainda não estava convencida pela sua sentença final e, por esse motivo, Pedro da Fonseca Neves, no dia 26 de agosto, fez uma última tentativa de agravo de sentença, dessa vez, ao Tribunal da Relação do Estado. Alegou que ao recorrer por via de agravo a suspensão da Execução, o juiz de órfãos recebeu a apelação em um só efeito, o que em seguida suplicou ao ouvidor geral,

---

142 AHMI – CPOP – Execução – Cód. 378 – Auto 7698 – 1º Ofício – Fl. 97.

143 AHMI – CPOP – Execução – Cód. 378 – Auto 7698 – 1º Ofício – Fl. 99.

144 AHMI – CPOP – Execução – Cód. 378 – Auto 7698 – 1º Ofício – Fl. 99 verso.

145 AHMI – CPOP – Execução – Cód. 378 – Auto 7698 – 1º Ofício – Fl. 101.

146 AHMI – CPOP – Execução – Cód. 378 – Auto 7698 – 1º Ofício – Fl. 102 verso.

147 AHMI – CPOP – Execução – Cód. 378 – Auto 7698 – 1º Ofício – Fl. 103.

o qual não deu provimento, mas em contrapartida esperava do Superior Tribunal obter a provisão daquele pedido de agravo.[148]

Dois dias depois, após o Termo de Vista e sob a defesa do autor, Dr. Francisco Xavier Ramos discorreu sobre o novo pedido:

> Deste agravo só há de conhecer-se para ser a agravante ou seu procurador condenado nas custas em dobro; na forma disposta na ord. 161. tt° 5§ 7 aonde se dispõem que as partes que sem fomento de justiça agravarem dos Ministros de Vossa Majestade sejam condenados nas custas em dobro (…) e o presente agravo, nenhum fomento de justiça o favorece, motivo porque se faz merecedor da pena da dita lei.[149]

Diante dessa última intervenção, o ouvidor Fernando Leite Lobo enfatizou em seu despacho que mesmo com o pedido apresentado por parte da ré, "Parece-me não fiz agravo a agravante à vista dos autos que ofereço em resposta. Vossa Majestade o que for justiça. Vila Rica, 30 de agosto de 1737".[150] Assim, os autos não seguiram adiante, para encaminhamento ao Tribunal da Relação do Estado e foram remetidos pela Ouvidoria de Vila Rica ao juizado de órfãos, com recebimento acusado em nove de setembro do corrente ano. Ao dar prosseguimento a essa execução, no mesmo dia o último despacho de Domingos Coelho Pereira, juiz de órfãos à frente da causa, com ordem para o cumprimento da sua sentença proferida com a ação.[151]

Tendo em vista a sentença condenatória, nada menos que 20 pregões aconteceram entre os dias nove de setembro e primeiro de outubro, sem lance algum sobre os bens a serem arrematados para pagamento da dívida de Ana Gonçalves, o seu sítio e mais pertences que ficavam em São Gonçalo do Bação. Mediante a dificuldade de arrematação daqueles bens, um pedido enviado em nome de Jorge Pinto de Azeredo requisitava a licença para arrematá-los, o que o juiz de órfãos logo concedeu a favor do autor.[152]

Em oito de outubro de 1737, um Termo de Lançamento era apresentado por Manoel Cardoso Pinto relacionando os bens da arrematação, pelo valor de Rs.

---

148 AHMI – CPOP – Execução – Cód. 378 – Auto 7698 – 1º Ofício – Fls. 104 verso e 105.

149 AHMI – CPOP – Execução – Cód. 378 – Auto 7698 – 1º Ofício – Fl. 106 verso.

150 AHMI – CPOP – Execução – Cód. 378 – Auto 7698 – 1º Ofício – Fl. 107.

151 AHMI – CPOP – Execução – Cód. 378 – Auto 7698 – 1º Ofício – Fl. 109 verso.

152 AHMI – CPOP – Execução – Cód. 378 – Auto 7698 – 1º Ofício – Fl. 120.

170$000.[153] No entanto, para a aludida arrematação necessitava ainda por parte da ré, que permanecia presa na cadeia de Vila Rica, a expedição de um *Alvará de Vênia*, ou seja, um alvará consentindo "a venda, arrematação e remissão dos bens penhorados porque e como tutora de sua filha".[154] Um pedido que foi prontamente atendido.

Três dias depois foi anexado ao processo um "Acerto de arrematação da roça e mais pertences", assinado por Manoel Cardoso Pinto, além de um Termo de Quitação, pelo qual:

> (…) havia recebido da Ré Ana Gonçalves por si e como tutora de sua filha menor a quantia de Rs. 170$000 procedidas da arrematação que fez da roça, casas e mais pertences conteúdo no auto da penhora a qual quantia disse recebera como procurador do autor executante Jorge Pinto de Azeredo pela procuração que anda junto destes autos e que da dita quantia de Rs. 170$000 dava em nome de seu constituinte plena e geral quitação a esta Ré.[155]

Mas naquele mesmo dia, por parte da ré, mais um recurso era intentado. Recebeu, pois, o juizado de órfãos uma nova petição em nome de Ana Gonçalves como tutora de sua filha Bernarda, "maior de 12 anos", cuja solicitação pedia a nulidade do processo de Execução. A execução era então contestada porque a dita órfã não havia sido citada para a causa tampouco fosse nomeado curador para representá-la.[156] E assim, por parte da executada, uma nova estratégia tentava reverter àquela situação, por "embargos de nulidade à dita arrematação, execução e todo o processado", com resposta imediata do juiz, mandando informar ao escrivão, o Sr. João de Souza e Castro.[157]

Em resposta pronunciava o escrivão, no dia seguinte: "a roça de que se trata foi ontem onze corrente arrematada por comissão", "foi a suplicada por si e como tutora de sua filha citada para venda, arrematação e remissão" e o seu "agente que é o que me apresenta esta petição via fazer a dita citação e no lanço que se arrematou andou-se três dias de estilo". A despeito da acusação sobre a nomeação de um cura-

---

153 AHMI – CPOP – Execução – Cód. 378 – Auto 7698 – 1º Ofício – Fl. 122 verso.

154 AHMI – CPOP – Execução – Cód. 378 – Auto 7698 – 1º Ofício – Fl. 124 verso.

155 AHMI – CPOP – Execução – Cód. 378 – Auto 7698 – 1º Ofício – Fl. 127 verso.

156 AHMI – CPOP – Execução – Cód. 378 – Auto 7698 – 1º Ofício – Fl. 129.

157 AHMI – CPOP – Execução – Cód. 378 – Auto 7698 – 1º Ofício – Fl. 129.

dor, informou ainda, "com que a dizer a suplicante que sua filha menor não tivera curador é menos verdade porque dos autos consta que a defende como tal o Dr. João Correia de Macedo que foi nomeado por V. M. e assinou termo de juramento é o que posso informar mercê [sic] para causa".[158]

Na petição subsequente a essa resposta do escrivão, esclareceu o licenciado Neves que o requerimento deveria estar em nome da menor Bernarda, por ser ela maior de 12 anos. E, não sendo a mesma órfã citada para a causa, como determinava a lei em semelhante situação, não revalidava a nomeação de um curador e para "mostrar a nulidade de tudo seja mercê servido mandar dar nota dos autos por seu procurador".[159]

O juiz solicitou os autos para "à vista deles se deferir a esta petição" e, no dia 16, determinava às partes que se pronunciassem sobre a questão. E assim, em 18 de outubro, após vista ao licenciado Neves que, na tentativa de defender os interesses da órfã fez apresentação dos "legítimos embargos de nulidade", "na forma melhor de direito e por restituição da menor que implora".[160]

Por ser a órfã maior de 12 anos:

> (...) a roça penhorada a fl. 125 e arrematada a fl. é da herança que ficou do dito seu pai a qual se acha ainda por indiviso e nela tem a embargante a sua legítima e não pode ser executada sem a embargante ser citada pessoalmente, e convencida nisto ser maior de 12 anos, por ser disposição certa de direito e expressa da lei do Reino que na ação em que intervier órfão maior de 12 ou 14 anos, faltando a citação deste seja todo o processo nulo.[161]

E, portanto, a embargante Bernarda como não fosse citada e sendo insuficiente a citação em nome de sua tutora, por ter mais de 12 anos, a dita falta se reverteu em *"nulidade insarável"* ao todo processado, e ainda em "benefício da restituição que lhe assiste por ser menor de 25 anos".[162] Por tudo isso, disse ainda a defesa da ré:

> Provará que a tutora da embargante ao tempo da penhora não foi citada para alegar os embargos a ela nem para a venda, rematação

---

158 AHMI – CPOP – Execução – Cód. 378 – Auto 7698 – 1º Ofício – Fl. 129 verso.

159 AHMI – CPOP – Execução – Cód. 378 – Auto 7698 – 1º Ofício – Fl. 129 verso.

160 AHMI – CPOP – Execução – Cód. 378 – Auto 7698 – 1º Ofício – Fl. 132.

161 AHMI – CPOP – Execução – Cód. 378 – Auto 7698 – 1º Ofício – Fl. 132 verso.

162 AHMI – CPOP – Execução – Cód. 378 – Auto 7698 – 1º Ofício – Fl. 133.

dos bens penhorados, e menos o foi quando afirma a fé passada a fl. 123 pelo que o escrivão dos autos nunca a notificou, nem lhe falou, e tanto a dita tutora presa, se não depois de arrematada a roça, nem outro nenhum oficial de justiça a notificou para o tal e suposto [ilegível, uma palavra] dita procuração na mão de um vizinho da dita cadeia, oficial de sapateiro, e este a mostrasse a um José de Faria, contudo ninguém a notificou pela dita procuração e mandado nem se lhe declarou que era diligência que fazia.[163]

A contrapartida do Dr. Francisco Xavier Ramos, advogado do autor, veio em 24 de outubro nos seguintes termos: "Deve o Senhor Juiz dos Órfãos atalhar as caluniosas demoras ou trapaças desta Ré executada, ou de quem as tece, com o castigo e cuidado que recomendam", pois "Não satisfeita à executada com os muitos embargos que se vem neste processo, pretende agora em nome da filha menor anular a execução e processo com umas frívolas nulidades quais são as em que funda ou seus embargos fl.".[164] Ainda mais que, ao "Dizer-se que a citação fl. 123 do escrivão deste juízo não foi verdadeira é querer macular a verdade e honra do escrivão, incapaz de escrever e menos portar por fé o que na realidade não é ou foi" e, portanto, "se hão de rejeitar com justiça os tais embargos".[165]

Mais uma vez, seguiu Termo de Vista ao procurador da embargante, o qual informou ter sido os autos tirados no tempo em que esteve para despachar a certidão de batismo da órfã Bernarda,[166] no arraial da Itaubira e, portanto, esperava que o juiz recebesse os embargos:

> (…) e por mais que se pretenda sufocar a justiça da menor, assim como se fez a da viúva sua mãe, parece falando com o devido respeito, se não pode negar o reconhecimento dos embargos fl. 132 porque como mostra pela certidão dita fl. 138 ser maior de 12 anos, faltando à citação pessoal é nula todo o procedimento.[167]

---

163 AHMI – CPOP – Execução – Cód. 378 – Auto 7698 – 1º Ofício – Fl. 133.

164 AHMI – CPOP – Execução – Cód. 378 – Auto 7698 – 1º Ofício – Fl. 133 verso.

165 AHMI – CPOP – Execução – Cód. 378 – Auto 7698 – 1º Ofício – Fls. 135 e 135 verso.

166 "Certifico que revendo os livros em que se lançam os assentos dos batizados dessa freguesia, em um deles a fl. 20 verso [sic] achei o assento cujo teor de verbum é o seguinte: Em 23 de outubro de 1724 anos, batizei e pus os Santos Óleos à inocente Bernarda, filha legítima de Ana da Silva mulher de Antônio Fernandes de Araújo, foram padrinhos o Capitão Manoel da Silva da Fonseca e o Tenente Luiz Soares de Meireles. O Vigário Antônio de Souza Lopes (…) Itaubira, de outubro 19 de 1737" AHMI – CPOP – Execução – Cód. 378 – Auto 7698 – 1º Ofício – Fls. 138 e 138 verso.

167 AHMI – CPOP – Execução – Cód. 378 – Auto 7698 – 1º Ofício – Fl. 137.

A respeito desse pronunciamento, a defesa do autor declarava:

> Da mesma certidão do batismo que a Ré junta a fl. se mostra ter a menor menos de 10 anos no tempo em que se principiou esta causa, e se citou a cabeça de casal pela mãe, para ela: por quanto daquela certidão consta nascer a menor em 23 de outubro de 1724: e da citação fl. se verifica fazer-se em 28 de setembro de 1735: em que se constam nove anos, onze meses e cinco dias; e como do tempo da citação deva correr o da lei, claro fica não ser necessária à dita citação da menor, por não passar de doze anos; com que se convence de afetada e menos verdadeira a matéria daqueles embargos.[168]

No decurso de três dias despachou o juiz de órfãos Domingos Coelho Pereira, "Sem embargo dos embargos que juntos os autos e sua matéria não recebo. Fique em vigor a arrematação e pague as retardadas".[169] Tendo em vista o aludido despacho, por parte da ré foi emitido um requerimento com pedido de agravo ao ouvidor Dr. Fernando Leite Lobo, nas mesmas condições da solicitação pronunciada ao juizado de órfãos.[170]

Com aquele pedido encaminhava o juiz de órfãos ao ouvidor o seu despacho, no qual "Ofereço os autos em resposta à vista dos quais me parece não haver feito agravo ao agravante porém sempre Vossa Mercê determinará a melhor justiça".[171] E logo pronunciou o ouvidor, dizendo "Não é agravada a agravante pelo Juiz dos Órfãos desta Vila vistos os autos. Portanto, lhe não deve provimento e a condeno nas custas do agravo. Vila Rica, 02 de dezembro de 1737".[172]

Diante do exposto, mais uma vez insistiu Neves "com todo o devido respeito" que o ouvidor Dr. Fernando Leite Lobo recebesse o agravo, "Que nestes termos tornando a *implorar a devida vênia* parece que o dito Juiz dos Órfãos lhe fez agravo, e que deve as embargantes ser nele provido[negrito nosso]".[173] Mas o ouvidor não atendeu àquele recurso.[174]

---

168 AHMI – CPOP – Execução – Cód. 378 – Auto 7698 – 1º Ofício – Fl. 141.

169 AHMI – CPOP – Execução – Cód. 378 – Auto 7698 – 1º Ofício – Fl. 141 verso.

170 AHMI – CPOP – Execução – Cód. 378 – Auto 7698 – 1º Ofício – Fl. 142.

171 AHMI – CPOP – Execução – Cód. 378 – Auto 7698 – 1º Ofício – Fl. 146.

172 AHMI – CPOP – Execução – Cód. 378 – Auto 7698 – 1º Ofício – Fl. 147 verso.

173 AHMI – CPOP – Execução – Cód. 378 – Auto 7698 – 1º Ofício – Fl. 150.

174 AHMI – CPOP – Execução – Cód. 378 – Auto 7698 – 1º Ofício – Fl. 152.

Das Minas à Corte, de caixeiro a contratador

Assim, foi despachado um novo Termo de Vista ao licenciado Neves, que em 14 de dezembro recorreu à Vossa Majestade em virtude do indeferimento do juiz de órfãos e do ouvidor da comarca e solicitou provisão ao pedido de agravo para o Tribunal da Relação do Estado.[175]

Antes que o ouvidor se pronunciasse sobre o pedido, após Termo de Vista, em 28 de janeiro de 1738 o Doutor Xavier Ramos, por parte do autor alegou:

> Aos menores, que sem justa causa se queiram ou pedem restituição a não concede a ord. H 3 tt° 41 in princípio; e como nos embargos desprezados fl. se não alegue causa justa ou injusta na sentença fl. a que se opõem; minto; se não ser agravo à menor agravada, pelo meritíssimo Dr. Fernando Leite Lobo, Ouvidor Geral e Corregedor da Comarca de Vila Rica e assim espera o agravo de Vossa Majestade se lhe denegue a agravante provimento com justiça.[176]

Diante desses termos, o ouvidor despachou afirmando que Vossa Majestade resolveria o que "for justiça".[177]

De acordo com as informações registradas nesse processo, não podemos afirmar o motivo pelo qual a ação foi remetida novamente ao juizado de órfãos, em vez de ser encaminhada ao Tribunal da Relação do Estado. Desse modo, em 28 de janeiro o juiz Domingos Coelho Pereira, ao ser informado que o pedido de agravo não recebeu provimento, determinou que ficasse em vigor a arrematação.[178]

Com essa última tentativa de recurso cessaram os pedidos de impugnação por parte da ré, sobre a dívida cobrada no processo de Execução.

Mas ao processo ainda foram apresentadas algumas petições, na tentativa de regularizar o pagamento do que era devido pela ré ao autor como, por exemplo, um pedido de remição de dívida por parte de Ana Gonçalves a fim de resgatar a roça em São Gonçalo do Bação e seus bens.[179]

No início de fevereiro, outra petição foi emitida em nome de Jorge Pinto de Azeredo. Nela, seu irmão Manoel Cardoso informou que em relação à dívida cobrada na Execução ainda "lhe resta dela Rs. 74$219 réis e como não trata de lhe os satisfazer,

---

175 AHMI – CPOP – Execução – Cód. 378 – Auto 7698 – 1º Ofício – Fl. 155.

176 AHMI – CPOP – Execução – Cód. 378 – Auto 7698 – 1º Ofício – Fl. 156.

177 AHMI – CPOP – Execução – Cód. 378 – Auto 7698 – 1º Ofício – Fl. 157

178 AHMI – CPOP – Execução – Cód. 378 – Auto 7698 – 1º Ofício – Fl. 159.

179 AHMI – CPOP – Execução – Cód. 378 – Auto 7698 – 1º Ofício – Fl. 159 verso.

quer o suplicante que Vossa Mercê lhe mande passar mandado para se fazer penhora em quaisquer bens que se acharem da suplicada e em falta dele seja presa".[180]

Respondendo à petição, o juiz solicitou parecer do escrivão para confirmação do restante da dívida e, mediante a sua resposta, em 20 de fevereiro, emitiu um mandado de penhora afilhada e apreensão de bens para pagamento da quantia mencionada na petição do exequente, e na falta deles, fosse presa a executada.[181]

Um Auto de Penhora, produzido oito dias após a emissão do mandado, certificou a apreensão de dois negros de nação Angola, "os quais escravos pertenciam a Ana Gonçalves e estavam em poder do dito Tomás Moreira por se ser obrigado pela devedora a João da Costa Resende" em "140 oitavas de ouro de Rs. 1$500".[182] Para a plena consecução da presente penhora uma nova petição, por parte do autor, solicitando despacho do juiz Domingos Coelho Pereira favorável à feitura de uma seção e trespasse, pela quantia restante de Rs. 70$000 de principal, a Tomás Moreira Caldas, o que foi prontamente concedido pelo mesmo juiz.[183]

Aos 22 dias do mês de março de 1738, um Termo de Seção e Trespasso foi o último documento anexado a essa Execução, que:

> (…) em nome do dito Jorge Pinto se deu e trespassava todo o direito e ação que nestes autos tem obtido o seu constituinte [ilegível, uma palavra] de Tomás Moreira Caldas e o qual ficava de hoje para todo o sempre pertencendo este, resto da execução que faziam a Ana Gonçalves da Silva por haver dele recebido tudo o que dela se lhe restava e se necessário era o faziam procurador em causa própria de como assim o disse o fiz este termo de seção (…).[184]

E assim deu por finda a querela entre autor e ré nesse longo processo de execução. Na folha 166 um ajuste de contas contém a descrição dos gastos alcançados com o andamento desse processo junto ao juizado de órfãos de Vila Rica, no expressivo valor de 49 oitavas, ¾ e 7 vinténs de ouro distribuídos entre sentenças, penhoras, requerimentos, custos, gastos de praça, pregões e procurações, entre outros.[185]

---

180 AHMI – CPOP – Execução – Cód. 378 – Auto 7698 – 1º Ofício – Fl. 162.

181 AHMI – CPOP – Execução – Cód. 378 – Auto 7698 – 1º Ofício – Fl. 162 verso.

182 AHMI – CPOP – Execução – Cód. 378 – Auto 7698 – 1º Ofício – Fls. 162 verso e 163.

183 AHMI – CPOP – Execução – Cód. 378 – Auto 7698 – 1º Ofício – Fl. 164.

184 AHMI – CPOP – Execução – Cód. 378 – Auto 7698 – 1º Ofício – Fl. 164 verso.

185 AHMI – CPOP – Execução – Cód. 378 – Auto 7698 – 1º Ofício – Fl. 166.

Das Minas à Corte, de caixeiro a contratador

***

No presente capítulo repensamos a atividade mercantil a partir das práticas judiciais sobre cobranças de dívidas do comércio local da comarca de Vila Rica, mediante a nossa amostragem de documentos. Com essa pesquisa, algumas características sobre tal atividade foram acrescidas àquelas já exploradas no estudo empreendido com a loja em Vila Rica, analisada no primeiro capítulo. Chamou nossa atenção, ademais, tanto pelo exame dos processos judiciais como pela movimentação das letras de crédito que os comerciantes estabelecidos nos termos de Mariana e Vila Rica agiam, quase sempre, através da formação de sociedades comerciais, afiguradas entre eles por companhias.

Por sua vez, a análise das letras de crédito mostraram características dos prazos e ajustes de dívidas entre credores e devedores que se inseriram num movimento maior. Ou seja, da atividade mercantil e sua relação com o nível de monetização e circulação monetária a movimentar o pujante mercado de abastecimento interno da principal comarca da capitania de Minas. Um movimento vinculado à produção aurífera. Destarte, o que verificamos com essas análises foram, sem dúvidas, elementos contundentes do universo mercantil na comarca de Vila Rica, onde a mineração estimulou o desenvolvimento econômico e um mercado de abastecimento interno dinâmico e vigoroso.

Com o estudo qualitativo das várias ações judiciais exploradas ao longo deste capítulo, fica-nos também uma ideia bastante consistente acerca das complexas relações constituídas em torno da atividade mercantil e de como os comerciantes se serviram da justiça na comarca de Vila Rica para a recuperação de suas dívidas ativas. De igual modo, a investigação levada a cabo iluminou situações de um universo econômico e social experimentado por aqueles que viveram e sobreviveram no principal núcleo de exploração aurífera de Minas colonial.

III. Uma rede mercantil transatlântica na primeira metade do Setecentos

As motivações comerciais que emergiram no alvorecer do século XVIII reuniram condições para que a comunidade mercantil portuguesa, subjugada pela comunidade de mercadores estrangeiros, iniciasse um processo de renovação que, nos meados da mesma centúria, repercutiu na consolidação da burguesia em Portugal.[1] Essa nova conjuntura esteve relacionada à expansão do comércio ultramarino português estabelecido com suas colônias, particularmente, a partir do movimento comercial com o Brasil fortemente estimulado pelos descobertos auríferos.[2] Nessa

---

[1]   Para esse enfoque servimo-nos das abordagens apresentadas em: (GODINHO, 1953; GODINHO, 1975; PEDREIRA, 1992; e PEDREIRA, 1995).

[2]   Jorge Pedreira, ao estudar os homens de negócios da praça mercantil de Lisboa, apresentou um panorama da infraestrutura institucional que envolvia a atividade mercantil enquanto uma atividade econômico-social dos impérios ultramarinos, no Setecentos. De acordo com o autor, somente a partir do século XVIII essa infraestrutura mostrou-se plenamente desenvolvida, embora alguns de seus elementos como as letras de câmbio e as bolsas de seguro possuíssem já uma longa história. Em suas palavras, no século XVIII, "A expansão colonial das potências marítimas europeias toma então uma feição predominantemente comercial". Um processo possível mediante a exploração direta de recursos locais, ou seja, a exploração de metais preciosos, combinado com o alargamento das economias de plantação e o crescimento do tráfico de escravos, confluindo na expansão do comércio com as colônias. Afinal: "Os impérios ultramarinos de Setecentos constituem, antes de mais, gigantescas empresas comerciais, porque, se deixaram de ser meros dispositivos de pilhagem (como eram, em grande medida, no século XVI), ainda não

perspectiva, a organização mercantil para o abastecimento da região mineradora resultou na conformação de redes e agentes que participaram vigorosamente do comércio de longa distância e dos monopólios régios do Império português.[3] Uma dinâmica fundamentada pelas sociedades e companhias de comércio entretecidas em redes mercantis transatlânticas.[4]

Mas, de fato, foi somente na segunda metade do século XVIII que as ações políticas por parte do governo português favoreceram a afirmação do grupo dos negociantes em relação à estrutura econômica e social do Império, sob os cuidados do 1º ministro de Dom José, Sebastião José de Carvalho e Melo.[5] Uma intervenção no sentido de dar coesão à burguesia mercantil portuguesa conformada, notadamente, pelos grandes negociantes da praça mercantil de Lisboa. Entre as medidas que foram adotadas por Pombal, figurava a destituição da Irmandade e Confraria do Espírito Santo da Pedreira que até aquele período respondia pelos interesses do corpo mercantil, sendo então substituída pela instituição da Junta Geral do Comércio do Reino e seus Domínios, e pela criação da Mesa do Bem Comum dos Mercadores em 1757, um organismo de jurisdição do comércio retalhista submetido à Junta do Comércio.[6] A esse quadro também devemos acrescer a adoção de

---

se converteram nos vastos aparelhos de ocupação territorial, de exploração financeira e industrial, característicos dos séculos XIX e XX" (PEDREIRA, 1995, p. 40). Uma interpretação acerca do movimento comercial atlântico, focado no sistema de frotas para o Brasil e na conjuntura econômica de Portugal no Setecentos pode ser apreciada em: (GODINHO, 1953).

3   Para Myriam Ellis o sistema de abastecimento interno e o arrendamento por parte da Coroa das cobranças tributárias a terceiros, incidentes nas zonas de mineração ao longo do século XVIII, apresentavam uma estreita ligação. Pois a circulação de mercadorias, animais e escravos foi alvo de uma política tributária intensa que constituía em "uma das muitas modalidades da Coroa de arrecadar o ouro do Brasil", proporcionando-lhe lucros imediatos (cf. ELLIS, 1958, p. 429). Luiz Antônio Silva Araújo em seu estudo sobre direitos e tributos régios nas Minas (1730-1770), analisou o processo de centralização política e o fortalecimento das redes de negociantes lusitanos que tiveram sua dinâmica alterada no governo pombalino, através de medidas intervencionistas voltadas para o comércio e à fiscalidade (ARAÚJO, 2008).

4   Sobre as sociedades comerciais ver nota 5 da Introdução.

5   Vitorino Magalhães Godinho assinala que a expansão mercantil ocorrida até 1755 proporcionou a criação de várias sociedades comerciais, como a Companhia para o comércio do Macau (1714), a Companhia do Corisco (1720) e a Companhia dos diamantes (1740). Entretanto essas sociedades não sofreram uma intervenção direta por parte da Coroa, pois a mesma "Goza dos benefícios das minas e isso quase lhe basta para suprir as despesas da nobreza e da Casa Real"; uma situação modificada mediante a ação intervencionista de Pombal (cf. GODINHO, 1953, p. 86).

6   Ainda segundo Pedreira, foi somente com a criação da Mesa do Bem Comum dos Mercadores e a Junta Geral do Comércio que houve uma divisão formal entre mercadores de loja e comerciantes de grosso trato que, até a época, apesar de já existirem apresentavam um vocabulário impreciso (PEDREIRA, 1995, p. 71). Ou seja, "A Junta não inaugura, portanto, uma diferencia-

Das Minas à Corte, de caixeiro a contratador

uma política fiscal focada no combate ao contrabando e uma campanha incisiva que buscava desarticular a atuação dos comissários volantes.[7] Promoveu também a criação das Companhias de comércio e a distribuição de insígnias favoráveis à ascensão social da elite mercantil, tal como o hábito da Ordem de Cristo, em uma sociedade em fins de Antigo Regime.[8]

Numa perspectiva voltada para a atividade mercantil relacionada à região mineradora, interessa-nos o enfoque nos trabalhos que discutem a forma que os comerciantes e as redes mercantis se apropriavam do comércio com as Minas. Trabalhos que analisam exemplos como o do português Francisco Pinheiro,[9] ou dos homens de negócios da praça de Lisboa, do Rio de Janeiro, da Bahia e, de modo particular, dos próprios agentes que atuavam na região mineradora.[10]

Com efeito, a atividade mercantil desenvolvida nas Minas através das companhias ou sociedades comerciais, muitas vezes estruturadas em torno dos laços de parentesco, formavam redes mercantis que movimentaram cadeias extensas e interligavam os agentes do comércio desde os rincões da região mineradora aos negociantes de grosso cabedal do Império português. Tal organização mercantil, e, desse modo, dos circuitos e agentes do comércio, apontam também para a diver-

---

ção social entre comércio por grosso e por miúdo – que lhe é muito anterior – nem constitui rigorosamente a sua primeira expressão institucional. Contribui, porém, para vincar essa diferenciação e é um instrumento da intervenção do poder na classificação dos agrupamentos e dos agentes sociais na esfera comercial. Com efeito, na nova instituição, que é entendida como uma 'Junta de Homens de negócio', apenas estão representados os 'homens de negócio estabelecidos com cabedal, e crédito nas Praças de Lisboa, ou do Porto'" (PEDREIRA, 1992, p. 413).

7 A propósito do Alvará de 1755, que marcou a perseguição pombalina aos comissários volantes do Império português, assim como uma análise sugestiva sobre o papel que desempenharam no comércio transatlântico ver: (COSTA e ROCHA, 2007, pp. 90-91).

8 Junia Furtado também discorreu sobre o impacto da política pombalina para aqueles que se enriqueceram através do comércio. Em suas palavras, "Com a política pombalina, as famílias burguesas que se enriqueciam com as inúmeras possibilidades de negócios que eram abertas pelo comércio transoceânico, sofreram cada vez menos perseguições e foram se integrando à Corte, passando a viver em torno do Rei, disputando favores, títulos e cargos" (FURTADO, 1999, p. 41).

9 Sobre a trajetória do negociante Francisco Pinheiro, consultar as pesquisas de: (DONOVAN, 1990; FURTADO, 1999; e LISANTI FILHO, 1973).

10 A este respeito ver, por exemplo: (ARAÚJO, 2008; CHAVES, 1999; DONOVAN, 1990; ELLIS, 1958; FLORY, 1978; FURTADO, 1999; PEDREIRA, 1995; SAMPAIO, 2003; SILVA, 1978; VENÂNCIO, 2001; e ZEMELLA, 1951).

sidade do grupo,[11] no qual os mais notáveis se destacavam pela diversificação das suas atividades e investimentos.[12]

Acompanhamos esse processo de organização da atividade mercantil nas Minas através de um estudo de caso no primeiro capítulo desta pesquisa que teve como pano de fundo uma sociedade mercantil da primeira metade do século XVIII. Uma atividade vinculada ao homem de negócios português, Jorge Pinto de Azeredo e seu irmão, Manoel Cardoso Pinto. Analisamos ainda as movimentações da sua companhia com loja aberta em Vila Rica no decênio de 1730.

No segundo capítulo, a partir de uma avaliação sobre as práticas judiciárias envolvendo cobranças de dívidas do comércio local para a comarca de Vila Rica, estendemos a abordagem para outros agentes do comércio na região. Com essa análise, sobressaíram elementos relevantes da organização mercantil conformada na capitania do ouro, através do recurso às práticas judiciárias para a recuperação de dívidas no comércio local. Uma análise que demonstrou a ação dos agentes mercantis quase sempre ou, em algum momento de suas trajetórias, a partir da

---

11   Renato Pinto Venâncio apresentou em um artigo sobre comércio e fronteira em Minas colonial algumas observações importantes sobre os circuitos e os agentes mercantis que movimentavam o abastecimento da capitania. Em síntese: "De um ponto a outro dessa escala, é possível identificar circuitos comerciais específicos. Além disso, percebe-se que algumas atividades eram fixas, outras ambulantes; umas eram eventuais, outras não; isso para não mencionarmos ainda a especialização, ou pelo menos uma tendência à especialização, por sexo ou por condição social de livre e escravo. Frente a essa multiplicidade de atividades mercantis, o que nos interessa especificamente é a escala de ação geográfica dos vários tipos de agentes comerciais. Assim, ao mesmo tempo em que é possível identificar negociantes de "grosso trato" que atuavam em escala mundial, constatamos a existência de outros circuitos espacialmente restritos, que se restringiam ao movimento entre um arraial e outro, entre uma rua e outra. Entre esses dois extremos, percebe-se também a existência de uma importante rede inter-regional, baseada em atividades comerciais internas, que acompanhava as rotas de povoamento" (VENÂNCIO, 2001, p. 182). Sobre as categorias de agentes mercantis que atuaram nas Minas setecentistas, ver os estudos de (CHAVES, 1995; FURTADO, 1999; FURTADO e VENÂNCIO, 2000).

12   Em sua análise, Furtado assinala que as ações de grande parte dos agentes do comércio nas Minas correspondiam, de um lado, àquelas que eram vivenciadas no Reino, mas, de outro, sofriam um processo de adequação às especificidades da região. Melhor dizendo: "Os comerciantes compunham uma camada heterogênea. Em geral, provinham do Norte português, especialmente Minho e Douro. Eram, em sua maioria, solteiros, sem grandes vínculos familiares e deixavam numerosa prole bastarda, geralmente com negras, muitas delas alforriadas em testamento. Vários descendiam de famílias de cristãos-novos e encontravam no comércio, com o qual já estavam familiarizados, forma de se enriquecerem. Esta camada de portugueses brancos e livres procurava, uma vez nas Minas, assimilar os símbolos que a inseria na elite local. Daí, esses homens adquiriam terras, lavras, abriam lojas, compravam escravos e buscavam ter acesso aos cargos administrativos, para se notabilizarem" (FURTADO, 1999, p. 275).

formação de companhias ou sociedades comerciais, tal como se dava na Corte ou em outras regiões da América portuguesa.[13]

No presente capítulo, nossa análise perscrutará a trajetória de alguns indivíduos vinculados à teia mercantil de Jorge Pinto de Azeredo. Para tanto, o dividimos em duas partes, cujas características permitiram um vislumbre da rede relacional que contribuiu para a bem sucedida carreira mercantil de nosso personagem.[14]

Num primeiro momento, trabalhamos com informações da sua teia relacional nas Minas, constituída por agentes mercantis e membros da elite local; ponto de partida para que Jorge Pinto de Azeredo se inserisse, mediante sua atuação no comércio da região, no universo dos contratos régios, tornando-se um homem de negócios do Império português. Com esta abordagem, acompanhamos retalhos de trajetórias de alguns dos portugueses que se instalaram na região, quase sempre muito jovens, em busca de melhores condições de vida e de fortuna. Comumente encaminhados a algum parente, esses jovens portugueses inseriam no trato mercantil na condição de aprendizes de comerciantes ou caixeiros de loja. E, tendo em vista as motivações mercantis e o dinamismo de cada um, adquiriam experiência e cabedal para atuarem em negócios particulares. Destarte, estabeleciam companhias para atender a demanda local com seus diversos produtos e artigos de luxo vindos do Reino, vendendo escravos e fazendo cobranças. Aqueles mais perspicazes também chegavam a participar dos monopólios sobre os contratos régios.

De modo geral, as fortunas amealhadas no comércio eram exteriorizadas no âmbito social com a vinculação destes agentes à elite local. O que se dava por meio dos enlaces matrimoniais assim como a ocupação de postos militares, cargos camarários ou insígnias que asseguravam a ascensão social, tais como o ingresso em irmandades, a familiatura do Santo Ofício ou o título de cavaleiro da Ordem de Cristo.

Em seguida, compondo então o segundo eixo analítico desse capítulo, nosso enfoque voltou-se para alguns dos homens de negócios do universo relacional de

---

13   Em geral, os historiadores dedicados ao estudo do comércio e seus agentes mercantis têm abordado a questão ao avaliar as formas de organização desses grupos. É o caso das pesquisas de: (BORREGO, 2010; COSTA e ROCHA, 2007; FRAGOSO, 1998; PEDREIRA, 1995; PESAVENTO, 2009; e SAMPAIO, 2003).

14   O mapeamento do grupo partiu das informações registradas no livro de contas correntes da sua loja (1737-1738) e se estendeu para a identificação de parte dessa teia com o cruzamento de outras fontes documentais, tais como o seu testamento, inventário *post mortem* e processo de habilitação do Santo Ofício.

Jorge Pinto de Azeredo, quando já havia regressado para a metrópole portuguesa e se estabelecido na praça mercantil de Lisboa.

Assinalamos, antes do mais, o caráter fragmentário do estudo aqui empreendido. Uma limitação atribuída às lacunas da nossa documentação constituída por um conjunto esparso e restrito de fontes primárias. Tendo em vista essa limitação, o universo de possibilidades com esse estudo nos oferece tão somente um vislumbre de uma rede mercantil estabelecida em torno de Jorge Pinto de Azeredo. Nesse sentido, a reconstituição de trajetórias não compreendeu um estudo de séries documentais favoráveis a uma análise de fundo prosopográfico, capaz de produzir resultados satisfatórios para um conjunto de características do coletivo que pudessem representar um determinado grupo de uma sociedade.[15] Não obstante a natureza fragmentária das fontes utilizadas, os resultados apresentados parecem-nos satisfatórios na medida em que revelam características pertinentes acerca dessa importante rede mercantil articulada nos meados do Setecentos.

Em que pese às limitações de fundo documental e consequentemente metodológico, as fontes primárias utilizadas na construção dessas trajetórias foram constituídas por testamentos, inventários *post mortem*, habilitações do Santo Ofício e habilitações da Ordem de Cristo. No entanto, quase sempre o universo de pesquisa partiu de informações compulsadas basicamente em apenas uma mesma fonte documental. Mas, quando possível, conjugamos informações perscrutadas em mais de um tipo de fonte.

Em regra, os inventários *post mortem* contêm descrições e detalhes acerca dos bens possuídos e da condição de vida de um determinado indivíduo na época do seu falecimento. E o arrolamento dos bens inventariados, muitas vezes, pela riqueza dos detalhes "(...) permitem, felizmente, ter uma ideia bastante aproximada da realidade da vida material e cotidiana dos homens coloniais" (FARIA, 1998, p. 224).

Já os testamentos, cujas disposições serviam para expressar a última vontade do testador, deliberavam sobre a partilha dos seus bens, que poderiam ser descritos detalhadamente ou em alguma cláusula geral, mas fundamentalmente estavam voltados para os legados e sufrágios como doações, esmolas, missas e mais procedimentos com o funeral, a fim de garantir as indulgências para a salvação da sua alma. Além disso, trazem informações de cunho pessoal, como a indicação da naturalidade, ascendência e descendência do testador. Contudo, mesmo quando o

---

15   Sobre o conceito de prosopografia, ver: (STONE, 1987).

documento apresenta uma relação prévia do espólio a ser inventariado, a natureza dessa fonte é tendencialmente inclinada para as várias inferências e detalhes sobre a vida pessoal, os costumes, afetividades e laços familiares do testador.[16]

A fim de observar a trajetória percorrida pelos indivíduos inseridos na rede mercantil em perspectiva, os processos de habilitação do Santo Ofício e da Ordem de Cristo também se revelaram como importantes fontes documentais, pois revelam muito da vida pregressa do candidato, além de oferecerem um panorama sobre sua ascensão social.[17]

Atestar a limpeza de sangue, obter os privilégios oferecidos com o título e tornar-se representante de uma instituição metropolitana foram importantes elementos que nortearam a busca pela familiatura do Santo Ofício nas Minas setecentistas (cf. RODRIGUES, 2007, p. 193). Para se tornar um familiar do Santo Ofício,[18] o suplicante encaminhava ao Conselho Geral do Santo Ofício, em Lisboa, um requerimento solicitando a sua habilitação no cargo. Nesse pedido, deviam conter informações de natureza pessoal como a ocupação do postulante, seu estado civil, filiação, naturalidade e local de residência para que o Conselho Geral pudesse dar início à investigação com vistas a verificar a capacidade para servir ao Santo Ofício na aludida função. Com o pedido em mãos, começava então o processo de habilitação. No primeiro momento desse processo era necessário que se fizesse a expedição de uma certidão de "nada consta", emitida pelos notários do Santo Ofício de Coimbra, Évora e Lisboa, cujo teor se baseava numa consulta ao rol de penitenciados.

Em seguida, procedia-se a uma diligência extrajudicial realizada pelos comissários do Santo Ofício. Uma investigação informal que visava investigar a geração do habilitando mediante a interrogação de testemunhas no seu local de nascimen-

---

16 Os apontamentos metodológicos sobre o uso de testamentos e inventários *post mortem* já foram bem explorados pela historiografia. Para essa discussão ver, entre outros: (ARAÚJO, 2006; ALMEIDA, 2001; FARIA, 1998; PAIVA, 1995; e REIS, 1991).

17 Como bem sintetizou Maria Beatriz Nizza da Silva, "A estratégia nobiliárquica dos coloniais consistiu em apostar em várias pedras do xadrez das mercês régias. Muitos procuravam aliar o foro de fidalgo da Casa Real ao hábito de uma das ordens militares, ou a um posto no oficialato das milícias, ou à familiatura do Santo Ofício. Cargos camarários reconheciam a nobreza das cidades e vilas e os vários ofícios da Fazenda ou da Justiça não só asseguravam proventos aos seus proprietários como nobilitavam quem os ocupava" (SILVA, 2005, p. 10).

18 A descrição acerca da tramitação dos processos para habilitação como familiar do Santo Ofício foi baseada na transcrição dos documentos da nossa pesquisa e na exposição de: (BORREGO, 2010; e RODRIGUES, 2007).

to. Da mesma forma, era conferida informalmente a capacidade do habilitando para servir no cargo de familiar, com testemunhas que tivessem seu conhecimento no atual local de residência ou, ainda, em Lisboa.

As diligências judiciais, realizadas depois das extrajudiciais, também se dividiam em duas partes. A primeira era composta por um questionário com 11 perguntas sobre a geração, aplicada na localidade onde era natural o habilitando.[19] E a segunda, de outras seis perguntas para averiguar a capacidade de servir ao Santo Ofício, geralmente aplicada na atual localidade onde o mesmo era residente ou em Lisboa, com pessoas que o conhecessem.[20] Quanto à qualidade dos depoimentos no interrogatório sobre a geração, eram selecionadas com todo segredo 12 testemunhas entre pessoas preferencialmente antigas e de confiança para o interrogatório realizado pelo comissário responsável pela diligência, no local de nascimento do habilitando. Se os ascendentes não fossem todos da mesma freguesia, o comissário tinha que se deslocar para as localidades de origem dos demais parentes a fim de aplicar o mesmo questionário. Nesse momento do processo eram reunidas as transcrições de assentos de batismo do habilitando e de seus ascendentes, assim como os de casamento de seus pais e avós maternos e paternos.

Depois de reunir todas as informações, o processo era encaminhado aos deputados do Conselho Geral do Santo Ofício que, a partir da análise dos documentos, emitiam seus despachos informando se o habilitando estava apto a servir ao Santo Ofício na função de familiar. Se as informações fornecidas com a diligência apontassem algum impedimento do habilitando, procediam-se novas diligências para apurar o caso, e essas poderiam se estender por alguns anos[21]. Também era

---

19   Segundo Borrego, "A elas era perguntado se conheciam o habilitando, seus pais, avós paternos e maternos; se todos estes eram e foram pessoas cristãs velhas limpas de sangue e geração, sem mácula ou raça alguma de judeu, cristão novo, mouro, mourisco, mulato, infiel ou de outra alguma infecta nação de gente novamente convertida à Santa Fé Católica; e se por legítimos, e inteiros cristãos velhos eram e foram sempre todos, e cada um deles tidos, havidos e reputados, sem haver em tempo alguma fama ou rumor em contrário; se foram presos ou penitenciados pela Inquisição, ou incursos em infâmia pública ou pena vil" (BORREGO, 2010, p. 174).

20   Conforme a mesma autora: "Nos interrogatórios realizados na colônia e/ou em Lisboa sobre a vida atual e pregressa do candidato, os inquisidores queriam saber se as testemunhas o conheciam, desde quando e por qual razão; se sabiam de prisão e penitência do próprio, pais e avós pelo Santo Ofício; se o habilitando era de bons procedimentos, vida e costumes; se vivia limpamente e com bom trato; que cabedal tinha de seu ou se de seu negócio tirava lucros para se sustentar com limpeza e asseio; se sabia ler e escrever; quantos anos representava ter de idade; se o dito, antes de vir da sua pátria e passar para os estados das Minas, alguma vez fora casado, de que lhe ficassem filhos, ou se constava que tivesse algum ilegítimo" (BORREGO, 2010, p. 174).

21   Esse foi o caso do processo para habilitação de Jorge Pinto de Azeredo que, pelo fato de ter sido

comum as situações em que o familiar pretendia se casar e, para tanto, tinha que apresentar um novo requerimento ao Conselho Geral, solicitando a abertura de um novo processo de habilitação para a sua futura esposa, cujos documentos ficavam inseridos no mesmo maço.

Para Borrego, "Tal como as habilitações do Santo Ofício, os processos de habilitação da Ordem de Cristo são fontes preciosas de consulta, uma vez que para se tornar cavaleiro o postulante tinha sua vida devassada e muitas informações nos dão a conhecer mais do que fragmentos de sua vida" (BORREGO, 2010, p. 178-179). A mercê do hábito da Ordem de Cristo era concedida em recompensa aos serviços prestados pelo candidato, ou renunciados na sua pessoa, por terceiros. A partir daí, o habilitando apresentava um requerimento à Mesa de Consciência e Ordens solicitando o processo de justificação da mercê alcançada. Assim como os processos para familiar do Santo Ofício, a justificação do hábito necessitava de uma rigorosa diligência, aplicada a várias testemunhas, com um questionário composto por 15 perguntas[22]. Após o interrogatório, o processo seguia para os membros da Mesa que avaliavam se o justificante possuía as qualidades necessárias para receber a provisão do hábito da Ordem de Cristo. Em algumas situações, por exemplo, o candidato ficava impedido de recebê-lo. Geralmente, o impedimento acontecia quando de suas provanças eram verificadas a "mácula mecânica" pela realização de trabalho manual, a impureza de sangue e a idade do habilitando, que não poderia

---

acusado de cristão novo por parte de seu avô paterno, Francisco Luiz, teve seu processo estendido por nove anos e três diligências na sua pátria, a freguesia de Santa Marinha do Zêzere. A análise pormenorizada desse processo foi tema para o capítulo 4.

22 "1. Se conhece o justificante, cujo [sic] filho é; se conhece, ou conheceu a seu pai, mãe e avós; como se chamavam ou chamam, donde foram naturais, e aonde viveram; e respondendo que sim, se lhe perguntará como o sabe. 2. Se é parente do dito justificante; e dizendo que sim, declare em que grau, se por sanguinidade, ou afinidade, e tendo parentesco até o terceiro grau o não admitirá a testemunhar. 3. Se é amigo do dito justificante, ou inimigo, ou criado chegado à sua casa; se lhe falaram ou ameaçaram, ou subornaram, ou recebeu, ou se lhe prometeu alguma coisa porque diga o contrário da verdade; e sendo criado atual o não perguntarão. 4. Se sabe que é nobre, e o foram seus quatro avós, nomeando cada um deles per si, e declare por que razão o sabe. 5. Se é nascido de legítimo matrimônio. 6. Se é infamado de algum caso grave, e de tal maneira, que sua opinião, e fama esteja abatida entre os homens bons. 7. Se é filho, ou neto, de herege ou de quem cometeu crime de lesa Majestade. 8. Se tem raça de mouro, judeu, ou cristão novo, ou se é disto infamado. 9. Se é filho, ou neto, de oficial mecânico ou de lavradores, que lavrassem terras alheias por jornal. 10. Se foi gentio, ou seu pai, mãe e avós de ambas as partes. 11. Se tem dúvidas, a que a Ordem fique obrigada, o tem algum crime, porque esteja obrigado à justiça. 12. Se é casado, e sua mulher é contente que ele entre nesta religião. 13. Se é professo em outra religião, e se fez voto em Jerusalém, Roma ou Santiago. 14. Se é doente de alguma doença, ou aleijão, que lhe seja impedimento a servir à Ordem. 15. Que idade tem, se passa de cinquenta anos, ou menos de dezoito" (BORREGO, 2010, p. 179-180).

exceder aos 50 anos. Se o impedimento ocorresse, o justificante apresentava um recurso para pedir a sua dispensa que era concedida mediante o pagamento de elevados donativos (cf. OLIVAL, 2001, p. 187 – 202).

Servimo-nos, afinal, de um conjunto de informações resgatadas através desse acervo documental e trabalhamos no sentido de reconstituir trajetórias de vida, inserindo-as no horizonte que assentou a trama desse capítulo, ou seja, o estudo da rede relacional de Jorge Pinto de Azeredo.

Pelos caminhos do ouro: a teia mercantil nas Minas

Quadro 3.1. A elite local da rede mercantil de Jorge Pinto de Azeredo. Comarca de Vila Rica

Nome	Atividades	Posto/Insígnias	Patrimônio Estimado (réis)
Antônio Dias da Costa	Homem de negócios	Familiar do Santo Ofício	6:000$000
Braz Gomes de Oliveira	Comerciante		12:961$417
Domingos de Amorim	Minerador Fazendeiro	Sargento-mor	24:000$000
Gabriel Fernandes Aleixo	Minerador Fazendeiro	Sargento-mor	
Gonçalo Francisco Neves	Comerciante	Familiar do Santo Ofício	
José de São Boaventura Vieira	Escrivão	Capitão	6:751$650
Manoel da Costa Guimarães	Homem de negócios	Familiar do Santo Ofício	
Manoel Fernandes de Araújo	Minerador Fazendeiro	Capitão	21:760$603
Manoel Luiz dos Santos	Homem de negócios	Familiar do Santo Ofício	4:000$000
Manoel Matheus Tinoco	Homem de negócios	Familiar do Santo Ofício	
Manoel Teixeira Sobreira	Homem de negócios Minerador Fazendeiro		
Martinho de Freitas Guimarães	Minerador Fazendeiro		9:662$300
Simão da Rocha Pereira	Homem de negócios	Alferes; Tenente; Capitão; Cavaleiro da Ordem de Cristo	

Fontes: AHMI – CPOP – Inventários; AHMI – CPOP – Testamentos; CSM – Inventários; CSM – Testamentos; IANTT – Habilitações do Santo Ofício; IANTT – Habilitações da Ordem de Cristo.

Das Minas à Corte, de caixeiro a contratador

A organização da atividade mercantil nas Minas setecentistas acompanhou àquela vivenciada nos principais centros comerciais do Império português, na medida em que os seus agentes agiam, quase sempre, a partir da formação de companhias ou sociedades comerciais que buscavam se inserir nas redes mercantis. Essas cadeias, por sua vez, entrelaçadas na atuação de um diversificado corpo mercantil assumiam uma expressividade transatlântica, cuja atividade interligava o comércio de importantes praças do Império ao vigoroso mercado de abastecimento dos núcleos de mineração.

Um caso ilustrativo, a este respeito, foi o do comerciante Braz Gomes de Oliveira que teve seu patrimônio calculado em Rs. 12:961$417, como se vê no Quadro 3.1, e tornou-se um destacado agente no universo mercantil de Vila Rica setecentista. Braz já morava nas Minas no mínimo há 15 anos antes do seu falecimento, ocorrido em agosto de 1752, quando em junho de 1737 adquiriu na loja dos irmãos Jorge e Manoel um polvorinho de cordão, utensílio utilizado para carregar pólvora. Quase dez anos mais tarde, em 1746, o seu nome apareceu no lançamento da capitação de uma loja de grande porte, situada no distrito de Ouro Preto.[23]

Português nascido e batizado na freguesia de São Miguel, termo de Guimarães, Braz era filho legítimo de João Gomes de Carvalho e Ana de Oliveira, e foi casado com Leonor dos Anjos, com quem teve sete filhos, todos menores na época da sua morte.[24] Acompanhamos parte da trajetória mercantil de Braz Gomes em Vila Rica através do inventário de seus bens e disposições deixadas em seu testamento. Assim como outros agentes da mercancia, iniciou suas atividades no comércio sendo caixeiro de loja. Conforme seus legados, deixou para Ventura Rodrigues Velho, importante comerciante da região, a quantia de Rs. 600$000 por algum prejuízo causado no tempo em que tinha sido o seu caixeiro.

Em meados da década de 1740 estabeleceu uma sociedade mercantil registrada em cartório com seu "compadre e camarada" Manoel Pereira de Magalhães, cuja atividade começou com um investimento individual de Rs. 1:600$000. Um capital inicial que logo foi ampliado, quando Braz ao receber de Manoel de Araújo Guimarães Rs. 3:200$000 aplicou o montante na companhia "na forma da condição da dita escritura", que passou a ficar devedora do aludido numerário à ele.

---

23 APM – Coleção Casa dos Contos – CC 2027 – Fls. 97 e 195.
24 AHMI – CPOP – Inventário (1764) – Códice 54 – Auto 607 – 2º ofício.

Para maior clareza no ajuste das contas a ser realizado com o fim da companhia, após o seu falecimento, Braz Gomes de Oliveira, com o consentimento de seu sócio Manoel, fez algumas menções sobre os negócios e dívidas da empresa no seu testamento. Dentre elas, figurava o montante expressivo de Rs. 20:310$000, resultado de um orçamento que ambos calcularam envolvendo as dívidas passivas daquela casa mercantil. Sendo a maior parte dessas dívidas atribuída a seus credores no Rio de Janeiro e nas Minas (Rs. 8:027$921), "como tudo há de constar das obrigações que para se contraírem as dívidas se passavam no tempo da sociedade".

Além das dívidas para ajustar com os seus credores, a companhia possuía dois cavalos, uma casa onde viveram três escravos e era provavelmente utilizada como ponto comercial e as dívidas ativas em "um livro corrente de razão" que também servia para relacionar as letras de crédito e as execuções judiciais. De fato, essa atividade movimentava um vultoso cabedal que foi capaz de gerar um intenso fluxo mercantil que contava com três caixeiros, os quais também teriam suas contas acertadas com o encerramento da companhia.

A casa comercial de Braz e Manoel figurava entre os estabelecimentos de grande porte em Vila Rica, como já dissemos, e se vinculava a outros comerciantes a fim de garantir o suprimento da atividade. Nessa medida, estava entrelaçada na vigorosa cadeia mercantil de abastecimento da região mineradora, sendo um claro exemplo de como funcionava a atividade nos núcleos de mineração.[25]

O fato de seu inventário e testamento demonstrarem uma sociedade mercantil ativa também nos faz supor que Braz Gomes de Oliveira ainda estivesse em plena fase de investimento e ascensão no trato mercantil quando faleceu. Assim, o monte-mor dos bens inventariados, no valor de Rs. 12:961$417, e distribuído entre o abatimento das suas dívidas (Rs. 608$123), a meação da viúva (Rs. 6:176$647), sua terça (Rs. 2:058$882), e órfãos (Rs. 588$252), não deve ser tomado como um patrimônio amealhado ao longo de toda uma trajetória mercantil.

---

25 O conteúdo formalizado em uma letra de crédito em nome de Braz Gomes de Oliveira traz relevantes informações sobre essa cadeia mercantil articulada para o abastecimento da região. Isto é: "Devo que pagarei ao Senhor Sargento-mor João Borges de Freitas e Companhia 1:055$000 e doze vinténs procedidos de fazenda que por minha ordem comprou Francisco Xavier de Souza ao dito senhor a qual recebi a meu contento em preço como em bondade cuja quantia de 1:055$012 pagarei a ele dito ou a quem este me mostrar para a prova que [ilegível, uma palavra] despesa neste porto vindo de Lisboa sem a isso por dúvida alguma a cuja satisfação obrigo minha pessoa e bens, e por verdade e para sua clareza lhe passei este por mim somente assinado. Rio de Janeiro, 28 de agosto de 1752. Braz Gomes de Oliveira// que este fiz por ordem do dito Francisco Xavier de Souza". Referência: AHMI – CPOP – Inventário (1764) – Códice 54 – Auto 607 – 2º ofício.

Das Minas à Corte, de caixeiro a contratador

De outra parte, a explicitação de uma atividade mercantil, ao que parece bem sucedida, não se revela na ostentação de títulos, cargos ou insígnias que lhe conferissem distinção social em Vila Rica. Mas não significa, entretanto, que lhe faltasse prestígio na sociedade, porque seu corpo certamente foi amortalhado no hábito de São Francisco e sepultado na mais importante igreja da vila, a Matriz de Nossa Senhora do Pilar, de onde era freguês. Como última vontade, em seu testamento, desejava, ainda, que a terça parte dos seus bens fosse distribuída entre 50 missas de corpo presente e 100 missas pela sua alma, além de doar Rs. 50$000 para o Senhor do Bonfim, Rs. 50$000 à "Senhora Santa da Matriz de Ouro Preto" e Rs. 100$000 para sua viúva, ficando o remanescente dividido em partes iguais para seus filhos.

Mesmo determinando o prazo de sete anos para que seus testamenteiros fizessem a prestação de contas dos bens inventariados e em junho de 1754 fosse apresentada a partilha entre os herdeiros pelo Juízo de Órfãos, a situação do espólio de Braz permanecia pendente em 1759, pois o seu sócio Manoel Pereira de Magalhães não havia realizado a conta final da sociedade comercial. Isso levou o tutor dos órfãos, o capitão Francisco Xavier de Souza, na época casado com a viúva de Braz, Dona Leonor dos Anjos, a apresentar um requerimento solicitando o pagamento da parte do falecido na sociedade, mesmo que fosse com a apuração em mercadorias. Como resposta ao requerimento, Manoel Pereira de Magalhães ofereceu a seguinte justificativa:

> O requerimento do tutor parece acertado, atendendo aos eventos futuros nos homens de negócio, neste continente, onde as dívidas são incertas por causa da inconstância dos moradores, e os bens de fácil currução [sic], e as dívidas dificultosas, na exação, e não tendo o devedor mais de que os vendidos pelo pai dos órfãos, estes é profícuo o pagamento amigável de que trata este requerimento fazendo-se avaliar as fazendas, por homens desinteressados, para que aos menores não redunda prejuízo algum, concorrendo o tutor com a sua administração na forma que alega, por ser tudo necessário para distração da mesma fazenda (...).[26]

De fato, o pagamento foi realizado através da recuperação das mercadorias, mas o processo ainda não tinha sido resolvido em 1775. Motivo que compeliu o Ouvidor de Vila Rica a intervir com um despacho ordenando ao tutor a apresenta-

---

26 AHMI – CPOP – Inventário (1764) – Códice 54 – Auto 607 – 2º ofício.

ção das contas da herança dos órfãos de Braz Gomes, sob a pena de ser destituído da mesma função. Em resposta, informava o capitão Francisco Xavier que "não pode cumprir o que se lhe ordena pela impossibilidade da moléstia que padece". Tudo indica que a situação só começou a ser acertada a partir de 1777, quando os órfãos recorreram à justiça local alegando capacidade para requerer e administrar os bens que ficaram da herança de seu pai.

Se o vínculo entre Braz e a sociedade mercantil de Jorge e Manoel se resume à venda de apenas um produto da loja, o mesmo não se pode dizer daquele entre o alferes Antônio Dias da Costa, que também foi comerciante em Vila Rica, e a aludida sociedade. Possuía, pois, o alferes alguns assentos no borrador que somaram o total de Rs. 34$000, distribuídos entre mercadorias adquiridas a prazo e artigos para a sua casa mercantil, como um par de meias que seu caixeiro levou no dia 1º de julho de 1737.[27]

Sete anos antes desse assento no borrador, ou seja, em 1730, Antônio Dias da Costa apresentou o seu pedido para tornar-se um familiar do Santo Ofício. Na época o postulante declarou que possuía 32 anos de idade e que era natural da freguesia de São Pedro de Roriz, no termo da cidade do Porto e arcebispado de Braga, mas vivia como homem de negócios na freguesia de Nossa Senhora do Ouro Fino, no entorno de Vila Rica.

Algumas testemunhas inquiridas em São Pedro de Roriz disseram que ele, pelos anos de 1715, e, portanto, com aproximadamente 17 anos de idade, tinha embarcado para o "Estado do Brasil" estabelecendo residência nas "minas do ouro deste Reino". O processo que correu sem qualquer contratempo,[28] indicava também que Antônio era cristão velho e limpo de toda a raça infecta. E, como homem de negócios em Vila Rica, o postulante atuava no comércio de escravos, sendo também um minerador, pois vivia "limpa e abastadamente de mandar faiscar ouro por seus escravos e de os comprar e mandar comprar a esta cidade para o dito ministério (...)".[29]

Em 1737, sabemos que o alferes Antônio Dias Costa possuía uma casa mercantil, provavelmente na freguesia de Ouro Fino, para onde levou alguns artigos

---

27   APM – Coleção Casa dos Contos – CC 2018 – Fl. 229 verso.

28   Três anos depois de Antônio apresentar o seu pedido ao Tribunal, ou seja, no mês de maio de 1733, os membros do Conselho Geral aprovaram o postulante para servir como familiar do Santo Ofício.

29   IANTT – Habilitações do Santo Ofício – Maço 77 – Doc 1499 – Antônio Dias da Costa – Fl. 8.

Das Minas à Corte, de caixeiro a contratador

emprestados da loja de Jorge e Manoel. Além disso, foi autor de duas ações de Execução, ambas de 1742, cujo teor se resumiu à cobrança de fazendas levadas de sua loja, uma contra Antônio Coelho da Fonseca e outra contra Maria Thomé. Já em 1743, esse senhor promoveu uma ação de Crédito no desejo de recuperar o valor de 310 oitavas de ouro sobre uma letra de crédito passada por Francisco Gonçalves Tabuleiro, pela venda de dois negros de nação Angola, o que nos indica que ele manteve por mais de uma década parte de seus negócios voltados para o comércio de escravos da região.[30]

O minhoto Gonçalo Francisco Neves já era casado quando partiu da metrópole para a América portuguesa, na primeira metade do século XVIII. Natural de Santa Maria de Coruite, no termo da Vila de Guimarães, sua esposa se chamava Antônia das Neves e ficou em Lisboa enquanto Gonçalo instalou-se em Vila Rica, onde manteve uma casa mercantil até o mês de maio de 1737. Quase dois meses depois de entregar os seus negócios para o sobrinho Domingos, ou seja, no dia primeiro de julho 1737, Gonçalo adquiriu um par de brincos número quatro, da loja de Jorge e Manoel.

Sua trajetória mercantil em Vila Rica, acompanhada através do seu testamento e inventário *post mortem*, revela-nos um percurso que parece não ter sido bem sucedido apesar de ter se tornado um familiar do Santo Ofício. Pois, ao falecer em 1747, suas dívidas ultrapassavam os bens amealhados, levando-o a declarar em uma das cláusulas testamentárias que seu único filho, chamado José – um frade no Convento da Graça em Lisboa – não seria nomeado como herdeiro de seus bens "por ter dívidas e ser pouco o que possuo para pagamento delas".[31]

O testamenteiro e inventariante de Gonçalo foi o sobrinho Domingos da Silva Neves, que também assumiu seus negócios em um estabelecimento fixo localizado na rua de cima de Ouro Preto, onde também ficava a loja de Jorge e Manoel, pois os registros do borrador indicam que Domingos era um vizinho quando adquiriu 18 libras e ½ de toucinho e duas libras de barbatana de baleia.[32]

O trato que Gonçalo fez com o sobrinho acerca da sua casa mercantil foi declarado no testamento, ao relatar que:

---

30 AHMI – CPOP – Crédito (1743) – Cód. 249 – Auto 4311 – 1º Ofício; CSM – Execução (1742) – Cód. 487 – Auto 10860 – 1º Ofício; CSM – Execução (1742) – Cód. 492 – Auto 10946 – 1º Ofício.

31 AHMI/CPOP – Inventário (1747) – Códice 59 – Auto 710 – 1º ofício – Gonçalo Francisco Neves.

32 APM – Coleção Casa dos Contos – CC 2018 – Fl. 128 verso.

(...) fui morador em Vila Rica aonde tive meu negócio de comprar e vender e que no mês de maio do ano de 1737 vendi as casas que vivia e fazenda da loja que tinha junto com um moleque e o produto de toda esta fazenda e mais dívidas que se me deviam entregues tudo a meu sobrinho Domingos da Silva Neves (...) e por conta de tudo isto me pagou o dito meu sobrinho várias dívidas que havia em Vila Rica e outras no Rio de Janeiro e a meus credores na cidade de Lisboa (...).[33]

Ao que parece, após encerrar as atividades da sua casa mercantil Gonçalo foi morar na Fazenda da Casa da Moeda, na freguesia de Itaubira (Itabirito), uma propriedade de seu compadre, o sargento-mor Domingos de Amorim. Lá permaneceu até o tempo do seu falecimento, sendo sepultado na Capela de São Caetano da Moeda que ficava na mesma fazenda, com a realização de um ofício de corpo presente, conforme suas disposições testamentárias.[34]

Dentre os bens de Gonçalo na época de sua morte, estavam três escravos que seu sobrinho havia comprado em 1744, para suas atividades na fazenda da Moeda, um "macho com cangalhas", alguns trastes, roupas de seu uso, duas medalhas do Santo Ofício e contas para ajustar com Domingos de Amorim, produto do trabalho dos seus escravos na fazenda.[35]

Apesar de ter sido um agente mercantil em Vila Rica em tempos quando a mineração atingia níveis elevados de produção e se habilitado ao cargo de familiar do Santo Ofício, o que lhe conferia prestígio naquela sociedade, o desfecho da trajetória mercantil de Gonçalo esteve marcado pelas dificuldades financeiras enfrentadas nos últimos anos de vida. Por isso, depois de satisfeitas as suas dívidas nas Minas, os remanescentes seriam destinados ao pagamento de seus credores em Portugal, como a Lázaro Bom Jardim e filhos, Rs. 1:500$000, por uma sentença.

---

33   AHMI/CPOP – Inventário (1747) – Códice 59 – Auto 710 – 1º ofício – Gonçalo Francisco Neves – Fl. 4 verso e 5.

34   AHMI/CPOP – Inventário (1747) – Códice 59 – Auto 710 – 1º ofício – Gonçalo Francisco Neves – Fl. 4 verso.

35   As atividades na fazenda de seu compadre estavam voltadas para o cultivo de gêneros alimentícios, principalmente grãos como o milho, posto que foram avaliados 500 alqueires desse produto no seu inventário. Mesmo que essa tenha sido sua principal atividade nos últimos anos de vida, parece que as mesmas não se restringiram apenas à agricultura, pois, informou em seu testamento que "tenho em poder de Braz Gomes de Oliveira umas cinquenta pedrinhas do tamanho de aljofres [gotas de água] para mas [sic] mandar vender no Rio de Janeiro e o que renderem se botará a minha conta". Referência: AHMI/CPOP – Inventário (1747) – Códice 59 – Auto 710 – 1º ofício – Gonçalo Francisco Neves – Fl. 5.

Das Minas à Corte, de caixeiro a contratador

Alertando, ademais, que os bens ficariam "retratando as dívidas até aonde chegarem os ditos bens e o que eu ficar devendo peço a todos os meus credores me perdoem pelo amor de Deus que se eu lhe não pago tudo é porque o não tenho".[36]

Manoel da Costa Guimarães, da mesma forma que outros portugueses, era um comerciante em Vila Rica e em 1738 tomou emprestado seis tapetes da loja de Jorge e Manoel, certamente para atender a algum cliente da sua casa mercantil.[37] Alguns anos antes, em 1732, desejava Manoel servir ao Santo Ofício na qualidade de familiar, declarando na petição inicial apresentada ao Conselho Geral que era um homem de negócios, nascido em 1698, natural e batizado em São Salvador do Pinheiro, termo de Guimarães e Arcebispado de Braga.[38]

Para conseguir a carta de familiar, o comissário responsável pela sua diligência na freguesia de São Salvador apurou com testemunhas antigas e de confiança as informações pessoais de Manoel, bem como a limpeza de seu sangue, uma condição necessária para aprovação no dito cargo. Já em Vila Rica, como era de se esperar, o inquérito voltava-se para a sua capacidade de servir ao tribunal, sendo realizado entre outros agentes mercantis daquela época como Domingos Ribeiro, Ventura Rodrigues Velho, Rafael Ferreira Brandão, Diogo Vaz de Freitas e Gonçalo Francisco Neves.[39] Um ano depois de fazer o pedido, os membros do Conselho Geral aprovaram o postulante, porque era reputado como cristão velho e de boa capacidade para a "ocupação de familiar do Santo Ofício".[40]

Outro comerciante de estatuto social destacado nas Minas servindo ao Santo Ofício como familiar foi Manoel Luiz dos Santos, sócio de Manoel de Miranda Fraga e João Pinto de Miranda na companhia da loja, na qual Jorge Pinto de Azeredo possuía negócios em Vila Rica, no ano de 1746. Em seu processo para habilitação, iniciado em 1753, afirmava ser um homem de negócios solteiro, assistente no Rio de Janeiro e "ao presente se achava nas Minas Gerais do Ouro Preto". Nascido em 1711, Manoel era natural da freguesia de São João da Foz do Douro, no norte de

---

36 AHMI/CPOP – Inventário (1747) – Códice 59 – Auto 710 – 1º ofício – Gonçalo Francisco Neves – Fl. 7 verso.

37 APM – Coleção Casa dos Contos – CC 2018 – Fl. 230.

38 IANTT – Habilitações do Santo Ofício – Maço 102 – Doc 1891 – Manoel da Costa Guimarães – Fl. 1.

39 IANTT – Habilitações do Santo Ofício – Maço 102 – Doc 1891 – Manoel da Costa Guimarães – Fl. 10.

40 IANTT – Habilitações do Santo Ofício – Maço 102 – Doc 1891 – Manoel da Costa Guimarães – Fl. 70.

Portugal e sua relação com o comércio provavelmente sofreu influência da ligação de seus pais e avós com a navegação, favorecida pelas condições do vilarejo onde residiam por ser uma região litorânea.[41] Afinal, conforme as testemunhas, Manoel, por via paterna, era filho e neto de pilotos que "morreram afogados nas praias de Matozinhos". Seu avô materno também atuou na arte da navegação, sendo "capitão de navios e que todos disso viveram e de algum negócio" e, quando se ausentou para "as partes do Brasil" o habilitando era menino.[42]

No Rio de Janeiro os depoimentos mostraram que Manoel Luiz dos Santos viveu "limpa e abastadamente" como homem de negócios, com um cabedal estimado em 10.000 cruzados, ou seja, Rs. 4:000$000, como se vê no Quadro 3.1.[43] Dentre as testemunhas em Vila Rica, figurava o comerciante Simão da Rocha Pereira, na época alferes, e disse que conheceu muito bem a Manoel:

> (…) e de presente é morador na Freguesia de Nossa Senhora do Pilar desta Vila e dele tem conhecimento a 27 ou 28 anos, e a razão do seu conhecimento é pelo dito ter sido seu caixeiro e também ser morador nesta freguesia do Ouro Preto aonde ele testemunha também assiste (…).[44]

Depois de quatro anos, em 1757, os deputados do Conselho Geral do Santo Ofício, partindo das informações apuradas com as diligências do processo, declararam que Manoel possuía uma conduta exemplar; além do mais, tratava-se de um legítimo e inteiro cristão velho, com bons procedimentos e capaz de ser encarregado de "negócios de segredo", sendo solteiro e sem filhos ilegítimos e, portanto, aprovado para servir no cargo intentado.[45]

Um dos percursos mais interessantes pelo seu poder ilustrativo é o do português Simão da Rocha Pereira. Agente mercantil da capitania do ouro, tanto pelos seus negócios quanto pelas funções que desempenhou a serviço da Coroa, vale dizer que tratava-se de um ilustre membro da elite mercantil nas Minas setecentistas. Em função dos serviços prestados à Coroa, Simão amealhou o mais cobiçado título que

---

41 IANTT – Habilitações do Santo Ofício – Maço 163 – Doc 1784 – Manoel Luiz dos Santos.

42 IANTT – Habilitações do Santo Ofício – Maço 163 – Doc 1784 – Manoel Luiz dos Santos – Fl. 6 verso.

43 IANTT – Habilitações do Santo Ofício – Maço 163 – Doc 1784 – Manoel Luiz dos Santos – Fl. 8.

44 IANTT – Habilitações do Santo Ofício – Maço 163 – Doc 1784 – Manoel Luiz dos Santos – Fl. 45.

45 IANTT – Habilitações do Santo Ofício – Maço 163 – Doc 1784 – Manoel Luiz dos Santos – Fl. 51.

um homem de negócios era capaz de alcançar, o de cavaleiro da Ordem de Cristo, uma insígnia restrita aos mais notáveis negociantes do Reino, colocando-o em uma posição cimeira aos seus pares no universo mercantil do Império português.[46]

Ao longo dos dois primeiros capítulos fizemos algumas considerações que não deixaram dúvidas sobre a parceria entre a sociedade mercantil de Jorge Pinto de Azeredo e seu irmão Manoel Cardoso Pinto com Simão da Rocha Pereira, apontada, inclusive, com as estratégias de entreajuda articuladas por esses comerciantes. Dentre elas, o empréstimo de mercadorias e ouro em pó e o depoimento de Simão que favoreceu Jorge Pinto de Azeredo na ação de Execução que fez contra Ana Gonçalves da Silva, analisada no segundo capítulo. Outrossim, vários artigos da loja foram arrolados com as vendas a crédito em nome de Simão e perfizeram o total de Rs. 139$359, como as duas bacias de arame emprestadas para dar ao capitão Manoel Rodrigues dos Passos e um cento de pregos pau a pique para Antônio da Câmara. Também é possível verificar nas livranças que compõem a última parte do borrador um resto das contas entre eles no valor de 192 ¼ e três vinténs de ouro, em 20 de dezembro de 1737.[47]

Para receber a provisão do hábito da Ordem de Cristo, Simão iniciou o processo de justificação da sua mercê em 1766, uma época já favorecida pela política pombalina que buscava dar reconhecimento social aos grandes negociantes do Império português. Considerando as informações pronunciadas por Simão da Rocha Pereira, no seu processo de justificação, vimos que esteve a serviço da Coroa em importantes diligências a ele incumbidas, ocupou "cargos da república" e se dedicou ao trato mercantil. Mas não encontramos qualquer ligação com os contratos régios, um investimento comum aos homens de negócios da sua envergadura. Um fato reforçado, por exemplo, quando avaliamos o estreito vínculo entre Simão e Jorge e não encontramos nenhuma informação vinculando-o à rede de redistribuição de contratos por parte de Jorge que, por seu turno, distribuía cotas para alguns dos negociantes da sua teia mercantil nas Minas.[48]

Se as inquirições realizadas para familiar do Santo Ofício estavam voltadas para a limpeza de sangue dos seus candidatos, as provanças para justificação da mercê do hábito de Cristo eram baseadas, fundamentalmente, na verificação da

---

46   IANTT – Habilitações da Ordem de Cristo – Letra S – Maço 4 – Documento 2.

47   APM – Coleção Casa dos Contos – CC 2018 – Fl. 224.

48   Em relação à distribuição de cotas dos contratos régios, ver o capítulo 4.

mácula mecânica do candidato, em sua pessoa ou na de seus ascendentes; porque a nobreza do postulante era uma forte condição para o ingresso na Ordem de Cristo. Tendo em vista o padrão de recrutamento e inserção de agentes no universo mercantil do Império português, quase sempre as provanças acusavam a mácula mecânica na pessoa do justificante, uma vez que muitos deles se inseriam na mercancia como caixeiros de outros negociantes ou, ainda, vendendo "à vara e a côvado" em suas lojas. Por isso, um dos artifícios a favorecer o candidato na dispensa do impedimento era a prestação de serviços a favor da Coroa.[49]

Ao ser agraciado com a mercê do hábito em remuneração aos serviços pessoais, como tantos outros, o capitão Simão da Rocha Pereira deu início ao seu processo de justificação para receber a provisão do aludido hábito da Ordem de Cristo.[50] Consta na sua petição inicial que haviam se passado 35 anos desde a sua saída do Reino para o Rio de Janeiro e de lá imediatamente para Vila Rica, onde sempre residiu. Filho legítimo de André da Rocha e de Mariana Domingues, era natural e batizado na freguesia de Santa Eulália da vila de Bunhe, no termo de Barcelos, norte de Portugal.

Mesmo com a concessão da mercê por serviços pessoais, em 1768 a Mesa de Consciência e Ordens, partindo das suas provanças entendeu que Simão estava impedido de receber a provisão do hábito pela mácula mecânica na sua pessoa, por ter sido caixeiro em duas lojas de mercador em Vila Rica, onde vendeu "a vara e a côvado", embora ocupasse o posto de capitão dos Auxiliares e possuísse lavras, "de que se trata com decência".[51]

---

49   A este respeito, ver os trabalhos de: (OLIVAL, 2001; PEDREIRA, 1995; e SILVA, 2005).

50   A cópia da mercê do hábito foi anexada ao seu processo, onde se lê: "Por resolução de Sua Majestade de 10 de julho de 1766 em Consulta do Conselho Ultramarino de 26 de junho do mesmo ano. // El Rei Nosso Senhor tendo respeito a lhe representar Simão da Rocha Pereira haver metido na Real Casa da Fundição de Vila Rica desde o 1º de agosto de 1756 até o último de julho de 1757, doze arrobas, vinte e quatro marcos, sete onças e seis oitavas de ouro de que se tirou de quinto para a Fazenda Real mais de duas arrobas e trinta marcos, fazendo-se por este serviço digno daquele prêmio para que o habilita a lei do estabelecimento das Fundições no capítulo nono parágrafo quarto: Em satisfação deu referido serviço: Há por bem fazer-lhe mercê do Hábito da Ordem de Cristo com doze mil réis de tença efetiva nos Almoxarifados do Reino, em que couberem sem prejuízo de terceiros e não haver proibição com o vencimento na forma das Ordens de Sua Majestade para os lograr a título do mesmo hábito da Ordem de Cristo que lhe tem mandado lançar. Nossa Senhora da Ajuda, 12 de março de 1768". IANTT – Habilitações da Ordem de Cristo – Letra S – Maço 4 – Documento 2 – Fls. 2 e 3.

51   IANTT – Habilitações da Ordem de Cristo – Letra S – Maço 4 – Documento 2 – Fl. 4.

Um ano antes daquele despacho, em 1767, os interrogatórios foram realizados em Lisboa com pessoas que já haviam passado pelo Brasil e conheciam a Simão da Rocha Pereira. Dessa forma, o homem de negócios, Antônio da Costa Ribeiro Leal, conheceu Simão da Rocha Pereira em Vila Rica:

> (...) a tempo que o dito justificante na mesma Vila tinha a sua casa estabelecida com loja de mercador de panos, baetas, e tudo o mais de que se compõem semelhantes casas, tendo nela seus caixeiros e depois de alguns anos passados largou a dita loja a outro e se metera nas Tropas Auxiliares onde era Alferes, sem mais outro trato algum do que tratar das suas cobranças que eram avultadas (...).[52]

Continuando seu depoimento, relatou que algumas vezes esteve em companhia do justificante, "(...) vindo sim nas monções de frotas ao Rio de Janeiro, onde fazia sua carregação para a dita Vila Rica, e ele acompanhava (...)".[53]

Se o depoimento de Antônio não lhe conferia a mácula mecânica, as informações oferecidas pelo sargento-mor João Fernandes de Oliveira, na época residente na rua de Buenos Aires, em Lisboa e com 72 anos de idade, pouco contribuiu para que a justificação surtisse o efeito esperado à habilitação do candidato. Segundo João Fernandes, conhecia Simão há 40 anos, por ter "estado e vivido em Vila Rica", onde o mesmo justificante foi caixeiro de loja de panos e baetas, na qual media e cortava na loja do "ajudante Pedro Gomes". Algum tempo depois serviu em outra loja, do mesmo trato, de André Moreira de Carvalho, e só passados alguns anos começou a negociar com seus dinheiros servindo, ao mesmo tempo, no posto de alferes de Auxiliares. "De presente", tinha notícia que Simão era capitão dos Auxiliares de Cavalo vivendo sempre com "bom trato e luzimento".[54]

Tal como o sargento-mor João Fernandes, o capitão Domingos Ferreira da Veiga e o sargento-mor Pedro da Costa Guimarães foram chamados para testemunhar no processo de justificação de Simão da Rocha Pereira; todos, aliás, figuraram na rede relacional de Jorge Pinto de Azeredo. Ao dar o seu depoimento, Domingos disse que o conheceu porque teve estada em Vila Rica, onde morava o justificante com "bom trato e luzimento". E que o habilitando vivia de negócios "(...) com os seus dinheiros, comprando escravos dos povoados para as ditas Minas, aonde os

---

52 IANTT – Habilitações da Ordem de Cristo – Letra S – Maço 4 – Documento 2 – Fl. 5.
53 IANTT – Habilitações da Ordem de Cristo – Letra S – Maço 4 – Documento 2 – Fl. 5 verso.
54 IANTT – Habilitações da Ordem de Cristo – Letra S – Maço 4 – Documento 2 – Fls. 8 e 8 verso.

vendia fiados, esperando os seus pagamentos, tendo servido os empregos da república e do presente se acha como Capitão Auxiliar de Cavalos (…)".[55]

De fato, o impedimento recaía na sua pessoa, pois seus pais e avós, que viveram na freguesia de Vila Fria, "(…) uns e outros se trataram sempre com honra e gravidade a lei da nobreza, por serem dos lavradores mais ricos e honrados daquelas freguesias, aonde foram sempre tidos e reputados por inteiros cristãos velhos sem mácula alguma (…)".[56]

Mas Simão da Rocha Pereira recorreu da sentença, porque em semelhantes impedimentos era costume ser dispensado. Assim, apresentou uma nova petição na qual alegava que o motivo do referido impedimento não era "sórdido" e por isso solicitava à Sua Majestade dispensa:

> (…) em atenção ao serviço por que fora despachado que constava da cópia da Portaria o grande serviço que fizera de tirar do poder dos Mineiros aquela avultada porção de ouro em pó, livrando-o do risco de se extrair com prejuízo da Real Fazenda e dos Povos além de ter servido a Vossa Majestade nos cargos da República com zelo e alteridade, o que mostravam as certidões que oferecera achando-se condecorado no posto de Capitão da Cavalaria da Ordenança Auxiliar das Minas Gerais em que tinha feito e a sua companhia grande serviço a S. M. tudo com verdade e desinteresse levando para a cidade do Rio de Janeiro uma recruta de cento e dez presos em que gastara na jornada vinte e quatro dias e mais de dois mil cruzados da sua fazenda. E posto dar aquelas razões esperava da Real Grandeza de V. M. a dispensa de que necessitava gratuita para com mais fervor se empregar no Real Serviço.[57]

Simão ainda possuía outros fundamentos para se valer na dispensa daquele impedimento, como os serviços prestados ao monarca nos "cargos da República", exercendo as funções de almotacé, vereador, juiz ordinário, fiscal da Intendência e capitão da Cavalaria da Ordenança Auxiliar em Vila Rica. Pelo histórico de serviços a favor da Coroa portuguesa na região das minas e esmiuçado no aludido pedido de dispensa, figurava fortemente a seu favor o decurso de 30 anos de serviço nos postos de alferes e tenente.

---

55 IANTT – Habilitações da Ordem de Cristo – Letra S – Maço 4 – Documento 2 – Fls. 9 e 9 verso.

56 IANTT – Habilitações da Ordem de Cristo – Letra S – Maço 4 – Documento 2 – Fls. 12.

57 IANTT – Habilitações da Ordem de Cristo – Letra S – Maço 4 – Documento 2 – Fl. 6.

De procedimento exemplar, Simão da Rocha Pereira sempre esteve à disposição com a sua companhia para todas as ocasiões ordinárias e extraordinárias de rondas, prisões, levas de gentes e condutas de dinheiros. E seu desempenho, como bem salientou, era de "desinteresse luzido" e largo dispêndio de sua fazenda, de cujos feitos alegou grande prejuízo na sua casa, negócio e escravatura quando se afastava nas "muitas diligências" para as quais era convocado.[58]

A argumentação interposta teve efeito positivo, pois os deputados da Mesa de Consciência e Ordens, "visto achar-se o suplicante nobilitado com a ocupação de Capitão dos Auxiliares e os mais cargos que justifica pelos documentos que junta (…)" deferiram a favor da dispensa do impedimento, mediante o depósito de um donativo de 100 moedas.[59] No entanto, Simão da Rocha Pereira recorreu mais uma vez, pois esperava que a dispensa fosse alcançada sem o pagamento do aludido donativo:

> (…) posto que o suplicante negociasse algum dia em fazenda que vendia por seus caixeiros em Vila Rica das Minas Gerais parece que este trato lhe não irroga defeito maiormente compondo-se a maior parte daquele continente só de comerciantes e mineiros que são os homens bons que formam o corpo da República; além do que sendo tanto mais atendível o negócio como coluna primeira em que a mesma se sustenta que sem ele não podem os mineiros extrair o ouro em utilidade do Real Erário e dos interesses comuns do Reino, conservação e aumento do País (…).[60]

Para reforçar o pedido, anexou o justificante uma certidão passada por Luiz Diogo Lobo da Silva, comendador da Ordem de Cristo e Governador da capitania de Minas, atestando os bons serviços prestados por ele.[61] Alguns meses depois, em

---

58 IANTT – Habilitações da Ordem de Cristo – Letra S – Maço 4 – Documento 2 – Fls. 7 e 7 verso.

59 IANTT – Habilitações da Ordem de Cristo – Letra S – Maço 4 – Documento 2 – Fl. 7 verso.

60 IANTT – Habilitações da Ordem de Cristo – Letra S – Maço 4 – Documento 2 – Fl. 10.

61 "Certifico que chegando a este governo e tomando posse dele em 28 de dezembro de 1763 nele achei exercitando o posto de Capitão de Cavalos Auxiliar do Regimento de Vila Rica a Simão da Rocha Pereira desempenhando em tudo o que lhe tenho determinado as obrigações do Real Serviço e sendo nomeado para conduzir no ano de 1765 ao Rio de Janeiro uma leva de cento e tantos recrutados para preencherem os Regimentos da dita Capitania o praticou com os soldados auxiliares do expressado Regimento que lhe destinei entregando-os a ordem do Ilustríssimo e Excelentíssimo Senhor Conde de Cunha Vice-Rei do Estado, regulando-se nesta diligência não só com acerto mas com despesa de sua fazenda, sem que para ela nem para os soldados da dita escolta se concorresse com alguma da Real Fazenda, além da porção que se destinou para a subsistência dos recrutados, a qual aumentou de sua fazenda no desejo de

maio de 1769, Simão obteve a resposta desejada, sendo então liberado de fazer o depósito das 100 moedas e recebendo, finalmente, sua provisão para o hábito da Ordem de Cristo.

Manoel Matheus Tinoco, da mesma forma que Simão da Rocha Pereira, era um proeminente negociante nas Minas setecentistas com participação em sociedades mercantis e nos contratos régios. Dentre as funções desempenhadas que lhe conferiram prestígio e distinção social naquele universo estava o cargo de vereador em Mariana e juiz ordinário em Vila Rica.

Em 1737 foram arrolados na conta do vereador de Mariana, Manoel Matheus Tinoco, alguns produtos levados da loja de Jorge Pinto de Azeredo e Manoel Cardoso Pinto, em Vila Rica.[62] No entanto, a proximidade com Jorge Pinto vai além daquelas negociações realizadas em sua loja, pois, dos negócios geridos por Jorge, encontramos em nome de Manoel cotas do contrato da Dízima da Alfândega do Rio de Janeiro e do contrato das Entradas das Minas, bem como duas ações da companhia do Macau.[63]

Foi aos 30 anos de idade, em 1727, que Manoel deu início ao processo para se tornar um familiar do Santo Ofício mediante a apresentação de um requerimento.[64] Para tanto, o postulante nomeou como seu procurador em Lisboa o homem de negócios Antônio dos Santos Pinto, um dos 100 grandes negociantes do período pombalino, demonstrando seu contato com negociantes da praça mercantil de Lisboa (PEDREIRA, 1995, p. 165).

Manoel nasceu no norte de Portugal na comarca de Feira e freguesia de São Martinho de Escapães. De acordo com uma das testemunhas, fazia dez ou doze anos que saiu de sua terra natal, o "lugar da Chaminé", que pertencia à dita fre-

---

os conduzir satisfeitos: por cujas circunstâncias e a do zelo, que lhe reconheço do Real Serviço e em que tem continuado até o presente se constitui digno de toda a mercê e graça que S. M. F. for servido fazer-lhe, o que juro sendo necessário pelo Hábito que professo e para a todo o tempo constar lhe mandei passar a presente por mim assinada e selada com o sinete de minhas armas. Vila Rica, oito de fevereiro de 1768//Luiz Diogo Lobo da Silva". IANTT – Habilitações da Ordem de Cristo – Letra S – Maço 4 – Documento 2 – Fl. 11.

62   APM – Coleção Casa dos Contos – CC 2018.

63   O estudo pormenorizado dos negócios e da distribuição das cotas em contratos régios, por Jorge Pinto de Azeredo, é objeto do capítulo 4.

64   Localizamos o inventário dos seus bens, realizado em Vila Rica no ano de 1769, que se encontra sob a custódia do Arquivo Histórico do Museu da Inconfidência. No entanto, não foi possível analisá-lo, pois o mesmo encontra-se muito danificado. Referência: AHMI – CPOP – Inventário – (1769) – Códice 50 – Auto 559 – 2º Ofício.

Das Minas à Corte, de caixeiro a contratador 185

guesia, rumo ao Brasil.[65] Ao todo foram quase dois anos para a apuração das diligências, quando em 1729 foi emitida a provisão da sua carta de familiar do Santo Ofício, pois, partindo das apurações auferidas com o seu processo, os deputados do Conselho Geral certificaram que era, de fato, um homem de negócios com capacidade para servir ao Santo Ofício, sendo inteiro e legítimo cristão velho, "que vive limpa e abastadamente e terá de seu cabedal dez ou doze mil cruzados".[66]

Quatro anos depois de receber a sua provisão e aos 36 anos de idade, em 1733, Manoel Matheus Tinoco, apresentando-se dessa vez como contratador e familiar do Santo Ofício, fez o pedido para a habilitação de Catarina de Souza, com quem pretendia se casar. Trata-se de um processo muito interessante, porque relata com riqueza de detalhes a trajetória de uma importante família instalada na região mineradora. Ademais, considerando a proeminência da aludida família, a pretendida aliança matrimonial serve-nos para reforçar a projeção econômica e o prestígio social alcançados por Manoel na capitania do ouro, ao ser admitido a desposar uma moça da elite local.

Catarina de Souza morava com seus pais no ribeirão da Gama, distrito de Vila Rica. Seu pai, Diogo de Souza Falcão, viveu de suas fazendas e era filho natural de Diogo Pessanha Falcão, natural da cidade de Évora que teve de seu matrimônio o filho legítimo Sebastião de Andrada Pessanha Rosado, Arcebispo de Goa e promotor do Santo Ofício de Évora.

Já seus avós maternos, José Gonçalves da Costa e Catarina de Camargos, naturais e moradores da freguesia de Nossa Senhora de Monserrate da Cotia na cidade de São Paulo, eram consideradas "pessoas nobres e principais".[67] Seu avô José Gonçalves instalou-se nas Minas Gerais e fez a vida minerando e negociando suas fazendas, levando para junto de si sua esposa e a filha Joana da Costa, mãe da habilitanda. Este senhor, seus irmãos e familiares foram todos reputados como inteiros e legítimos cristãos velhos, sendo um de seus irmãos, João Gonçalves, um sacerdote do hábito de São Pedro e coadjutor da Igreja Matriz da cidade de São Paulo.

Mas apesar de toda a nobreza propalada por parte de seu pai e avô materno, Catarina de Souza foi infamada de mourisca pela parte de sua avó materna Catarina de Camargos. A história relatada pelas testemunhas e informada pelo comis-

---

65 IANTT – Habilitação do Santo Ofício – Maço 97 – Documento 1817 – Fl. 20.

66 IANTT – Habilitação do Santo Ofício – Maço 97 – Documento 1817 – Fl. 1 verso.

67 IANTT – Habilitação do Santo Ofício – Maço 97 – Documento 1817 – Fl. 2 verso.

sário dizia que Fernão de Camargos, pai da sua avó, além de ter sido irmão inteiro do Padre Domingos de Camargos, vigário na freguesia de São João da comarca de São Paulo, possuía mais dois irmãos, Lucas de Camargos e José de Camargos. Ambos, "por serem homens de grande estatura e cor morena" receberam a fama de mouriscos pela família Godói, o que logo murmurava quando se via passar um daqueles irmãos. Como a acusação era grave, o comissário responsável por fazer aquela diligência instaurou uma cuidadosa apuração e, "ao averiguar na raiz tal consideração" constatou que o embaraço:

> (...) prendia toda na grande emulação que tinha a família dos Godói à dos Camargos, infamando-a assim; porque alcançaram estes [Camargos] e a família dos Pires, que eram as duas principais de São Paulo um decreto do Senhor Rei Dom Pedro para só eles serem admitidos pela sua antiguidade e nobreza a servirem na Câmara, do que se originou tanta inimizade entre Camargos e Godóis, que mataram estes a Pedro de Camargos Ortiz [sic] que era outro irmão do bisavô, estando servindo de Juiz Ordinário de São Paulo, cuja desordem fomentou ainda mais aquela impostura, de que eram os Godóis sobreditos sujeitos imponentes, por ser gente retirada e de coração duro, e mais costumada ou inclinada a viver entre feras no mato "comum habitação de paulistas antigos" do que entre racionais nos louvados (...).[68]

Considerando essas informações, a habilitanda descendia de uma família "por uma parte muito ilustre e por todas puríssima de sangue", seus avós há 20 anos viviam nas Minas e sempre ouviram dizer que a família era das melhores.[69]

A espera para que o Conselho Geral finalmente pudesse proferir o despacho com o desfecho daquela investigação foi de quase cinco anos. Afinal, a pureza de sangue era condição indispensável para servir ao Santo Ofício. Dessa forma, em 1738, Catarina teve seu processo de habilitação aprovado, posto que o:

> "(...) rumor em contrário não se vendo atendível a que a inimizade da família dos Godóis com a dos Camargos de que é por via materna descendente a habilitanda lhe quis impor de raça de mourisco por

---

68 IANTT – Habilitação do Santo Ofício – Maço 97 – Documento 1817 – Fls. 8 e 8 verso.

69 As testemunhas convocadas para a sindicância, por sua vez, eram todas pessoas ilustres como o familiar do Santo Ofício Manoel João Dias, o mestre de campo Mathias Barboza e Maximiliano de Oliveira Leite, este último reputado por pessoa de distinta qualidade e nobreza. (cf. ALMEIDA, 2007, p. 123)

terem a cor mais adusta alguns que por viverem anos no sertão conseguiram pela aspereza dos tempos".[70]

O capitão Manoel Fernandes de Araújo era um abastado minerador que viveu em sua fazenda ao pé da Casa da Moeda, uma propriedade mista, com terras minerais e de agricultura, na freguesia de Itabirito. Como cliente arrolado no livro de contas correntes da loja de Jorge e Manoel, em Vila Rica, esse senhor adquiriu 64 côvados de baeta e 63 varas de linho que perfizeram 63 oitavas e ½ e dois vinténs de ouro[71]. De igual modo, estava em seu nome uma letra de crédito de 95 oitavas de ouro que em 22 de julho de 1738 foi enviada ao aludido capitão para o resgate do seu valor.[72]

Português nascido na freguesia de São Martinho de Escapães, na comarca da Feira e Bispado do Porto, Manoel Fernandes de Araújo era conterrâneo de Manoel Matheus Tinoco, outro importante membro da elite mineradora, analisado anteriormente. Sua história, reconstituída através do seu testamento e inventário *post mortem*, nos diz que foi casado pela segunda vez com Dona Joana Tereza de Azevedo, com quem teve oito filhos. Também era o pai de Dona Ana Maria de Araújo, fruto do seu primeiro matrimônio com Dona Josefa Maria de Azevedo, e de outra chamada Susana, uma filha natural que teve com uma escrava de sua casa.[73]

Com a morte de Manoel em 1751, iniciou-se um longo processo de partilha dos seus bens.[74] Senhor de um valioso patrimônio e um abastado minerador da primeira metade do século XVIII, acumulou um monte-mor avaliado em Rs. 21:760$603 distribuídos entre uma fazenda com senzala e um plantel de 66 escravos, engenho de pilões, moinho de pedra, paióis, gado *vacum*, cavalos, mulas e porcos.[75]

---

70   IANTT – Habilitação do Santo Ofício – Maço 97 – Documento 1817 – Fl. 104.

71   APM – Coleção Casa dos Contos – CC 2018 – Fl. 114 verso.

72   APM – Coleção Casa dos Contos – CC 2018 – Fl. 244 verso

73   O sobrenome de suas esposas sugere algum tipo de parentesco existente entre ambas; talvez fossem irmãs ou primas.

74   AHMI – CPOP – Inventário (1751) – Códice 4 – Auto 43 – 1º ofício – Manoel Fernandes de Araújo.

75   A descrição da sua fazenda, apresentada em seu inventário, é um exemplo que nos permite mensurar com riqueza de detalhes as propriedades dos ricos mineradores das Minas setecentistas. Ou seja: "Uma fazenda cita no pé da Paraopeba da casa da Moeda donde da velha freguesia da Itaubira que consta de casas de vivenda cobertas de telha casa de hóspedes e na serventia dos mais necessários também cobertas de telha umas senzalas grandes também cobertas de telha, um engenho de pilões de farinha com doze mãos coberto de telha, uma casa coberta de telha com moinho e pedra de moer [marona] com rodízio, quatro paióis grandes cobertos de

Além da fazenda ao pé da Casa da Moeda, Manoel possuía 38 datas minerais em uma sociedade com o capitão José Nobre dos Santos, Pantaleão da Costa Dantas e o tenente Manoel de Azevedo da Silva no rio Paraopeba e outras 38 datas minerais no córrego que corria pelo meio da sua fazenda. Um fato que indica a proeminência da atividade mineratória no seu enriquecimento e projeção econômica.

Da mesma forma que outros mineradores e agricultores, Manoel Fernandes de Araújo residia em sua propriedade rural, mas possuía imóveis urbanos como uma casa na "estrada da Itaubira" e outra na freguesia de Padre Faria, em Vila Rica. Dentre os bens declarados no seu inventário, figuraram ainda 500 alqueires de milho e 60 de feijão, produto do cultivo na sua fazenda, além de 11 letras de crédito a serem resgatadas e outras 11 falidas, indicando a diversidade de seus negócios.

Quanto ao montante passivo deixado por Manoel, este somou 27 adições, das quais despontaram as dívidas envolvendo quantias módicas para o suprimento da sua casa. Nesse rol também havia uma dívida de 150 oitavas de ouro ao contratador dos Dízimos Reais, o capitão Manoel Ribeiro dos Santos, sobre a arrecadação daquele imposto, e uma letra de crédito de 92 oitavas que devia a outro contratador, o capitão Domingos Ferreira da Veiga.[76]

Entre as disposições testamentárias, determinou o sepultamento do seu corpo na igreja Matriz de Nossa Senhora da Boa Viagem, em Itabirito, na sepultura que competia aos provedores de irmandade e amortalhado no hábito de Nossa Senhora do Carmo, da qual era irmão. A condição de provedor, ou seja, a ocupa-

---

telha divididas pela mesma rasso de meia légua pouco mais ou menos e outro paiol no terreiro da vivenda coberto de telha que tem o dito fazem duas léguas e ½ de comprido pouco mais ou menos e as terras que estão da outra banda do Rio da Paraopeba levaram de planta pouco mais ou menos quarenta alqueires de planta e o mais fazendo cantos de capoeiras e matas virgens e tem nela plantado quinze alqueires de planta de milho e outros mais de umas árvores de espinho e seu bananal e tem de largura a dita fazenda em partes na maior largura meia légua e outras partes [ilegível, uma linha] e de parte do norte com Manoel Pinto de Almeida e Caetano José da Silva e o Licenciado Rodrigo dos Santos Coutinho, Lucas Rodrigues da Cruz e pela outra banda com Manoel Mendes Martins, Manoel Leite Meireles e Manoel Teixeira Sobreira do poente com o mesmo rio Paraopeba ficando da outra banda do Rio o ferrão[sic] que levara com dito fica pouco mais ou menos quarenta alqueires de planta e esta parte com o dito Manoel Teixeira Sobreira e o engenho de farinha da dita fazenda tem todos os preparos caixão para masciras, tabuleiros e no moinho um caixão de deitar a farinha e o dito moinho se acha corrente e moendo que tudo foi avaliado pelo louvado José Pinto Monteiro em 20 mil cruzados que são Rs. 8:000$000 e pelo outro louvado o sargento-mor Domingos de Amorim em 18 mil cruzados que são 7:200$000". AHMI – CPOP – Inventário (1751) – Códice 4 – Auto 43 – 1º ofício – Manoel Fernandes de Araújo.

76 AHMI – CPOP – Inventário (1751) – Códice 4 – Auto 43 – 1º ofício – Manoel Fernandes de Araújo – Fl. 28.

ção do cargo de mais difícil acesso em uma irmandade na principal igreja daquele vilarejo minerador, coloca Manoel no círculo dos mais proeminentes membros da elite mineradora.[77] (cf. BORREGO, p. 282)

No ano seguinte ao seu falecimento, precisamente em maio de 1752, sua viúva, Dona Joana Tereza de Azevedo, deu a luz a um filho seu, batizado na Capela de São Caetano da Moeda, que ficava na propriedade do sargento-mor Domingos de Amorim, o qual se chamou Manoel. Os padrinhos escolhidos para batizá-lo foram o referido sargento-mor Domingos e Maria Ribeira da Conceição, a esposa de Manoel Teixeira Sobreira, morador em Congonhas do Campo em uma propriedade que fazia divisa com a fazenda do falecido Manoel[78]. Esses laços estreitados no batismo do seu filho Manoel reforçam a proximidade existente entre o capitão Manoel, o sargento-mor Domingos de Amorim e Manoel Teixeira Sobreira, importantes proprietários de fazendas e terras minerais da freguesia de Itabirito que, por sua vez, estavam envolvidos com a sociedade mercantil de Jorge e Manoel.

Neste contexto, a ligação com a teia mercantil de Jorge Pinto de Azeredo fica ainda mais consistente quando, por meio de uma procuração em nome da viúva, Dona Joana, encontramos a nomeação de José Alves de Mira e José Ferreira da Veiga como seus procuradores na cidade de Lisboa.[79] Vale dizer, ainda, que ambos foram importantes homens de negócios da praça mercantil de Lisboa e possuíam laços estreitados com Jorge Pinto de Azeredo, sendo José Ferreira da Veiga o principal testamenteiro e responsável pela feitura do inventário dos bens que ficaram por falecimento de Jorge, em 1747. Além do mais, o período de feitura do inventário *post mortem* de Manoel coincide com aquele em que José Ferreira da Veiga atuou como contratador das Entradas das Minas (1751-1754) (cf. ARAÚJO, 2008, p. 288).

Quando faleceu, o capitão Manoel não só deixou um significativo patrimônio para ser administrado e repartido entre os seus herdeiros, como também alguns dos seus filhos menores de idade. Por isso, a prestação de contas do Auto de Partilha dos seus bens, em 1753, arrastou-se por quase duas décadas correndo alguns litígios pela venda da sua fazenda. Uma operação que teve por principal

---

77 Desejava, também, que se fizesse por sua alma uma capela de missas, ou seja, uma série de ofícios religiosos que se estendiam por 50 dias, e dois ofícios de corpo presente . Sobre o sentido de capela de missas, ver: (VENÂNCIO, 2012, p. 73, nota 55).

78 AHMI – CPOP – Inventário (1751) – Códice 4 – Auto 43 – 1º ofício – Manoel Fernandes de Araújo – Fl. 85 verso.

79 AHMI – CPOP – Inventário (1751) – Códice 4 – Auto 43 – 1º ofício – Manoel Fernandes de Araújo – Fl. 49.

fiador Simeão Ribeiro de Carvalho, na altura casado com a sua viúva, Dona Joana Tereza de Azevedo. Entre algumas tentativas mal sucedidas de nomeação de tutores para seus filhos, inclusive do avô materno, e da prestação de contas dos seus bens, o pagamento da legítima paterna só começou de fato a se concretizar a partir da década de 1770, quando os filhos mais novos solicitaram a legítima paterna pela maioridade.

Não há dúvida que o capitão Manoel Fernandes de Araújo e o seu vizinho o sargento-mor Domingos de Amorim conviveram amistosamente, chegando a manifestar essa amizade na relação de compadrio assinalada anteriormente. A sua vez, o sargento-mor Domingos de Amorim também manteve algumas contas com a loja de Jorge Pinto de Azeredo e Manoel Cardoso Pinto, pois em 22 de maio de 1737 pagou àquela sociedade 44 oitavas, ¾ e três vinténs de ouro que devia Luiz Monteiro Tinoco, e mais 13 oitavas e ½ pelos gastos de uma ação judicial.[80] Certamente se relacionaram em outras ocasiões, sobretudo se levarmos em conta o fato de que Domingos residiu em sua fazenda chamada Casa da Moeda da Paraopeba, na freguesia da Itaubira (atual Itabirito) e comarca de Vila Rica; mesmo vilarejo onde os agentes mercantis trabalharam como caixeiros na loja do primo João da Costa Resende, antes de se tornarem proprietários da loja em Vila Rica.

Casado com Dona Maria Pereira de Castro, de cujo matrimônio teve oito filhos além de outros três filhos naturais, como a maioria, era um português da província do Minho, natural da freguesia de São Sebastião de Passos na comarca de Guimarães e faleceu em sua fazenda, na freguesia de Itabirito, no mês de abril de 1762.[81]

Em virtude das suas disposições testamentárias, seu corpo certamente foi sepultado dentro da Igreja Matriz de Itabirito, "na sepultura donde me tocar pois tenho servido não só como irmão e oficial como também juiz da Irmandade do Santíssimo Sacramento", amortalhado no hábito de São Francisco, com um ofício de corpo presente e acompanhado de todos os padres da freguesia e irmãos do Santíssimo Sacramento e Almas, da Boa Viagem e Santo Antônio.[82] Este fato nos faz supor que Domingos, para além de ostentar a patente de sargento-mor – um posto

---

80 APM – Coleção Casa dos Contos – CC 2018 – Fl. 52 verso.

81 AHMI/CPOP – Testamento – Códice 460 – Auto 9747 – Domingos de Amorim.

82 Desejava ainda que fossem realizadas 200 missas pela sua alma e uma capela de missas. As disposições sobre o sepultamento de seu corpo bem como a realização dos sufrágios pela sua alma são semelhantes àquelas determinadas pelo seu compadre e vizinho, o capitão Manoel Fernandes de Araújo; falecido em 1751.

Das Minas à Corte, de caixeiro a contratador

militar que lhe conferia poder –, teve uma ativa participação no universo social das Minas, chegando a exercer a distinta função de juiz da Irmandade do Santíssimo Sacramento; sem dúvida, um símbolo de poder e prestígio social da época.

Domingos de Amorim redigiu um testamento sucinto, o que pouco nos permite detalhar a distribuição e qualidade do seu espólio, porque seus bens foram avaliados em uma escritura mencionada por ele na qual teve a metade que lhe tocava por direito vendida à sua esposa. Contudo, o valor indicado com a aludida venda deixa entrever que os bens do casal, incluindo a fazenda, eram significativos e resultou na elevada soma de 60 mil cruzados (Rs. 24:000$000).[83]

Mesmo dispondo de poucas informações em seu testamento, Domingos de Amorim declarou ainda uma dívida de Rs. 500$000 a Domingos da Silva Neves, sobrinho de seu compadre Gonçalo Francisco Neves; uma dívida de Rs. 440$000 ao caixa dos dízimos, João de Souza Lisboa; e uma negociação envolvendo a compra de uma roça a João de Almeida Matos por 3.000 cruzados. Talvez pela demora que seus herdeiros teriam para receber aquela herança, mas certamente por gratidão a seu filho natural Sebastião de Amorim, deixava como legado da sua terça Rs. 100$000 "por ele me ter servido bem e obedecido". Seu testamenteiro receberia como prêmio a quantia de Rs. 400$000 e contaria com o prazo de seis anos para a prestação das contas do seu patrimônio.

Acompanhamos um pouco da trajetória de Manoel Teixeira Sobreira, um destacado negociante da região mineradora que se tornou um abastado dono de terras, através do seu processo de habilitação para familiar do Santo Ofício, realizado em 1742. Nele, Manoel apresentou-se como homem de negócios

---

83   As cláusulas do seu testamento que discorrem sobre a venda da meação à sua esposa foram as seguintes: "Declaro que os bens que possuía todos vendi a minha mulher D. Maria Pereira de Castro a minha metade por preço e quantia de 30 mil cruzados pelo que os ditos bens da venda valiam no tempo em que lhe vendi por uma escritura. Declaro que a dita venda foi com uma obrigação da dita compradora pagar as dívidas e que naquele tempo devia o casal que até o dia de hoje tem pago treze mil e quinhentos cruzados do que toda a minha parte seis mil cruzados e trezentos mil réis de cuja quantia passo recibo a dita compradora dados [ilegível, uma palavra] aqui". AHMI/CPOP – Testamento – Códice 460 – Auto 9747 – Domingos de Amorim. A venda dos bens da meação ao cônjuge parece ter sido uma estratégia recorrente naquele universo. Através desse recurso era possível protelar a dissolução do patrimônio e negócios do casal com a partilha entre os herdeiros, mediante uma escritura de compra e venda registrada em cartório, cujo teor poderia estender o pagamento por décadas. A mesma estratégia também foi avistada para Martinho de Freitas Guimarães, um caso analisado ainda nesta seção.

residente em Vila Rica, nascido e batizado na Vila Cova da Lixa, concelho de Felgueiras e Arcebispado de Braga.[84]

Na época desse pedido, Manoel já era casado com Maria Ribeira da Conceição, natural e moradora em Vila Rica. Um casamento que certamente foi influenciado pelo fato de seu sogro, Manoel Ribeiro, ter sido um conterrâneo seu, pois era natural do mesmo vilarejo de Cova da Lixa.[85] No entanto, e certamente para a surpresa desse candidato a familiar do Santo Ofício, depois de realizadas as diligências judiciais em sua terra natal,[86] seu processo foi encerrado sem qualquer despacho do Conselho Geral, porque as informações apuradas pelo comissário evidenciaram os rumores de descendência judaica. Uma fama que era proveniente da sua avó paterna Ana Ferreira, filha de uma mulher solteira chamada Cecília Ferreira que teve filhos de "um fulano Henriques Monteiro", judeu natural do Reino de Castela que "por o não prenderem pelo Santo Ofício fugira para Madri".[87] Algumas testemunhas informaram ao comissário que na tentativa de apartar-se do sobrenome Henriques e cessar a aludida fama, Manoel Teixeira Sobreira adotou o sobrenome do seu bisavô, o Reverendo Manoel Sobreira.[88]

A principal informação envolvendo Manoel Teixeira Sobreira e Jorge Pinto de Azeredo refere-se ao empréstimo de mercadorias trocadas entre as suas casas mercantis em Vila Rica. Mas o seu envolvimento com a atividade mercantil pode ser vislumbrado nas ações de Alma, Crédito e Execução que intentou como recurso para recuperar as dívidas que foram contraídas com os seus negócios.[89]

De acordo com Cláudia Martinez, no seu estudo sobre Bonfim do Paraopeba, o português Manoel Teixeira Sobreira instalou-se na região à beira do rio Águas Claras, fixando morada na sua fazenda chamada Palestina. E suas propriedades estavam voltadas para o cultivo e abastecimento das zonas de mineração. Uma delas, aliás, apelidada de Rocinha foi elevada a vila em 1838, posteriormen-

---

84 IANTT – Habilitações Incompletas do Santo Ofício – Maço 113 – Documento 4695 – Fl. 1.

85 IANTT – Habilitações Incompletas do Santo Ofício – Maço 113 – Documento 4695 – Fl. 1 verso.

86 Os depoimentos das testemunha não acompanham o mesmo processo.

87 IANTT – Habilitações Incompletas do Santo Ofício – Maço 113 – Documento 4695 – Fl. 3 e 3 verso.

88 IANTT – Habilitações Incompletas do Santo Ofício – Maço 113 – Documento 4695 – Fl. 4.

89 Essas ações foram analisadas no capítulo 2.

te emancipando-se da comarca de Ouro Preto e, atualmente, cidade de Bonfim.[90] (cf. MARTINEZ, 2007, p. 25)

Entre os comerciantes portugueses estabelecidos na região mineradora, Manoel Teixeira Sobreira foi capaz de alcançar projeção econômica e social elevada, destacando-se dentro da abastada elite mineradora. E o destaque para sua carreira mercantil pode ser relacionado com a capacidade de diversificação dos seus investimentos. Ou seja, para além dos negócios envolvendo o comércio, Sobreira era minerador e produtor rural na comarca de Vila Rica, possuía sesmarias nas comarcas do Rio das Mortes e Sabará e foi sócio de João de Souza Lisboa na companhia que arrematou os contratos das Entradas, Dízimos Reais e Passagens da capitania das Minas, entre 1762 e 1765 (cf. ARAÚJO, 2002).

Da mesma forma que Domingos de Amorim, a fim de evitar a dispersão do seu patrimônio depois da morte, Martinho de Freitas Guimarães fez a venda da meação que lhe cabia à viúva, Dona Francisca Tereza de Jesus, registrada em uma escritura de compra e venda no ano de 1767 para pagar no decurso de 18 anos.[91] Ao falecer, naquele mesmo ano, deixou por herdeiros nove filhos legítimos dos quais o mais velho era o Padre João Paulo de Freitas, assim como um estudante em Coimbra, Bernardino Ferreira. Dos bens atribuídos ao seu patrimônio estavam a quantia de Rs. 9:600$000, produto da venda da sua meação à esposa, algumas dívidas ativas e os escravos matriculados na 1ª e 2ª companhia da Extração de Diamantes que perfizeram, respectivamente, 13 e 22 praças (escravos) em cada contrato.[92]

---

90   Manoel Teixeira Sobreira ficou conhecido por fundador de Bonfim e a imagem do padroeiro da cidade, um Senhor do Bonfim exposto na Igreja Matriz, foi trazida de Portugal por ele.

91   Segundo as orientações testamentárias de Martinho de Freitas: "(...) ele e sua mulher eram senhores e possuidores de uma fazenda de matos e terras minerais citas no Rio do Guarapiranga que houveram por compra que dela fizeram ao Capitão João Ferreira da Silva com casas de sobrado cobertas de telha e sua capela com título de São João Senzalas forrais de duas roças, porcos, gados e bestas arreadas e outras miudezas que constarão de um rol por ambos assinados e ficará sendo parte desta escritura e também dos escravos seguintes (...) [um plantel de 125 escravos], uma sociedade de terras minerais na cachoeira torta a metade de um rego de água que tudo consta de papéis e títulos (...) cujas confrontações constam do auto de posse que delas tomou e de todos os referidos bens e dos mais que há de constar de um rol a metade deles que lhe pertencem disse vendi como vendeu (...) a dita sua mulher pelo preço e quantia de 24 mil cruzados para lhe dar e pagar a ele vendedor ou a pessoa que pode para isso tenha em dezoito anos em pagamentos iguais sendo os primeiros dois livres no fim dos quais entrarão os sobreditos pagamentos e desta forma havia por feita a venda dos ditos bens (...)". CSM – Inventário (1767) – Códice 75 – Auto 1629 – Martinho de Freitas Guimarães – fls. 3 a 4 verso.

92   CSM – Inventário (1767) – Códice 75 – Auto 1629 – Martinho de Freitas Guimarães – fl. 5 verso.

Desejava Martinho de Freitas, no dia do seu falecimento, a realização de 30 missas de corpo presente na venerável Ordem Terceira de Nossa Senhora do Carmo e o sepultamento do seu corpo na capela da ordem terceira de São Francisco da cidade de Mariana. O que indicava o seu poder e prestígio naquele universo social, sendo irmão de duas importantes irmandades dessa cidade. Entre as disposições testamentárias também estava um ofício na igreja matriz do Arraial do Piranga, assim como "(…) uma festa ao Senhor São João na sua Capela que se acha na minha fazenda do Piranga a qual festa constará de missa cantada e sermão com o Santíssimo Sacramento exposto por assim o ter prometido".[93]

Embora as contas de Martinho de Freitas Guimarães se resumissem à módica quantia de Rs. 18$375 sobre artigos adquiridos na loja dos irmãos Jorge e Manoel, não há dúvida da sua forte ligação com a rede relacional de Jorge Pinto de Azeredo; um fato assinalado com a sua associação à companhia que arrematou o 1º e 2º contratos da Extração de Diamantes, dos quais Jorge foi um dos caixas na Corte portuguesa.

Como minerador abastado de bens, Martinho de Freitas reservou da sua terça 50 oitavas de ouro para obras na venerável Ordem Terceira de São Francisco, assim como Rs. 20$000 a suas afilhadas brancas e Rs. 10$000 para aquelas que fossem pardas. Já o Auto da Partilha realizado em novembro de 1767 distribuiu o monte-mor que lhe tocava, no valor de Rs. 9:662$300, entre Rs. 3:220$766 para a sua terça e um líquido de Rs. 6:441$533 aos herdeiros, com um montante individual de Rs. 715$725.[94]

Em junho de 1737 foram arroladas 100 oitavas de ouro em nome do sargento-mor Gabriel Fernandes Aleixo nas livranças e créditos da loja de Jorge Pinto de Azeredo e Manoel Cardoso Pinto, que à razão de Rs. 1$500 cada oitava, valiam Rs. 150$000.[95] Nas vendas a prazo também constavam Rs. 23$063, produto de artigos

---

93 CSM – Inventário (1767) – Códice 75 – Auto 1629 – Martinho de Freitas Guimarães – fl. 11 verso.

94 Algum tempo depois, a sua viúva casou-se novamente com o "ajudante" Manoel Ferreira Coutinho. Entretanto, pela lei de nove de setembro de 1769, evocada no inventário de seus bens, ao contrair segundas núpcias essa senhora ficou desapossada das legítimas paternas de seus filhos. Nada sabemos mais do que essa menção acerca da tal lei, mas, de fato, foi uma medida positiva no sentido de garantir aos herdeiros a restituição de suas legítimas, uma vez que a tendência ao se contrair segundas núpcias seria a protelação da partilha e utilização da mesma por terceiros; como ocorreu nos exemplos dos herdeiros do comerciante Braz Gomes de Oliveira e do capitão Manoel Fernandes de Araújo.

95 APM – Coleção Casa dos Contos – CC 2018.

levados da loja pelo rico minerador e proprietário de terras nos arredores da Barra do Bacalhau, rio Piranga, no termo de Mariana, conforme se vê no seu testamento realizado no mês de dezembro de 1755.[96]

Português natural da província da Beira, Gabriel nasceu em São João da Pesqueira, freguesia de São Bartolomeu e Bispado de Lamego. Foi casado com Dona Elena Maria de Moraes Godinho com quem teve Dona Tereza Maria de Jesus, esposa do capitão-mor José de São Boaventura Vieira, também cliente da loja de Jorge e Manoel. Mas, além de Dona Tereza, daquele matrimônio nasceram outras quatro filhas, todas religiosas professas no Convento de Nossa Senhora da Esperança da cidade de Beja, em Portugal, "as quais são todas minhas universais herdeiras nas duas partes de meus bens", conforme o contrato ajustado com o Convento quando então foi reservado um dote de Rs. 1:000$000 a cada uma.[97] Ao seu genro, José de São Boaventura Vieira, ficou concordado mediante uma obrigação Rs. 200$000 pagos anualmente pelo ofício de "escrivão das fazendas dos defuntos e ausentes capelas e resíduos desta cidade [Mariana] de que lhe fiz doação com a dita pensão que aceitou e serviu o dito ofício muitos anos".[98] Mas, "por força do gênio", haveria de duvidar no ajuste de contas entre ambos (o que nos sugere uma relação conflituosa entre ambos).

Abastado de bens, Gabriel Fernandes Aleixo morava em uma propriedade mista, ou seja:

> Uma fazenda com engenho de cana outro de pilões, outro de moinho e outro de serrar madeira com moinho de águas metidas [sic] para tudo e para minerar com quarenta datas de lavra no Rio do Bacalhau distrito do Pinheiro em que sou morador, freguesia de Nossa Senhora do Rosário do Sumidouro termo desta cidade com casas de vivenda e outras muitas superabundantes a maior parte fabricada de pedra com os escravos e mais criações que se acharem ao tempo do meu falecimento.[99]

No que diz respeito aos seus bens de raiz, ainda fez menção à outra fazenda no rio Guarapiranga, que fazia divisa com o sargento-mor Francisco Leite de Brito e

---

96 CSM – Testamento (1756) – Livro 50 – Folha 96 verso – 1º ofício.

97 CSM – Testamento (1756) – Livro 50 – Folha 96 verso – 1º ofício – Fl. 97.

98 CSM – Testamento (1756) – Livro 50 – Folha 96 verso – 1º ofício – Fl. 97 verso.

99 CSM – Testamento (1756) – Livro 50 – Folha 96 verso – 1º ofício – Fl. 97 verso.

o Padre Jerônimo José de Oliveira, "(…) com moinho, águas para ele metidas para minerar com terras minerais que distam da barra do juramirim até a cachoeirinha onde findam as lavras do R$^{do.}$ P$^{e.}$ Vicente Pereira de Souza".[100] Em Vila Rica, possuía uma morada de casas e foi proprietário do ofício de escrivão das fazendas dos defuntos, ausentes, capelas e resíduos "(…) o qual comprei de toda a Comarca antes da sua divisão por cinco mil cruzados de principal com dinheiro do meu casal como consta por escritura de venda (…)".[101]

Na apreciação dos bens apresentados em seu testamento, bem como os legados deixados, é possível observar que Gabriel Fernandes Aleixo foi um importante minerador da primeira metade da centúria setecentista na capitania de Minas e, como tal, ostentava uma patente militar que lhe conferia poder e prestígio social, a de sargento-mor. Corroborando o fato de que a elite mineradora buscava a diversificação dos seus negócios, pertencia ainda ao sargento-mor o interesse em uma oitava parte do contrato dos Dízimos Reais das Minas para o triênio de agosto de 1747 a outubro de 1750. Um interesse repassado pelo caixa e administrador do aludido contrato, o capitão Manoel Ribeiro dos Santos, "(…) ao qual sou devedor das propinas que me tocarem do dito contrato e juros assim mais de Rs. 300$000 por um crioulo e uma diligência que por mim pagou (…)".[102]

Pouco mais de um ano após o falecimento do sargento-mor Gabriel Fernandes Aleixo era realizado o inventário dos bens pelo falecimento do seu genro, o capitão José de São Boaventura Vieira, que teve por inventariante e tutora dos seus filhos, sua esposa, Dona Tereza Maria de Jesus.[103] Esse senhor deixou nove filhos legítimos e herdeiros dos seus bens. Dentre eles, o Dr. José Joaquim Vieira Godinho, três religiosas no convento da Esperança de Beja, onde estavam suas tias e irmãs de Dona Tereza Maria de Jesus, e Joaquim José, religioso da companhia de Jesus.

Embora com um patrimônio bem mais modesto que o do seu sogro, a descrição dos bens inventariados demonstra que a família de José de São Boaventura viveu com "bom trato e luzimento". No seu inventário foram arroladas valiosas peças de ouro como um broche de ouro e diamantes que pesava 20 oitavas avaliado em Rs. 400$000, assim como peças de prata, imagens de santos, louça da Índia, móveis

---

100 CSM – Testamento (1756) – Livro 50 – Folha 96 verso – 1º ofício – Fl. 97 verso.

101 CSM – Testamento (1756) – Livro 50 – Folha 96 verso – 1º ofício – Fl. 97 verso.

102 CSM – Testamento (1756) – Livro 50 – Folha 96 verso – 1º ofício – Fl. 98.

103 CSM – Inventário (1757) – Códice 13 – Auto 429 – 1º ofício.

Das Minas à Corte, de caixeiro a contratador

luxuosos, 11 escravos, criações e bens de raiz. Acrescentamos, ainda, a este quadro apontado com a descrição dos seus bens os artigos de luxo levados da loja dos irmãos Jorge e Manoel, em nome do capitão José de São Boaventura, que perfizeram o valor de Rs. 68$062.[104]

Mas o capitão e sua família também puderam exteriorizar a posição social privilegiada que ocupavam no seio da elite mineradora setecentista através da casa onde viveram em Mariana, porque se tratava de uma luxuosa construção:

> (…) de sobrado cobertas de telha citas na rua Direita que vai da Sé para o Sr. Bispo que partem de uma banda com casas de Manoel Gonçalves da Veiga [sic] e da outra banda com casas do mesmo casal com seu quintal com água nativa que corre em fonte com bastantes cômodos e com seu guarda roupa embutido na parede vistas e avaliadas em Rs. 1:200$000.[105]

O casal era proprietário de outra "morada de casas de sobrado" com lojas na mesma rua, avaliada em Rs. 500$000, e mais quatro "moradas de casas" que partiam da "travessa que vai para o seminário", igualmente avaliadas em Rs. 500$000 cada uma. Mesmo com toda a nobreza propalada na descrição do seu espólio, o monte--mor do seu casal não estava entre os mais elevados, ficando em Rs. 6:751$650 distribuídos entre a meação da viúva (Rs. 3:375$825), o dote das três filhas freiras (com um valor bem abaixo daquele apresentado pelo seu sogro) no valor total de Rs. 975$000 e um montante líquido para a partilha.[106]

Pelos caminhos do ouro: a teia mercantil na Corte imperial

Nesta seção acompanharemos algumas das trajetórias de negociantes estabelecidos no Reino que fizeram parte da rede mercantil de Jorge Pinto de Azeredo. O Quadro 3.2 reúne informações relevantes para uma análise preliminar da composição desse grupo indicando, por exemplo, insígnias alcançadas por eles, assim como em alguns casos, a estimativa do patrimônio.

---

104 Entre os artigos estavam tecidos luxuosos como nobreza azul, cambraia da Índia e seda de Roma, além de baetas, um chapéu fino e um pente de Bruges, entre outros.

105 CSM – Inventário (1757) – Códice 13 – Auto 429 – 1º ofício.

106 CSM – Inventário (1757) – Códice 13 – Auto 429 – 1º ofício – Fl. 9 verso.

Alexandra Maria Pereira

Quadro 3.2. Os homens de negócios da rede mercantil de Jorge Pinto de Azeredo. Lisboa e Porto

Nome	Insígnias	Passagem pelo ultramar	Patrimônio Estimado (réis)	100*
Afonso Ginabel	Cavaleiro da Ordem de Cristo	Não		
Domingos Ferreira da Veiga e Castro	Capitão; Familiar do Santo Ofício; Cavaleiro da Ordem de Cristo; Escudeiro Fidalgo da Casa Real	Minas Gerais e Rio de Janeiro	4:000$000	Sim
Estêvão Martins Torres	Escrivão da Chancelaria de Lisboa	Não		Sim
Francisco Ferreira da Silva	Cavaleiro da Ordem de Cristo	Minas Gerais		
João Fernandes de Oliveira	Sargento-mor	Minas Gerais		Sim
José Alves de Mira	Cavaleiro da Ordem de Cristo	Minas Gerais		Sim
José Ferreira da Veiga	Familiar do Santo Ofício; Escudeiro Fidalgo da Casa Real	Minas Gerais e Rio de Janeiro	16:000$000	Sim
Manoel da Silva Lopes	Familiar do Santo Ofício	Minas Gerais		
Manoel Gomes de Campos	Familiar do Santo Ofício	Rio de Janeiro	12:000$000	Sim
Pedro da Costa Guimarães	Sargento-mor; Familiar do Santo Ofício; Cavaleiro da Ordem de Cristo	Minas Gerais	32:000$000	

*100 grandes negociantes no período pombalino (PEDREIRA, 1995, pp. 164-167). Fontes: IANTT – Habilitações do Santo Ofício; IANTT – Habilitações da Ordem de Cristo; IANTT – Registro Geral de Testamento; IANTT – Registro Geral de Mercês.

Muitos foram os negociantes que após alguns anos de estada no Brasil optavam por retornar ao Reino. Alguns, como assinalou Jorge Pedreira, voltavam para a terra natal. Mas havia aqueles que, dado o sucesso na carreira mercantil e enriquecimento durante a passagem pelo Brasil, continuavam seus negócios a partir da capital do império. Afinal, "(…) A passagem por terras brasileiras permitia a alguns acumular cabedais e fazer amizades e conhecimentos que facilitavam ou aconselhavam o seu estabelecimento na capital, que representava o culminar de uma carreira" (PEDREIRA, 1995, p. 220). Esse, sem dúvida, foi o perfil da maioria dos negociantes que se relacionaram com Jorge Pinto de Azeredo, apresentados no Quadro 3.2.

Tal trajetória, neste sentido, percorreu o sargento-mor Pedro da Costa Guimarães, homem de negócios que fez fortuna quando esteve de passagem pelas Minas. Era minhoto natural da freguesia de Santiago Dantes, termo de Barcelos e Arcebispado de Braga.[107] Por volta de 1714 e aproximadamente com 18 anos de

---

107 IANTT – Habilitação do Santo Ofício – Maço 23 – Documento 460 – Fl. 2.

Das Minas à Corte, de caixeiro a contratador

idade, Pedro fez a travessia para o Brasil, estabelecendo-se na zona de mineração. É certo que a trajetória pelas Minas foi bem sucedida, pois permitiu-lhe amealhar um patrimônio estimado, em 1738, ou seja, no decurso de 24 anos e aos 42 anos de idade, em torno de 70 a 80 mil cruzados (Rs. 32:000$000), como se vê nas diligências para sua habilitação no Santo Ofício.[108]

Na capitania do ouro, Pedro da Costa Guimarães conjugou seus negócios com os serviços prestados à Coroa, exercendo o posto de sargento-mor, uma patente que lhe conferia poder e prestígio social. Mas o sucesso das suas atividades durante a passagem pela região mineradora, resultado da diversificação de seus negócios, culminando, inclusive, na inserção no universo dos contratos régios da capitania, também foi revertido na ostentação de duas importantes insígnias da esfera social portuguesa: a familiatura do Santo Ofício e o hábito da Ordem de Cristo, trazendo-lhe distinção social entre os homens de negócios do Império. Insígnias que foram concedidas pouco tempo depois de regressar para Portugal, onde deu continuidade a suas atividades, estabelecendo residência na principal praça mercantil do Império, vivendo "limpamente e com bom trato do seu negócio".[109]

Ao que parece, Pedro teve uma boa relação com Jorge Pinto de Azeredo e durante sua estada nas Minas chegou a ter algumas contas com ele. Como, por exemplo, uma dívida na loja de Vila Rica que se resumiu a dois surtuns[110] de baeta e um chapéu grosso para seus escravos, além de duas oitavas e meia de ouro para a capitação do mês de janeiro de 1738. Antes disso, porém, sabemos que esse sargento-mor havia buscado naquela loja tecidos e paramentos para o luto de Ana Gonçalves da Silva, em 1734. Mas, de fato, os laços entretecidos por Jorge e Pedro foram fortemente exteriorizados no âmbito dos contratos régios, quando a partir de 1738, Azeredo inseriu-se no universo dos contratos régios e repassava algumas cotas de contratos que em seu nome foram adjudicados, como a Dízima da Alfândega do Rio de Janeiro e os Dízimos Reais das Minas.[111]

---

108 IANTT – Habilitação do Santo Ofício – Maço 23 – Documento 460 – Fl. 147 verso.

109 É bem provável que Jorge Pinto de Azeredo tivesse viajado para Portugal em companhia de Pedro da Costa Guimarães no segundo semestre do ano de 1737, tendo em vista a proximidade de ambos desde a época que residiam nas Minas e o fato de apresentarem pessoalmente, no princípio de 1738, seus respectivos pedidos para a habilitação de familiar do Santo Ofício em Lisboa.

110 Conforme o verbete de Bluteau, surtum foi uma palavra proveniente do francês *surtout*, um casaco largo usado sobre outro (cf. BLUTEAU, 1712, p. 799, CD-ROM).

111 Esse envolvimento será tema para o capítulo 4.

Também foi no início de 1738 que Pedro fez o pedido para justificar a sua mercê do hábito de cavaleiro da Ordem de Cristo, um título importante para afirmar a sua posição social entre os homens de negócios da praça mercantil da capital lisboeta. O acesso à aludida insígnia era uma distinção muito honrosa e procurada pelos homens de negócios, sobretudo pela aparente nobreza ao atestar a limpeza de sangue e, fundamentalmente, a diferenciação entre o universo dos agentes que exerciam ofícios mecânicos (cf. PEDREIRA, 1995, fl. 88). Assim, antes mesmo que a Mesa de Consciência e Ordens começasse a fazer suas diligências, Pedro municiou-se de todos os préstimos e serviços oferecidos à Coroa durante os 24 anos de passagem pela capitania do ouro, a fim de obter o almejado título de cavaleiro em tempos que os homens de negócios ainda não contavam com a política protecionista de Pombal.

Para tanto, alegava mais de nove anos de serviço à Vossa Majestade no posto de sargento-mor das Ordenanças da comarca do Rio das Mortes:

> (...) onde além das muitas diligências que lhe encarregou o Governador Dom Lourenço de Almeida de que deu boa conta, serviu a ocupação de Tesoureiro dos Quintos da Comarca de Vila Rica, cobrando e entregando noventa e sete mil e quatrocentas e seis oitavas de ouro limpo sem ordenado ou emolumento algum (...).[112]

Assim mais, atestava o Superintendente da Casa de Fundição de Vila Rica, Eugênio Freire de Andrada, que Pedro da Costa Guimarães, "moedeiro e Procurador do Cabido dos Moedeiros das ditas casas, foi a pessoa que primeiro levou ouro para o dito efeito de se quintar" e, por sua conta, durante os quatro primeiros meses entraram uma arroba, três onças e sete oitavas de ouro na mesma casa.[113] Diante da argumentação de Pedro, percebemos que ele soube muito bem capitalizar suas atividades, pois versava sobre dois recursos basilares para o merecimento da graça pretendida: o serviço prestado à Coroa e a introdução de ouro na Casa de Fundição e Moedas de Vila Rica.[114]

---

112 IANTT – Habilitação da Ordem de Cristo – Letra P – Maço 11 – Documento 89 – Fl. 1.

113 IANTT – Habilitação da Ordem de Cristo – Letra P – Maço 11 – Documento 89 – Fl. 2.

114 Para Jorge Pedreira, durante o período pombalino os homens de negócio conseguiam a mercê do hábito da Ordem de Cristo mediante algumas situações como a renúncia da mercê na sua pessoa, a prestação de serviços ao monarca, a aquisição de 10 ações nas companhias privilegiadas ou ainda a introdução de mais de oito arrobas na Casa de Fundição de Minas Gerais (cf. PEDREIRA, 1995, p.89).

Das Minas à Corte, de caixeiro a contratador

O exame dessa documentação também revela a proximidade entre Pedro da Costa Guimarães e o Governador Dom Lourenço de Almeida. Assim aconteceu quando evocou os laços fortemente estreitados com o Governador, ao mencionar as contendas em torno dos contratos régios. Sendo um deles a cobrança dos Dízimos Reais da capitania de Minas, arrematado por ele a pedido de Dom Lourenço pela necessidade de desfazer os "conluios que tinha maquinado Luiz Tenório de Molina e outros para se levarem os contratos por aqueles preços a que estavam acostumados". Mas a tal proximidade ficou mais evidente na versão sobre o contrato das Entradas das Minas, arrematado ao mesmo tempo, na Corte, por Manoel de Lima Pinto e, em Vila Rica, por Pedro da Costa Guimarães, em 1727.[115] Dessa forma, afirmava o justificante:

> (...) pela notícia de haver conluio nos contratos dos dízimos, e nos das entradas dos caminhos lhe foi encarregado pelo dito Governador quisesse lançar neles, e o fez por maneira que houve de acréscimo mais de vinte arrobas de ouro: o que se deve a seu zelo e atividade, e trazendo por sua conta os direitos das entradas dos caminhos arbitrou pôr-se uma balança no do Rio de Janeiro, outra no do de São Paulo para se pesarem as cargas, as que ainda hoje se conservam pela utilidade que resulta a Real Fazenda.[116]

Continuando o relato dos seus feitos a favor do monarca, informava que a descoberta do ouro "no sertão do Serro do Frio o que se ficou chamando Minas Novas desertou muita parte dos moradores da Comarca do Ouro Preto e mais Minas Gerais", compelindo os contratadores das Entradas a solicitar o abatimento e finalização dos contratos, pelos prejuízos causados com as novas descobertas. Entretanto, "(...) rogando o Governador ao suplicante que tomasse a si os tais contra-

---

115 Maria Verônica Campos, ao analisar o período de governação de Dom Lourenço de Almeida na capitania de Minas, explorou a questão dos conflitos que envolveram a arrematação dos contratos régios na capitania durante a época do seu governo. De acordo com tal análise, a política adotada por Dom Lourenço no que tange a arrematação dos contratos proporcionou um aumento nas rendas dos mesmos e a emergência de novos contratadores. Afinal, "Comparando as arrematações feitas por dom Pedro Miguel de Almeida e dom Lourenço de Almeida, fica claro que este último obteve um crescimento não desprezível das rendas de minas" (CAMPOS, 2002, p. 271). Particularmente acerca do conflito envolvendo a arrematação do contrato das Entradas das Minas entre os arrematadores Manoel de Lima Pinto e Pedro da Costa Guimarães, ver: (ANTEZANA, 2006, p. 86). Referência: IANTT – Habilitação da Ordem de Cristo – Letra P – Maço 11 – Documento 89 – Fl. 3.

116 IANTT – Habilitação da Ordem de Cristo – Letra P – Maço 11 – Documento 89 – Fl. 1.

tos por fazer serviço a V. M. os aceitou pelo mesmo preço sem embargo de que os ditos contratadores lhe não largaram os ditos contratos, antes fizeram desistência sobre a quita (...)".

Quanto à instalação da Casa de Fundição e Moeda de Vila Rica e ao fato de ter sido um dos primeiros a apoiar a sua instalação, sendo também um dos primeiros a apresentar o ouro para se quintar, "ao seu exemplo se seguiram outros, e pela distinção com que o suplicante se tratava, e procedimento com que vivia era respeitado de todos (...)".[117] Manifestou, afinal, sua lealdade e serviços prestados à Coroa que implicaram na "utilidade e aumento da Real Fazenda", qualidades dignas de concessão do almejado hábito da Ordem de Cristo.[118]

Se é verdade que Pedro sempre atendeu com zelo as incumbências a ele designadas, de igual modo cuidou de reunir ao longo dos anos cartas e certidões passadas por funcionários régios atestando sua boa conduta e subserviência nos cargos e funções desempenhadas. Dentre tais documentos, uma certidão emitida pelo contador das Casas de Fundição de Vila Rica, Eugênio Freire de Andrada,[119] outra, pelo Provedor da Real Fazenda, D. Antônio Berquó del Rio, além de três certidões passadas em nome Dom Lourenço de Almeida, em 1732, atestando seus bons serviços.[120]

---

117 IANTT – Habilitação da Ordem de Cristo – Letra P – Maço 11 – Documento 89 – Fl. 1 verso.

118 IANTT – Habilitação da Ordem de Cristo – Letra P – Maço 11 – Documento 89 – Fl. 1 verso.

119 IANTT – Habilitação da Ordem de Cristo – Letra P – Maço 11 – Documento 89 – Fl. 2.

120 Em uma das certidões passadas por Dom Lourenço de Almeida, lê-se o seguinte relato: "Dom Lourenço de Almeida do Conselho de Sua Majestade que Deus Guarde, Governador e Capitão General das Minas do Ouro. // Certifico que logo que tomei posse deste governo das Minas conheci ao Sargento-Maior Pedro da Costa Guimarães, e pelo decurso [sic] de onze anos, e dois meses, que as governei, nunca tive nem a mais leve queixa dele, porque sempre viveu com grande quietação e sossego e tendo sempre grande amor ao serviço de Sua Majestade que Deus Guarde e pelo eu conhecer assim lhe encarreguei muitas e importantes diligências do mesmo Real Serviço de que me deu boa conta, como foi o mandá-lo eu lançar nos Contratos Reais dos dízimos, e nos mais contratos dos direitos das entradas dos caminhos do Rio de Janeiro e São Paulo e nos do Sertão da Bahia e Pernambuco, para que por este modo exercessem as rendas reais e se desfizessem os conluios que tinha maquinado Luiz Tenório de Molina, e outros para ver se levavam os contratos por aqueles preços a que estavam costumados, o que não sucedeu assim porque com os lanços que dava o tal Pedro da Costa Guimarães tiveram um grande acréscimo: Logo, que estabeleci as Reais Casas da Moeda e Fundição meteu nela meia arroba de ouro para dela se tirar o Real Quinto, e com o seu exemplo foi concorrendo a mais gente a meter o seu ouro para se quintar: Serviu o dito Pedro da Costa Guimarães de Tesoureiro dos Reais Quintos da Comarca de Vila Rica, e me consta pelas certidões que me apresentou do Provedor da Fazenda Real que entregou noventa e sete mil e quatrocentas e seis oitavas de ouro muito limpo, devendo-se isto ao cuidado com que recebia sem que com esta ocupação levasse ordenado, ou emolumento algum, correndo o risco a tudo enquanto o tinha em seu poder, e tendo o trabalho

Das Minas à Corte, de caixeiro a contratador

Os membros da Mesa de Consciência e Ordens, porém, alegaram a falta de qualidade do candidato, cujo impedimento era pessoal e atribuído à mácula mecânica porque morou na casa de um parente em Barcelos antes de partir para o ultramar e lá exerceu trabalhos manuais. Mas Pedro da Costa Guimarães recorreu da sentença em uma nova petição, na qual explicava que, de fato, entre os anos de 1707 e 1708 viveu na casa do seu parente Manoel da Costa Guimarães, na época contratador do tabaco da comarca de Barcelos. Entretanto, não havia trabalhado com o aludido negócio, uma vez que todo o tabaco do seu estanco era encaminhado para as vilas e freguesias:

> (…) sem que em sua casa se vendesse tabaco pelo miúdo e muito menos que o suplicante corresse com o peso e venda dele porque tendo então nove anos de idade não se podia confiar da sua perícia a venda daquele gênero pelo miúdo acrescendo a que naqueles dois anos de assistência em casa do dito seu parente se aperfeiçoou a ler, escrever e contar com Antônio Pontes que tinha escola pública e passou a aprender os princípios de gramática com o Padre Francisco da Costa do Azevedo (…).[121]

A venda do tabaco e demais atividades que eram exercidas pelos criados e outras pessoas que lidavam com o seu parente, também foram confirmadas por todas as testemunhas arroladas no processo, acerca desse impedimento, concorrendo para cessar o mesmo rumor. Ao fim, Pedro foi dispensado, ficando-lhe cassados os serviços alegados e os mais que tivesse feito até o momento, contribuindo com o elevado donativo de quatro mil cruzados (Rs. 1:600$000) para as obras de recolhimento das convertidas de Lisboa, em 1738.

Outro homem de negócios que fez fortuna durante a passagem pelas minas foi Manoel da Silva Lopes, natural da freguesia de Santo Adrião da Macieira e morador na cidade do Porto, quando em novembro de 1741, ao fazer as diligências para

---

de o guardar, no que sempre procedeu como fiel e honrado vassalo de Sua Majestade que Deus Guarde pelo que se faz digno e merecedor da sua Real Atenção. Passa o referido na verdade que juro aos Santos Evangelhos, e por me ser pedida a presente a mandei passar por mim assinada e selada com o selo de minhas armas. Dada nesta Vila Rica aos 10 de agosto de 1732. O secretário do Governo João da Costa Carneiro a escrevi.//Dom Lourenço de Almeida". Referência: IANTT – Habilitação da Ordem de Cristo – Letra P – Maço 11 – Documento 89 – Fls. 3 e 3 verso.

121 IANTT – Habilitação da Ordem de Cristo – Letra P – Maço 11 – Documento 89.

familiar do Santo Ofício foi reputado como "(…) homem de negócio com cabedais que trouxe do Brasil, aonde assistiu muitos anos (…)".[122]

De acordo com o seu processo, Manoel da Silva Lopes chegou à cidade do Porto com pouca idade, onde trabalhou alguns anos como caixeiro na loja de Sansão Estarte. Na companhia deste seu patrão, algum tempo depois, embarcou para "as partes do Brasil", onde "assistiu muitos anos" em negócios e companhias com Guilherme Mainarte, nas Minas Gerais. Assim mais, teve companhia com o sargento-mor João Fernandes de Oliveira:

> (…) homem de negócio o qual entregou suas filhas para lhas trazer na sua companhia e metê-las religiosas no Convento de Monchique, donde com efeito hoje se acham do que se infere ter sido o habilitando bem procedido, ainda nas mesmas Minas Gerais aonde assistiu, porque se assim não fora não fiara seu companheiro dele as suas próprias filhas.[123]

Algumas testemunhas disseram que fazia pouco mais de dois anos que Manoel havia regressado para Portugal, numa frota do Rio de Janeiro. Na cidade do Porto instalou-se na rua de São Bento das Freiras, em frente ao convento da freguesia da Sé, com "boa vida e costumes", vivendo de seu dinheiro "por ser homem de muitos cabedais, razão porque o fazem muito abastado de bens". Sem qualquer contratempo, cinco meses depois de apresentar o seu pedido para habilitação, ou seja, em março de 1742, os deputados do Conselho Geral passaram provisão para a sua carta de familiar.[124]

De fato, parece que os negócios de Manoel da Silva Lopes nas Minas foram prósperos, pois em nome do habilitando no mês de dezembro de 1737, encontramos nas livranças do borrador da loja de Jorge e Manoel o lançamento de alguns créditos que alcançaram a elevada dívida de Rs. 6:399$375.[125]

---

122 IANTT – Habilitação do Santo Ofício – Maço 121 – Documento 2177 – Fl. 1.

123 IANTT – Habilitação do Santo Ofício – Maço 121 – Documento 2177 – Fls. 4 verso e 5.

124 Cinco anos depois, em 1747, foi a vez de Manoel da Silva Lopes dar entrada no processo de habilitação de sua futura esposa, Thereza de Jesus, natural e moradora na freguesia da Sé da cidade do Porto. Das inquirições levantadas para a sua habilitação apurou o tribunal que, tanto ela quanto seus pais e avós eram conhecidos por cristãos velhos, sem qualquer embaraço que pudesse impedi-la na admissão pretendida. Por isso, da mesma forma que o seu noivo, o processo de habilitação caminhou num rápido decurso, entre os meses de setembro a dezembro de 1748.

125 APM – Coleção Casa dos Contos – CC 2018.

José Ferreira da Veiga era irmão mais novo do capitão Domingos Ferreira da Veiga e Castro e ambos figuraram entre aqueles homens de negócios mais próximos de Jorge Pinto de Azeredo. Uma parceria que resultou na nomeação de José como principal testamenteiro e sucessor dos negócios de Jorge, quatro dias antes de falecer, em maio de 1747.[126]

Os irmãos Veiga assumiram a arrecadação do patrimônio deixado por Jorge Pinto de Azeredo. José como testamenteiro na Corte e Domingos como procurador no Brasil, onde realizou várias cobranças e remessas para Portugal envolvendo os bens daquela testamentaria. A este respeito, assinalamos que embora a aludida função demandasse um esforço de ambos, não há dúvida de que também se beneficiaram com a tarefa. Vale dizer que José Ferreira da Veiga passou a responder por todas as atividades de Jorge e, consequentemente, pela sucessão dos seus negócios na Corte, inclusive com a função de caixa do 2º contrato de Extração de Diamantes.[127]

O sucesso da carreira mercantil dos irmãos José e Domingos foi indicado no estudo de Jorge Pedreira, pois ambos estavam na listagem dos 100 grandes negociantes da praça mercantil de Lisboa, durante o período pombalino (cf. PEDREIRA, 1995, p. 166). Entre o conjunto de atividades que fizeram desses irmãos importantes negociantes destacamos as de contratadores, fiadores e administradores de contratos régios envolvendo a América portuguesa, particularmente daquele sobre cobranças do comércio da região mineradora, durante as décadas de 1740 a 1760 (cf. ARAÚJO, 2008).

Acompanhamos um pouco da trajetória de José através do seu processo de familiar do Santo Ofício iniciado em outubro de 1726. Na época, afirmou na sua petição que era homem de negócios residente na cidade do Rio de Janeiro, natural do "lugar de Pinheiro" da freguesia de São Vicente do Penso, norte de Portugal, e filho legítimo de João Ferreira da Veiga e sua mulher Joana de Castro.[128]

A devassa realizada em São Vicente do Penso acerca da vida pregressa de José e de seus ascendentes confirmou a pureza de seu sangue, informando ainda que seus pais e avós paternos foram lavradores e disso viveram, enquanto o avô materno, o Padre Alexandre Leite era um "clérigo mercenário" e a avó, uma mulher solteira "que vivia do trabalho da sua almofada".[129]

---

126 IANTT – Registro Geral de Testamentos – Livro 239 – Fls. 167/175.

127 Trataremos desse tema no próximo capítulo.

128 IANTT – Habilitação do Santo Ofício – Maço 31 – Documento 502 – Fl. 1.

129 IANTT – Habilitação do Santo Ofício – Maço 31 – Documento 502 – Fl. 5 verso.

Segundo os depoentes, provavelmente em 1721 ele e Domingos partiram da terra natal rumo ao Rio de Janeiro, onde o habilitando tornou-se um negociante de "panos de linho".[130] Na colônia, José Ferreira da Veiga foi reputado por "pessoa de honesta vida e seus costumes", além de ter procedimentos verdadeiros e boas contas. O comissário do Rio de Janeiro, nesse sentido, forneceu vários detalhes que contribuíram para que recebesse a sua carta de familiar. Pois, dizia que José:

> (…) vive limpamente e nas agências de negócio mercantil em cuja vida passou os anos atrás, desta cidade para as Minas, e de presente o faz agora de assento nesta mesma cidade [Rio de Janeiro]. (…) que possui cabedal para se sustentar com muita modéstia porque uns até orçam o seu cabedal em 40 e tantos mil cruzados outros em 30 e tantos (…).[131]

Ao que parece, os negócios com a venda dos "panos de linho" prosperaram e em cinco anos de estada pelo Brasil José já havia reunido um cabedal avaliado em no mínimo 30.000 cruzados (Rs. 12:000$000), o que não era pouco. Assim, tendo a "qualidade" de sangue necessária e a capacidade para exercer a função de familiar, os membros do Conselho Geral deliberaram a favor da sua habilitação, em março de 1729.

Porém, sua trajetória bem sucedida não se restringiu ao sucesso de negócios mercantis através do comércio para as Minas do Brasil, pois assim como tantos outros casos esse foi apenas o ponto de partida para a inserção no universo dos homens de negócios do Império português. Destarte, desfrutando das vantagens oferecidas pelos negócios entretecidos na praça mercantil de Lisboa, no decênio de 1740, José Ferreira da Veiga já estava vinculado a vários contratos régios do Império português. Dentre eles, o segundo contrato da Extração de Diamantes, as Entradas e Dízimos da capitania de Minas, a Dízima da Alfândega do Rio de Janeiro e até mesmo o do Consulado da Índia.

Ao falecer, no mês de maio de 1767, José deixou um testamento escrito pelas mãos de João da Costa Valle nomeando a seu irmão Domingos Ferreira da Veiga e Castro como testamenteiro e herdeiro universal de seus bens.[132] Na altura, residia na travessa do Pombal na freguesia de Santa Izabel, em Lisboa, sendo solteiro e sem herdeiros necessários, mas possuindo dois filhos naturais: um chamado João José

---

130 IANTT – Habilitação do Santo Ofício – Maço 31 – Documento 502 – Fl. 19.
131 IANTT – Habilitação do Santo Ofício – Maço 31 – Documento 502 – Fl. 7 verso.
132 IANTT – Registro Geral de Testamentos – Livro 294 – Fl. 140.

Das Minas à Corte, de caixeiro a contratador

da Veiga, e o outro, Isidoro José da Veiga, religioso professo na Ordem da Santíssima Trindade, ambos filhos de mulheres solteiras.[133]

Não há dúvida que o sucesso da sua trajetória mercantil e também a do seu irmão Domingos, esteve vinculada com a parceria que existiu entre ambos, fortemente ligada ao sentimento fraternal que os unia. O início da carreira mercantil dos irmãos Veiga começou com a viagem para a América portuguesa, no alvorecer do decênio de 1720, mas a sociedade mercantil veio a ser formalizada somente em uma escritura no ano de 1735, como bem mencionou José Ferreira no seu testamento. Nela, celebraram uma sociedade universal em partes iguais, "menos quanto às entradas de cada um de nós", com seu estatuto explicitado nas cláusulas da mesma escritura, a qual perdurou até a época do seu falecimento, quando do seu monte seriam liquidadas todas as dívidas a que estivessem obrigados.

> (…) E de tudo quanto ficar pertencendo a minha metade instituo por meu universal herdeiro ao dito meu irmão sem mais obrigação alguma do que a de fazer pela minha Alma aqueles sufrágios que a sua caridade e o amor com que sempre nos tratamos lhe puder, e o mesmo que eu fizera por ele se lhe sobrevivesse, (…).[134]

O capitão Domingos Ferreira da Veiga, que nasceu em 1696 na freguesia de Santo Estevão do Penso e Arcebispado de Braga, em 1735, ao candidatar-se para o cargo de familiar do Santo Ofício disse ser um homem de negócios residente em Vila Rica.[135] O processo de Domingos durou pouco mais de um ano, tendo começado em dezembro de 1735 e terminado em abril de 1737 e foi favorecido pelo fato da sua ascendência já ser conhecida pelo tribunal em virtude da habilitação de seu irmão inteiro, José Ferreira da Veiga.[136] Por seu turno, a preocupação então recaiu na capacidade de servir ao Santo Ofício como familiar que, de igual modo, não ofereceu qualquer embaraço. Com efeito, a diligência realizada em Vila Rica apurou

---

133 Para os filhos, José deixou Rs. 200$000 e Rs. 150$000 por ano, respectivamente, para despesas com alimentação enquanto vivos fossem. Referência: IANTT – Registro Geral de Testamentos – Livro 294 – Fl. 140.

134 IANTT – Registro Geral de Testamentos – Livro 294 – Fl. 140 verso.

135 IANTT – Habilitação do Santo Ofício – Maço 30 – Documento 563.

136 Segundo Maria Beatriz Nizza da Silva, "Para facilitar a obtenção da desejada familiatura, sobretudo para afastar a suspeita de falta de limpeza de sangue, os habilitandos não deixavam de mencionar em suas petições os parentes, principalmente os irmãos, que já a tinham alcançado. (…) A expressão 'irmão inteiro' é fundamental, pois o 'meio irmão' já não dava as mesmas garantias de pureza de sangue" (SILVA, 2005, p. 163).

que o postulante tratava do seu negócio com bom procedimento, vivendo abastadamente, com um cabedal que girava em torno de cinco a dez mil cruzados.[137]

Embora o seu cabedal estimado em 1735 não chegasse à metade daquele atribuído ao do seu irmão José no ano de 1726, Domingos Ferreira da Veiga ao longo da sua trajetória colecionou títulos e insígnias que o colocaram em uma posição privilegiada entre os homens de negócios do Império português. Dentre eles, o hábito da Ordem de Cristo que intentou dois anos após o recebimento de sua carta de familiar do Santo Ofício, em 1739.[138] De suas provanças, que não se encontram anexadas ao processo, avaliadas pelos membros da Mesa de Consciência e Ordens, ficou comprovado o impedimento do postulante porque sua avó materna era uma mulher de segunda condição.

Entretanto, como era costume em semelhantes casos, Domingos apresentou uma nova petição a fim de argumentar seu pedido de dispensa do impedimento, cujo teor buscava esclarecer que a mercê obtida mediante a renúncia de Antônio Pereira Ávila era para "dar o estado de religiosa a sua irmã D. Joana Tereza". Sendo, ademais, este ato uma obra pia digna de reconsideração. Ou seja:

> (…) porque a dita mercê foi feita pelos serviços que constam da cópia da portaria junta com licença de V. M. para nele se fazer a renúncia concorrendo ele suplicante com o produto que V.M. pela sua grandeza e inata piedade quis aplicar para a obra tão pia que consta da mesma portaria, espera o suplicante que esta se continue na Graça da dispensa que implora, visto não ter mais o que o dito impedimento, e esta tão débil e em avó materna o qual não é sórdido e esta graça está V. M. frequentemente distribuindo com a sua Real grandeza aos seus vassalos, em atenção aos serviços por que foram despachados.[139]

A reconsideração veio em julho de 1740, quando os membros da Mesa concordaram com a argumentação de Domingos, alegando que o impedimento na avó

---

137 Depois de quase 20 anos, em setembro de 1755, foi a vez de apresentar uma solicitação para habilitar sua esposa, Dona Quitéria Machado de Miranda. Na altura, Domingos já havia regressado para Portugal e residia em Lisboa. A esposa era natural da freguesia de São Miguel de Cardosas, termo da Vila de Arruda, mas morava em Lisboa na freguesia da Encarnação. Por ser filha de um cavaleiro professo na Ordem de Cristo e neta de avós maternos familiares daquele tribunal, a "qualidade" do seu sangue era conhecida, obtendo então a aprovação sem qualquer contratempo, cerca de um mês depois de Domingos apresentar o aludido pedido de habilitação. Referência: IANTT – Habilitação do Santo Ofício – Maço 30 – Documento 563.

138 IANTT – Habilitação da Ordem de Cristo – Letra D – Maço 13 – Documento 34 – Fl. 1.

139 IANTT – Habilitação do Santo Ofício – Maço 30 – Documento 563 – Fl. 2.

Das Minas à Corte, de caixeiro a contratador

materna, de fato, não era "sórdido" e a renúncia da mercê destinada à realização de uma obra pia, desde que contribuísse com um donativo de Rs. 240$000 para a despesa dos marinheiros na Índia.[140]

Em 1748 Domingos Ferreira da Veiga já era um familiar do Santo Ofício e ostentava o hábito da Ordem de Cristo, insígnias que afirmavam a sua destacada posição entre os homens de negócios do Império português. Mas naquele ano foi agraciado com outro honroso título, o de Escudeiro Fidalgo da Casa Real, recebendo Rs. $750 por mês de moradia de cavaleiro fidalgo e um alqueire de cevada; uma condição alcançada somente entre os mais notáveis agentes da praça mercantil de Lisboa.[141]

A parceria dos irmãos José e Domingos proporcionou-lhes melhores condições de inserção no universo dos homens de negócios no Império português. Entretanto essa trajetória não foi um caso isolado, afinal, a atividade mercantil dependia fortemente de relações entretecidas na confiança e nos mecanismos de entreajuda, muitas vezes relacionadas aos laços consanguíneos. Um passo importante para o sucesso dos irmãos Veiga foi a formalização da parceria de ambos mediante a instituição de uma sociedade universal. Esse acordo formal favoreceu o regresso de José a Portugal nos meados do decênio de 1730, instalando-se em Lisboa, a principal praça mercantil do Império, de onde passou a responder pelos negócios da sociedade. Enquanto Domingos permaneceu no Brasil, movimentando-se frequentemente entre o Rio de Janeiro e a capitania de Minas para realizar negócios, efetuar cobranças, além de responder pela administração de contratos régios, como o das Entradas das Minas, a partir de 1745.[142]

---

140 IANTT – Habilitação do Santo Ofício – Maço 30 – Documento 563 – Fl. 3.

141 Assinalamos o seguinte trecho apontado por Jorge Pedreira a este respeito: "(…) Adquirido o estatuto de nobreza, abria-se a possibilidade de promoção na hierarquia dos privilégios e das distinções honoríficas. Os mais destacados mereceram outras honras e dignidades: eram fidalgos da Casa Real ou possuíam a carta de conselho de Sua Majestade" (PEDREIRA, 1995, p. 100). Referência: IANTT – Registro Geral de Mercês – Reinado de D. João V – Livro 38 – Folha 442.

142 Durante a época em que Domingos transitava entre o Rio de Janeiro e as Minas, para efeito de cobranças e atividades relacionadas aos seus negócios, precisamente em 1745, foi emitida uma carta de inquirição despachada pela Ouvidoria do Rio de Janeiro para a Ouvidoria de Vila Rica. Nesta, Lourenço Antunes Viana, como autor de um Libelo Cível contra o réu Domingos Ferreira da Veiga, solicitava sua apresentação perante a justiça para dar prosseguimento à dita causa. O teor deste libelo informava que o autor era possuidor, entre outros escravos, do casal Paulo e Ana, e de outro chamado Manoel, moradores e cuidadores da sua chácara no campo atrás da Igreja de São Domingos, na cidade do Rio de Janeiro. Entretanto, na tarde do dia 22 de outubro de 1743 foram surpreendidos com o ataque de um negro que, sem motivos, feriu estes escravos dando-lhes algumas facadas, cujos ferimentos levaram à morte de Paulo e Manoel. Com a feitura do corpo de delito e devassa, a justiça apurou que o culpado era um escravo de

A ascensão da economia mineratória mais do que um estímulo ao comércio promoveu o dinamismo e enriquecimento dos negociantes envolvidos com o abastecimento das Minas. Muitos deles se tornaram, de fato, destacados e influentes homens de negócios de Portugal no correr da centúria setecentista. Um tipo de percurso bem iluminado com a trajetória de vida de Francisco Ferreira da Silva que, além do mais, soube transformar seu capital econômico em simbólico, ostentando o título de cavaleiro da Ordem de Cristo.

Nessa medida, em 1731, depois de fazer o seu pedido de justificação para o hábito da Ordem de Cristo, as provanças acusaram que Francisco estava impedido de recebê-lo, pois:

> (…) o justificante no seu princípio foi criado de um mercador de Guimarães depois caixeiro na loja do dito e mercador da mesma loja donde passou para o Brasil, e lá teve trato nobre minerando por escravos próprios, o pai no seu princípio sapateiro, a mãe e avós paternos pessoas de segunda condição, e por estes impedimentos se julgou não estar capaz de entrar na ordem (…).[143]

Como se observa, Francisco, por várias vias, inclusive na sua pessoa, carregava a mácula manual que era motivo de repúdio, tornando-o incapacitado de ser agraciado com o hábito de cavaleiro da Ordem de Cristo. De fato, o "defeito" era grave na época. Mas, como era costume, esse candidato ao longo dos anos foi argumentando com os membros da Mesa, porque desejava a reconsideração do impedimento. Assim, solicitava ao monarca como grão mestre da Ordem de Cristo a dispensa, pois a mercê alcançada em 1730 mediante os serviços do seu tio, Felipe

---

Domingos, chamado Pedro cabo verde, mas conhecido como "Pedro diabólico". Diante dos fatos, o tal escravo "(…) se ocultou em São Bento por disposição do réu seu senhor até ser tempo de o levar em sua companhia para as Minas para onde o levou e nelas o teve o réu sempre consigo, e foi levar ao Serro do Frio onde pessoalmente o meteu com os negros da Companhia dos Diamantes". Chegando lá, porém, João Fernandes de Oliveira, administrador da companhia dos diamantes, ao tomar conhecimento dos crimes cometidos pelo negro do réu e, "o conhecendo por revoltoso, por ter já andado nas mesmas minas, repugnou aceitá-lo para entrar na dita companhia ao que o persuadiu o réu". Mas Domingos, conforme as disposições do aludido Libelo, a fim de contornar a situação alegou a João Fernandes que faria o pagamento a Lourenço Antunes Viana dos escravos Paulo, Manoel e mais outras despesas para a recuperação da negra Ana, "o que até o presente não tem falado coisa alguma com o autor nem satisfeito". Referência: AHMI – CPOP – Carta para Inquirição (1745) – Códice 214 – Auto 3185 – 1º ofício.

143 IANTT – Habilitação da Ordem de Cristo – Letra F – Maço 34 – Documento 144 – Fl. 1.

Nunes de Barreto, foi dada em atenção ao tempo que serviu no posto de tenente da Infantaria, chegando a ferir-se no conflito pela tomada da cidade de Xerez.[144]

No entanto o apelo foi em vão e a Mesa tornava a despachar pronunciando-se acerca da gravidade daquele impedimento, porque possuía "muitas mecânicas e na própria pessoa", e não apresentava serviço próprio, um argumento determinante para a concessão do hábito; diferente dos casos de Simão da Rocha Pereira e Pedro da Costa Guimarães, que alegaram serviços a favor do monarca.

Quase uma década depois, em 1740, Francisco Ferreira da Silva já havia regressado para Portugal e se instalado junto à Corte portuguesa, para assumir a função de caixa do 1º contrato de Extração de Diamantes. Na altura, contava com uma condição privilegiada por ter sido um dos arrematadores daquele importante contrato régio e ter se engajado nas redes mercantis que controlavam os monopólios régios do Império português. E esse motivo, provavelmente, fez com que apresentasse mais um pedido de dispensa obtido, dessa vez, um parecer favorável mediante o depósito de um elevado donativo para a despesa dos socorros da Índia, no valor de quatro mil cruzados, ou seja, Rs. 1:600$000.[145] Oito anos se passaram quando finalmente, em 1748, um recibo certificava o pagamento daquele donativo indicando que o justificante poderia receber a provisão do seu hábito de cavaleiro.

Francisco Ferreira da Silva nasceu em Santiago de Oliveira, uma freguesia que pertenceu ao concelho de Lindoso, na província do Minho. Quando fez o seu testamento, pouco antes de falecer em junho de 1764, morava com sua esposa Dona Brízida Maria da Silva Vieira na rua Direita de São José, em Lisboa, e não teve herdeiros necessários, pois daquele matrimônio "não foi Deus servido dar-me sucessão".[146]

---

144 IANTT – Habilitação da Ordem de Cristo – Letra F – Maço 34 – Documento 144 – Fl. 6.

145 A mácula mecânica na própria pessoa também foi motivo de impedimento para Pedro da Costa Guimarães, que mesmo tendo prestado serviços pessoais, teve que fazer um donativo de Rs. 1:600$000; mesmo valor estimado para o caso de Francisco Ferreira da Silva. De acordo com Fernanda Olival: "Noutros casos, que se tinham divulgado a partir do reinado de D. Pedro II, a dispensa de mecânica era solucionada, depois de alguma insistência, através do pagamento de certa quantia de dinheiro, estabelecida pela Mesa ou pelo monarca, a quem cabia sempre a última palavra. Esta 'multa', como copiosamente era designada no século XVIII, variava de pessoa para pessoa, pois o número de dispensas e a qualidade das mesmas (o mesmo será dizer das mecânicas) era muito versátil. Mais difícil ou custosa, seria também a dispensa quando a mácula incidia no próprio; quando se reportava aos avós era – em geral – menos pesada" (OLIVAL, 2001, p. 189). Referência: IANTT – Habilitação da Ordem de Cristo – Letra F – Maço 34 – Documento 144 – Fl. 4.

146 IANTT – Registro Geral de Testamentos – Livro 286 – Fls. 52-57 verso.

Em atendimento às disposições testamentárias, seu corpo seria sepultado na capela da Venerável Ordem Terceira da Penitência de São Francisco, contígua ao convento de Nossa Senhora de Jesus, da qual era irmão, e amortalhado no hábito de São Francisco juntamente com o da Ordem de Cristo.[147] No dia do seu falecimento estipulou que deveriam ser realizadas quantas missas fossem possíveis e em diversas igrejas pela sua alma, de preferência nos altares privilegiados, oferecendo, ainda, a esmola de 15 moedas de ouro de Rs. 4$800 ao seu Reverendo Pároco.

Além dos cuidados com as disposições de sufrágios a favor da sua alma, Francisco Ferreira da Silva estava preocupado com a vida da esposa sem a sua presença. Nessa medida, ao evocar o contrato de casamento celebrado na forma de direito comum por dote e escritura, em 1748, explicou que Dona Brízida sairia com seu dote livre porque não houve filhos daquele matrimônio, sendo resgatado com o mais "bem parado" dos seus bens. E, "(…) pelo grande amor que lhe tenho, fiel companhia que me tem feito em tantos anos e extremo cuidado que de mim tem tido em saúde em doenças (…)" deixava à ela Rs. 1:000$000 por ano para o seu sustento, retirados do produto de um capital de 50.000 cruzados, necessários para produzir o juro na quantia mencionada.[148] De igual modo, ela ficaria com todo o móvel e ornato da sua casa, incluindo peças de prata, ouro, diamantes e outras tantas pedras preciosas, do que se reservaria apenas o dinheiro amoedado, livre para vendê-los, "aplicando o seu produto em benefício das almas do purgatório".

O cuidado de Francisco com Dona Brízida se estendeu a alguns dos seus familiares, como a seu cunhado, o Desembargador João Pinheiro da Fonseca, a quem perdoava uma dívida de 100 moedas de ouro. Deixando também para o dote de cada uma de suas filhas, Rs. 1:000$000, "pela boa amizade que com ele conservo", e ao seu filho, o Dr. Francisco Antônio, o maior dos hábitos de Cristo com diamantes que possuía.[149]

Francisco tornou-se um abastado negociante da Corte portuguesa com um valioso patrimônio que permitiu-lhe praticar a sua caridade cristã, dispondo dessa riqueza em generosas doações aos hospitais de Lisboa, como os Rs. 400$000 ao

---

147 IANTT – Registro Geral de Testamentos – Livro 286 – Fls. 52-57 verso – Fl. 52.

148 IANTT – Registro Geral de Testamentos – Livro 286 – Fls. 52-57 verso – Fl. 53.

149 Seria tanto exaustivo quanto desnecessário estender os mais legados deixados por Francisco Ferreira da Silva, compostos, quase sempre, por quantias generosas para seus familiares e criados, como foi o caso do sobrinho e testamenteiro, o Dr. Francisco Ferreira da Silva, que herdaria seis mil cruzados, e da sua irmã, Josefa Theodora, que sairia com quatro mil. Referência: IANTT – Registro Geral de Testamentos – Livro 286 – Fls. 52-57 verso – Fl. 53 verso.

Das Minas à Corte, de caixeiro a contratador

Hospital de São Lázaro, Rs. 2:000$000 ao hospital dos Enjeitados e mais outros Rs. 2:000$000 ao Hospital Real de Todos os Santos. Além do mais, deixou por esmola à Irmandade dos Clérigos de São Pedro e São Paulo da Igreja do Coreto 50 moedas de ouro de Rs. 4$800.[150]

Entre os bens de raiz declarados no testamento estavam duas fazendas na capitania de Minas. Uma delas, com escravos e seus móveis, ficava na freguesia de Santo Antônio do Ouro Branco, cuja metade vendeu a seu irmão natural Gervásio Ferreira. E a outra, de gado *vacum*, estava nas cabeceiras do rio Paracatu, sertão do rio São Francisco, sob a administração de Miguel da Cruz Vieira. Aliás, para Miguel legou mediante uma cessão registrada em cartório uma parcela do produto líquido sobre a quarta parte que lhe pertenceu no contrato das Entradas das Minas, em 1745, que foi arrematado por Jorge Pinto de Azeredo.[151]

Francisco Ferreira da Silva morava na região mineradora quando se uniu em sociedade com o sargento-mor João Fernandes de Oliveira para a arrematação do primeiro contrato de Extração de Diamantes, em junho de 1739. Mas para a administração deste importante monopólio régio, Francisco regressou a Portugal a fim de assumir as atividades de caixa na Corte, enquanto João Fernandes de Oliveira estabeleceu-se no Serro Frio, como administrador na zona de exploração diamantífera. Como esse contrato foi de grande perda, na qualidade de caixa, acionista e dono de alguns escravos de aluguel Francisco declarou, 25 anos depois, a dívida do sócio e administrador João Fernandes sobre o rendimento das praças e lucros, além das dívidas que na Corte pagou pelas despesas com o contrato. Recaindo ainda sobre a conta o ressarcimento de um empréstimo realizado para o pagamento ao cofre da Casa da Moeda, sobre 1% do valor dos diamantes repassado à Sua Majestade.[152]

O patrimônio acumulado por esse homem de negócios ao longo do seu percurso iniciado nas Minas setecentistas deve ter sido considerável, pois ele estava fortemente empenhado em várias negociações, contratos régios e contas; dentre algumas, inclusive, existiam demandas em ações judiciais acionadas contra seus devedores. Tal o caso das ações que corriam no seu "Juízo Privativo"[153] da

---

150 IANTT – Registro Geral de Testamentos – Livro 286 – Fls. 52-57 verso – Fl. 55.

151 IANTT – Registro Geral de Testamentos – Livro 286 – Fls. 52-57 verso – Fl. 55.

152 Francisco também esperava receber os rendimentos do contrato da Dízima da Alfândega do Rio de Janeiro e das passagens dos rios Paraíba e Paraibuna. IANTT – Registro Geral de Testamentos – Livro 286 – Fls. 52-57 verso – Fl. 55 e 55 verso.

153 A este respeito, Luiz Antônio Silva Araújo assinala que: "Entre os privilégios [dos contratado-

Conservatória da Casa Real da Moeda de Lisboa: duas contra João Fernandes de Oliveira e uma contra Luiz Mendes Cordeiro, todas já em execução na época de seu falecimento.

Embora pelas suas determinações testamentárias não seja possível aferir o montante do seu espólio, a proporção dos negócios e consequentemente o potencial econômico de Francisco pode ser mensurado quando, por exemplo, é mencionado o conjunto de 145 ações na Companhia do Macau que lhe pertenceram, das quais pendiam duas ações judiciais, uma delas contra seus diretores por perdas e danos. Da mesma forma, orientava seus testamenteiros sobre um processo contra os herdeiros de Dom Pedro Torres e de Dom Gabriel Antônio Gomes, além de um libelo cível contra o Desembargador da Fazenda Real por uma causa envolvendo o contrato das Entradas das Minas, que arrematou para o triênio de 1748-1751.[154]

Nessa esteira das cobranças e pendências judicias sobre seus devedores, Francisco declarou mais 10 ações judiciais e esclareceu que "outras muitas" deveriam ser colocadas em juízo e, por isso, não faria "especial menção", mas que tudo ficaria esclarecido nas escrituras públicas, particulares e assentos dos seus livros, cujos testamenteiros se responsabilizariam de tratar com brevidade. Como se vê, inúmeras eram as pendências envolvendo a arrecadação do patrimônio amealhado por Francisco Ferreira da Silva, um grande embaraço que o compeliu a declarar a impossibilidade de seus testamenteiros prestarem contas sobre seus bens antes de 20 anos contados a partir do dia do seu falecimento, por julgar que fosse preciso todo esse tempo para "concluírem as grandes e diversas dependências e dilatadas de mando que lhes ficam encarregadas".[155]

Depois de 22 anos da morte de Francisco Ferreira da Silva, em julho de 1786, falecia sua esposa Dona Brízida Maria da Silva Vieira, deixando por testamenteiros de seus bens o compadre José de Carvalho e Araújo e o Desembargador José Antônio de Oliveira Damásio.[156]

---

res], os mais importantes, em nossa opinião, eram os que lhes davam juízo privativo nas causas cíveis e criminais quer fossem autores ou réus e o direito de nomearem o juiz conservador do contrato. Na maioria dos casos cabia às provedorias locais a condição de fórum privilegiado para os contratadores" (ARAÚJO, 2008, p. 142-1743).

154 IANTT – Registro Geral de Testamentos – Livro 286 – Fls. 52-57 verso – Fl. 56.

155 IANTT – Registro Geral de Testamentos – Livro 286 – Fls. 52-57 verso – Fl. 56.

156 IANTT – Registro Geral de Testamentos – Livro 323 – Fls. 133-136 verso.

Da mesma forma que Francisco, sua viúva determinava o sepultamento do corpo na capela venerável da Ordem Terceira de São Francisco, nas contingências do Convento de Nossa Senhora de Jesus. Embora os sufrágios realizados com o seu falecimento fossem mais modestos em relação àqueles que certamente se fizeram para o seu marido, Dona Brízida fez um aditamento de 400 missas de corpo presente e mais outras mil, no prazo de um mês, deixando de esmola ao seu pároco quatro moedas de Rs. 4$800 (quantia inferior às 50 moedas de mesmo valor legadas por seu marido).[157]

Durante pouco mais de duas décadas de viuvez, Dona Brízida desfez-se de alguns bens herdados do seu falecido marido a fim de prover o seu sustento. Assim, penhorou sete pratos de prata de guardanapo ao sargento-mor Roque Martins Ribeiro por tê-la emprestado 20 moedas de ouro de Rs. 4$800; a Maria Joaquina Caetana, uma bacia de prata de sangria e uma salva de prata de três pés por 32 moedas de ouro do mesmo valor; já em poder do Reverendo Padre Antônio Joaquim de Melo, estavam nove pratos de prata de guardanapo, uma salva de prata de pé alto, um copo de prata, uma caixa de tabaco de ouro, um cordão e os seus brincos de diamantes rosa pelo empréstimo de 50 moedas de ouro (Rs. 240$000). Enfim, a situação financeira depois da morte de Francisco não parecia nada fácil e Dona Brízida chegou a dever a uma criada de sua casa, Tereza Maria de Jesus, por Rs. 83$200 em despesas pela testamentaria do seu marido.[158]

A sua vez, a viúva de Francisco Ferreira da Silva também se viu obrigada a dispor de valiosas jóias mediante penhoras para contornar as dificuldades financeiras que atravessou após a morte de seu marido. Contudo, tinha a esperança de evitar a dispersão dos seus bens e, neste sentido, recomendava aos testamenteiros que os vendessem pelo maior preço dando preferência aos herdeiros, pela necessidade de satisfazer as suas dívidas e legados.[159]

---

157 Consta também no âmbito dos sufrágios pela sua alma que, depois de vendidos e apurados todos os bens do seu espólio, seria instituída uma capela de missa cotidiana sob os auspícios do Reverendíssimo Ministro do Convento de Nossa Senhora de Jesus, na quantia de três mil cruzados. IANTT – Registro Geral de Testamentos – Livro 323 – Fls. 133-136 verso – Fls. 135 verso.

158 IANTT – Registro Geral de Testamentos – Livro 323 – Fls. 133-136 verso – Fls. 134 e 134 verso.

159 Estavam no Depósito Geral, em Lisboa, mediante penhora para pagamento do imposto sobre as Décimas, algumas jóias de Dona Brízida que, além de valiosas certamente carregavam um valor sentimental. Dentre elas, um adereço de diamantes brilhantes com colar e brincos de três pingentes, uma flor de cabeça e dois anéis, todos presenteados por Francisco antes do casamento. Havia também um toucador de prata vindo da França, uma caixa com cinco conchas de prata, um relógio de ouro, um anel de ouro e diamante rosa, outro de ouro com esmeralda e um

Mesmo com a maioria dos bens destinados ao pagamento das dívidas, Dona Brízida deixou ao sobrinho, Dr. Francisco Antônio Pinheiro da Fonseca, um prazo[160] que possuía em Cortegaça foreiro à Sereníssima Casa do Infantado, que já estava em "terceira vida". Já a sobrinha, Dona Antônia, ficaria em poder de todos os seus vestidos de resguardo e Dona Maria do Pilar, filha do sobrinho Dr. Francisco Antônio Pinheiro da Fonseca, receberia sua touca e punhos de "renda preciosa" assim como "dois meios lenços bordados". E os criados da sua casa, além do pagamento dos salários vencidos, herdariam suas roupas brancas.

Pela leitura do testamento de Dona Brízida não há dúvida de que a arrecadação do patrimônio deixado por Francisco Ferreira da Silva experimentou muitas dificuldades, as quais resultaram na baixa liquidação de grande parte daquele espólio, pois os seus bens, como já foi mencionado, estavam empenhados em dívidas ativas como negócios, sociedades e contratos régios. Tanto mais que esse desfecho pode ser afirmado numa das últimas cláusulas do testamento, onde:

> Declaro que sempre zelei de todos os bens e rendimentos da testamentaria de meu marido e pelas poucas cobranças dos rendimentos da mesma assim como das poucas arrecadações das dívidas vendi alguns trastes dos que o dito meu marido deixou para o meu uso por não poder suprir de outro modo os penosos gastos o que tudo se acha declarado e computado com a mesma testamentaria como melhor há de constar dos meus livros e papéis assim como da conta que de próximo ofereci no juízo dos resíduos.[161]

Outro português de passagem pelas Minas que se tornou um proeminente homem de negócios do Império português, regressando à metrópole com um patrimônio considerável e muito prestígio social junto àquela Corte, foi o sargento-mor João Fernandes de Oliveira (cf. FURTADO, 2003).

Natural de Santa Maria de Oliveira, uma freguesia do termo de Barcelos na província do Minho, João Fernandes deixou a província, ainda jovem, nas primeiras décadas da centúria setecentista, rumo ao Brasil, onde passou pelo Rio de Janei-

---

paliteiro com três palitos de ouro. Referência: IANTT – Registro Geral de Testamentos – Livro 323 – Fls. 133 – 136 verso – Fl. 134 verso.

160 Segundo o verbete de Bluteau, prazo "propriedade de raiz, que dá qualquer senhor dela a alguma pessoa, ou em vidas, ou em fatiotim, impondo-lhe certa pensão anual. Fazer um prazo, ou emprazar fazenda em fatiotim" (BLUTEAU, 1712, p. 676, CD-ROM).

161 IANTT – Registro Geral de Testamentos – Livro 323 – Fls. 133-136 verso – Fl. 135 verso.

Das Minas à Corte, de caixeiro a contratador

ro e seguiu para as Minas Gerais. Chegando lá, inicialmente estabeleceu residência em Vila Rica, depois se mudou para Vila do Ribeirão do Carmo, dedicando à mineração, quando então adquiriu sua fazenda chamada Vargem que era uma propriedade rural e mineral, próxima ao pico do Itacolomi (cf. Furtado, 2003, p. 75).

Em 1726, com seus negócios já estabilizados, casou-se com Maria de São José, de cujo matrimônio nasceram seis filhos. Dentre eles, seu primogênito e homônimo João Fernandes de Oliveira, formado em Direito pela Universidade de Coimbra que se tornou um Desembargador e regressou às Minas para assumir em 1754 a administração do quarto contrato de Extração de Diamantes que seu pai havia arrematado em 1753. Conforme Furtado, o sargento-mor:

> João Fernandes de Oliveira investiu em vários setores, e essa diversificação permitiu que acumulasse riquezas e que em meados do século fosse considerado um *homem de negócio*. Essa expressão designava os donos de grandes capitais que se dedicavam ao setor atacadista, o comércio *por grosso*, emprestavam dinheiro a juros e arrematavam da Coroa a cobrança de diversos impostos, entre outras atividades que exigiam investimentos de monta" (FURTADO, 2003, p. 75).

O testamento que deixou foi aprovado em Vila Rica no mês de junho de 1750 e aberto após o seu falecimento, ocorrido em Lisboa no mês de setembro de 1770.[162] Embora pouco informasse sobre sua realidade à época da morte, tendo em vista o lapso temporal de 20 anos, o documento não deixa de ser interessante especialmente para a perspectiva deste capítulo, porque a conjuntura dos anos de 1750 marcou profundamente a rede mercantil na qual João Fernandes de Oliveira e Jorge Pinto de Azeredo articularam importantes negócios. Atividades que foram imprescindíveis para o sucesso de suas trajetórias entre os principais homens de negócios do Império português.

Ao redigi-lo, João Fernandes de Oliveira já contava com uma posição privilegiada, despontando como contratador de um dos mais importantes monopólios, ou seja, o 1º e 2º contratos da Extração de Diamantes no Serro Frio. Por isso, entre os testamenteiros indicados figuravam alguns dos negociantes da teia mercantil entretecida tanto por ele quanto por Jorge Pinto de Azeredo.[163]

---

162 IANTT – Registro Geral de Testamentos – Livro 300 – Fls. 28 verso – 34 verso.

163 Em Vila Rica foram nomeados os senhores José Álvares Maciel, Antônio de Araújo Freitas, Manoel Matheus Tinoco, Alexandre Luís de Souza e Menezes além da sua segunda mulher,

Naquela altura, todos os seis filhos de João Fernandes de Oliveira, frutos do matrimônio com Dona Maria de São José, já residiam em Portugal. Sendo eles, João Fernandes de Oliveira e cinco filhas recolhidas no convento da Madre de Deus Monchique da cidade do Porto.[164] Depois de ficar viúvo, casou-se novamente e sua segunda consorte foi Dona Isabel Pires Monteiro, viúva do capitão Luís de Siqueira Brandão, um casamento arranjado pelo então governador das Minas Gomes Freire de Andrade e celebrado com escritura indicando a separação de bens no cartório do Serro Frio em 1747.[165] Se porventura viesse a falecer em Vila Rica, João Fernandes desejava que seu corpo fosse amortalhado no hábito de São Francisco e sepultado na Matriz de Nossa Senhora do Pilar, debaixo da pia de água benta, da qual era irmão terceiro e acompanhado por todos os sacerdotes ali presentes. Pela sua alma instituiu missas gerais na mesma matriz, preferencialmente nos altares privilegiados pelo período de um mês e nos conventos de Nossa Senhora do Monte do Carmo e Santo Antônio, no Rio de Janeiro, duas mil missas em cada além de outras oito mil missas em Santa Maria de Oliveira, sua terra natal.

Quanto ao legado dos bens materiais, estes seriam distribuídos em generosas quantias para alguns de seus parentes, afilhados e amigos. Em um deles, por exemplo, perdoava o primo Manoel Fernandes de Oliveira pelas dívidas de um crédito particular, deixando também para seu afilhado João, filho do mesmo pri-

---

Dona Isabel Pires Monteiro. No Rio de Janeiro a função ficaria a cargo de João Hopmam e João Carneiro da Silva e, em Lisboa, Manoel Nunes da Silva Tojal e José Ferreira da Veiga, ambos, caixas na Corte da 2ª companhia da Extração de Diamantes. Como prêmio pelo grande serviço da arrecadação de seus bens, João Fernandes deixava 10% de todo o produto da sua fazenda no Brasil. Referência: IANTT – Registro Geral de Testamentos – Livro 300 – Fls. 28 verso – 34 verso – Fl. 29.

164 Ana Quitéria e Maria Margarida já tinham se tornado freiras professas e as outras três, que também estavam no mesmo convento, Rita, Francisca e Helena, estavam com seus dotes acertados para professar o aludido voto. Além dos filhos legítimos, João Fernandes teve um filho natural quando ainda era solteiro, filho de uma mulata da sua casa, chamado Teodósio. Ele o mandou aprender o ofício de cirurgião na França, dispendendo uma quantia acima de sete mil cruzados. Referência: IANTT – Registro Geral de Testamentos – Livro 300 – Fls. 28 verso – 34 verso – Fl. 29.

165 De acordo com a investigação de Junia Furtado: "No fim de 1747, quando tudo parecia perdido e a quebra do contrato era eminente, João Fernandes de Oliveira recorreu novamente à proteção do governador. A solução oferecida pelo amigo Gomes Freire foi induzir a rica viúva do capitão-mor Luís Siqueira Brandão a casar-se com o endividado contratador. Isabel Pires Monteiro resistiu o quanto pôde, pois sentia repugnância pelo pretendente, mas as pressões vinham de todos os lados: não só o governador lhe escreveu várias cartas, como também apreciavam a ideia de um eventual enlace seu pai e seu genro, o coronel Alexandre Luís de Sousa, que afirmara "que não havia mais remédio que o de celebrar-se o pretendido matrimônio, porque assim mandava quem podia" (FURTADO, 2003, p. 83).

mo, a quantia de Rs. 400$000. Para outro primo, Ventura Fernandes de Oliveira, Rs. 800$000 "em atenção a algum serviço que me tem feito" e, à filha do capitão--mor João Veloso de Carvalho, Quitéria Maria de Campos, a mesma quantia de Rs. 800$000. Sua generosidade se estendeu às irmãs de Antônio Ferreira Reis, "que foi meu caixeiro", sendo contempladas com Rs. 500$000 cada uma, e todas as suas "parentas" de Santa Maria de Oliveira, até a terceira geração, receberiam Rs. 200$000. No caso dos rapazes, parentes de Santa Maria até a terceira geração, legou Rs. 50$000 a cada um a fim de "poderem preparar e passarem para o Brasil".[166]

O primeiro contato explícito de João Fernandes de Oliveira com os contratos régios parece ter sido a arrematação dos Dízimos de Vila Rica para o ano de 1737 (cf. REBELO, [1768] 1976). As informações acerca dos monopólios régios que ele deixou em seu testamento também foram as primeiras e iluminam os contornos da incipiente teia mercantil entretecida pelos negócios de João Fernandes de Oliveira e Jorge Pinto de Azeredo. Como, por exemplo, o envolvimento dos homens de negócios Manoel Matheus Tinoco, Manoel de Bastos Viana e Francisco Xavier Braga, para o aludido contrato.

Se os assentos em nome de João Fernandes de Oliveira no borrador da loja de Vila Rica (1737 – 1738) apontam para uma forte proximidade entre o sargento--mor e Jorge Pinto de Azeredo, os negócios envolvendo o tal contrato de 1737 indicam que essa parceria foi extremamente relevante para o sucesso de suas trajetórias, pois tratava-se de uma relação de confiança indicando o resgate de somas elevadas sobre duas letras de crédito. Uma delas, no valor de 10.000 cruzados, cuja quantia era a parte da entrada na mesma companhia que Jorge Pinto de Azeredo, em Lisboa, deveria repassar a Manoel de Bastos Viana. E a outra, de "sete mil e tantos cruzados", remetidos na mesma ocasião ao Rio de Janeiro por Manoel de Albuquerque, com pagamentos de algumas parcelas em Lisboa, pelas mãos de Jorge Pinto de Azeredo.[167]

Vale dizer, neste sentido, que a inserção no universo dos homens de negócios e contratos régios do Império português para João Fernandes e Jorge Pinto aconteceu de forma concomitante e dependeu, em grande medida, da relação de confiança estabelecida entre ambos, construída quando ainda residiam nas Minas. Um vínculo que pode ser visto mais uma vez com a arrematação do contrato dos

---

166 IANTT – Registro Geral de Testamentos – Livro 300 – Fls. 28 verso – 34 verso – Fl. 30.

167 IANTT – Registro Geral de Testamentos – Livro 300 – Fls. 28 verso – 34 verso – Fl. 31.

Dízimos para todas as comarcas da capitania de Minas por Jorge Pinto de Azeredo, para o triênio de 1738 a 1741.

Conforme as mesmas disposições testamentárias, a administração desse contrato ficaria sob a responsabilidade de João Fernandes de Oliveira, porém os rumos do vultoso negócio foram modificados, porque pouco tempo depois arrematara João o primeiro contrato da Extração de Diamantes. Em razão da administração desse monopólio, que também ficou sob a sua alçada, se viu obrigado a estabelecer residência no Serro Frio abdicando à administração dos Dízimos em nome do coronel Caetano Álvares Rodrigues e de Manoel Matheus Tinoco. Por sua vez, os novos administradores estariam obrigados ao custeio e pagamentos à Fazenda Real, além de fornecerem os suprimentos e a prestação de contas aos demais interessados, recebendo a comissão de 1% de todo o rendimento do contrato. Mas:

> (…) como com causa nenhuma destas cumpriram tomei outra vez um suprimento excessivo da minha fazenda dando as contas aos interessados, o que eles não quiseram fazer e como se passaram obrigações de parte a parte, e estas se acham em poder dos ditos faço esta declaração para que se em algum tempo procurarem a dita confissão digo a dita comissão meus testamenteiros lha não darem e defendê-la digo e defenderem-se.[168]

Os dois primeiros contratos de Extração de Diamantes arrematados por João Fernandes foram de perdas consideráveis e os negociantes envolvidos certamente não conseguiram recuperar o investimento aplicado nesse monopólio. Esse foi o caso de Martinho de Freitas Guimarães ao declarar em seu testamento, em 1767, que esperava receber os rendimentos de alguns escravos matriculados nas duas companhias, ou ainda, o arrolamento de ações judiciais contra João Fernandes de Oliveira movidas por Francisco Ferreira da Silva e Jorge Pinto de Azeredo.[169] Em

---

168 IANTT – Registro Geral de Testamentos – Livro 300 – Fls. 28 verso – 34 verso – Fl. 31 e 31 verso.

169 Particularmente, sobre as condições da companhia que arrematou o primeiro contrato de Extração de Diamantes, esclareceu João Fernandes que inicialmente ficaram reservados 3% de comissão para Francisco Ferreira da Silva, como caixa em Lisboa, enquanto ele teria direito a 4% em razão da sua administração na zona de exploração diamantífera. Mas essa cláusula logo foi alterada. Afinal: "(…) como pareceu ser mais útil à mesma [companhia] e ir companheiro para Lisboa se meteu Jorge Pinto de Azeredo a consentimento do dito Ferreira como se mostra de uma escritura feita pelo escrivão da Fazenda Real destas Minas, dando-se ao Pinto de Azeredo um por cento de comissão que vem a ser legitimamente dos quatro por cento que eu tinha, ficando o dito Ferreira com a sua comissão por inteiro (…)". Referência: IANTT – Registro Geral

Das Minas à Corte, de caixeiro a contratador

1750 quando redigiu seu testamento, já haviam se passado nove anos do encerramento do primeiro contrato e sobre ele pendia a conta final. Por isso, orientava a seus testamenteiros que as contas se ajustariam conforme as cópias das instruções enviadas a Manoel Nunes da Silva Tojal e José Ferreira da Veiga, os caixas da companhia do segundo contrato da Extração dos diamantes na Corte.

Da mesma forma que o primeiro, as perdas e pendências se estenderam ao segundo contrato (1742-1745),[170] compelindo a João Fernandes de Oliveira orientar a seus testamenteiros que o ajuste da conta final sobre aquele monopólio deveria levar em conta todas as "somas consideráveis" de letras sacadas sobre os caixas na Corte, "para custeamento e suprimento do dito contrato", cujas clarezas estariam nos seus livros e papéis.[171]

Mais uma vez, as disposições perscrutadas no testamento de um dos mais importantes homens de negócios da praça mercantil do Império português no período pombalino apontam para as dificuldades de arrecadação do patrimônio. Em grande medida, pelo fato de suas fortunas encontrarem fortemente empenhadas no complexo sistema de investimentos e negócios, sobretudo àqueles relacionados aos contratos régios. Neste caso, uma dificuldade que acompanhava as atividades de João Fernandes desde a época do falecimento da sua primeira esposa, Dona Maria de São José, sendo então impossibilitado de fazer o inventário dos bens daquele casal por se acharem "todos baralhados e obrigados pela Fazenda Real, como ainda de presente se acham". Uma situação repetida com o levantamento do seu espólio, por cuja razão não estabeleceu o tempo necessário da prestação de contas, "pelo grande embaraço em que se acham os meus bens, tanto os que estão em ser como as dívidas".[172]

Poucos dias antes de falecer, Jorge Pinto de Azeredo registrou em cartório a renúncia do seu hábito da Ordem de Cristo em nome da sua afilhada Antônia Margarida da Escócia.[173] Antônia era uma das filhas mais novas de Manoel Gomes

---

de Testamentos – Livro 300 – Fls. 28 verso – 34 verso – Fl. 31 verso.

170 Quanto às disposições do segundo contrato, João Fernandes teria de comissão por sua administração 4% do seu rendimento, enquanto os caixas em Lisboa, Jorge Pinto de Azeredo e Manoel Nunes da Silva Tojal, ficariam cada um com 1%; o que resultava em 6% de todo o rendimento do contrato na forma estabelecida. No entanto, mediante o inesperado falecimento de Jorge, em seu lugar passaria a responder José Ferreira da Veiga e, "do tempo que este administrava lhe toca a comissão".

171 IANTT – Registro Geral de Testamentos – Livro 300 – Fls. 28 verso – 34 verso – Fl. 32.

172 IANTT – Registro Geral de Testamentos – Livro 300 – Fls. 28 verso – 34 verso – Fl. 33

173 IANTT – Registros Notariais de Lisboa – Livros do Distribuidor – Caixa 32 – Livros 108.

de Campos, um dos 100 grandes negociantes da praça mercantil de Lisboa no período pombalino, com quem Jorge Pinto de Azeredo teve negócios e uma grande amizade, como se vê com a renúncia do seu hábito (cf. PEDREIRA, 1995, p. 165).

Quando Manoel Gomes de Campos, natural da freguesia de Santa Lucrécia da Ponte do Louro, termo de Barcelos, deu entrada no seu processo para familiar do Santo Ofício em 1726, declarou ser um homem solteiro, mercador de loja aberta no Rio de Janeiro e "contratador para as Minas".[174]

As sindicâncias realizadas para obter o título de familiar, recebido em março de 1727, revelam que Manoel saiu de Santa Lucrécia entre os 12 e 15 anos de idade permanecendo por certo tempo em Lisboa, onde aprendeu o ofício de alfaiate. Algum tempo depois fez a travessia para o Brasil, estabelecendo-se no Rio de Janeiro e lá negociando como "(…) mercador de loja aberta e tem duas de fazendas que compra e vende por seus caixeiros e faz também algumas carregações para as Minas e outras partes de cujo trato e negócio me dizem que vive limpa e abastadamente (…)".[175]

É provável que Manoel Gomes de Campos pouco tempo depois da sua aprovação como familiar tenha regressado para Portugal. Seguramente em 1732 já havia restabelecido na Corte portuguesa, data que apresentou o pedido para habilitar Antônia Margarida da Escócia, com quem estava contratado para se casar. Sua futura esposa, natural e residente em Lisboa, morava na freguesia de São Julião e era filha legítima de Domingos dos Santos, um mercador na "rua da calcetaria" daquela freguesia.[176]

Quando o casal completou aproximadamente 45 anos de casamento em 1778 faleceu Manoel, como nos informa o termo de abertura do seu testamento. Na altura, viviam com alguns dos seus seis filhos na freguesia de São Sebastião da Pedreira, em Lisboa.[177] Desejava Manoel o sepultamento do seu corpo na Igreja do convento de São Francisco com 50 missas de corpo presente e mais outras 200 pela sua alma e de seus pais. Os mais sufrágios, por sua vez, deixavam à mercê da sua testamen-

---

174 IANTT – Habilitação do Santo Ofício – Maço 93 – Documento 1747 – Fl. 1.

175 IANTT – Habilitação do Santo Ofício – Maço 93 – Documento 1747 – Fl. 6 e 6 verso.

176 Da mesma forma que as diligências para habilitação de Manoel foram aprovadas no decurso de um ano, Antônia também obteve sua habilitação em 1733, sem qualquer objeção por parte do Conselho Geral. Referência: IANTT – Habilitação do Santo Ofício – Maço 93 – Documento 1747.

177 IANTT – Registro Geral de Testamentos – Livro 309 – Fl. 21 verso.

Das Minas à Corte, de caixeiro a contratador

teira e mulher, pois "confio na dita Senhora que fará pela minha alma o que eu faria pela sua em atenção ao recíproco amor com que sempre nos conservamos".[178]

Uma situação semelhante àquelas apresentadas por Francisco Ferreira da Silva e João Fernandes de Oliveira, nos seus respectivos testamentos, foi encontrada no de Manoel Gomes de Campos. Melhor dizendo, embora muito sucinto, com a análise do seu testamento entrevimos um patrimônio embaraçado por seus negócios que àquele tempo não iam muito bem, compelindo-o a fazer especial menção a uma dívida ao genro Antônio Martins dos Santos, da maior parte do dote ajustado ao se casar com sua filha Maria, pois não podia satisfazê-lo visto os inumeráveis contratempos, prejuízos e faltas em cobranças de avultadíssimas somas que esperava receber, desejando, quando possível, que o tal genro fosse ressarcido pelo "mais bem parado dos seus bens" ativos e passivos.[179] E, assim mais, recomendou:

> (...) Enquanto se não fizer a partilha em que necessariamente há de haver demora pelas muitas ações que se hão de liquidar, e quero que primeiro se liquidem, peço, e rogo a dita Senhora minha mulher e a meus herdeiros se conservem em comum desfrutando todos os bens do casal com a mesma união e familiaridade com que até agora vivemos todos.[180]

É interessante perceber certas semelhanças nas estratégias desenvolvidas pelos negociantes a fim de trilhar um percurso bem sucedido no universo mercantil do Império português. Uma delas, sem dúvida, era a parceria entre irmãos. Certamente os percursos entretecidos por familiares poderiam ser estendidos a muitos negociantes que atuavam no ultramar, como já assinalamos a partir da trajetória de Domingos e José Ferreira da Veiga. Neste âmbito, também se serviram desse dinamismo Manoel e João Gomes de Campos ao desenvolverem suas atividades mercantis no ultramar. Um dinamismo acompanhado através da habilitação para familiar do Santo Ofício de João Gomes de Campos que, seguindo os passos de seu irmão Manoel, converteu sua ascensão econômica em capital simbólico.

Foi em 1732 que João declarou seu desejo de servir ao Santo Ofício como familiar mediante uma petição encaminhada àquele tribunal. Na ocasião apresentou-se como um mercador, solteiro e residente no Rio de Janeiro, vindo da fre-

---

178 IANTT – Registro Geral de Testamentos – Livro 309 – Fl. 21 verso – Fl. 22.

179 IANTT – Registro Geral de Testamentos – Livro 309 – Fl. 21 verso – Fl. 22.

180 IANTT – Registro Geral de Testamentos – Livro 309 – Fl. 21 verso – Fl. 22 verso.

guesia de Santa Lucrécia da Ponte do Louro, no termo de Barcelos. Para facilitar a investigação do tribunal e, obviamente favorecê-lo, evocou os laços de sangue com seu irmão inteiro Manoel Gomes de Campos, um familiar e homem de negócios da "praça do Rio de Janeiro" e assistente em Lisboa.[181]

Com efeito, as testemunhas em Santa Lucrécia confirmaram as suas informações e disseram também que João Gomes de Campos se ausentou da sua pátria com cerca de 14 anos de idade. Já o comissário do Rio de Janeiro disse que poucas testemunhas sabiam de onde era natural, mas o conheciam por residir naquela cidade com intervalo de tempo nas Minas, por conta dos seus negócios. E, finalmente:

> Achei também que vive limpa e abastadamente de negócio de que tem duas lojas administradas por caixeiros no canto que chamam do Suçusarara onde mora no sobrado das casas e mais que o deixou o dito irmão com o qual se entende tem sociedade no negócio das ditas fazendas por remessa de quantidade delas que lhe fez na presente frota, e por isso não sabem ainda estimar o cabedal que terá de seu, que sabe ler e escrever e representa ter de idade de trinta anos para cima.[182]

Por essas razões, João estava aprovado a servir ao Santo Ofício como familiar, recebendo sua provisão em 1733.[183]

Outra trajetória bem sucedida foi a de José Alves de Mira, homem de negócios da praça mercantil de Lisboa que estava entre os 100 grandes negociantes do período pombalino (PEDREIRA, 1995, p. 165). Como a maioria dos negociantes desse universo de pesquisa, sua trajetória esteve marcada por um período de estada pelo Brasil, especificamente pela região mineradora.

O percurso bem sucedido de José, que se tornou importante negociante na capital lisboeta, foi coroado com o título de cavaleiro da Ordem de Cristo.[184] Embora sucinto, seu processo de justificação traz informações elucidativas sobre a trajetória de portugueses que, pelas motivações econômicas das Minas, se instalaram na região a fim de adquirir riqueza e, consequentemente, prestígio social. Sendo assim, o primeiro parecer proferido pelos deputados da Mesa de Consciência e Ordens veio em 1735. Nele, o justificante teve suas partes pessoais aprovadas por-

---

181 IANTT – Habilitação do Santo Ofício – Maço 65 – Documento 1216 – Fl. 2.
182 IANTT – Habilitação do Santo Ofício – Maço 65 – Documento 1216 – Fls. 5 e 5 verso.
183 IANTT – Habilitação do Santo Ofício – Maço 65 – Documento 1216 – Fl. 27 verso.
184 IANTT – Habilitação da Ordem de Cristo – Letra J – Maço 95 – Documento 14.

Das Minas à Corte, de caixeiro a contratador

que possuía pureza de sangue, porém, ao passar pelo Brasil conduziu fazendas do Rio de Janeiro para Minas onde algum tempo depois teve loja e nela trabalhava pessoalmente. Este foi então o impedimento condicionante para que a José fosse negado o recebimento do seu hábito, em uma época que os negociantes ainda não contavam com a política protecionista do período pombalino.

Como de costume, José Alves de Mira apresentou uma nova petição, cuja argumentação pedia a dispensa daquele impedimento partindo dos méritos que levaram seu tio José Nunes Ramalho a ser agraciado com a mercê do dito hábito, renunciada em seu favor em 1734. Alegava, ainda, os serviços pessoais durante sua passagem pelas Minas, uma vez que:

> (…) do ano de 1728 até 1731, serviu nas Minas sendo o primeiro ano eleito pelos oficiais da Câmara da Vila de São José e seu termo para cobrar o donativo Real daquele distrito fazendo a cobrança com grande cuidado e zelo e sem vexação do povo. No ano de 1730 lhe fora dada a incumbência de Tesoureiro Geral do mesmo donativo que serviu com o mesmo zelo devendo-se a esta a cobrança de muita parte que os cobradores não puderam conseguir oferecendo-se o suplicante a inteirar a conta de V. M. com seu cabedal para com mais brevidade se remeter e continuando a mesma diligência o ano de 1731. Suprindo voluntariamente com 575 oitavas de ouro que faltava para ajustar a conta da dita Vila por fazer sendo V. M. e dar tempo aqueles povos para com [?] da dita paragem, fora também encarregado de levar o dito donativo à Provedoria da Fazenda Real daquela Provedoria o que executara com muito trabalho, fazendo a sua custa a condução e correndo-lhe o risco no que fez relevante serviço pelas passagens serem desertas e rios caudalosos que pedem a maior vigilância e poder de armas por cujos serviços mostra não recebimento algum.[185]

Os serviços renunciados por seu tio e aqueles a serviço da Coroa prestados por ele, foram eficazes para lograr a dispensa do impedimento almejado, desde que contribuísse com um donativo para a obra da Capela do Colégio das Ordens Militares, no valor de Rs. 1:000$000, em março de 1738.

Já o lisboeta Afonso Ginabel era homem de negócios daquela praça mercantil durante os meados do século XVIII e dividiu a função de testamenteiro de Jorge Pinto de Azeredo com José Ferreira da Veiga, até a data do seu falecimento, ocorrido em agosto de 1753. Afonso foi batizado na freguesia de São Paulo e era filho

---

185 IANTT – Habilitação da Ordem de Cristo – Letra J – Maço 95 – Documento 14 – Fl. 3 e 3 verso.

de João Ginabel e sua mulher Maria Josefa Tolentina. A partir das informações apuradas do seu testamento, vimos que iniciou sua carreira mercantil na casa do cunhado Valentim Ribeiro da Silva, de quem recebeu educação de filho e deu continuidade aos seus negócios.[186]

Dois anos antes de falecer, ou seja, em 1751, Afonso Ginabel foi agraciado com o hábito da Ordem de Cristo mediante a renúncia da mercê alcançada por José Teixeira.[187] No entanto, em seu processo de justificação consta apenas uma petição para a dispensa das provanças sobre a origem de seus avós paternos por um pedido de pátria comum, porque eram naturais da Alemanha e se estabeleceram em Lisboa vindo em companhia da "Senhora Rainha Dona Maria Sofia", esposa de Dom Pedro II rei de Portugal, onde viveram "com boa reputação e para haver de se ir a origem lhe causa grande prejuízo e demora, tanto em despesa como por não haver Cavaleiros naquele Estado, e nesta Corte há muitas pessoas dele que ainda conheceram aos ditos seus avós (…)".[188] Apesar de não conter mais que a aludida informação acima mencionada, ao que parece seu pedido de justificação obteve o êxito esperado, pois declarou em seu testamento ser um cavaleiro da Ordem de Cristo.

Retomando a sua história de vida, Afonso Ginabel desposou a sobrinha Dona Ana Joaquina Quintela, com quem teve seis filhos. A esta senhora atribuiu a função de tutora dos filhos menores além de testamenteira com o compadre José Ferreira da Veiga. Como cavaleiro professo na Ordem de Cristo, desejava que seu corpo fosse sepultado com o aludido hábito e, nos dias subsequentes ao seu falecimento, seriam rezadas 500 missas por sua alma.[189]

Conforme as disposições testamentárias, o patrimônio de Afonso estava entrelaçado com os negócios da casa do cunhado Valentim, de cuja atividade mercantil dava continuidade e pela qual existiam dívidas por "aprestos de navios" em

---

186 IANTT – Registro Geral de Testamentos – Livro 256 – Fl. 112.

187 IANTT – Registro Geral de Mercês – Reinado de D. João V – Livro 35 – Fl. 280.

188 "José Teixeira filho de Gaspar Teixeira e natural de Égoa, termo de Vila de Chaves, informou que no ano de 1735 sentou praça voluntariamente em uma companhia de Cavalaria da Província de Trás os Montes, e também sentou praça no Estado da Índia e por ser pessoa nobre em consideração, houve por bem fazer mercê de 12$ de tença efetiva em um dos almoxarifados do Reino a título do Hábito da Ordem de Cristo, que por se achar empenhado e pobre impossibilitado para por maiormente tendo dois avós fora do Reino e desejava se lhe concedesse faculdade para renunciar a sobredita mercê (…) a Afonso Ginabel. Foi passado padrão em 11 de outubro de 1749". IANTT – Habilitação da Ordem de Cristo – Letra A – Maço 45 – Documento 11 – Fl. 1.

189 IANTT – Registro Geral de Testamentos – Livro 256 – Fl. 112.

Das Minas à Corte, de caixeiro a contratador

seu nome, para se liquidarem com o capital da mesma casa. Mas para melhor clareza dos seus negócios e daqueles da casa de seu cunhado, esclarecia, ainda:

> (…) que tudo se achará resumido em um caderno que espero deixar feito em letra que valerá como parte deste meu testamento ao qual se fará inteira fé e crédito. E como nestes termos é preciso declarar os bens que possuo e que são próprios de meu casal, também espero deixá-los expressados em outro caderno da minha letra para que se lhe dê inteira fé e crédito a qual também ficará valendo como parte deste meu testamento.[190]

Ao que parece, o principal negócio da sua empresa foram os carregamentos de navios para o litoral do Brasil. Uma atividade desenvolvida em parceria com José Pinho de Souza e José Pinto Vieira, negociantes da cidade do Porto; sendo Vieira primo de Jorge Pinto de Azeredo. Além disso, tinha contas com o seu compadre José Ferreira da Veiga, e "como lhe sou muito obrigado recomendo esteja pela sua verdade e tudo o que toca a estas contas é próprio do meu casal".[191] Por se encontrar "enfermo de achaques graves" faleceu em agosto de 1753 na sua residência localizada na freguesia de Nossa Senhora dos Mártires, em Lisboa.

A história de Estêvão Martins Torres, reconstituída através do seu testamento, encerra os percursos de negociantes contemplados em nosso universo de pesquisa. Mesmo que este seja apenas um vislumbre sobre a trajetória daquele que foi um dos mais proeminentes homens de negócios da praça mercantil de Lisboa, na primeira metade do século XVIII, suas disposições iluminam o padrão de vida perseguido pelos negociantes no reinado de Dom João V.[192]

Estêvão era português natural e batizado na freguesia de São Lucas, termo de Torres Vedras que ficava na província da Estremadura e, ao morrer, em meados de 1750, seu corpo certamente foi amortalhado no hábito de Nossa Senhora do Monte do Carmo, de cuja irmandade era irmão terceiro, sendo sepultado no jazigo da mesma com a realização de mil missas por sua alma distribuídas entre os altares privilegiados.[193]

---

190 IANTT – Registro Geral de Testamentos – Livro 256 – Fl. 112.

191 IANTT – Registro Geral de Testamentos – Livro 256 – Fl. 112.

192 Sobre o exame dos contratos régios envolvendo Estêvão Martins Torres e Jorge Pinto de Azeredo, ver capítulo 4.

193 Além de mais outras mil missas recomendadas, pelo prazo de um ano, também instituiu como sufrágio a favor de sua alma uma capela de missas perpétuas, na Irmandade do Santíssimo Sa-

As disposições do testamento de Estêvão Martins Torres indicaram que ele e sua esposa Dona Maria Tereza de Abreu tiveram uma extensa prole de dez filhos, indicados como herdeiros do seu espólio.[194] Mas fez questão de expressar que legava da sua terça para os netos José Antônio da Costa Bonicho e Manoel da Costa Bonicho, filhos do desembargador Manoel da Costa Bonicho com sua filha Dona Caetana Tereza de Jesus, Rs. 1:200$000 para cada. Nos mesmos termos, também foram beneficiadas com a terça parte de seus bens sua comadre, a viúva Guilherma Maria com Rs. 400$000 e sua cunhada, Isabel Maria, que herdaria Rs. 800$000.

Ao longo de uma bem sucedida trajetória mercantil Estêvão não amealhou insígnias como o hábito da Ordem de Cristo ou se tornou familiar do Santo Ofício, como tantos outros negociantes à sua volta, a fim de distinguir-se socialmente naquele universo. Com isso, pouco se pôde apurar do seu percurso e de como se inseriu na atividade mercantil, tornando-se um dos mais importantes contratadores do Império português na primeira metade do Setecentos; pessoa a quem Jorge Pinto de Azeredo estava obrigado pelas adjudicações de interesses em contratos régios. Sabemos apenas que Estêvão em 1717 por despacho de uma mercê régia obteve o ofício de escrivão dos Direitos Reais da Casa da Portagem da cidade de Lisboa, renunciado por Sebastião Moniz de Araújo e transmitido a seu filho Manoel Barboza Torres em 1740.[195]

Em torno de seus negócios reuniu importantes contratos régios e sua casa mercantil, conhecida através do seu sobrenome "Torres", foi continuada com a sucessão dos filhos Manoel e Antônio. Quanto ao seu patrimônio, para além dos negócios envolvendo os monopólios régios e apresamento de navios, Estêvão era dono de 11 propriedades instituindo por elas alguns prazos em vida, ou seja, aforamentos, dos quais "sua mulher poderia dispor livremente, sem encargo de dar da dita terça legítima aos seus filhos".[196] Apesar de desconhecermos o montante alcan-

---

cramento da freguesia de Santa Justa. IANTT – Registro Geral de Testamentos – Livro 247 – Fl. 49/52.

194 Foram seus filhos: Caetana Tereza de Jesus, Manoel Barboza Torres, Jerônimo Barboza (Frei e monge de São Jerônimo), Francisco Martins (demente), Ambrósio José Barboza (Doutor), Feliz Xavier Torres (Doutor), Antônio Martins Torres, João Climaço, Ana Maria de Abreu (Madre religiosa de São Bernardo no mosteiro de Odivelas), e D. Maria Joaquina da Purificação. IANTT – Registro Geral de Testamentos – Livro 247 – Fl. 49/52 – Fl. 50.

195 IANTT – Registro Geral de Mercês – Reinado de D. João V – Livro 7 – Folha 477; IANTT – Registro Geral de Mercês – Reinado de D. João V – Livro 29 – Folha 88.

196 IANTT – Registro Geral de Testamentos – Livro 247 – Fl. 49/52 – Fl. 50.

çado pelo espólio de Estêvão Martins Torres é grande a possibilidade do mesmo ter alcançado um valor significativamente expressivo na época, que se vê reforçado mediante dois fatos. O primeiro, quando mencionou o dote de sua filha Dona Caetana Thereza de Jesus, no valor de 40.000 cruzados, ou seja, Rs. 16:000$000. E o outro, por uma ação judicial impetrada em 1770, envolvendo a cobrança da legítima paterna de seu filho demente Francisco Martins, no valor de Rs. 49:675$812.[197]

Embora estivesse envolvido em muitos negócios, havia apenas uma cláusula testamentária sobre os mesmos. É muito provável que essa decisão fosse pelo fato de seus filhos estarem plenamente inteirados dos negócios, como se pode inferir na mesma cláusula:

> Declaro que meu filho Manoel Barboza Torres tem levado do meu casal algumas parcelas notáveis as quais em consciência devem vir a colação para em igual partilha com seus irmãos, as quais parcelas ele sabe e a todos pessoalmente se hajam com o dito seu irmão com aquela fraterna que é bem, atendendo o que o dito meu filho também tem trabalhado na casa em utilidade de todos.[198]

Sua esposa, Dona Maria Thereza de Abreu foi nomeada na função de testamenteira e tutora dos filhos menores e do filho demente Francisco Martins, uma escolha que certamente pesava na união e igualdade de distribuição dos seus bens. Já a função de testamenteiro também se estendeu aos filhos Manoel Barboza Torres e Antônio Martins Torres, pois estavam à frente da sua casa mercantil, além de Domingos de Bastos Viana: "(...) para que todos juntos possam continuar nos negócios de minha casa e ajuste das contas delas cobrar e arrecadar e pagar tudo o que se dever e para dar execução a este meu testamento (...)". Por fim, Estêvão determinou o prazo de dez anos para a prestação de contas do espólio, necessários para averiguação do líquido cabedal da sua casa, que "importará dos meus livros de razão dos quais tem pleno conhecimento o dito meu filho Antônio Martins Torres".[199]

$$***$$

---

197 Não tivemos acesso à ação. Referência: Feitos Findos – Administração de Casas – Maço 161 – Número 1.

198 IANTT – Registro Geral de Testamentos – Livro 247 – Fl. 49/52 – Fl. 50.

199 IANTT – Registro Geral de Testamentos – Livro 247 – Fl. 49/52 – Fl. 51.

As trajetórias de vida perscrutadas neste universo de pesquisa revelam que Jorge Pinto de Azeredo reuniu à sua volta abastados mineradores, comerciantes e homens de negócios, nos decênios de 1730 e 1740 e ajudam a entender a relevância das relações entretecidas para a sua projeção no eixo mercantil do Império português, figurando como um destacado homem de negócios.

Mas a trajetória de Jorge Pinto de Azeredo se insere em um movimento maior, o da expansão do comércio ultramarino português que, neste caso, em razão dos descobertos auríferos nas Minas, incrementou fortemente as atividades mercantis promovendo a afirmação de negociantes que se tornaram importantes homens de negócios do Império.[200]

Quanto às pessoas relacionadas no Quadro 3.1, que abarcam parte da rede relacional estabelecida na comarca de Vila Rica, atentamos para dois grupos, mais ou menos distintos, se partirmos das suas atividades econômicas na região mineradora. Um deles, composto por comerciantes e homens de negócios, e o outro, por mineradores e fazendeiros. Entretanto todos figuraram dentro do que poderíamos delimitar como a afortunada elite mineira setecentista, em tempos que a mineração atingia seus níveis mais elevados de produção.[201] Considerando como da maior importância as motivações de um espaço favorecido pela expansão de sua economia, veio a lume com a maioria dos casos explicitados a diversificação de investimentos. Além do mais, muitos deles buscavam exteriorizar esta projeção econômica através de patentes militares, cargos camarários, participação nas irmandades locais e a ostentação de insígnias como a familiatura do Santo Ofício e o hábito da Ordem de Cristo.

---

200 Luiz Antônio da Silva Araújo, em sua tese de doutorado, traz uma importante contribuição acerca das redes mercantis que emergiram neste universo mercantil português, especialmente no decênio de 1730, tendo em vista as motivações econômicas da mineração. Nessa medida: "No caso de Minas Gerais, o fato de sua formação ter sido impulsionada pela produção de uma mercadoria-dinheiro, gerou uma rede de comércio envolvendo o abastecimento entre as regiões da própria capitania, o comércio da capitania com outras regiões da colônia e aquele voltado para o mercado externo, especificamente com a Europa e África. Neste contexto emerge uma importante camada de comerciantes, sendo eles: os comerciantes portugueses (alguns se constituíram em financiadores do comércio colonial) os comerciantes das praças do Rio de Janeiro e Bahia e os comerciantes locais da capitania" (ARAÚJO, 2008, p. 20).

201 O conceito de elite aqui adotado caminha no sentido explicitado por Flávio Madureira Heinz, quando avalia que "(...) um número crescente de pesquisadores encontra na noção de elite uma forma de se estudar os grupos de indivíduos que ocupam posições-chave em uma sociedade e que dispõem de poderes, de influência e de privilégios inacessíveis ao conjunto de seus membros, ao mesmo tempo que evitam a rigidez inerente às análises sociais de produção" (HEINZ, 2006, p. 8).

Ainda que o vínculo do comerciante Braz Gomes de Oliveira com Jorge Pinto de Azeredo provavelmente estivesse relacionado apenas à compra de artigos da sua loja, no decênio de 1730, o exemplo explicitado com a atividade mercantil entretecida mediante uma sociedade comercial parece-nos um caso bastante esclarecedor, na medida em que entrevimos características sobre as companhias mercantis recorrentes no comércio da capitania do ouro. Da mesma forma, a figuração dos agentes mercantis no âmbito da região mineradora fica bem iluminada no percurso de Antônio Dias da Costa, Gonçalo Francisco Neves, Manoel da Costa Guimarães e Manoel Luiz dos Santos.

Já Simão da Rocha Pereira, homem de negócios que manteve uma estreita relação com a loja dos irmãos Jorge e Manoel, foi o que teve a atuação mais espetacular, sendo o único comerciante dentro deste grupo a alcançar o cobiçado título de cavaleiro da Ordem de Cristo. Muito embora seus negócios estivessem fortemente vinculados ao trato mercantil (com o estabelecimento de uma casa mercantil em Vila Rica e a venda de escravos), Simão serviu nos "cargos da República" ao longo de 30 anos, no exercício de algumas funções como almotacé, vereador, juiz ordinário, fiscal da Intendência, alferes, tenente e, finalmente, capitão da Cavalaria da Ordenança Auxiliar de Vila Rica.

Por fim, alocamos ainda neste grupo o perfil de Manoel Matheus Tinoco, homem de negócios em Vila Rica que destes casos acima explicitados, evolveu-se com a cobrança de tributos régios ao administrar juntamente com o coronel Caetano Álvares Rodrigues os Dízimos Reais da capitania das Minas, triênio de 1738 a 1741, arrematado por Jorge Pinto de Azeredo. Aliás, a ligação com Jorge também se estendeu sobre as cotas que possuiu no contrato da Dízima da Alfândega do Rio de Janeiro e no contrato das Entradas das Minas, bem como duas ações na companhia do Macau, durante a década de 1740.

Já o estudo sobre os mineradores e fazendeiros contemplados neste universo de pesquisa apontou alguns exemplos acerca da elite mineradora nos meados do Setecentos, um período marcado pelo crescente número de "mineradores-agricultores" com suas propriedades mistas (cf. MAGALHÃES, 1987, p. 192). Ou seja, nestes casos entrevimos uma estimativa acerca dos patrimônios constituídos notadamente pelas grandes propriedades que conjugavam a exploração mineral à produção rural, empregando um significativo plantel de escravos. Gabriel Fernandes Aleixo, Manoel Teixeira Sobreira e Martinho de Freitas Guimarães, além de mineradores e fazendeiros, alocaram seus investimentos em cotas de contratos régios da capitania, sendo que Gabriel Fernandes Aleixo também era o proprietário do ofício de escrivão das fazendas dos defuntos, ausentes, capelas e resíduos de toda a comarca de Vila Rica.

Se nos detivermos na atuação desse abastado grupo, veremos que alguns deles serviram nos postos de capitão (Manoel Fernandes de Araújo e José de São Boaventura Vieira) e sargento-mor (Domingos de Amorim e Gabriel Fernandes Aleixo) na comarca de Vila Rica. E, para além da riqueza propalada com suas ocupações e atividades, esses mineradores e fazendeiros buscavam a distinção social mediante a atuação nas principais irmandades religiosas do período, embora as fontes de que dispomos a este respeito não se estendessem a todos. Mesmo assim, Manoel Fernandes de Araújo e Domingos de Amorim pertenceram à Irmandade do Santíssimo Sacramento da matriz de Nossa Senhora da Boa Viagem, que ficava na freguesia de Itaubira (Itabirito), enquanto Martinho de Freitas Guimarães era irmão da Ordem Terceira de São Francisco e de Nossa Senhora do Carmo da cidade de Mariana.

Foi, de fato, no correr do decênio de 1730, como bem assinalou Luiz Antônio da Silva Araújo (ARAÚJO, 2008), o período marcado pela emergência no Império português de proeminentes negociantes conformados em tramas mercantis que assumiram o controle do comércio ultramarino e a arrematação de monopólios e cobranças de tributos régios, estimulados pelas motivações econômicas do comércio com o Brasil. E, na esfera desse grupo, circulavam os homens de negócios com os quais Jorge Pinto de Azeredo entreteceu uma rede mercantil.

À exceção de Manoel da Silva Lopes, os demais homens de negócios relacionados no Quadro 3.2 residiam em Lisboa no auge de suas atividades, a principal praça mercantil do Império. Dentre eles, apenas Afonso Ginabel, Francisco Ferreira da Silva e Pedro da Costa Guimarães não figuraram na lista dos 100 grandes negociantes do período pombalino, elaborada por Jorge Pedreira (PEDREIRA, 1995, p. 164-167). O primeiro possivelmente porque seu envolvimento com os contratos régios foi encerrado mediante o seu falecimento, em 1753, ou seja, pouco tempo antes de Pombal ocupar a função de ministro de Dom José. Quanto ao caso de Francisco Ferreira da Silva não é possível fazer qualquer inferência uma vez que o padrão de seus investimentos esteve à altura daqueles atribuídos aos demais negociantes da listagem que, por conseguinte, serviu como parâmetro para a confecção da mesma lista. E, por último, Pedro, que apesar de possuir

Das Minas à Corte, de caixeiro a contratador

interesse em dois contratos adjudicados por Jorge Pinto de Azeredo, não esteve envolvido em outros contratos.[202]

Embora o ponto de partida para o mapeamento desse grupo fosse os negócios desenvolvidos depois do regresso de Jorge Pinto de Azeredo a Portugal, ocorrido no final do decênio de 1730, em linhas gerais, os resultados de tal análise apontam que a maioria desses agentes já teria estabelecido algum vínculo com ele quando ainda residia nas Minas. Além disso, o estudo desses percursos individuais demonstrou para a quase totalidade dos negociantes desse universo de pesquisa uma passagem pelo Brasil, particularmente, pela capitania de Minas e do Rio de Janeiro. Mas, sem exceção, todos em algum momento de suas vidas estavam vinculados a negócios envolvendo a capitania do ouro, fosse através do vigoroso comércio de abastecimento da região ou pela participação da cobrança de tributos régios da aludida capitania.

Da mesma forma que Jorge Pinto de Azeredo, os negociantes Francisco Ferreira da Silva, João Fernandes de Oliveira, José Alves de Mira e Pedro da Costa Guimarães iniciaram suas atividades na região mineradora, onde residiram por um tempo antes de regressarem ao Reino. Estiveram por lá entre os decênios de 1720 e 1730, desfrutando das motivações econômicas oferecidas pelas riquezas minerais da região, o que tornou possível a projeção econômica e o acúmulo de consideráveis cabedais além, é claro, dos vínculos necessários para a inserção no universo dos homens de negócios do Império português.

A sua vez, Domingos Ferreira da Veiga e Castro, seu irmão José Ferreira da Veiga e Manoel Gomes de Campos antes de fazerem o caminho de volta para o Reino transitaram no eixo das Minas e Rio de Janeiro também atuando no ramo mercantil, sendo que José e Manoel fixaram residência por certo tempo no Rio de Janeiro, onde tiveram suas casas mercantis. Por fim, tanto Afonso Ginabel quanto Estêvão Martins Torres não estiveram de passagem pelo Brasil, mas possuíram vínculos fortemente estreitados com o comércio de abastecimento colonial bem como a participação nos contratos régios envolvendo, por exemplo, a capitania de Minas Gerais.

Há que se ressaltar ainda com a leitura dos testamentos de Estêvão Martins Torres, Francisco Ferreira da Silva, João Fernandes de Oliveira e Manoel Gomes

---

202 Provavelmente a sua ausência nos negócios e monopólios régios estaria relacionada com a sua prisão em Lisboa pelo desvio de ouro em Minas Gerais (cf. ARAÚJO, 2008, p. 171).

de Campos que, dada a natureza dos investimentos e negócios, suas fortunas estavam fortemente empenhadas em dívidas ativas. Muitas delas, de difícil liquidação. Destarte, o fato aponta para as dificuldades de uma arrecadação patrimonial bem sucedida, um problema que certamente se estendeu para tantos outros homens de negócios do Império português. Uma situação acompanhada, amiúde, no próximo capítulo ao debruçarmos sobre a trajetória de Jorge Pinto de Azeredo.

IV. Ascensão econômica e projeção social: a trajetória do homem de negócios Jorge Pinto de Azeredo

Neste capítulo o propósito se volta para a trajetória de Jorge Pinto de Azeredo. Num primeiro momento, exploramos as informações de nosso universo de pesquisa que permitem vislumbrar os laços familiares desse proeminente homem de negócios do Império português, na primeira metade do século XVIII. Para tanto, apresentamos algumas seções que desvelam a sua trajetória de vida e de seus parentes em linha direta ou colateral. Com isso, o intuito será estabelecermos as conexões e definir os critérios que elucidam em que medida esses percursos e as ligações entretecidas por eles interferiram e/ou contribuíram para a sua bem sucedida trajetória como homem de negócios, e de outros mais, desta família de Santa Marinha do Zêzere.[1]

Em seguida analisaremos mais de perto o conjunto de dados relacionados no inventário *post mortem* de Jorge Pinto de Azeredo. Com a análise desse documento procuraremos avaliar a sua fortuna inserindo-a no contexto dos homens de negócios da praça mercantil de Lisboa. Assim mais, nosso esforço centrar-se-á na composição

---

1   No envolpe anexado à contracapa do livro, há uma árvore de geração paterna de Jorge Pinto de Azeredo. Nela, encontram-se explicitados os laços de parentesco, em linha direta, para boa parte dos seus familiares que se tornaram homens de negócios do Império português e descenderam dos Luízes, como era comumente conhecida essa família em Santa Marinha do Zêzere.

dos seus negócios, das dívidas ativas e passivas, pois a análise de cada componente traz a lume elementos característicos das atividades exploradas pelos negociantes da Corte portuguesa do período joanino. Veremos também como insere nosso personagem dentro desse mesmo universo mercantil, em uma análise comparativa, cuja investigação perpassa por uma explicitação da hierarquia dos agentes que fizeram parte da teia mercantil entretecida por Jorge Pinto de Azeredo. Com base nesta fonte, por fim, objetivamos uma avaliação de como se deu a sucessão dos negócios e a arrecadação da herança desse homem de negócios ao longo dos anos.

De nobres lavradores às margens do rio Douro a homens de negócios no ultramar: notas sobre uma família de Santa Marinha do Zêzere

Os primeiros aventureiros no ultramar

A carreira mercantil de Jorge Pinto de Azeredo e de seus irmãos, Manoel Cardoso Pinto e Antônio Pinto de Távora, esteve fortemente relacionada com o vínculo familiar. Seus parentes e contraparentes formavam uma rede familiar engajada no comércio, atuando desde a produção e comercialização de vinhos, às margens do rio Douro, até aqueles que se arriscaram a fazer uma carreira mercantil pelo ultramar.

A emigração desses irmãos minhotos para o Brasil ocorreu provavelmente nos meados do decênio de 1720 e foi estimulada pelas ligações familiares com parentes que já se haviam estabelecido em localidades como as Minas Gerais e o Rio de Janeiro, atraídos pela descoberta das minas de ouro e pelas motivações econômicas advindas com a sua exploração no correr das primeiras décadas do século XVIII.

Como vimos anteriormente nesta pesquisa, em terras brasileiras Jorge Pinto de Azeredo e seu irmão Manoel Cardoso Pinto foram para junto de um parente e negociante instalado na região das minas. Tratava-se, pois, do primo segundo João da Costa Resende,[2] dono de uma loja na Itaubira (Itabirito), um arraial da comarca

---

2   Infelizmente não conseguimos acompanhar a trajetória de João da Costa Resende além dos relatos registrados nos processos em nome de Jorge Pinto de Azeredo e Antônio Pinto de Távora. No testamento de Antônio consta a declaração de uma dívida, sem clareza, aos herdeiros do primo João da Costa Resende "falecido nas Minas Gerais e natural do concelho de Baião da freguesia de Frende", por resto de cobranças que para ele fez em Goiás, na quantia de Rs. 568$617. Jorge Pinto de Azeredo, no seu testamento, deixou 2.000 missas pela alma de João da Costa Resende. IANTT – Registro Geral de Testamentos – Livro 258 – Folhas 138/142 verso – Fl. 139 verso. IANTT – Registro Geral de Testamentos – Livro 239 – Fls. 167/175 – Fl. 168.

Das Minas à Corte, de caixeiro a contratador

de Vila Rica nos arredores da serra da Moeda, que tinha o comércio favorecido pela sua geografia através do vale do rio Paraopeba, sendo, ademais, um referencial para o acesso às comarcas da capitania (Vila Rica, Sabará e Rio das Mortes).[3]

As notícias apuradas nos embargos de uma ação de Execução movida por Jorge Pinto de Azeredo contra Ana Gonçalves da Silva em Vila Rica no ano de 1736, revelaram que os irmãos Jorge e Manoel eram "primos, caixeiros e sócios" de João da Costa Resende. E, neste sentido, atuavam nas atividades da sua casa mercantil no vilarejo da Itaubira, no Serro Frio e "em todos os lugares referidos fazia as cobranças a todos os mais negócios do dito seu primo, sócio ou amo João da Costa Resende".[4]

O dito parentesco, de fato, confirmou-se na medida em que analisamos as informações do tronco familiar de Jorge Pinto de Azeredo em seu processo para familiar do Santo Ofício. Nele, consta que Francisco Luiz Pinto, avô paterno de Jorge Pinto de Azeredo, teve cinco irmãos. Dentre eles, Domingos João que se casou com Maria de Resende, da freguesia do Frende e pais de João da Costa Resende. A sua vez, Francisco Luiz também teve uma irmã chamada Cecília Luiz, casada com Domingos Ribeiro da Fonseca, os pais de outro parente que esteve de passagem pelo Brasil, o homem de negócios Francisco Ribeiro da Fonseca. Dessa forma, Manoel Cardoso Pinto, filho de Francisco Luiz Pinto e pai de Jorge e de Manoel, era primo primeiro de João da Costa Resende e Francisco Ribeiro da Fonseca, os primeiros membros daquela família, em linha direta, que vieram para o Brasil atraídos pelo ouro das Gerais.[5]

A passagem pelo ultramar, no correr da centúria setecentista, era uma opção comumente adotada pelos portugueses em busca de melhores condições de vida. Especialmente para aqueles que se inseriam no ramo mercantil, um setor beneficiado pelo comércio de abastecimento das zonas de mineração, promovendo, muitas vezes, o enriquecimento e a ascensão dos agentes mercantis. Focado no exame

---

3   Tal dinâmica foi explorada por Paula Túlio que em sua pesquisa destacou a importância da região do vale do rio Paraopeba como um ponto de escoamento de mercadorias para outras localidades como, por exemplo, o sertão do rio São Francisco. Outrossim, com a divisão da capitania no ano de 1714, o rio Paraopeba passou a ser um marco de referência para a divisa de duas das comarcas e ponto de acesso à terceira. A região, por sua vez, era uma via de acesso marginal às principais áreas de extração do ouro e diamantes que em 1729 ficou conhecida pelo crime da casa de moedas falsas (TULIO, 2005, pp. 82-85).

4   AHMI – CPOP – Execução – Cód. 378 – Auto 7698 – 1º Ofício – Fl. 34 e 34 verso.

5   IANTT – Habilitações incompletas do Santo Ofício – Maço 70 – Documento 2993 – Fl. 17.

das trajetórias de negociantes que fizeram a travessia para a colônia portuguesa na América, Jorge Pedreira concluiu:

> (...) Muitos dos que embarcavam iam para não voltar ou, se pensavam no regresso, era da sua terra natal que se lembravam. Era o sucesso e o enriquecimento que os trazia novamente à capital do império. A passagem por terras brasileiras permitia a alguns acumular cabedais e fazer amizades e conhecimentos que facilitavam ou aconselhavam o seu estabelecimento na capital, que representava o culminar de uma carreira (PEDREIRA, 1995, p. 220).

Se o percurso de João da Costa Resende não resultou no seu regresso à metrópole, seu primo, Francisco Ribeiro da Fonseca, que chegou a terras brasileiras provavelmente no alvorecer do Setecentos, já havia regressado para a capital do Império português em 1720. Na época, Francisco, em seu processo para habilitação do Santo Ofício, afirmou ser um homem de negócios, vivendo de sua fazenda com residência na rua dos Carapuceiros da freguesia de São Julião, em Lisboa.[6]

Da sua permanência em Lisboa pouco foi dito. Ao que parece teve uma breve passagem pela capital do Império, logo se retirando para a sua quinta chamada Guimarães, em Míguas, vivendo lá com estimação, boa vida e costumes.[7] Mesmo de volta a sua terra natal, às margens do rio Douro, a sindicância instaurada apurou que Francisco ainda estava envolvido com o comércio *por grosso* para o Brasil, pois vivia "(...) de carregações que faz por sua conta para o Rio de Janeiro de panos e sedas e outros gêneros de fazendas (...)".[8] Uma atividade lucrativa e de investimentos elevados como os 7.000 cruzados aplicados em uma sociedade mercantil "com outros companheiros". O que lhe rendeu, aos 40 anos de idade, um cabedal estimado em 40.000 cruzados (Rs. 16:000$000).

---

6   Nascido em março de 1679, Francisco era natural do lugar chamado Míguas, que ficava na freguesia de Santa Marinha do Zêzere e era filho legítimo de Domingos Ribeiro e Cecília Luiz, naturais da mesma província do Minho. Poucos meses depois de fazer o seu pedido, Francisco Ribeiro encaminhou uma nova solicitação para habilitação da sua esposa, Dona Francisca Thereza Rangel, natural e moradora na cidade do Porto. IANTT – Habilitação do Santo Ofício – Maço 44 – Documento 911.

7   A Quinta de Guimarães está situada em Míguas na freguesia de Santa Marinha do Zêzere e foi propriedade de Francisco Ribeiro da Fonseca, onde viveu com sua família depois que regressou do Brasil. Atualmente a Quinta de Guimarães funciona como uma luxuosa pousada às margens do rio Douro. Ver o sítio: http://www.quintadeguimaraes.com

8   IANTT – Habilitação do Santo Ofício – Maço 44 – Documento 911 – Fl. 8.

Das Minas à Corte, de caixeiro a contratador

Uma das testemunhas de Santa Marinha foi Diogo de Moura Coutinho, que também depôs em outros processos daquela família, como os de Jorge Pinto de Azeredo e Antônio Pinto de Miranda. Ao contrário dos demais relatos, Diogo foi o único a afirmar que Francisco, na época de sua habilitação, já vivia apenas "da dita sua quinta, e do rendimento de seus dinheiros, por ter fama de rico, sem ocupação alguma o que disse sabia pelo conversar muitas vezes por o conhecer há mais de 30 anos".[9] Assim mais, disse que conhecia muito bem os pais do habilitando, que viveram "de sua indústria de comprarem vinhos brancos para os ingleses da cidade do Porto". Tendo em vista essa última informação, é provável que a família já estivesse engajada ao comércio da região, importante produtora de vinhos brancos, antes mesmo da prosperidade advinda com os descobertos auríferos da colônia ultramarina.

Pelo fato de Francisco Ribeiro não mais residir no Brasil quando deu entrada no seu pedido de habilitação, as inquirições auferidas acerca de sua capacidade para servir ao Santo Ofício foram realizadas em Lisboa, onde permaneceu por algum tempo após o regresso. Assim, para o homem de negócios José Dias Ferreira, o habilitando "vive de negócio que faz para o Brasil, o qual veio das Minas Gerais do ouro para esta cidade onde morou na Rua dos Carapuceiros, e hoje assiste na sua terra que é encima do Douro, e não lhe sabe o nome e conhece há três anos pelo ver e tratar, e corresponderem-se por carta".[10] Diante desses fatos, em pouco mais de um ano contado do seu pedido, ou seja, em novembro de 1721, os membros do Conselho Geral emitiram seus despachos aprovando a provisão para Francisco e sua esposa servirem ao Tribunal do Santo Ofício na função de familiar.

Além de João da Costa Resende e Francisco Ribeiro da Fonseca, conseguimos vislumbrar a trajetória de três homens que acreditamos terem sido parentes colaterais de Jorge Pinto de Azeredo, atuando na região mineradora durante o século XVIII.[11] Foram eles os irmãos João e Manoel de Queirós Monteiro e o sobrinho de ambos, José de Queirós Monteiro.[12]

---

9   Outra testemunha daquele vilarejo relatava que Francisco era um homem muito rico "assim de bens de raiz como de dinheiro". Referência: IANTT – Habilitação do Santo Ofício – Maço 44 – Documento 911 – Fl. 22 verso.

10 IANTT – Habilitação do Santo Ofício – Maço 44 – Documento 911 – Fl. 85.

11 Ao menos para o caso de Francisco Ribeiro da Fonseca o parentesco parece-nos evidente. Isto porque tanto o pai de Francisco Ribeiro da Fonseca, que se chamava Domingos Ribeiro, quanto o de Manoel de Queirós Monteiro e José de Queirós Monteiro, que se chamava Jerônimo Ribeiro de Queirós, tinham o mesmo sobrenome e eram todos naturais de Santa Marinha do Zêzere.

12 Encontramos os irmãos João e Manoel e os sobrinhos Antônio e José como clientes da loja em

O mestre de campo Manoel de Queirós Monteiro, abastado minerador da capitania de Minas, foi mais um reinol, como tantos outros, que saiu da província do Minho. Era natural da freguesia de Santa Marinha do Zêzere e filho legítimo de Jerônimo Ribeiro de Queirós e sua mulher Maria Monteiro. Em 1731 no sítio Paraná e na casa que pertenceu ao capitão-mor Jerônimo Pereira da Fonseca, na freguesia de Nossa Senhora da Conceição da Vila do Príncipe, redigiu seu testamento. Manoel faleceu no ano de 1738.[13] Na altura, o testador declarou que era viúvo de Dona Maria de Aguiar Martins, de cujo matrimônio nasceu Dona Maria de Queirós, falecida pouco tempo depois da sua mãe e ambas sepultadas na capela de sua fazenda em Antônio Pereira, no termo de Mariana. Portanto, não teve herdeiros forçados, motivo que o fez instituir a sua alma por universal herdeira de todos os seus bens.[14]

Algumas disposições desse testamento nos fazem acreditar que o mestre de campo Manoel movimentava-se com bastante frequência por algumas partes da zona mineradora. Este o caso do pedido para que fosse enterrado na capela mais próxima do local onde ocorresse o seu falecimento.[15] O vultoso cabedal amealhado por Manoel de Queirós Monteiro, ao longo de sua vida, foi despendido com generosas esmolas e legados, como os 7.000 cruzados deixados a uma "rapariga enjeitada" que se chamava Maria, para se tornar uma freira e mais outros 7.000 cruzados a Sebastiana, para o mesmo fim. Assim também alforriou alguns de

---

Vila Rica. João de Queirós Monteiro esteve várias vezes na loja, em 1737, de onde levou artigos como óleo de cabeleira e tecidos como veludo, nobreza, linho e bocaxim além de fitas, meias de seda e um chapéu de sol avaliados em Rs. 84$515. Manoel, a sua vez, possui apenas um registro no mês de janeiro de 1738, quando adquiriu tafetá e ligas na cor preta, assim como alguns côvados de aniagem, holanda e baetas que perfizeram a quantia de Rs. 28$734. Já o sobrinho José também esteve algumas vezes na loja no ano de 1737 para adquirir farinha, bacalhau, pregos, dobradiças, corda, chumbo e fios de ouro que somaram Rs. 152$812. Enquanto Antônio, em 1737 e 1738, levou côvados de um dos tecidos mais luxuosos do estabelecimento em questão, ou seja, o galacê, em uma trama composta de ouro e carmesim além de franjas e espiguilha de ouro e especiarias como chá e canela, que somaram Rs. 41$437. Referência: APM – CC 2018.

13   CSM – Testamento (1738) – 1º Ofício – Livro 65 – Folha 3 – Fl. 3.

14   CSM – Testamento (1738) – 1º Ofício – Livro 65 – Folha 3 – Fl. 3 verso.

15   Essa mobilidade geográfica também pode ser reforçada com a indicação dos seus testamenteiros. Neste caso, nas Minas a função ficaria a cargo do sobrinho Antônio Pinto de Queirós, que morava no Serro Frio, e do capitão-mor Antônio da Fonseca Távora, em Minas Novas (o que sugere uma forte ligação com os descobertos auríferos da porção norte da capitania). Surpreendente, ainda, foi o seu vínculo com a vila de Santos, indicando por testamenteiros a Torcato Teixeira de Carvalho e a Tomé Pereira de Carvalho, enquanto na cidade da Bahia, ao capitão Antônio Gonçalves da Rocha e ao sargento-mor Manoel Fernandes da Costa e, por fim, em Portugal, ao seu irmão José de Queirós Monteiro e Thomé Francisco. Referência: CSM – Testamento (1738) – 1º Ofício – Livro 65 – Folha 3 – Fl. 3.

seus escravos, como José congo, pelos bons serviços, e as três mulatinhas Maria, Páscoa e Marcelina que além da liberdade contariam com dinheiro para o dote.[16] A Antônio de Queirós seria dado Rs. 1:000$000 para continuar os seus estudos e 2.000 cruzados ao mulatinho Inácio, filho de uma escrava do Sr. Manoel Martins, com quem teve negócios. Supostamente Páscoa de Queirós seria filha natural de Manoel, uma "rapariga" que ele criou e casou com Manoel Correia Rebelo, "e a criei como minha filha e lhe dei melhor de 30 mil cruzados de dote e agora lhe deixo toda a minha prata lavrada".[17]

Envolvido com o tráfico negreiro, Manoel de Queirós Monteiro disse que havia alguns ajustes sobre uma carregação de escravos que seu sócio Caetano de Bastos trouxe da Bahia, em 1730.[18] Além desta, também pendiam alguns ajustes sobre outra carregação de escravos da sociedade que tinha com Antônio Gomes e Caetano de Bastos, de algumas vendas realizadas em Minas Novas, que tudo estaria detalhado em um "livro velho nas Minas Novas".[19]

Senhor de muitos bens, o mestre de campo alertava para a impossibilidade de declará-los porque encontrava-se fora de casa e por "não dar a moléstia lugar a fazer por extenso nomeação dela". Mesmo assim, fez menção especial a 90 escravos, uns em sua companhia, outros nas Minas Novas, sem contar aqueles do sítio em Antônio Pereira e alguns bens de raiz espalhados pelas zonas de mineração; resultado de sua mobilidade geográfica e diversificação dos negócios.[20] Dentre eles, um terreno com água e três plantações de milho em Minas Novas; um sítio com casas, engenho, capela, escravos e seus trastes em Antônio Pereira, no termo de Mariana; além de duas lavras com quatro regos de água em sociedade com seu irmão José de Queirós Monteiro no mesmo termo. Em Santos, na capitania de São Paulo, era dono de duas casas junto à capela de Nossa Senhora da Graça e na vila de São Vicente possuía uma

---

16 CSM – Testamento (1738) – 1º Ofício – Livro 65 – Folha 3 – Fl. 4.

17 CSM – Testamento (1738) – 1º Ofício – Livro 65 – Folha 3 – Fl. 5 verso.

18 CSM – Testamento (1738) – 1º Ofício – Livro 65 – Folha 3 – Fl. 4 verso.

19 Com relação aos seus negócios declarou ainda que em seu poder estavam muitos créditos alheios e instruiu os testamenteiros à devolução aos respectivos donos. Devia a elevada quantia de 442 oitavas de ouro que tomou emprestado a Antônio de Souza Souto Maior, e aos herdeiros do seu primo, Luís Botelho de Queirós, 300 oitavas de ouro. Referência: CSM – Testamento (1738) – 1º Ofício – Livro 65 – Folha 3 – Fl. 5.

20 CSM – Testamento (1738) – 1º Ofício – Livro 65 – Folha 3 – Fl. 5 verso.

fazenda com casas e gado chamada Cubatão, a qual pertenceu ao avô Bartolomeu Monteiro, e mais outro sítio no termo daquela mesma vila.[21]

O padrão de vida de Manoel de Queirós Monteiro com sua bem sucedida trajetória na capitania do ouro estende-se, igualmente, àquele alcançado pelo irmão, o sargento-mor José de Queirós Monteiro, como é possível mensurar na análise do seu testamento realizado em setembro de 1743.[22] José era viúvo de Dona Izabel de Aguiar Martins,[23] de cujo matrimônio nasceu Dona Maria Joana do Sacramento, religiosa professa no convento de Santa Tereza da cidade do Porto que, pelo fato de ter tomado o estado de religiosa, já havia recebido as suas legítimas materna e paterna. Motivo que lhe permitiu instituir sua alma por herdeira, após a liquidação das dívidas. Da mesma forma que Manoel, ele era irmão da Ordem Terceira de São Francisco e recomendou aos seus testamenteiros o sepultamento na capela da referida irmandade na cidade onde falecesse, sendo amortalhado no hábito do mesmo santo.[24]

Pouco foi dito em seu testamento acerca da natureza de seus negócios, tampouco de seu espólio, o que nos dificulta o conhecimento das atividades que permitiram as generosas doações, sufrágios e legados que, por sua vez, corrobora o percurso bem sucedido na região mineradora.[25]

Legava para sua filha, Dona Maria Joana do Sacramento, a quantia de 10.000 cruzados (Rs. 4:000$000) e ao Dr. Antônio de Queirós Monteiro, que já havia herdado Rs. 1:000$000 do seu tio Manoel, pertencia:

> (…) por esmola e pelos bons serviços que dele tenho recebido e por se criar na minha casa pela qual razão lhe tenho amor e afeição dez mil cruzados (…) e pelas mesmas razões já expressadas as peças e trastes de casa de prata que eu tenho todos os móveis e trastes de casa assim roupas, leitos, tamboretes e tudo o mais que nele se acha exceto algum ouro em pó e lavrado (…) além dos escravos Benedi-

---

21 CSM – Testamento (1738) – 1º Ofício – Livro 65 – Folha 3 – Fl. 6.

22 Infelizmente não nos foi possível acompanhar todas as suas disposições testamentárias, pois o suporte documental encontra-se muito danificado. CSM – Testamento (1743) – 1º Ofício – Livro 72 – Folha 132 verso.

23 O sobrenome de sua esposa, aliás, era o mesmo sobrenome da esposa de seu irmão Manoel, Dona Maria de Aguiar Martins, ou seja, provavelmente pertenciam à mesma família.

24 CSM – Testamento (1743) – 1º Ofício – Livro 72 – Folha 133.

25 Sabemos, apenas, que era sócio do seu irmão Manoel em lavras de minerar em Antônio Pereira.

Das Minas à Corte, de caixeiro a contratador

to courano, dois crioulos, um por nome José e outro Manoel, e um mulato Jorge.[26]

Quatro contos de réis também herdariam cada uma das duas filhas mais velhas de Manoel Correia Rabelo, com a condição de se tornarem freiras, e outro tanto igual a Isidoro, o qual mandou criar com Manoel Cardoso Pinto, pai de Jorge Pinto de Azeredo, na cidade do Porto ao beco de São João. Para cada uma das duas sobrinhas, filhas de sua irmã Maria Monteiro de Queirós, em Santa Marinha do Zêzere, deixou quatro mil cruzados e ao compadre João Gomes Pinto, morador na freguesia de Santa Cruz do Douro, Rs. 1:000$000. A generosidade de José estendeu-se, ademais, para os escravos de sua casa, a exemplo do dote deixado a três mulatinhas para o casamento.

O "projeto" de dispor dos bens amealhados em sufrágios a favor da sua alma foi, decerto, ambicioso. Acrescia à numerosa quantidade de missas celebradas por sua alma[27] a instituição de uma capela de missa cotidiana, pois:

> Declaro que pela minha Alma se diga em qualquer dos conventos ou irmandades do Reino uma missa cotidiana enquanto durar o mundo e querendo os ditos padres da Cartuxa aceitar este encargo sejam proferidas pela quantia em que mais comodamente se puder ajustar.[28]

Nesse mesmo sentido, na freguesia de Santa Marinha do Zêzere fariam por sua alma três ofícios com todos os clérigos que se pudessem achar "contanto que não sejam menos de cinquenta", os quais também rezariam missa nos ditos ofícios, realizados em três dias contínuos, distribuindo para cada sacerdote, pelo ofício e missa, a esmola de Rs. $300, e ao pároco, o dobro, além de repartir entre os pobres presentes em cada dia do ofício Rs. 50$000.[29] Como obra pia receberia o Santíssimo Sacramento daquela freguesia Rs. 600$000 e a Irmandade das Almas da freguesia de Nossa Senhora da Conceição de Antônio Pereira, Rs. 300$000. Depois de cinco

---

26   CSM – Testamento (1743) – 1º Ofício – Livro 72 – Folha 133 verso.

27   No dia do seu falecimento desejava José um ofício de corpo presente e uma missa com 20 padres, distribuindo, ademais, a esmola de Rs. 150$000 aos pobres presentes na igreja. Assim mais, seus sufrágios estavam divididos entre a celebração de 6.000 missas por sua alma no local do seu falecimento e mais outras 6.000 em Portugal, e outras 4.000 pela alma de sua esposa e 3.000 pela alma de seus pais.

28   CSM – Testamento (1743) – 1º Ofício – Libro 72 – Folha 133 – Fl. 134 verso.

29   CSM – Testamento (1743) – 1º Ofício – Libro 72 – Folha 133 – Fl. 134 verso.

anos da feitura do seu testamento, em 1748, faleceu José de Queirós Monteiro em Nosso Senhor do Bonfim de Antônio Pereira, deixando por seus testamenteiros os sobrinhos Antônio e João de Queirós Monteiro.[30]

Como tenente coronel, João de Queirós Monteiro, sobrinho de Manoel e José, morava em São João das Congonhas da Vila do Príncipe quando apresentou o pedido para tornar-se um familiar do Santo Ofício. Minhoto do lugar de Passos, em Santa Marinha do Zêzere, João nasceu em 1714 e era filho legítimo de Pascoal Ribeiro da Fonseca e sua mulher Maria Monteira de Queirós, sendo então considerado por si, seus pais e avós um legítimo e inteiro cristão velho, quando em 1780 o comissário do Santo Ofício esteve naquela freguesia para verificar a vida pregressa e a limpeza do seu sangue.[31]

Nas Minas, por sua vez, as testemunhas afirmaram que ele vivia com "asseio e bom tratamento" e, portanto, estava capacitado para o exercício de familiar do Santo Ofício. Diversamente de seus tios, João de Queirós Monteiro era solteiro e, aos 60 anos de idade, dispunha de um cabedal estimado em 40.000 cruzados distribuídos entre as suas lavras, ouro e escravos, pois "a sua ocupação é extrair ouro", sendo, em 1781, aprovado pelos membros do Conselho Geral a servir ao Tribunal na qualidade de familiar.[32]

Os descendentes de Francisco Luiz Pinto

Francisco Luiz Pinto era natural da freguesia de Santa Marinha do Zêzere. Ele viveu como tanoeiro e desempenhando funções que lhe conferiam notoriedade dentro do concelho de Baião, onde estava situada essa freguesia, como as de escrivão do Juízo de Órfãos, meirinho, inquiridor e juiz.[33] Na presente seção acompanharemos a trajetória de alguns de seus descendentes que migraram para o Brasil durante a primeira metade do século XVIII, tendo em vista as motivações econômicas promovidas pela região mineradora. Ao todo, encontramos sete netos, dos quais três eram filhos de Manoel Cardoso Pinto e quatro de Manoel de Miranda Fraga.

---

30   CSM – Testamento (1743) – 1º Ofício – Libro 72 – Folha 133 – Fl. 135.

31   IANTT – Habilitação do Santo Ofício – Maço 160 – Documento 1316 – Fl. 1.

32   IANTT – Habilitação do Santo Ofício – Maço 160 – Documento 1316 – Fl. 47.

33   Essas informações foram retiradas do processo de familiar do Santo Ofício de seu neto Antônio Pinto de Miranda. Referência: IANTT – Habilitação do Santo Ofício – Maço 136 – Documento 2257.

Manoel Cardoso Pinto provavelmente seria o filho mais velho de Francisco, sendo também natural, fruto de um relacionamento com uma mulher solteira chamada Maria Cardosa. Manoel casou-se pela primeira vez no ano de 1705 com Josefa Pinta, de cujo matrimônio nasceram seis filhos. Em Santa Marinha ele viveu como marinheiro e arrais no rio Douro, mudando algum tempo depois com os filhos para a cidade do Porto, onde foi taberneiro e rendeiro. Casou-se pela segunda vez com uma prima chamada Maria de Távora Ferreira. Quanto aos seus filhos, Ana e Josefa viveram como religiosas de São Domingos no convento de *Corpus Christi* em Vila Nova de Gaia; Cosme Cardoso, o filho mais velho, foi um religioso do convento de Santo Antônio na cidade do Rio de Janeiro; enquanto Jorge, Manoel e Antônio estiveram, por certo tempo, na colônia brasileira envolvidos com a atividade mercantil da região mineradora, regressando posteriormente para a metrópole lusa onde viveram os últimos anos de vida, em Lisboa.

Já Manoel de Miranda Fraga era filho legítimo de Francisco Luiz Pinto, nascido do seu matrimônio com Ana Miranda. Em Santa Marinha, assim como seu pai, Fraga trabalhava como tanoeiro e exerceu o ofício de escrivão do Juízo de Órfãos do concelho de Baião. Embora não tenha sido possível precisar o número exato de filhos desse casal, sabemos que dentre eles estavam quatro rapazes: Manoel de Miranda Fraga, João, Antônio e Baltazar Pinto de Miranda. Estes, por sua vez, da mesma forma que seus primos filhos de Manoel Cardoso, migraram para o Brasil e atuaram no ramo mercantil para o abastecimento das Minas.

Os filhos de Manoel Cardoso Pinto

O ponto de partida para a trajetória dos descendentes de Francisco será o percurso de Jorge Pinto de Azeredo, o segundo filho de Manoel Cardoso Pinto. Uma escolha vinculada ao seu processo para familiar do Santo Ofício que traz a lume, através das diligências sobre sua ascendência, relatos que permitem a reconstituição do universo familiar dos Luízes, como era comumente conhecida aquela família em Santa Marinha do Zêzere.

Tal processo, iniciado em maio de 1738, estendeu-se por quase dez anos, precisamente até a data do falecimento de Jorge, ocorrido em maio de 1747. Na época em que fez o pedido ao Santo Ofício apresentou-se como homem de negócios morador em Lisboa e natural do lugar chamado Passos, na freguesia de Santa Marinha do Zêzere. Disse também que era filho legítimo de Manoel Cardoso Pinto e Josefa Pinta, sendo neto pela parte paterna de Francisco Luiz Pinto e Maria Cardosa, da mesma localidade e, pela parte materna, de José Soares do concelho da Vila Chã e Domingas Pinta do mesmo lugar de Passos.[34]

Em agosto de 1738, porém, o comissário Antônio de Barros Silva, que fez a primeira diligência em Santa Marinha, informava ao Santo Ofício a impureza do sangue do postulante porque tinha fama de cristão novo, por via do seu avô paterno Francisco Luiz Pinto. Conforme a apuração, a fama surgiu de sua sexta ou sétima avó, chamada Eva Luiz, que do lugar de Arneiros, no entorno da cidade de Lamego, foi para a casa de um abade e de tal ascendência nasceram os parentes de Jorge espraiados pela freguesia de Santa Marinha do Zêzere.[35] A notícia desta fama antiga foi dada pelo Reverendo Padre Manoel da Cunha e confirmada pelos demais depoentes. Ainda baseado no depoimento de algumas testemunhas, informava o comissário que o postulante carregava a mesma fama por parte da sua mãe, Josefa Pinta, bisneta de "Nuno Álvares que veio de Resende do bispado de Lamego, mas esta fama está hoje desvanecida e tida por falsa".

Acrescia à gravidade da fama envolvendo o tronco familiar dos Luízes de Santa Marinha a ordenação de alguns clérigos e até mesmo um familiar do Santo Ofício, Francisco Ribeiro da Fonseca, primo segundo de Jorge, o qual, segundo disseram as mesmas testemunhas, contou com a demasiada caridade do comissário responsável pela sua diligência.[36] Diante desse embaraço, o Conselho Geral encomendou novas inquirições a fim de averiguar amiúde as acusações apontadas pelo comissário Antônio de Barros Silva. Em quase uma década foram realizadas três diligências em Santa Marinha do Zêzere e uma em Lisboa, reunindo, com riqueza de detalhes, registros contundentes envolvendo a impureza de sangue dos Luízes.[37]

Assim, em abril de 1739, o comissário apresentou uma longa carta com os dados coletados em uma nova diligência, iniciada pela notícia do falecimento do abade Manoel da Cunha de Santa Marinha, responsável pela acusação na inquirição anterior. Naquele momento, o comissário avaliou os documentos de Manoel e encontrou uma árvore genealógica que mostrava por graus, a partir das notícias e

---

34   IANTT – Habilitações Incompletas do Santo Ofício – Maço 70 – Documento 2993 – Fl. 1.

35   IANTT – Habilitações Incompletas do Santo Ofício – Maço 70 – Documento 2993 – Fl. 6.

36   IANTT – Habilitações Incompletas do Santo Ofício – Maço 70 – Documento 2993 – Fl. 6 e 6 verso.

37   Vale dizer que os depoimentos das testemunhas das duas primeiras diligências realizadas em Santa Marinha do Zêzere não compõem este processo de habilitação. Portanto, a análise sobre essas sindicâncias tem por objeto as cartas enviadas pelos comissários responsáveis pelas mesmas e

Das Minas à Corte, de caixeiro a contratador

diligências do ordinário, o fundamento sobre as origens e impureza do sangue da família dos Luízes.

Com o novo interrogatório, esmiuçou o comissário o depoimento das testemunhas e noticiou que Eva Luiz teve uma filha com um cônego abade, "que foi bastante rica e casou em Gestaço", e dela nasceram quatro filhas: uma casada na "aldeia de Miguas", outra em Tresouras, outra em Gestaço e, por fim, outra em Arufe. Da filha que se casou em Miguas "nasceram filhos de quem nasceu Cecília Luiz", por sua vez, casada com João Gomes, os pais de Francisco Luiz Pinto, o avô paterno de Jorge Pinto de Azeredo. Mas as testemunhas, de modo geral, não sabiam o "princípio que teve a dita fama dizem somente que assim o ouviram sempre a seus antepassados".[38]

Ao dar sequência aos fatos questionados na primeira carta, sobre a caridade demasiada com o familiar Francisco Ribeiro da Fonseca, algumas testemunhas afirmaram que o comissário responsável pelas provanças daquele processo era um abade de Castelões, empenhado a favorecê-lo, pois "ali tinham entrado bastante moedas".[39] Quanto ao processo de genere[40] do Padre Gonçalo da Costa Marques, descendente do mesmo tronco familiar, este foi apurado mediante a ascendência de uns Luízes "bons" que também estavam espalhados por Santa Marinha e descendiam dos "Luízes de Raposos" naturais de Ciras, na freguesia de Santa Cruz do Douro. Ao contrário dos "Luízes de Gestaço", infamados de cristãos novos (caso de Francisco Ribeiro da Fonseca e Jorge Pinto de Azeredo). E, desta família de Raposos ainda foram ordenados os padres João dos Santos, Antônio de Moura e um frei chamado Manoel.

Mas o rumor carecia de provas contundentes, como alegava o comissário, e embora as testemunhas arroladas conhecessem bem a notícia, não era possível confirmar se a fama era "vaga, falsa ou verdadeira" por não haver quem assim a declarasse. A fim de apurar com melhor clareza as origens da difamação, o comissário também tomou informações com o Reverendo João Leme de Mesquita, reitor do Mesão Frio, porque havia realizado muitas vezes as inquirições dos Luízes de

---

38   IANTT – Habilitações Incompletas do Santo Ofício – Maço 70 – Documento 2993 – Fl. 8.

39   IANTT – Habilitações Incompletas do Santo Ofício – Maço 70 – Documento 2993 – Fl. 8 verso.

40   Segundo o glossário elaborado por Aldair Carlos Rodrigues, em sua tese de doutorado, *de genere*: "Abreviação da expressão latina *De genere, vita et moribus*" (de geração, vida e costumes). Trata-se do processo de habilitação ao qual os indivíduos deveriam se submeter para a ordenação sacerdotal, provando que possuíam os requisitos exigidos pela legislação eclesiástica" (RODRIGUES, 2012, p. 371).

Alexandra Maria Pereira

Santa Marinha do Zêzere e Tresouras, uns e outros, descendentes de Eva Luiz de Gestaço. Destarte:

> (...) nunca pode tirar as inquirições limpas desta família, mas que eles que sempre se ordenavam suposto saíssem impedidos, porém que ouvira dizer a Luiz Pinto de Souza o velho Balsamão que se Eva Luiz de Gestaço mostrasse que era de Arneiros que era limpa de infecta nação: e querendo o dito vigário da vara acima dita averiguar a sua origem disse não achara livros em Arneiros por se queimarem em um incêndio (...).[41]

Em 1740, um novo pedido para inquirição foi emitido e mais um comissário esteve pela terceira vez na freguesia de Santa Marinha do Zêzere, a fim de apurar o que foi dito na comissão anterior. Depois de fazer a diligência, o comissário informava aos "Ilustres Senhores Inquisidores" que Jorge Pinto de Azeredo era "homem de negócio nas partes ultramarinas" e filho dos pais declarados, "os quais viveram de alguns pedaços de terra que tinham". O pai, "marinheiro e Arrais no rio Douro comprava algumas pipas de vinho, foi taberneiro no Porto e depois rendeiro". Seus avós paternos também viveram de algumas terras na freguesia de Santa Marinha, enquanto seus avós maternos, na mesma localidade viveram do ofício do avô que era "pedreiro e telheiro", e sua avó, Domingas Pinta, era conhecida pelo apelido de "maligna".[42]

A cada sindicância mais detalhes iluminavam a história envolvendo a fama que recaía sobre essa família e revelavam, igualmente, os retalhos de suas vidas. Muitos dos depoentes conheciam os rumores sobre a limpeza de sangue dos Luízes dos lugares de Miguas e Estrada, mas os seus relatos demonstravam certa imprecisão, havendo divergências quanto à origem daquela fama. Uns diziam, por exemplo, que a mácula era atribuída a Eva Luiz, penitenciada pelo Santo Tribunal e natural da cidade de Lamego. Segundo relatos, ao se casar foi para a freguesia de Loivos da Ribeira tendo uma filha, que se casou em Everdal, sendo esta a mãe de Francisco Luiz Pinto, avô do habilitando. Outras testemunhas, por seu turno, atribuíam-na a Cecília Luiz, natural do campo de Gestaço, que se casou no lugar da Estrada da freguesia de Santa Marinha. Entretanto, todos concordavam "uniformemente que ou a fama proceda de Eva Luiz ou de Cecília Luiz sempre foi e é

---

41 IANTT – Habilitações Incompletas do Santo Ofício – Maço 70 – Documento 2993 – Fl. 9.

42 IANTT – Habilitações Incompletas do Santo Ofício – Maço 70 – Documento 2993 – Fl. 10 verso.

constante nesta freguesia e em todas vizinhas e circunvizinhas". E concordavam, ainda, que as mães de Francisco Luiz Pinto, avô do pretendente e a de Francisco Ribeiro da Fonseca, familiar do Santo Ofício, eram irmãs inteiras.[43]

Quanto aos processos *de genere* para a ordenação sacerdotal dos "Luízes e Ribeiros", muitas vezes saíam impuros, "e vendo os ditos padres frustrados os seus desígnios se valeram do patrocínio de Diogo de Moura Coutinho, morador na sua Quinta de Entreagoas, o qual fazendo repetir as diligências e saindo como as mais, as fizeram trasladar como queria, por um Torcato Duarte Guimarães assistente na cidade do Porto".[44]

Por fim, o comissário encerrava a carta sobre essa segunda diligência afirmando o quanto era pública e notória a difamação, na qual:

> (…) experimenta por escandalosa por nela haver clérigos, frade e familiar do Santo Ofício e tanto mais vigorosa que pessoa alguma quer casar na família dos Luízes e Ribeiros dos lugares da Estrada. E algumas e por esta causa dizem as testemunhas está o habilitando contratado a casar com uma filha do familiar Francisco Ribeiro (…).[45]

A diligência em Lisboa, realizada em abril de 1742, buscava averiguar a capacidade de Jorge Pinto de Azeredo para servir ao Santo Ofício como familiar. Neste sentido, as respostas oferecidas pelas testemunhas indicavam que o habilitando era pessoa de bons costumes e capaz de ser encarregado de negócios de "importância e segredo". Ademais, "Vivia limpa e abastadamente com bom trato de seu negócio", desfrutando de um cabedal estimado em 130.000 cruzados (Rs. 52:000$000); um valor muito acima daqueles atribuídos aos demais homens de negócios que fizeram parte do seu universo relacional e examinados no terceiro capítulo.[46] Certamente esta especulação em relação à sua fortuna teria sido pertinente, porque as testemunhas estavam vinculadas à sua rede relacional, como foi o caso de Pedro da Costa Guimarães, José Ferreira da Veiga e Estêvão Martins Torres.[47]

Haviam se passado quase quatro anos quando Jorge Pinto de Azeredo apresentou uma nova petição ao Conselho Geral, na qual:

---

43   IANTT – Habilitações Incompletas do Santo Ofício – Maço 70 – Documento 2993 – Fl. 11.

44   IANTT – Habilitações Incompletas do Santo Ofício – Maço 70 – Documento 2993 – Fl. 11.

45   IANTT – Habilitações Incompletas do Santo Ofício – Maço 70 – Documento 2993 – Fl. 11 verso.

46   O valor mais próximo ao seu foi aquele atribuído a Pedro da Costa Guimarães, que ficou entre 70.000 e 80.000 cruzados.

47   IANTT – Habilitações Incompletas do Santo Ofício – Maço 70 – Documento 2993 – Fl. 13.

(...) até a presente não tem visto nenhum efeito desta diligência, atribuindo esta demora a alguma informação menos verdadeira dada por pessoas suas inimigas, por haver já sucedido o mesmo, fazendo-se no bispado do Porto as habilitações necessárias para Cosme Cardoso irmão inteiro do suplicante ao presente religioso da província de Santo Antônio do Rio de Janeiro (...)".[48]

Dando sequência à argumentação, Jorge afirmou também que João Guedes Coutinho, responsável pelas provanças do processo *de genere* do seu irmão, verificou a dita fama com "toda exação e miudeza" tomando-a como falsa. Para reforçar o discurso interposto, disse que pesava contra a veracidade daquela difamação o fato de Francisco Ribeiro da Fonseca ter sido admitido como familiar, um "primo irmão" do seu pai pelo mesmo tronco familiar, porque todos eram descendentes de João Gomes e Cecília Luiz; comprovado pela cópia de uma árvore de geração paterna.

Jorge Pinto ainda mencionou a existência de "infinitos parentes" pela mesma linha exercendo o sacerdócio, dentre eles o Padre Gonçalo Marques da Costa, cuja inquirição estava na Câmara Eclesiástica do Bispado do Porto. E, naquele momento, estar-se-ia habilitando para familiar do Santo Ofício o sargento-mor Bento Pinto da Fonseca,[49] seu parente pela mesma parte, "o que tudo bem mostra o ódio dos êmulos do suplicante e tanto por estas razões, como pelo descrédito em que ficará se não conseguir esta graça".

Mesmo dando conta destas informações, a fim de favorecê-lo contra o rumor recaído sobre a limpeza de seu sangue, em 1742 o Conselho Geral do Santo Ofício ainda não havia se pronunciado sobre o seu pedido de habilitação.

Depois de mais quatro anos, isto é, em julho de 1746, uma nova inquirição foi realizada em Santa Marinha do Zêzere.[50] Dentre as testemunhas, por determinação do Conselho Geral estava um dos dois padres responsáveis pela confirmação da fama durante a primeira diligência, em 1738. Tratava-se do presbítero do hábito de São Pedro, Manoel Moreira da Cunha. Na ocasião, disse que bem conheceu a Jorge Pinto, mas desconhecia o uso do sobrenome Azeredo, que foi "para a cidade do Porto com seu pai e daí se embarcou para o Brasil", e seu avô Francisco Luiz,

---

48 IANTT – Habilitações Incompletas do Santo Ofício – Maço 70 – Documento 2993 – Fl. 15.

49 O processo de habilitação do Santo Ofício de Bento Pinto da Fonseca não foi liberado para consulta pela fragilidade do suporte. Referência: IANTT – Habilitação do Santo Ofício – Maço 17 – Documento 254.

50 IANTT – Habilitações Incompletas do Santo Ofício – Maço 70 – Documento 2993 – Fl. 29.

Das Minas à Corte, de caixeiro a contratador

"rendeiro desta mesma freguesia e Juiz do concelho", porque assim conheceu a ele, seus pais e avós, "por via e razão de os ver, tratar e comunicar muitas vezes".[51]

Manoel Moreira da Cunha, segundo a sua lembrança, confirmou que havia testemunhado na sindicância realizada pelo comissário Antônio de Barros da Silva, quando na época afirmou ter sido "público e notório" na freguesia e vizinhanças a sua descendência de Eva Luiz, considerada cristã nova. E não só assim o era, mas também o familiar Francisco Ribeiro da Fonseca e os padres João dos Santos, Gonçalo Marques e Francisco de Magalhães.

Embora o peso do seu depoimento, mais uma vez estivesse voltado para a fama de cristãos novos dos Luízes, talvez por inclinação do presente comissário, encerrava o caso afirmando que tanto o habilitando quanto os seus ascendentes nunca foram penitenciados pelo Santo Ofício:

> (...) por cuja razão lhe parece será esta fama vaga visto nenhuma das ditas pessoas e seus ascendentes ter sido compreendido; sendo que é tão antiga a fama, que lhe diziam seus pais dele testemunha a padeciam havia mais de duzentos anos, pois já seus pais lhe atestavam assim o ouviram também a seus pais.[52]

Inquiridas as testemunhas, o comissário respondeu dando conta ao Conselho Geral que, das testemunhas referidas na carta para a inquirição, só havia se informado com o Padre Manoel Moreira da Cunha e aquelas por ele indicadas. Das quais, todas confirmaram os rumores sobre a impureza do sangue do postulante pela parte de Eva Luiz.[53] Informou-se, ademais, extrajudicialmente com pessoas de crédito que também atestaram a existência da fama por via de Eva Luiz, "mas que se lhe não sabe o fundamento que ela teve" e se desvaneceu quando se ordenou o Padre Gonçalo da Costa Marques e assim mais outros parentes.

Em relação ao "crédito das testemunhas" informantes da injúria recaída sobre os Luízes, todos afirmaram que Antônio Pereira da Cunha, um dos responsáveis pela promoção daquele embaraço, era inimigo de Francisco Ribeiro da Fonseca, "por respeito de contas de dinheiro que teve com o dito familiar; e por Jorge Pinto querer casar com uma filha do referido familiar ainda que parentes, esta testemunha dizem

---

51 IANTT – Habilitações Incompletas do Santo Ofício – Maço 70 – Documento 2993 – Fl. 30 e 30 verso.

52 IANTT – Habilitações Incompletas do Santo Ofício – Maço 70 – Documento 2993 – Fl. 33 verso.

53 IANTT – Habilitações Incompletas do Santo Ofício – Maço 70 – Documento 2993 – Fl. 40.

todos é homem malévolo, e de má consciência (…)"[54] Quanto ao comissário Antônio de Barros da Silva, que fez a primeira diligência em Santa Marinha, procurou haver o "que se me ordenava na comissão" mas ele não lembrava de "Diogo de Moura Coutinho nem das pessoas que depuseram e menos o que depuseram"[55]

Em junho de 1746, Jorge Pinto de Azeredo desfrutava de uma posição privilegiada no universo dos homens de negócios da praça mercantil de Lisboa e ostentava o distinto hábito de cavaleiro da Ordem de Cristo. Na época, interpôs uma nova petição lembrando aos deputados do Conselho Geral que já haviam se passado alguns anos desde a apresentação do seu pedido, cujo teor solicitava a graça de admiti-lo a familiar; alegando, ademais, que até aquele momento não havia sido deferido:

> (…) o que presume será porque alguns êmulos lhe sairiam com algum embaraço por parte de seu Pai, e por esta via tem o suplicante além de infinitos parentes sacerdotes do hábito de São Pedro, e religiosos das mais graves religiões deste Reino, um familiar deste Santo Tribunal por nome Francisco Ribeiro da Fonseca todos habilitados de muitos anos; e quando estes não bastem para desfazer qualquer dúvida que haja tem o suplicante habilitado modernamente também para familiar deste Santo Tribunal outro parente pela mesma via por nome Bento Pinto da Fonseca; como também se acha habilitado de próximo D. Antônio Inácio para cônego regrante de Santo Agostinho (…) espera o suplicante da grande piedade de Vossa Eminência lhe faça esmola mandar se juntem a sua súplica, para se continuarem as mais diligências necessárias pelo que rogara o suplicante sempre (…).[56]

O Conselho Geral, de fato, estava em uma situação delicada. De um lado, os fortes rumores sobre a mácula de sangue do postulante, de outro, as "inúmeras" concessões explicitadas acima além da destacada posição de Jorge Pinto de Azeredo no seio da elite mercantil do Império português. É bem provável que esse processo já estivesse chegando ao fim, o que levou a um novo pedido de diligência em Santa Marinha do Zêzere em 21 de maio de 1747, aplicada, inclusive, aos comissários que fizeram as diligências anteriores. Nele, as determinações inclinavam para um desfecho a favor de Jorge, ao destacar que tanto a fama pela parte de sua

---

54   IANTT – Habilitações Incompletas do Santo Ofício – Maço 70 – Documento 2993 – Fl. 40 verso.

55   IANTT – Habilitações Incompletas do Santo Ofício – Maço 70 – Documento 2993 – Fl. 41.

56   IANTT – Habilitações Incompletas do Santo Ofício – Maço 70 – Documento 2993 – Fl. 43.

avó materna Domingas Pinta estava desvanecida como aquela pela parte do seu pai teria sido atribuída aos seus inimigos.[57] Mas o pedido ficou sem efeito porque falecia Jorge Pinto de Azeredo em 20 de maio de 1747.

Um ano antes de morrer, Jorge Pinto de Azeredo preparou o seu testamento. No entanto, ao ser acometido por uma enfermidade que o levou à morte, viu-se obrigado a realizar dois codicilos para acrescentar as cláusulas envolvendo os seus negócios entre as disposições testamentárias. Na época ele morava na rua dos Livreiros que vai para o colégio de Santo Antão, na cidade de Lisboa. Sendo solteiro e sem herdeiros forçados, deixava as duas terças dos seus bens para o seu pai, Manoel Cardoso Pinto.[58]

As disposições testamentárias de Jorge nos dizem que ele certamente foi amortalhado com o hábito da Ordem de Cristo, o escapulário de Nossa Senhora do Carmo e o cordão de São Francisco, de cujas ordens terceiras foi irmão, e sepultado na igreja do Convento de Nossa Senhora do Carmo.[59] Aliás, não será demais ressaltar que Jorge Pinto de Azeredo foi um claro exemplo de homem de negócios que conseguiu converter o capital mercantil em capital simbólico, consubstanciado na ostentação do hábito de cavaleiro da Ordem de Cristo[60] em tempos quando a elite mercantil não contava com a política pombalina. Além disso, foi irmão de algumas das mais prestigiosas irmandades leigas da capital lisboeta, como a venerável Ordem Terceira de São Francisco, de Nossa Senhora do Monte do Carmo, dos Clérigos de Santa Justa, de Nossa Senhora da Mãe de Deus, de Nossa Senhora da Penha de França e, por fim, do Santíssimo Sacramento.[61]

---

57 IANTT – Habilitações Incompletas do Santo Ofício – Maço 70 – Documento 2993 – Fl. 51 verso.

58 IANTT – Registro Geral de Testamentos – Livro 239 – Fls. 167/175.

59 Quanto aos sufrágios estabelecidos por Jorge, estes foram 1.000 missas de corpo presente seguidas de 3.000 missas pela sua alma, além de 2.000 missas pela alma da sua mãe e outras 2.000 pela alma do seu primo João da Costa Resende. Também instituiu uma capela de missa cotidiana, a ser realizada na Irmandade das Almas da freguesia de Santa Marinha do Zêzere ou na Casa da Misericórdia da cidade do Porto. Referência: IANTT – Registro Geral de Testamentos – Livro 239 – Fls. 167/175 – Fl. 168.

60 Não encontramos o seu processo de justificação do hábito de cavaleiro da Ordem de Cristo. A Professora Fernanda Olival, gentilmente, fez uma busca no seu banco de dados e, da mesma forma, não localizou o aludido processo. Entretanto, sabemos que ele passou uma carta de renúncia em favor da sua afilhada Dona Antônia Margarida da Escócia, filha de Manoel Gomes de Campos, bem como uma escritura de renúncia registrada em cartório no mês de maio de 1747, poucos dias antes de falecer. IANTT – Registro Geral de Mercês – Dom João V – Livro 37 – Fl. 273; IANTT – Cartórios Notariais de Lisboa – Livros do Distribuidor – Livro 108.

61 IANTT – Registro Geral de Testamentos – Livro 239 – Fls. 167/175 – Fl. 172 verso.

Dentre os legados da sua terça estava a alforria do escravo Antônio, natural da Costa da Mina, "pelo bem que me tem servido", recebendo a cada dia de vida Rs. $120. De igual modo, despendeu generosas quantias como Rs. 500$000 para os mais necessitados presos do Limoeiro, 3.000 cruzados para distribuir entre mulheres viúvas e necessitadas e dotes de Rs. 100$000 cada a "24 moças donzelas que sejam muito pobres e bem procedidas, dos quais dotes mandarão meus testamenteiros repartir doze deles na freguesia em que nasci".[62] Da sua terça também seriam beneficiadas as afilhadas donzelas, pobres e bem procedidas, recebendo Rs. 200$000 cada uma; a prima de Santa Marinha, Maria de Miranda, herdaria a quantia de Rs. 400$000; e Domingos de Resende, um parente morador no Frende sairia com Rs. 800$000. Para suas irmãs, Josefa e Ana, religiosas no convento de *Corpus Christi* em Vila Nova de Gaia, determinou uma renda anual de Rs. 50$000 e seus irmãos, Manoel e Antônio, "que ao presente se acham no Brasil", 8.000 cruzados.[63]

Encerramos os legados de Jorge Pinto de Azeredo destacando aqueles envolvendo o primo segundo, Francisco Ribeiro da Fonseca. O que reforça os laços estreitados com este seu parente, indo além de uma possível assistência prestada no início de sua carreira mercantil e aquele explicitado no ajuste de casamento com uma das filhas de Francisco, como deu conta o comissário do seu processo de familiar do Santo Ofício. Desse modo, estiveram ligados por uma relação de compadrio quando por meio de uma procuração, no mês de setembro de 1738, Jorge tornou-se o padrinho de Joana Francisca Rangel, filha de Francisco, a quem deixava 3.000 cruzados para a composição do seu dote.[64] Enquanto a José Ribeiro da Fonseca, outro filho de Francisco, que "ao presente se acha em minha companhia", legava 2.000 cruzados "se eu antes do meu falecimento lhe não tiver armado algum negócio com que trate da sua vida".[65]

A única cláusula alusiva ao seu espólio informava existir um livro de contas escrito por ele, "em que se achará carregado o que se me deve, e os interesses que tenho em vários negócios que tudo meus testamenteiros procurarão cobrar e li-

---

62 IANTT – Registro Geral de Testamentos – Livro 239 – Fls. 167/175 – Fl. 168.

63 IANTT – Registro Geral de Testamentos – Livro 239 – Fls. 167/175 – Fl. 168 verso.

64 Registros Paroquiais do Porto/Paróquia de Santa Marinha do Zêzere – Batismo – Livro 04 – 1711/1738 – Fl. 233.

65 IANTT – Registro Geral de Testamentos – Livro 239 – Fls. 167/175 – Fl. 168.

quidar o mais breve que puder ser para cumprirem as mesmas disposições neste testamento declaradas e satisfazerem as dívidas".[66]

Quadro bem diverso daquele apresentado no testamento, quando esteve preocupado em estabelecer as disposições sobre o seu funeral, sufrágios e distribuição dos legados pios e de seus bens, foi apresentado no primeiro codicilo dias antes de falecer. Assim, para desencargo de consciência, declarava o ajuste de algumas contas e dívidas pendentes, tal o caso de uma devolução ao alferes Domingos de Aguiar, na Itaubira (Itabirito), sobre uma Execução de dívida porque "dos bens que lhe arrematei sobejaram 700 mil réis do que ele me devia".[67] Ou ainda, por conta de duas execuções contra Antônio de Barros Coimbra "nas minas do rio das Mortes", que seus testamenteiros satisfizessem a ele Rs. 200$000 "que me parece se cobraram dele mais do que me era devedor".[68]

Mas o principal foco foi instruir sobre os negócios de sua casa, nomeadamente, as contas envolvendo as companhias que arremataram os dois primeiros contratos da Extração de Diamantes, das quais ele tinha sido um dos caixas na Corte. Assim, orientava o pagamento ao "monteiro-mor de Óbidos", Francisco Ferreira da Silva, de um empréstimo de 6.000 cruzados, ou ainda, "oitocentos e tantos mil réis de uma letra de risco passada por Nicolau de Abreu nesta Corte sobre Euzébio Gonçalves do Serro do Frio".[69] Também desejava que se levassem em conta 3.000 cruzados por alguns erros de contas antigas com o sargento-mor João Fernandes de Oliveira, quando fossem ajustados todos os negócios havidos entre ambos.[70]

Muito embora não fosse de sua alçada definir qualquer alteração nas cláusulas do monopólio dos diamantes, como bem esclareceu o testamenteiro José Ferreira da Veiga no inventário dos seus bens, posto que o arrematante fosse o sargento-mor João Fernandes de Oliveira, entendia Jorge que se fizesse necessário encaminhar a sucessão das suas atividades de caixa na Corte desses contratos.

---

66   IANTT – Registro Geral de Testamentos – Livro 239 – Fls. 167/175 – Fl. 168.

67   IANTT – Registro Geral de Testamentos – Livro 239 – Fls. 167/175 – Fl. 170.

68   Mesmo depois de nove anos desde a sua partida da capitania do ouro, possuía algumas dívidas e contas para ajustar na região, como os Rs. 450$000 que devia ao defunto Domingos Fernandes da Silva, morador em São Bartolomeu, ou a módica quantia de Rs. 64$000 que devia a seu primo Antônio Soares Coelho, em Juruoca. Referência: IANTT – Registro Geral de Testamentos – Livro 239 – Fls. 167/175 – Fl. 170 verso e 171.

69   IANTT – Registro Geral de Testamentos – Livro 239 – Fls. 167/175 – Fl. 171.

70   IANTT – Registro Geral de Testamentos – Livro 239 – Fls. 167/175 – Fl. 171.

Nesse sentido, a fim de evitar contratempos e dar continuidade às atividades, indicava José Ferreira da Veiga, seu primeiro testamenteiro, para assumir o lugar de caixa ocupado por ele na segunda companhia. Já em relação ao primeiro contrato de Diamantes, de que também foi caixa na Corte com Francisco Ferreira da Silva, cuja função obrigava a ambos darem "a última conta do produto do mesmo contrato", esclarecia:

> (...) estamos ambos obrigados ao pagamento de vários empenhos que temos contraído para fazer a El'Rey os seus pagamentos de sorte que a pessoa que estiver servindo de meu testamenteiro necessita de ter nas dependências do mesmo contrato o mesmo domínio e jurisdição que eu tinha e o meu primeiro testamenteiro é José Ferreira da Veiga a este entreguei a dita chave que estava em meu poder da dita caixa do contrato dos diamantes para em tudo o que tocar a este negócio exercitar as minhas vezes como se eu vivo estivesse (...).[71]

Voltando ao segundo contrato, que estava em vigência desde 1744 e tinha Jorge Pinto de Azeredo na mesma função de caixa, dessa vez com Manoel Nunes da Silva Tojal, imputava a ambos as mesmas determinações do primeiro contrato, sendo obrigados a dar conta dos diamantes e fazerem os pagamentos à Coroa, como também aos empenhos contraídos para o suprimento do monopólio. Diante da necessidade de cumprir com as várias obrigações e apresentar as contas deste vultoso negócio, o seu substituto na administração, José Ferreira da Veiga, desfrutaria do mesmo domínio que ele possuía, "para evitar todo o prejuízo que possa resultar a meus bens".[72]

O arranjo assim constituído, no qual indicava José Ferreira da Veiga para a gestão dos negócios e, consequentemente, arrecadação do seu patrimônio, fez com que este seu primeiro testamenteiro se tornasse o seu substituto no monopólio dos diamantes, como fica explicitado no trecho acima. Mesmo não sendo

---

71 IANTT – Registro Geral de Testamentos – Livro 239 – Fls. 167/175 – Fl. 171.

72 Pelas determinações ajustadas para o segundo contrato, João Fernandes de Oliveira estava obrigado a dar um por cento de comissão de todo o rendimento e mais 10.000 cruzados (Rs. 4:000$000) por fora a Jorge Pinto de Azeredo. E, "(...) como deixo para fazer as minhas vezes nesta administração a meu primeiro testamenteiro José Ferreira da Veiga para a findar por esta verba e na melhor forma de direito lhe faço secção e trespasso de a metade de tudo quanto produzir a dita comissão de um por cento e dez mil cruzados acima declarados pelo trabalho que há de ter em findar as dependências do dito contrato". Referência: IANTT – Registro Geral de Testamentos – Livro 239 – Fls. 167/175 – Fl. 172 e 172 verso.

da sua alçada estabelecer esse tipo de alteração, pelos termos da jurisdição de um contrato, essa escolha foi endossada pelo "dono" deste monopólio, o sargento--mor João Fernandes de Oliveira.

Ainda que a preocupação com o desempenho das suas atividades nos dois primeiros contratos da Extração de Diamantes tinha sido o tema norteador do seu primeiro codicilo, sabemos que a época da sua morte estava marcada pela atuação e centralidade de Jorge Pinto de Azeredo em importantes contratos régios do Império português. Como da maior importância, a este respeito, estavam os negócios engajados com a casa de Estêvão Martins Torres. Apesar de tão somente esclarecer que "me parece que Estevão Martins Torres me pagou duas vezes o que me tocava na última repartição que se fez do contrato da Dízima do Rio de Janeiro e deixou de me pagar o que na mesma ocasião me tocava da última repartição que se fez dos lucros da Dízima da Bahia", pendência cuja averiguação ficaria a cargo de seus testamenteiros.[73]

Por fim, o segundo codicilo, preparado quatro dias antes de falecer, esteve direcionado exclusivamente para alterar a relação dos seus testamenteiros indicada no testamento.[74] Desta feita, as novas disposições determinavam como primeiro testamenteiro a José Ferreira da Veiga seguido do compadre Afonso Ginabel e, na falta de ambos, a Manoel Nunes da Silva Tojal ou o compadre Manoel Gomes de Campos.[75]

No mês de junho de 1753, pouco antes de partir de Vila Boa de Goiás com destino ao Rio de Janeiro, Antônio Pinto de Távora, irmão mais novo de Jorge Pinto de Azeredo, redigiu o testamento que deixou ao falecer em Lisboa no mês de maio de 1754.[76]

Conforme as disposições, Antônio desejava o sepultamento do seu corpo na Igreja de qualquer convento dos religiosos franciscanos, na capela como irmão terceiro e com celebração de missas de corpo presente. Caso viesse a falecer em uma "cidade grande", encomendava a favor de sua alma 1.000 missas que seriam reduzidas pela metade se ocorresse nas Minas e deixava à Dona Ana Maria da Encarnação, de

---

73   IANTT – Registro Geral de Testamentos – Livro 239 – Fls. 167/175 – Fl. 172.

74   Em seu testamento, Jorge Pinto de Azeredo nomeou como testamenteiro na Corte em primeiro lugar a José Ferreira da Veiga, em segundo a Manuel Gomes de Campos e em terceiro ao reverendo Dr. Manuel Freire Batalha. Na cidade do Porto nomeou a Manuel Lopes da Costa e a José Pinto Vieira. IANTT – Registro Geral de Testamentos – Livro 239 – Fls. 167/175 – Fl. 167.

75   IANTT – Registro Geral de Testamentos – Livro 239 – Fls. 167/175 – Fl. 174.

76   IANTT – Registro Geral de Testamentos – Livro 258 – Folhas 138/142 verso.

quem era viúvo, outras 1.000 missas pela sua alma assim como mais 3.000 missas divididas em partes iguais pela alma dos seus pais, avós e irmãos já falecidos.[77]

Nas suas andanças pelas zonas de mineração, Antônio exibia a patente de capitão, o que conferia-lhe notoriedade e distinção social. Quanto aos negócios articulados por ele, seria possível encontrar vários créditos em Goiás, mas também em outras partes daquela região, tudo registrado em um livro, ficando a cobrança desses encargos ao capitão-mor Francisco Xavier Leite de Távora. Da mesma forma, indicava os negócios com o primo e sargento-mor Bento Pinto da Fonseca, morador no Rio de Janeiro, o qual devia "(…) o que constar pelos recibos das remessas que lhe tenho feito em ouro abatido o que pagou e distribuiu por minha ordem de que julgo me restará 14 ou 15 mil cruzados (…)".[78]

No que tange aos bens amealhados, Antônio declarou em sua companhia algumas barras de ouro, cinco escravos da guiné, cinco cavalos, "tudo do meu serviço", e mais alguns trastes e roupas de uso pessoal. No Rio de Janeiro, em poder do capitão Antônio Lopes da Costa estariam os bens deixados quando partiu para as minas de Goiás logo depois do falecimento de sua esposa, Dona Ana Maria da Encarnação. Estes, por sua vez, distribuídos entre duas caixas contendo roupa branca e artigos de vestuário, e mais os móveis de sua casa como "cadeiras de sofá", espreguiceiro, mesa redonda, leito com "cortinado de ló", louça fina e outras miudezas.[79]

Além desses bens, frutos do seu trabalho, declarava:

> (…) mais o que me pertencer em Portugal da herança de meu pai a qual se deve haver dos seus testamenteiros na cidade do Porto cuja herança não é limitada por razão da que ficou a meu pai por falecimento de meu irmão Jorge Pinto de Azeredo, falecido em Lisboa.[80]

Aliás, foi seu irmão, Jorge Pinto de Azeredo, o mediador da sua função de caixa no contrato dos Dízimos Reais da comarca de Goiás, entre os anos de 1742 a 1744.[81] A este respeito, o capitão Antônio declarou algumas ações em seu nome,

---

77 IANTT – Registro Geral de Testamentos – Livro 258 – Folhas 138/142 verso – Fl. 138 verso.

78 IANTT – Registro Geral de Testamentos – Livro 258 – Folhas 138/142 verso – Fl. 139.

79 IANTT – Registro Geral de Testamentos – Livro 258 – Folhas 138/142 verso – Fl. 139.

80 IANTT – Registro Geral de Testamentos – Livro 258 – Folhas 138/142 verso – Fl. 139 e 139 verso.

81 O aludido contrato foi arrematado por Manoel Martins da Costa que cedeu a administração-geral para Estêvão Martins Torres. Este, por sua vez, adjudicou algumas cotas para Jorge Pinto de Azeredo, que também recebeu uma procuração dando-lhe o direito de escolher os caixas na região.

Das Minas à Corte, de caixeiro a contratador

precisamente 3/8 e 1/4 de interesse em sociedade com o capitão João Lopes da Costa e Manoel Pinto Vieira. E, como o tal contrato tinha sido de grande perda, Antônio explicitou, igualmente, que as contas pairavam sob os auspícios da Coroa e desta forma estavam pendentes, mas quando findas deveriam incidir sobre os seus sócios, na proporção das propinas por eles lançadas.[82]

Contudo, a principal atuação de Antônio parece ter sido na atividade mercantil das zonas mineradoras, despontada no borrador da loja de seus irmãos Jorge e Manoel, nos meados do decênio de 1730 e reforçada em seu testamento. Sendo assim, ele e seu irmão Manoel possuíram alguns negócios em conjunto, como uma carregação de "negros novos minas" levada do Rio de Janeiro, em 1746, na qual também eram sócios em uma quinta parte o capitão Antônio Lopes da Costa e Gabriel Prim. Ou ainda, uma carregação de fazendas vindas do mesmo porto do Rio de Janeiro, cujo esclarecimento acerca do aludido negócio foi repassado a ele por Manoel, juntamente com o seu produto distribuído em créditos e ouro.[83]

Sem herdeiros necessários, o capitão Antônio instituiu a Santa Casa de Misericórdia da cidade onde falecesse como herdeira de seus bens e deixou alguns legados distribuídos entre parentes e obras pias. Seu irmão Manoel Cardoso Pinto, por exemplo, herdaria 3.000 cruzados, enquanto sua irmã Josefa Thomázia teria direito a Rs. 300$000. Em Santa Marinha do Zêzere, todas as primas filhas dos tios e tias de seus pais receberiam a quantia de Rs. 100$000 cada e seus testamenteiros escolheriam 12 moças donzelas e pobres para doarem a quantia de Rs. 200$000 destinados à composição de seus dotes.[84]

Antônio Pinto de Távora, ao que parece, foi um homem de prestígio e como prova da sua notoriedade ostentava a patente de capitão, sendo também eleito pro-

---

Referência: IANTT – Feitos Findos – Inventários Orfanológicos – Maço 494 – Número 01.

82 Conforme sua explanação: "(…) se mostra não ter havido lucros no dito contrato de que ainda se devem várias dívidas mas sem esperança de se cobrarem por falidas e espalhadas porém como se traz como Procurador da Coroa demanda sobre a perda que os invasores dos gentios feitas nas ribeiras desta Comarca causaram ao rendimento do dito contrato em que se pede a Real Fazenda vinte e tantos mil cruzados o que poderá ter efeito em parte pelos fundamentos que encerra o dito (…)". Referência: IANTT – Registro Geral de Testamentos – Livro 258 – Folhas 138/142 verso – Fl. 140.

83 Sob sua responsabilidade havia ainda algumas cobranças alheias, reservadas em uma das caixas que estavam com Antônio Lopes da Costa, além de algumas cobranças realizadas para o seu primo Antônio Pinto de Miranda, nas Minas de Goiás, que ia levar em sua companhia para o Rio de Janeiro. Referência: IANTT – Registro Geral de Testamentos – Livro 258 – Folhas 138/142 verso – Fl. 141 verso.

84 IANTT – Registro Geral de Testamentos – Livro 258 – Folhas 138/142 verso – Fl. 141.

vedor da Irmandade do Santíssimo Sacramento da Matriz de Vila Boa de Goiás, um dos postos mais elevados de uma das mais prestigiosas irmandades do período colonial (cf. BORREGO, 2010, p. 282). Por fim, vale a pena destacar que a indicação dos testamenteiros de Antônio deixa entrever a relevância atribuída aos parentes. Afinal, nas Minas eles seriam o capitão-mor Francisco Xavier Leite de Távora e José Ribeiro da Fonseca (provavelmente parentes tendo em vista a semelhança dos sobrenomes, sendo o último o filho de Francisco Ribeiro da Fonseca que morava em Lisboa em companhia de Jorge Pinto na época do seu falecimento); enquanto no Rio de Janeiro a função ficaria a cargo do primo Antônio Pinto de Miranda e do capitão Antônio Lopes da Costa; e em Portugal, dos primos José Pinto Vieira e Baltazar Pinto de Miranda.

Depois de 33 anos da morte de Antônio, ou seja, em setembro de 1787, faleceu o irmão Manoel Cardoso Pinto, com um testamento redigido naquele mesmo ano, no qual dizia ser um homem de negócios morador na rua da Condessa, em Lisboa. Na época, Manoel já estava com 76 anos de idade e lutava havia mais de nove anos contra uma doença por "umas impigens causadas de humores escorbúticos pelas pernas e outras partes do corpo, que me privam o andar".[85] Solteiro e sem herdeiros forçados, o principal herdeiro da herança de Jorge Pinto de Azeredo iniciava as disposições testamentárias indicando o sepultamento de seu corpo na freguesia onde falecesse, amortalhado com o hábito de São Francisco e a realização de 300 missas de corpo presente.

Em virtude das mesmas disposições, pela sua alma certamente foram rezadas 1.200 missas, além de outras 200 para cada um dos seus pais, Manoel e Josefa, bem como pela alma da madrasta, Maria de Távora Ferreira, e de seus irmãos Jorge, Antônio, Cosme e Ana Caetana. E, para sua irmã Josefa Tomásia, deixava 400 moedas de Rs. 4$800 cada, cujo repasse seria satisfeito entregando-lhe duas moedas a cada mês, sendo ainda o remanescente livre para aplicação nos legados a favor de sua alma e conforme as disposições por ela determinadas.[86]

Alguns dos parentes em Santa Marinha do Zêzere também seriam beneficiados com os seus legados. Tal o caso dos oito dotes de Rs. 120$000 para "parentas minhas pobres de qualquer grau". Já os administradores da Irmandade do Santíssimo daquele mesmo vilarejo receberiam uma custódia de prata "sobredourada" que

---

85 IANTT – Registro Geral de Testamentos – Livro 326 – Fls. 235 verso a 240 verso – Fl. 235.

86 IANTT – Registro Geral de Testamentos – Livro 326 – Fls. 235 verso a 240 verso – Fl. 236.

seus testamenteiros mandariam fazer, até o valor de Rs. 500$000. À irmandade de Santo Antônio, em Lisboa, seriam repassados Rs. 1:200$000 por uma dívida a ela, enquanto seis castiçais de prata foram doados como adorno para o altar de Nossa Senhora da Conceição, no convento de Santo Antônio da cidade do Rio de Janeiro, onde seu irmão Cosme viveu como religioso, além de Rs. 200$000 destinados à feitura de cortinas de damasco vermelho para o aludido convento.[87]

Ainda que sua trajetória como homem de negócios fosse relativamente próspera, sobretudo pelo fato de ter atuado nas zonas de mineração quando a atividade atingia os níveis mais elevados de produção, o patrimônio de Manoel procedia inteiramente das dívidas que esperava receber por conta da herança de seu irmão Jorge Pinto de Azeredo, analisadas mais adiante neste capítulo. Quanto ao montante de suas dívidas passivas, mencionou a existência de diversas somas que deveriam ser satisfeitas com a arrecadação do seu espólio. Dentre elas, a quantia de Rs. 440$000 que devia aos herdeiros de Manoel Rodrigues Braga, da cidade do Porto e mais Rs. 400$000 para os herdeiros de seu primo João da Costa Rezende.

Assim como Antônio Pinto de Távora, Manoel permaneceu por certo tempo nas minas de Goiás, como fica comprovado pela necessidade de um ajuste de contas a ser realizado com os herdeiros do coronel João de Souza Lisboa, em Vila Rica, tendo em vista "a administração que eu fiz do Contrato das Entradas da Capitania dos Goiazes".[88] De lá também manteve alguns negócios com a capitania de São Paulo que, à época, estava fortemente relacionada à aludida zona de mineração. Desse modo, instruiu seus testamenteiros a pagar um montante de Rs. 800$000 aos herdeiros do tenente coronel Francisco do Rego, moradores na cidade de São Paulo.[89]

---

87 IANTT – Registro Geral de Testamentos – Livro 326 – Fls. 235 verso a 240 verso – Fl. 236.

88 IANTT – Registro Geral de Testamentos – Livro 326 – Fls. 235 verso a 240 verso – Fl. 237.

89 Examinando as cláusulas atinentes aos bens relacionados ao espólio de Manoel, vimos que elas foram relacionadas às dívidas pendentes da herança de Jorge Pinto de Azeredo, à exceção de um último caso mencionado por ele e envolvendo uma letra de crédito sobre uma carregação de escravos, na qual: "o defunto meu irmão Antônio Pinto de Távora em sua vida remeteu de Vila Boa de Goiás a Vila de Santos a João Ferreira de Oliveira homem de negócio um crédito pelo qual era devedor José Ferreira de Andrade de mil e trezentas e tantas oitavas de ouro de mil e quinhentos réis procedidas de uns negros que lhe vendi em que havia sociedade entre mim e dito meu irmão para o cobrar do dito devedor e os seus juros o qual furtivamente se ausentou da dita Capitania e se foi estabelecer no Rio chamado Iguape onde abriu lavra para tirar ouro e até ao presente se não tem visto coisa alguma desta incumbência e nestes termos se deve procurar dos herdeiros do dito João Ferreira de Oliveira a sua satisfação não se lhe admitindo escusa alguma para não satisfazer a importância da dita dívida e seus juros principalmente se tomarem o pretexto de dizer que a pessoa a quem se incumbiu esta arrecadação fez executar o devedor por esta dívida e por outras ajuizando para esse fim as obrigações que delas havia e exaurindo

Mesmo depois de 40 anos de falecimento de Jorge, Manoel Cardoso afirma-va uma dívida "para mim e por meu irmão" a Antônio Alves Pereira, de cerca de Rs. 1:000$000, o que reforça as morosidades envolvendo o recebimento dos negócios. Nesse horizonte estavam negócios relacionados a alguns clientes da loja em Vila Rica, nos meados do decênio de 1730, como uma dívida que soma-va Rs.800$000 aos herdeiros de Manoel Correia Espíndola, no arraial de Santa Bárbara, ou a módica quantia a ser satisfeita aos herdeiros do padre Antônio de Souza Lobo, de Rs. 40$000.[90] Além destas, foram descritas várias somas que deveriam ser computadas do seu espólio para satisfazer a seus credores, como a José Rodrigues Simões, Rs. 650$000, ou a Antônio Caetano Armelim, seu segun-do testamenteiro, por Rs. 800$000.

Veremos, ainda neste capítulo, que José Ferreira da Veiga, como inventariante dos bens de Jorge Pinto de Azeredo, moveu algumas ações judiciais para recuperar as dívidas ativas que compunham o seu patrimônio. No entanto, quando Mano-el tornou-se o herdeiro do espólio, tomando para si as responsabilidades sobre o mesmo (provavelmente depois do falecimento de José Ferreira da Veiga, em 1767), deu continuidade às cobranças, cujo custeamento fez com que assumisse dívidas avultadas. Como, por exemplo, a quantia de Rs. 1:800$000 ao Dr. Francisco José da Fonseca Rangel, dos quais Rs. 290$000 provinham de documentos passados nas causas envolvendo as ações judiciais.[91]

Enfim, especial referência cabe aqui à forte ligação que unia os filhos de Manoel Cardoso Pinto aos filhos de Manoel de Miranda Fraga explicitada na indicação de Baltazar Pinto de Miranda como principal testamenteiro e herdeiro do espólio de Manoel que, além do mais, fez menção a dívidas avultadas que devia a este seu primo.[92]

---

o devedor de todos os seus bens se aplicou o produto deles para pagamento das outras dívidas ficando esta sem lhe tocar nada sendo ajuizadas todas juntas no que o dito João Ferreira de Oliveira e o seu correspondente se houveram a este respeito de muito má fé e avilhaçadamente neste procedimento, nem o dito João Ferreira nomeou nunca nos seus avisos o dito seu cor-respondente a quem ele diz incumbira esta cobrança e só sim ao vigário da Vila de Iguape e a certeza de tudo e isto se acha nas cartas que tenho do dito João Ferreira de Oliveira entre os meus papéis". Referência: IANTT – Registro Geral de Testamentos – Livro 326 – Fls. 235 verso a 240 verso – Fl. 239.

90 IANTT – Registro Geral de Testamentos – Livro 326 – Fls. 235 verso a 240 verso – Fl. 237.

91 IANTT – Registro Geral de Testamentos – Livro 326 – Fls. 235 verso a 240 verso – Fl. 237.

92 Como uma escritura de dívida sobre a quantia de Rs. 3:986$154 "que até aquele tempo me ti-nha emprestado, que constará da mesma escritura e ao mesmo tempo me obriguei a lhe pagar todos os mais empréstimos, que me fizesse, que constariam de recibos". Com respeito a tal as-

Das Minas à Corte, de caixeiro a contratador

263

Os filhos de Manoel de Miranda Fraga

A passagem pelo Brasil foi, efetivamente, uma oportunidade explorada pelos irmãos Manoel de Miranda Fraga, João Pinto de Miranda, Antônio Pinto de Miranda e Baltazar Pinto de Miranda, os filhos de Manoel de Miranda Fraga.[93] Entre eles, um dos que mais adquiriu notoriedade foi Antônio Pinto de Miranda, nascido em Santa Marinha do Zêzere, de onde ainda jovem partiu para a cidade do Porto quando iniciou suas atividades no trato mercantil, sendo caixeiro da casa comercial do hamburguês Diogo Berquenhout. Nos meados da década de 1730, atuou como consignatário de fazendas para o Rio de Janeiro, conforme destacou Eugênio dos Santos ao analisar suas correspondências. Afinal,

> Antônio Pinto de Miranda, em 1738, recebia, no Porto, mercadorias de variado tipo, que recolhia, sobretudo do norte do país e carregava-as em barcos que seguiam rumo ao Brasil. O negócio era feito em moldes de consignação. Assim, os interessados entregavam-lhe as suas fazendas e ele se encarregava de as colocar no mercado carioca, correndo uns e outros os riscos inerentes (SANTOS, 1994, p. 148).

Seguindo os mesmos rumos dos irmãos Manoel e João, em setembro de 1739 Antônio e Baltazar partiram para o Brasil, fixando residência no Rio de Janeiro onde estabeleceram uma casa de comércio voltada para o abastecimento das mi-

---

sertiva, declarou uma segunda escritura, sobre 8.000 cruzados (Rs. 3:200$000) "que servirão de prêmio aos tais empréstimos e que ao mesmo tempo se lhe satisfaça o juro da lei do capital que importar o empréstimo por que esta é a minha vontade, e também que das cobranças que se fizerem das dívidas que se me deve seja ele primeiramente satisfeito e inteirado de tudo o que se lhe dever" Referência: IANTT – Registro Geral de Testamentos – Livro 326 – Fls. 235 verso a 240 verso – Fl. 239.

93 Antes do mais, frisemos o acompanhamento apenas das trajetórias de Antônio e Baltazar, pelo fato de encontrarmos documentos mais detalhados para o percurso de ambos. Entretanto, como assinalamos no primeiro capítulo, Manoel de Miranda Fraga e João Pinto de Miranda foram caixeiros da loja dos seus primos, Jorge Pinto de Azeredo e Manoel Cardoso Pinto, em Vila Rica no decênio de 1730. Já na década seguinte tornaram-se os sócios de uma companhia que deu continuidade a tal loja, quando João Pinto de Miranda, em 1746, assumiu a feitura do inventário dos bens deixados pelo falecimento do seu irmão Manoel de Miranda Fraga. Eugênio dos Santos, em seu estudo sobre os irmãos Pinto de Miranda, assinalou que João seria o representante do armazém carioca comandado por seu irmão Antônio, em Vila Rica, para o decênio de 1740, e "(...) Competia-lhe coligir informações sobre os comissários de Minas, enviá-las para o Rio de Janeiro, cobrar os débitos da firma, manter a teia de clientes mineiros informada acerca do negócio, no dia a dia. A sua actuação não foi contudo, brilhante, a avaliar pelas múltiplas cartas que Antônio teve que expedir para amigos, autoridades, simples conhecidos, sinal de que o irmão não desempenhava cabalmente a sua função. Aliás, ele viria a falecer em Vila Rica, em finais de 1765 (...)" (SANTOS, 1994, p. 151).

nas. A fim de reforçar o comércio com a aludida região, logo endereçava uma carta para o primo Jorge Pinto de Azeredo:

> Dava-lhe notícias da viagem e da chegada, comunicava-lhe que trouxera de sua tia Maria de Távora Ferreira, provavelmente mãe de Jorge Pinto de Azevedo, [tratava-se de sua madrasta] "oito partes de carne de porco em presuntos e pás e hum embrulho com salsichoins para aqui entregar a vossa mercê". Põe as encomendas à sua disposição, mas adianta que alguns presuntos já se "acham ruins dos bichos", contraídos a bordo, na viagem. Aproveitou, por último, para solicitar ao primo que recomende a sua casa a compradores conhecidos, que paguem a contado.[94] (SANTOS, 1994, p. 149)

Depois de uma década, encontramos Antônio Pinto de Miranda ao solicitar sua habilitação no cargo de familiar do Santo Ofício, em 1748, residindo na cidade do Rio de Janeiro com sua esposa e filhos.[95] Na ocasião, apresentou-se como filho legítimo de Manoel de Miranda Fraga e Úrsula Pinta, naturais de Santa Marinha do Zêzere e casado na cidade do Porto com Dona Maria Pinta, de Santa Marinha da Cortegaça. Como seu procurador na Corte para os assuntos envolvendo o processo de habilitação, Antônio nomeou a José Ferreira da Veiga, na época testamenteiro de seu primo Jorge Pinto de Azeredo.

Das primeiras informações que chegaram aos deputados do Conselho Geral a respeito da vida pregressa do candidato estava a afirmação de que por seus avós maternos e sua avó paterna era um legítimo cristão velho, porém,

> (…) por si e seu avô paterno é legítimo Cristão Velho, não obstante a fama de cristã novice que se impõe ao habilitando por esta linha do dito avô paterno chamado Francisco Luiz, dizendo-se que descende de uma Eva Luiz cristã nova que das partes de Lamego fora viver para a freguesia de Gestaço aonde deixava numerosa sucessão por quanto se achava a dita fama reputada falsa por muitas sentenças assim do ordinário como também do Santo Ofício.[96]

Conforme o teor das apurações assinaladas na sua diligência, certamente o embaraço experimentado pelo primo Jorge no processo de habilitação para fa-

---

94 Essa informação, além do mais, confirma a centralidade das atividades mercantis de Jorge Pinto de Azeredo no comércio de abastecimento das minas e a proeminência da sua casa mercantil em Vila Rica, analisada no primeiro capítulo.

95 IANTT – Habilitação do Santo Ofício – Maço 136 – Documento 2257.

96 IANTT – Habilitação do Santo Ofício – Maço 136 – Documento 2257 – Fl. 1.

miliar do Santo Ofício recaiu no processo de Antônio, que se estendeu até 1760, ou seja, 12 anos depois de apresentar o seu pedido. A demora fez com que encaminhasse uma nova petição endereçada ao Exmo. Senhor Cardeal da Cunha, Inquisidor Geral, "para haver de o criar familiar do Santo Ofício" porque "até o presente não alcançou, talvez por falta de notícia de seus avós", argumentando ainda que sua filha, Ana Evangelista, tinha sido aprovada para se casar com o familiar Domingos de Paiva Arouca.[97]

Muito embora o comissário responsável pela sindicância de Antônio Pinto de Miranda, em sua terra natal, destacasse que o pai e o avô paterno tivessem exercido ofícios distintos no concelho de Baião, o discurso interposto assemelhava-se àquele proferido nas diligências de Jorge. E delatava fortemente, neste sentido, o contratempo sobre a mácula de sangue daquela família, a gravidade da ordenação de alguns clérigos pelo mesmo tronco, bem como a habilitação de Francisco Ribeiro da Fonseca como familiar.[98] Assim mais:

> Nesta averiguação me constou também que há poucos tempos se tinham feito diligências naquela freguesia para se habilitar pelo Santo Ofício um Jorge Pinto primo do habilitando e filho de Manoel Cardoso irmão de Manoel de Miranda pai do dito habilitando, as quais fizeram os comissários, o Abbde de S. Miguel de Matos, o de Paços de Gaiolo e ultimamente o de Várgea do Douro, das quais poderá constar mais individualmente o que se procura saber.[99]

Para não incorrer no mesmo imbróglio apontado na diligência de Jorge, o comissário achou por bem não tomar informação com o Padre Manoel Moreira e seu irmão Antônio Pereira, porque seus depoimentos "sempre as procuraram embaraçar", assim como o capitão Antônio de Moura, "por ter disputado em juízo umas injúrias".[100] Ademais, o comissário encerrava frisando a dificuldade de uma "averiguação mais individual da origem da referida fama, por ser mui antiga, pois dizem que há mais de duzentos anos viera Eva Luiz para esta freguesia e só por tradição do que ouviram a seus antecessores é que depõem as testemunhas".

Quanto às provanças sobre a sua capacidade de servir ao Santo Ofício, realizadas no Rio de Janeiro, as testemunhas concordavam que o capitão da Ordenança

---

97 IANTT – Habilitação do Santo Ofício – Maço 136 – Documento 2257 – Fl. 3.

98 IANTT – Habilitação do Santo Ofício – Maço 136 – Documento 2257 – Fl. 8.

99 IANTT – Habilitação do Santo Ofício – Maço 136 – Documento 2257 – Fl. 9.

100 IANTT – Habilitação do Santo Ofício – Maço 136 – Documento 2257 – Fl. 9 verso.

Antônio Pinto de Miranda e sua mulher Maria Pinta moravam naquela cidade e se tratavam à lei da nobreza, exercendo o postulante atividades no ramo mercantil com um cabedal estimado em 30.000 cruzados.[101]

Onze anos se passaram desde que havia se tornado um familiar do Santo Ofício, quando em julho de 1771 e aos 59 anos de idade, Antônio Pinto de Miranda resolveu pleitear o cobiçado título de cavaleiro da Ordem de Cristo. Na altura, contava com uma trajetória mercantil bem sucedida e a sua desenvoltura para lidar com a escrituração mercantil permitiu-lhe o desempenho de importantes cargos e funções como o posto de capitão da companhia dos moedeiros da praça do Rio de Janeiro, de secretário da Ordem Terceira de São Francisco e de provedor da Confraria de Nossa Senhora da Candelária.[102] Entretanto, o principal cargo conferido a Antônio foi como um dos administradores da Companhia dos Vinhos de Alto Douro, criada em 1756, sob os auspícios do primeiro ministro de D. José, o Marquês de Pombal. Por fim, em 1765, assumiu a administração do contrato da Dízima da Alfândega do Rio de Janeiro. Contando com esse amplo e favorável histórico, Antônio deu entrada ao processo de habilitação da sua mercê que foi obtida mediante a renúncia de seu irmão Baltazar, apresentando-se como um homem de negócios e irmão do cavaleiro Baltazar Pinto de Miranda, concorrendo com as qualidades necessárias para professar na aludida Ordem Militar.[103]

Nos depoimentos de algumas testemunhas em Santa Marinha do Zêzere identificamos características relevantes da sua trajetória de vida, antes de fazer a travessia para o ultramar e estabelecer-se como negociante na cidade do Rio de Janeiro. Nesse sentido, seus pais

---

101 IANTT – Habilitação do Santo Ofício – Maço 136 – Documento 2257 – Fl. 52.

102 Em 25 de agosto de 1764, o capitão Antônio Pinto de Miranda apresentou uma petição ao Conselho Ultramarino a fim de solicitar uma sesmaria com estabelecimento de uma fazenda para criar gado *vacum* e animais no sertão do rio Paraíba, que foi concedida pelas benfeitorias que este senhor estava disposto a realizar na mesma localização, como construção de pontes e caminhos. IANTT – Registro Geral de Mercês – Reinado de Dom José I – Livro 19 – Fl. 85 verso. Segundo Fábio Pesavento: "Em 1769, forma uma sociedade para uma fábrica de linho cânhamo, com Manoel Luís Vieira, Domingos Lopes Loureiro, Antônio de Oliveira Durão e Francisco Pinheiro Guimarães (também sócios nos seus contratos régios). Durante esse período Antônio Pinto de Miranda vai ser outorgado de vários homens de negócio lisboetas – entre eles, Ignácio Pedro Quintela (outro grande contratador, como o da pesca da baleia e do estanco de sal) –, italianos, hamburgueses e franceses" (PESAVENTO, 2009, p. 148).

103 IANTT – Habilitação da Ordem de Cristo – Letra A – Maço 29 – Documento 2.

Das Minas à Corte, de caixeiro a contratador

> (...) o colocaram na escola e depois no estudo de gramática que seguiu alguns tempos tratando-se com aquela limpeza com que se tratam os filhos dos principais lavradores da terra mas depois se casou com uma mulher das partes do Porto e deixando-a no Reino com alguns filhos que dela teve se embarcou para os Estados da América para onde mandou ir a tal mulher e filhos que lá se acham como é notório (...).[104]

Foi então com "20 e tantos anos" que Antônio chegou à cidade do Rio de Janeiro em companhia do irmão mais novo, Baltazar Pinto de Miranda e, "naquelas partes do Brasil é rico e muito abastado de bens temporais".[105] Os relatos, de modo geral, eximiam-no de qualquer ligação com o universo mecânico, sendo seus pais também reputados como honrados lavradores, vivendo do rendimento das suas fazendas e, da mesma forma, "(...) seus avós paternos e maternos, que igualmente se sustentaram dos bens próprios que tinha e suposto neles trabalhavam, nunca o faziam nos alheios por jornal nem conveniência, nem algum deles serviu emprego, ou ofício vil ou mecânico".[106] Entretanto, os deputados da Mesa de Consciência e Ordens, tendo em vista que Antônio já contava com mais de 50 anos, ou seja, a idade máxima para o ingresso na cavalaria da Ordem de Cristo, por ter nascido em 1712, julgaram-no impedido de receber a provisão da sua mercê.

Mas, como de costume, Antônio Pinto de Miranda recorreu da sentença em uma nova petição, na qual se valeu da renúncia feita por Baltazar Pinto de Miranda a seu favor, concedida pelos longos anos de serviço como contador geral do Real Erário. O pedido de reconsideração teve o efeito esperado e, em 1772, os membros da Mesa deliberavam pela dispensa do aludido impedimento, aprovando a habilitação da mercê do postulante.

Especial referência cabe, em nossa análise, sobre a trajetória de Antônio e Baltazar no período que abrange os decênios de 1740 e 1750, porque foram décadas determinantes para a afirmação e estabilização dos negócios destes irmãos, como bem destacou Eugênio dos Santos (cf. SANTOS, 1994, p. 153). A este respeito, o processo de habilitação da Ordem de Cristo de Baltazar, iniciado em 1759, traz relevantes informações.

---

104 IANTT – Habilitação da Ordem de Cristo – Letra A – Maço 29 – Documento 2 – Fl. 9.
105 IANTT – Habilitação da Ordem de Cristo – Letra A – Maço 29 – Documento 2 – Fl. 9 verso.
106 IANTT – Habilitação da Ordem de Cristo – Letra A – Maço 29 – Documento 2 – Fl. 9 verso.

Assim como Antônio, a carreira mercantil de Baltazar começou bem cedo, segundo afirmaram algumas testemunhas de Santa Marinha do Zêzere, quando ainda muito jovem saiu de casa levado pelo irmão Antônio Pinto de Miranda, que na época era caixeiro do negociante hamburguês Diogo Berquenhout, na cidade do Porto. De lá, tempos depois, ambos partiram rumo ao Rio de Janeiro onde estabeleceram uma casa mercantil voltada, sobretudo, para o abastecimento da zona de mineração.

Os conterrâneos de Baltazar também disseram que ele possuía a qualidade necessária para se tornar um cavaleiro de Cristo, sendo o pai carpinteiro e tanoeiro de pipas, mestre de meninos e escrivão do juízo de Órfãos do Concelho de Baião e que todos os seus avós viveram honradamente como lavradores nas suas terras.[107] Félix de Coutinho da Cunha, por exemplo, já tinha sido interrogado outras vezes nos processos daquela família e declarava que o postulante com apenas 13 anos de idade foi para a cidade do Porto, para a casa de um estrangeiro aonde residia um irmão, "e nesta terra somente andou na escola sem outro exercício". Acerca da qualidade de seus pais, afirmava a testemunha, eram pessoas nobres e em sua família muitos se habilitaram no Santo Ofício, além do que "(...) ele conheceu um Primo direto Professo na Ordem de Cristo chamado Jorge Pinto de Azeredo, há poucos anos falecido na cidade de Lisboa (...)".[108]

Também foram colhidos depoimentos de testemunhas em Lisboa, onde morava o postulante na época de sua habilitação. Dentre elas, estava o homem de negócios João Álvares Chaves que recordava a vida de Baltazar no Rio de Janeiro, quando "assistia" na loja do seu irmão Antônio vendendo *por grosso* as "fazendas secas de pano de linho, baetas, chapéus e ferragens". Disse também que algum tempo depois retornava do Brasil (provavelmente nos últimos anos da década de 1740), estabelecendo uma "loja de mercearia e papel na rua Nova dos Ferros", em Lisboa, em cuja loja "nunca assistira", mas apenas o seu sócio "e tratara como atualmente faz em todo o gênero de negócio, e enviar fazendas para o Brasil".[109]

Num outro depoimento que também descrevia a trajetória mercantil de Baltazar, a testemunha certificava que no Rio de Janeiro ele servia na loja do seu irmão, exercendo as incumbências do seu negócio e de "ir as Minas fazer algumas cobran-

---

107 IANTT – Habilitação da Ordem de Cristo – Letra B – Maço 3 – Documento 15 – Fl. 6.

108 IANTT – Habilitação da Ordem de Cristo – Letra B – Maço 3 – Documento 15 – Fl. 4 verso.

109 IANTT – Habilitação da Ordem de Cristo – Letra B – Maço 3 – Documento 15 – Fl. 7.

ças respectivas ao dito seu irmão". Na Corte, desde o início, "sendo já homem de negócio, com sociedade no Rio de Janeiro continuava em enviar carregações para as partes do Brasil". Passando a servir, algum tempo depois, como deputado da Junta Geral do Comércio, mas ainda "negociando em todos os ramos do comércio, que se lhe oferecem em grosso, vivendo com tratamento a lei da nobreza (...)".[110]

Seguramente, mesmo se valendo da renúncia da mercê de Antônio Carlos Bravo, Baltazar Pinto de Miranda desfrutou dos benefícios concedidos por servir como "deputado da Junta Geral do Comércio deste Reino e seus domínios, dos primeiros da criação dela, como mostra a cópia do decreto".[111] Uma função que poderia eximir aqueles que serviam à Coroa em cargos relevantes – como era aquele ocupado por ele – das devassas para habilitação na Ordem de Cristo.[112] Dessa forma, em maio de 1760 a mesa de Consciência e Ordens aprovava a mercê de Baltazar que então vivia em Lisboa na rua nova de São Bento e freguesia de Santa Izabel.

A composição da riqueza e nobilitação de Jorge Pinto de Azeredo

O patrimônio

Nesta seção analisaremos a composição dos bens de Jorge Pinto de Azeredo, indicados na Tabela 4.1. Os valores apresentados com essa tabela, antes do mais, foram calculados a partir da inventariação do seu patrimônio. Pois, uma parte desses bens não foi arrecadada, impossibilitando a apresentação de uma conta final contendo o seu monte-mor, pelo inventariante José Ferreira da Veiga. Dentro dessa sistematização do patrimônio ficaram de fora da avaliação as "dívidas ativas por

---

110 IANTT – Habilitação da Ordem de Cristo – Letra B – Maço 3 – Documento 15 – Fl. 6 verso.

111 A mercê de Baltazar foi concedida pela renúncia que fez Antônio Carlos Bravo a seu favor. Referência: IANTT – Registro Geral de Mercês – Reinado de Dom José I – Livro 13 – Folha 498.

112 De acordo com Jorge Pedreira: "Privilégios semelhantes aos que se atribuíram aos acionistas e diretores da Companhia do Grão Pará – e que depois se alargaram aos das outras companhias privilegiadas – foram conferidos pelos Estatutos da Junta do Comércio aos cargos de provedor, secretário e deputados da Junta, cujos primeiros titulares seriam agraciados, por inerência, com o hábito de cavaleiros de Cristo" (PEDREIRA, 1995, p. 87). Outro benefício concedido pela Coroa a favor dos serviços de Baltazar Pinto de Miranda ocorreu no reinado de Dona Maria I, quando foi passado um decreto tendo em consideração os serviços prestados pelo já falecido Baltazar na contadoria geral do Real Erário, percebendo a remuneração de Rs. 500$000 anuais pagos pelo Real Erário divididos entre sua viúva Dona Florinda Tereza de Santa Ana Pinto de Miranda e os filhos João Antônio Pinto de Miranda e Antônio José de Miranda. Referência: IANTT – Registro Geral de Mercês – Reinado de Dona Maria I – Livro 27 – Folha 16 verso.

liquidar com dependência de contas por ajustar", o que justifica, em parte, a divergência entre o patrimônio líquido assinalado na Tabela 4.1 (Rs. 24:481$095) e o repasse da arrecadação aos seus herdeiros em 1767, que foi de Rs. 125:288$217.[113]

Tabela 4.1. Composição do Patrimônio de Jorge Pinto de Azeredo

Componentes	Valor em réis
Recheio da casa, vestuário e jóias	1:140$807
Bens e dívidas ativas arrecadadas	81:743$117
Dívidas ativas por arrecadar	24:352$661
Dívidas passivas liquidadas	- 82:755$490
Patrimônio bruto	107:236$585
Patrimônio líquido	24:481$095

Fonte: IANTT – Feitos Findos – Inventários Orfanológicos – Maço 494 – Número 01.*Valores deduzidos a partir da inventariação dos seus bens.

Muito embora o fato de Jorge Pinto de Azeredo ter falecido relativamente jovem, aos 39 anos de idade e com uma carreira mercantil em plena ascensão, tenha sido relevante na prevalência de um patrimônio fortemente composto por negócios e dívidas ativas (Tabela 4.1), essa era, de fato, a realidade da composição do patrimônio dos homens de negócios da praça mercantil de Lisboa. Como bem destacou Jorge Pedreira, eram as dívidas ativas o principal montante a compor as fortunas dos negociantes, enquanto os recursos patrimoniais aplicados em bens de raiz perfaziam apenas 15% de toda a fortuna. Um percentual ainda mais diminuto para aquele atribuído aos bens investidos em vestuário, jóias, metais preciosos, recheio da casa, escravos, carruagens e gado, representando, em média, 5% de todo o patrimônio dessa burguesia (cf. PEDREIRA, 1995, p. 308).

Por outro lado, os resultados não indicavam que a qualidade de vida desse grupo estivesse abaixo dos padrões de luxo e conforto da época, pois: "Em suma, o nível de vida dos negociantes, tal como é traduzido pelo seu patrimônio, caracterizava-se pelo conforto e pela dignidade mas também por um claro comedimento na ostentação" (PEDREIRA, 1995, p. 317). Assim, podemos afirmar seguramente

---

113 Os valores do patrimônio líquido, na Tabela 4.1, também destoam da informação sobre o seu cabedal, de acordo com o depoimento das testemunhas do seu processo de habilitação do Santo Ofício, no valor de 130.000 cruzados, ou seja, Rs. 52:000$000. Referência: IANTT – Habilitações Incompletas do Santo Ofício – Maço 70 – Documento 2993.

Das Minas à Corte, de caixeiro a contratador

que a composição do patrimônio de Jorge Pinto de Azeredo assemelhava-se àquela atribuída ao grupo dos negociantes de Lisboa no correr do século XVIII.

As vendas do recheio da sua casa, jóias e artigos de vestuário foram realizadas entre julho e agosto de 1747 e alcançaram o produto de Rs. 1:140$807, conforme declaração do inventariante José Ferreira da Veiga.[114] A propósito, vale a pena destacar alguns dos bens que permitem desvelar o estilo de vida que levava Jorge Pinto de Azeredo. Nesses termos, a composição dos trajes indica a forma como esse jovem negociante se apresentava nas ocasiões festivas assim como no dia a dia daquele universo social, na Corte portuguesa dos meados do Setecentos.

Certamente a vestimenta mais luxuosa do seu guarda-roupa foi aquela confeccionada com seda do Macau, na cor cinza, e composta por uma casaca, véstia e calção, arrematada pelo homem de negócios Manoel de Meireles pelo valor de Rs. 30$000. Além desta, possuía Jorge mais duas vestimentas de lemiste na cor preta e cinco conjuntos de véstia e calção, dentre os quais um era encarnado e dois na cor preta. Para acompanhar a composição dos seus trajes, ele poderia ostentar um dos dois hábitos da Ordem de Cristo de ouro que possuía, e mais um da Ordem Terceira de São Francisco. De igual modo, foram relacionadas várias meias de seda nas cores preta e branca, dois pares de sapato, um chapéu fino com bordadura de prata e uma espada com o punho de prata.[115]

Na sua habitação não faltavam peças de mobiliário que permitiam a esse homem de negócios da praça mercantil de Lisboa desfrutar de uma vida "à lei da nobreza", como se dizia na época. Nessa medida, foram relacionados um leito de jacarandá, catre, estante, mesas, guarda-roupa, espelhos, roupas de uso da casa, cobertores e tudo o mais necessário para o seu conforto e bem viver. Na cozinha havia louças da Índia, faqueiros de prata, diversos pratos e tachos, banquinhas e armários. E ainda na dispensa estavam oito cântaros cheios de azeite dentro de uma talha sevilhana, uma salgadeira de pau e um barril com carne de porco contendo cinco arrobas, além de dois alqueires de farinha de pão, seis alqueires de feijão branco e um barril cheio de melaço. A sua vez, Jorge Pinto de Azeredo era dono de uma sege com machos serrados que utilizava para o seu deslocamento e possuía em sua companhia dois escravos, Antônio e Sebastião, e um criado. Já a sua

---

114 IANTT – Feitos Findos – Inventários Orfanológicos – Maço 494 – Número 01 – Fl. 167.

115 Havia ainda, entre os seus artigos de vestuário, 14 camisas de holanda com seus punhos, seis de esguião, outras sete de linho bertanha e mais 17 pescocinhos e 10 barretinhos.

modesta biblioteca tinha 28 títulos avaliados pelos louvados em Rs. 28$000 e estava dividida entre algumas obras em francês, espanhol e português. Dentre os títulos, havia um exemplar da "Arte de Furtar" e um livro técnico intitulado "Prática de medir pedras preciosas", em pergaminho.[116]

Embora o imóvel situado na rua direita dos livreiros que vai para o colégio de Santo Antão, onde ele residia em Lisboa, fosse alugado, entre os seus bens de raiz estava uma "morada de casas" em Vila Rica, na freguesia de Nossa Senhora do Pilar; duas propriedades no lugar chamado Adro, em Santa Marinha do Zêzere; e, por fim, uma "propriedade de casas" na rua de São João Novo, no Porto, arremata-da pelo homem de negócios Manoel Lopes da Costa em seu nome no ano de 1728, por Rs. 500$000, onde morou seu pai, Manoel Cardoso Pinto com sua madrasta Maria de Távora Ferreira.[117]

Acompanhando o padrão de investimento da maioria dos homens de negó-cios do Império português do Setecentos, Jorge Pinto era sócio em três embarca-ções que faziam viagens para a costa brasileira e ficavam ancoradas à margem do rio Douro, na cidade do Porto. Essa forte ligação com o comércio *por grosso* a partir da cidade do Porto, aliás, fica muito bem iluminada na história do seu primo Antô-nio Pinto de Miranda, como explicitou Eugênio dos Santos ao assinalar que, além de ter comercializado no Rio de Janeiro variadas mercadorias vindas de Portugal, por meio de consignação, manteve estreitas ligações com "um número conside-rável de negociantes do Porto com quem ele tinha contatos regulares e amizade", sobretudo, "estrangeiros, quer do norte, a avaliar pelos nomes (alemães, ingleses, flamengos), quer italianos".[118] (cf. SANTOS, 1994, p. 160) Na nau Invocação Nossa Senhora da Soledade, uma embarcação que ficava sob os cuidados do seu sócio e primo primeiro de seu pai, José Pinto Vieira, Jorge possuía 1/8 de interesse e, nas mesmas condições, ficava a sua participação no iate Nossa Senhora do Porto. Por fim, também lhe pertencia 1/16 de interesse na nau Nossa Senhora dos Prazeres, comandada por Manoel Lopes da Costa, "vinda proximamente de Pernambuco".[119]

---

116 IANTT – Feitos Findos – Inventários Orfanológicos – Maço 494 – Número 01 – Fl. 45.

117 IANTT – Feitos Findos – Inventários Orfanológicos – Maço 494 – Número 01 – Fl. 63 verso.

118 A este respeito ainda podemos acrescentar o fato de que Antônio Pinto de Miranda teria se inserido na lide mercantil como caixeiro de um negociante hamburguês com firma no Porto, chamada Diogo Berquenhout e Cia., "Com a qual, aliás, manterá relações comerciais e pessoais muito longas e frutuosas" (cf. SANTOS, 1994, p. 149).

119 IANTT – Feitos Findos – Inventários Orfanológicos – Maço 494 – Número 01 – Fl. 54 e 54 verso.

Como bem salientamos, e, como se vê na Tabela 4.1, a maior parte do patrimônio de Jorge Pinto de Azeredo era composta por dívidas ativas distribuídas entre os diversos negócios e investimentos da sua casa. Suas atividades, neste sentido, estavam fortemente calcadas no comércio *por grosso* à longa distância e com a sua participação nos contratos de arrendamentos de tributos e monopólios régios. Por isso, o montante das *dívidas ativas arrecadadas* relacionadas na inventariação dos seus bens, que somou Rs. 81:743$117, esteve espraiado entre os diversos negócios como, por exemplo, o recebimento de obrigações, ações em contratos régios, carregações de mercadorias, créditos e empréstimos. A fim de proceder a uma compreensão acurada dos investimentos entretecidos por Jorge, servir-nos-emos da relação que a este respeito descreveu o inventariante José Ferreira da Veiga no inventário dos seus bens, ao longo dos anos que esteve à frente dessa arrecadação.

Muitas foram as quantias que a sua testamentaria recebeu em parcelas, como foi a metade de uma "obrigação de negócios" satisfeita por José Bezerra de Seixas no valor de Rs. 1:000$000.[120] De igual modo, algumas quantias eram recebidas mediante remessas vindas do Rio de Janeiro, especificadas por "cobranças de rateio" como Rs. 1:056$380 ou, ainda, Rs. 81$000 que o primo Antônio Pinto de Miranda enviou para pagamento de contas particulares entre ambos.

O fato de uma parte significativa do pagamento das dívidas ativas de Jorge Pinto de Azeredo ter sido recuperada esparsamente no correr de quase uma década após o seu falecimento, decorre, nomeadamente, da natureza dos investimentos e negócios em que estava engajado. Tal o caso, por exemplo, de José Ferreira da Veiga que em 1750 satisfez Rs. 2:750$000 pelo lucro da cota de 1/32 do contrato da Angola, iniciado em 1742, cuja administração ficou sob a responsabilidade da casa de Estêvão Martins Torres.[121] Da mesma forma, entregava o compadre e homem de negócios Manoel Gomes de Campos, em 1749, Rs. 20$262 sobre 1/16 que perfez a sua cota no contrato dos vinhos de 1739. Já em 1750 recebeu mais Rs. 500$000 pelo interesse de 2/32 do contrato da Portagem, principiado em 1745, pelas mãos de Manoel Gomes de Campos e dos filhos de Francisco de Melo Gusmão.[122]

---

120 José Bezerra de Seixas foi um destacado homem de negócios da praça mercantil de Lisboa, que atuou na primeira metade do século XVIII arrematando importantes contratos régios. Um estudo sobre a sua trajetória foi apresentado por Andrée Diniz-Mansuy Silva (cf. SILVA, 1979).

121 IANTT – Feitos Findos – Inventários Orfanológicos – Maço 494 – Número 01 – Fl. 27 verso.

122 IANTT – Feitos Findos – Inventários Orfanológicos – Maço 494 – Número 01 – Fl. 28.

Outro exemplo de pagamento atinente a sociedades ou interesses foi o repasse de Domingos Gomes da Costa, de Rs. 395$594, por 1/16 no contrato de Molhados de Pernambuco, iniciado em 1743, além de Rs. 455$738 por 1/8 de interesse no contrato do Subsídio do Açúcar de Pernambuco, principiado nesse mesmo ano.[123]

Entre os pagamentos "carregados" à herança de Jorge Pinto de Azeredo também estava um de dezembro de 1749, respectivo à metade da comissão repassada por Manoel Nunes da Silva Tojal, por conta da administração da venda e "mais dependências" da primeira repartição dos diamantes da segunda companhia que arrematou esse monopólio, na vultosa quantia de Rs. 2:402$952.[124]

Nada sabemos, porém, acerca da companhia cuja atividade ficara sob a direção de Manoel Rodrigues Pontes como caixa na cidade do Rio de Janeiro, de onde partiram algumas remessas do pagamento pelo percentual que Jorge Pinto de Azeredo possuía na aludida companhia, no valor de Rs. 967$505. Como uma forma de incrementar e diversificar os seus negócios na Corte portuguesa que sem dúvida foram variados, Dona Ignácia Francisca da Silveira, religiosa em Odivelas, fez o pagamento de um empréstimo de Rs. 583$680.[125] Já os diretores da Companhia do Macau desembolsaram Rs. 1:391$700 por conta das seis ações da mesma companhia que estavam em nome de Jorge Pinto de Azeredo, das quais duas pertenceram à sua herança, duas ao sargento-mor João Fernandes de Oliveira e outras duas a Manoel Matheus Tinoco.[126]

Uma das operações mercantis mais avultadas que conseguimos acompanhar no inventário dos bens de Jorge Pinto ocorreu no ano de 1745, quando em sociedade com José Ferreira da Veiga foi enviada uma carregação de baetas para o Rio de Janeiro consignada ao capitão Domingos Ferreira da Veiga, cuja metade lhe pertencia e estava distribuída entre o seu principal, custos e gastos no valor de Rs. 21:070$527. Um negócio muito lucrativo, pois o produto sobre a tal carregação foi recebido poucos anos depois e enviado por Domingos em três remessas nas frotas de 1748, 1749 e 1750, sendo o rendimento da sua metade Rs. 25:361$507.[127] Reiterando este exemplo, foram realizadas duas remessas de pagamento sobre uma carregação de baetas em uma sociedade que Jorge Pinto teve com João Carneiro

---

123 IANTT – Feitos Findos – Inventários Orfanológicos – Maço 494 – Número 01 – Fl. 28 verso.

124 IANTT – Feitos Findos – Inventários Orfanológicos – Maço 494 – Número 01 – Fl. 29.

125 IANTT – Feitos Findos – Inventários Orfanológicos – Maço 494 – Número 01 – Fl. 29 verso.

126 IANTT – Feitos Findos – Inventários Orfanológicos – Maço 494 – Número 01 – Fl. 30.

127 IANTT – Feitos Findos – Inventários Orfanológicos – Maço 494 – Número 01 – Fl. 30 verso.

da Silva, homem de negócios do Rio de Janeiro, uma em 1750 no valor de Rs. 1:675$450, e outra, em 1751, de Rs. 1:832$826.

Em 1750, Domingos Ferreira da Veiga, como responsável pela arrecadação dos bens daquela herança no Rio de Janeiro e Minas Gerais, recebeu de João Carneiro da Silva uma cobrança de Rs. 26:103$766 alusiva ao contrato das Entradas das Minas (1745-1747) arrematado por Jorge Pinto.[128] Ainda em relação a esse contrato, Francisco Gomes Ribeiro, pelos lucros que tocaram a Jorge Pinto de Azeredo depois de satisfeitas algumas despesas sobre custas e certidão, repassou a Domingos o líquido de Rs. 1:349$440.[129]

No primeiro capítulo desta pesquisa destacamos a estreita ligação de Jorge Pinto de Azeredo com a loja em Vila Rica até à época da sua morte, ocorrida em maio de 1747. Uma atividade iniciada por ele e seu irmão Manoel, que teve continuidade com os primos João Pinto de Miranda e Manoel de Miranda Fraga em sociedade com Manoel Luiz dos Santos. Para garantir a liquidação do que a aludida companhia devia à herança em tela, Domingos impetrou uma ação judicial contra os seus sócios, cuja sentença permitiu o recolhimento de Rs. 4:091$799, enviado para Lisboa em três remessas sucessivas nos anos de 1749, 1750 e 1751.[130]

Ao fim do decênio de 1740, alguns pagamentos envolvendo a segunda companhia do monopólio de Extração dos Diamantes foram efetuados. Entre eles estava a quitação de uma letra passada pelo sargento-mor João Fernandes, recebida pelas mãos de Manoel Nunes da Silva Tojal, um dos caixas da companhia na Corte, sobre quatro escravos falhados no valor de Rs. 645$000, dividido entre os interessados nos escravos encabeçados por Jorge Pinto de Azeredo. Aliás, cabe salientar que pela venda de 30 escravos matriculados em seu nome nessa segunda companhia, dos quais somente a metade pertenceu a esta herança, Domingos enviou para Lisboa, em 1750, a quantia de Rs. 5:611$392 que foi repartida entre os donos, restando ainda Rs. 4:400$000 por receber, um montante que o capitão Domingos deixou a cargo de José Álvares Maciel, homem de negócios na comarca de Vila Rica.[131] Para finalizar a relação de algumas dívidas ativas arrecadadas, mencionamos o pagamento de duas obrigações que devia o "Ilustríssimo Senhor" Alexandre de Gus-

---

128 IANTT – Feitos Findos – Inventários Orfanológicos – Maço 494 – Número 01 – Fl. 31.

129 IANTT – Feitos Findos – Inventários Orfanológicos – Maço 494 – Número 01 – Fl. 35.

130 IANTT – Feitos Findos – Inventários Orfanológicos – Maço 494 – Número 01 – Fl. 31 verso.

131 IANTT – Feitos Findos – Inventários Orfanológicos – Maço 494 – Número 01 – Fl. 32.

mão, enviado pelo capitão Domingos com o desconto dos 2% de cobrar e outros 2% de remeter, num produto líquido de Rs. 3:350$000.[132]

As *dívidas ativas por arrecadar*, por seu turno, chegaram a Rs. 24:352$661 (Tabela 4.1). Entre elas havia um crédito ajustado em abril de 1745 que devia José da Costa e Souza Rabelo, no valor de Rs. 2:140$000 e seus juros de 6,25%.[133] Entrava nessa mesma monta uma obrigação passada por Dr. Inocêncio Pedro de Morais, de Rs. 680$000, bem como o resto de uma dívida em nome de Domingos Ribeiro e dos herdeiros do fiador Antônio Rodrigues Neves, no valor de Rs. 2:443$620. Ainda estavam pendentes duas obrigações de Alexandre Gomes de Souza, morador nas Minas, as quais venciam juros desde março de 1747 (Rs. 3:416$231).[134] Também foram devedores à herança de Azeredo os herdeiros de Dom Lourenço de Almeida por uma execução intentada junto ao Juízo de Órfãos, sobre a quantia Rs. 120$000.[135] Além desta, pendia sobre outras dívidas ações de cobranças judiciais, como uma causa movida no Cartório Feital contra uma religiosa do convento de Santa Ana de Lisboa, por Rs. 800$000 e juros de 5%, "de cujos juros havia o defunto feito em sua vida a Madre D. Thereza Rita religiosa no dito convento e a sua irmã enquanto vivas fossem".[136]

Outro motivo que levava às dívidas ativas por arrecadar era o embaraço pela falta atribuída ao verdadeiro devedor, como a dívida de Manoel de Matos, do Rio de Janeiro, pela qual a herança em questão foi obrigada a arcar porque Jorge Pinto havia se comprometido como fiador à casa mercantil do britânico *John Mayne*, cobrada em uma sentença estimada em Rs. 2:983$829.[137] Especial referência cabe, aqui, aos incidentes inerentes às operações de risco com o comércio a longa distância, um ramo mercantil no qual também atuava Jorge Pinto de Azeredo. Tal foi o caso de uma letra passada por Dom Bernabé de La Torre, residente em Buenos Aires, certamente sobre a compra de diamantes que perfez Rs. 2:112$000.

---

132 IANTT – Feitos Findos – Inventários Orfanológicos – Maço 494 – Número 01 – Fl. 34 verso e 35.

133 IANTT – Feitos Findos – Inventários Orfanológicos – Maço 494 – Número 01 – Fl. 36.

134 Sobre esse valor, encontramos o registro de uma obrigação, no mês de janeiro de 1746, no cartório de Manoel José Barbosa, em Lisboa. IANTT – Registros Notariais de Lisboa – Livros do Distribuidor – Caixa 32 – Livro 107; IANTT – Feitos Findos – Inventários Orfanológicos – Maço 494 – Número 01 – Fl. 37 verso.

135 IANTT – Feitos Findos – Inventários Orfanológicos – Maço 494 – Número 01 – Fl. 37.

136 IANTT – Feitos Findos – Inventários Orfanológicos – Maço 494 – Número 01 – Fl. 37 verso.

137 IANTT – Feitos Findos – Inventários Orfanológicos – Maço 494 – Número 01 – Fl. 43 verso.

Das Minas à Corte, de caixeiro a contratador

Como da maior importância para justificar a acentuada diferença entre o patrimônio líquido apresentado na Tabela 4.1 e o repasse do numerário que tocava aos herdeiros de Jorge Pinto de Azeredo, de Rs. 125:288$217, estavam as *dívidas ativas por cobrar com dependências para ajustar*. Muitas delas, afinal, resultavam das dificuldades sobrepostas pelas perdas e pendências dos contratos e monopólios régios ou, ainda, do comércio a longa distância. Nesse sentido, havia um ajuste pendente em nome de Custódio Ferreira Goios, um dos 100 grandes negociantes do período pombalino, como caixa de uma companhia para o Rio de Janeiro, na qual entrou Jorge Pinto com 5.000 cruzados (Rs. 2:000$000), em 1743. Ademais, deste valor deveria ser abatido o lucro sobre 1/64 de interesse que Goios investiu no contrato das Entradas das Minas, encabeçado por Jorge Pinto de Azeredo.[138]

Incorpora-se a este complexo sistema de dívidas o resto das contas pendentes de uma carregação de baetas que Jorge Pinto de Azeredo enviou para João Carneiro da Silva, no Rio de Janeiro, cujo valor deveria "encontrar" com aquele a ser calculado sobre os escravos que pertenceram a João Carneiro e estavam matriculados em nome do inventariado no monopólio dos diamantes. Como vimos no início deste capítulo, existiu um forte vínculo entre Jorge e seu primo segundo Francisco Ribeiro da Fonseca, exteriorizado numa relação de compadrio e em generosas doações legadas aos filhos desse primo que deveriam ser ajustadas em uma "conta com Francisco Ribeiro da Fonseca de cima do Douro em que se compreende uma sua obrigação de dívida de Rs. 400$000 nos quais se lhe há de encontrar no que ele pretende haver deste casal".[139]

Outro, ainda, com quem a herança de Jorge esperava ajustar diversas e importantes contas era Estêvão Martins Torres, o patriarca da casa que levava o seu sobrenome, notadamente, por interesses "que se lograram de parte a parte e assim no que [ilegível, uma palavra] a mesma casa devia pertencente ao contrato dos Dízimos das Minas principiado em o ano de 1738 e ao dos Dízimos dos Goiases de outras contas mais de que fora declararam".[140] Devemos lembrar, aqui, que Estêvão foi dos principais negociantes da praça mercantil de Lisboa na primeira metade do

---

138 Dez anos depois do falecimento de Jorge Pinto de Azeredo, em dezembro de 1757, recebia José Ferreira da Veiga de Custódio Ferreira Goios Rs. 1:619$744 pelas contas a respeito da aludida companhia ajustada entre Goios e o testador. IANTT – Feitos Findos – Inventários Orfanológicos – Maço 494 – Número 01 – Fl. 39 verso.

139 IANTT – Feitos Findos – Inventários Orfanológicos – Maço 494 – Número 01 – Fl. 40 verso.

140 IANTT – Feitos Findos – Inventários Orfanológicos – Maço 494 – Número 01 – Fl. 40 verso.

século XVIII, assim como um personagem central no universo relacional entretecido por Jorge Pinto de Azeredo.[141]

Quanto à relação das *dívidas passivas* da casa de Jorge Pinto de Azeredo, estas foram liquidadas e somaram o expressivo montante de Rs. 82:755$490 (Tabela 4.1). Com o propósito de proceder à arrecadação sobre heranças, no Estado português os pagamentos eram comumente realizados mediante uma ação judicial que os credores intentavam a fim de recuperar as suas dívidas. Assim foi com a maior parte das dívidas passivas desse espólio, à exceção das somas despendidas em várias dependências e negócios da mesma testamentaria como, por exemplo, os gastos com o seu funeral (Rs. 579$655).[142]

Assim aconteceu igualmente com a sentença judicial que saiu a favor de Domingos Gomes da Costa, recebendo pelas mãos do inventariante José Ferreira da Veiga a quantia de Rs. 5:626$590 de principal e juros que devia Jorge Pinto de Azeredo.[143] Num outro caso, com a companhia inglesa *Alegar Grosset* foi saldada a dívida de Rs. 1:185$384; enquanto sobre o contrato da Dízima da Alfândega do Rio de Janeiro, arrematado por José Ferreira da Veiga em 1745, foi despendida a quantia de Rs. 1:610$000 por conta da cota de 10/64 a ele adjudicada. Exorbitante, de fato, foi a soma que José Ferreira da Veiga "recebera de si mesmo por sentença que alcançara contra o mesmo casal Rs. 12:184$154 com que saiu".[144] Já a Francisco da Silva, cessionário de Cristóvão Mendes Lobato em um negócio sem especificação, pagou a herança de Jorge Pinto por uma ação no valor de Rs. 2:759$034.[145]

Muito embora sejam esclarecedores os pagamentos mediante às várias ações de que se serviram os credores de Jorge Pinto de Azeredo, uma análise detalhada sobre os mesmos tornar-se-ia tanto exaustiva quanto desnecessária e, para título de ilustração, relacionaremos apenas mais algumas, como a sentença a favor do Frei Vicente de Santo Elias por Rs. 1:201$399 de principal e custas.[146] *John Mayne* e *Duarte Burn,* proeminentes atacadistas ingleses engajados no comércio colonial do Império português, receberam Rs. 2:983$892 de principal, juros e custas, pro-

---

141 IANTT – Feitos Findos – Inventários Orfanológicos – Maço 494 – Número 01 – Fl. 41.

142 IANTT – Feitos Findos – Inventários Orfanológicos – Maço 494 – Número 01 – Fl. 46.

143 IANTT – Feitos Findos – Inventários Orfanológicos – Maço 494 – Número 01 – Fl. 47 verso.

144 IANTT – Feitos Findos – Inventários Orfanológicos – Maço 494 – Número 01 – Fl. 50.

145 IANTT – Feitos Findos – Inventários Orfanológicos – Maço 494 – Número 01 – Fl. 52.

146 IANTT – Feitos Findos – Inventários Orfanológicos – Maço 494 – Número 01 – Fl. 54 verso.

vavelmente pelo fornecimento de mercadorias vindas da Inglaterra.[147] Já Antônio Fernandes Fontes conseguiu reaver Rs. 1:019$308 de principal, juros e custas, enquanto Manoel Pinto Castro recebeu Rs. 1:466$188.

Para concluir esses comentários sobre as dívidas passivas do patrimônio de Jorge Pinto de Azeredo, destacamos, ainda, a nada desprezível quantia de Rs. 3:256$037 que recebeu o negociante Custódio Ferreira Goios, provavelmente por interesses alusivos a contratos régios.[148] Este também parece ter sido o caso do seu compadre Manoel Gomes de Campos, com quem manteve estreitados os laços mercantis, que embolsou Rs. 2:820$982.[149] Já ao Desembargador José Pereira de Moura, satisfez José Ferreira da Veiga Rs. 3:137$768, de principal e custos de uma sentença,[150] e, por fim, a Mariana Fernandes de Castro e suas filhas, como herdeiras do Frei Manoel de Santa Maria Pinto, foi satisfeita uma dívida de Rs. 3:862$852.[151]

Negócios e contratos

Jorge Pinto de Azeredo ficou conhecido na historiografia pela sua atuação nos monopólios e contratos régios do Império português, especialmente pela sua participação como caixa na Corte do monopólio dos diamantes. Um envolvimento com raízes vincadas numa sólida e intensa carreira mercantil, constituída no comércio de abastecimento das zonas de mineração no correr do decênio de 1730. Foi então, graças ao alento que a mineração conferiu ao comércio que Jorge Pinto, assim como tantos outros negociantes da sua época, conseguiu estabelecer-se no distinto universo dos homens de negócios do Império, favorecido pela projeção econômica adquirida e entrosamento nas redes mercantis ultramarinas.

Provavelmente no segundo semestre de 1737, Jorge Pinto de Azeredo partiu das Minas rumo a Lisboa, onde arrematou no Conselho Ultramarino o contrato dos Dízimos Reais para todas as comarcas de Minas (1739-1741), no total Rs. 308:736$000; o maior valor alcançado até então (cf. ARAÚJO, 2008, p. 296). Tudo indica que depois de alguns meses de estada pela capital lusitana para a arrematação desse contrato, ele teria regressado para as Minas permanecendo na região por um curto período de tempo, quando em 1739 e em companhia de Francisco

---

147 IANTT – Feitos Findos – Inventários Orfanológicos – Maço 494 – Número 01 – Fl. 56 verso.

148 IANTT – Feitos Findos – Inventários Orfanológicos – Maço 494 – Número 01 – Fl. 58.

149 IANTT – Feitos Findos – Inventários Orfanológicos – Maço 494 – Número 01 – Fl. 58 verso.

150 IANTT – Feitos Findos – Inventários Orfanológicos – Maço 494 – Número 01 – Fl. 59 verso.

151 IANTT – Feitos Findos – Inventários Orfanológicos – Maço 494 – Número 01 – Fl. 60 verso.

Ferreira da Silva partiu novamente para o Reino, estabelecendo-se dessa vez definitivamente em Lisboa, a fim de assistir como um dos caixas da companhia que arrematou o primeiro contrato da Extração de Diamantes.

Antes de regressar à metrópole portuguesa, suas atividades permaneceram aparentemente restritas à capitania de Minas, sendo, de fato, a sua instalação em Lisboa o marco inicial para uma nova fase na carreira, ampliada pelas oportunidades daquela praça mercantil, a mais importante do Império português. De lá deu continuidade aos seus negócios com as Minas, enviando grandes carregações de baetas bem como figurando em sociedades mercantis que atendiam as demandas do comércio *por grosso* colonial. Mas, principalmente, começou a intervir em sociedades para atuar em diversos contratos de estancos e tributos régios. Em muitas delas, por exemplo, como receptor de consideráveis adjudicações das quais fazia a redistribuição de cotas menores para negociantes vinculados à sua teia mercantil, seja no ultramar ou na metrópole portuguesa.[152]

O objetivo da presente seção é voltar-se para os negócios e contratos articulados por Jorge Pinto de Azeredo desde a arrematação dos Dízimos Reais em 1738 até 1747, data da sua morte. Para esta abordagem, torna-se imprescindível uma apresentação, mesmo que sucinta, dos procedimentos que nortearam a arrematação dos contratos régios e a prática dos contratadores como a cessão dos contratos, ou ainda, a repartição dos mesmos entre os principais sócios e a redistribuição de suas cotas em pequenas parcelas.

Os contratos eram, antes do mais, arrendamentos oferecidos pela Coroa mediante o sistema de arrematação para a concessão de cobranças de tarifas sobre algum estanco ou tributo régio, por um prazo determinado, sendo outorgados a

---

152 Um caso semelhante ao de Jorge Pinto de Azeredo encontramos na trajetória de José Rodrigues Lisboa, resumida por Jorge Pedreira em sua pesquisa sobre os homens de negócios da praça mercantil de Lisboa. De acordo com o autor: "Em 1759, quando faleceu, José Rodrigues Lisboa deixou um ativo líquido de 80 contos de réis (o equivalente a 136 contos a preços de 1790). Desde 1745 interviera como sócio na arrematação de 60 contratos de exploração de estancos e de cobrança de direitos e tarifas. Os seus interesses nessas sociedades, de que foram caixas Estêvão Martins Torres, José Bezerra de Seixas, Caetano e João do Couto Pereira, José Machado Pinto e outros, variavam entre pequenas quotas de 1/64 ou 1/32 e outras mais substanciais de 1/3, no contrato do marco de Lisboa, 1/5, no dos dízimos reais do Rio de Janeiro, ou 1/6, no do tabaco dos Açores. Além da sua participação em tais contratos, fazia carregações para a Bahia e para o Rio de Janeiro, entrara com 4 contos para o capital da nau de Macau, fora sócio de companhias de negócio para Bengala e Coromandel, era acionista da Companhia de Pernambuco e possuía metade de uma nau que andava nas rotas do Brasil. Aos lucros dos contratos e carregações, às receitas dos fretes, acrescentava os juros dos empréstimos que fazia, alguns sobre penhores" (PEDREIRA, 1995, p. 323).

Das Minas à Corte, de caixeiro a contratador

quem oferecesse as melhores condições para executá-los com o maior lance. Esse sistema vigente no Império português visava ao controle fiscal e tributário e era uma fonte de renda com vantagens financeiras consideráveis para a Coroa.[153] De outra parte, conferia aos arrematadores, ou seja, os contratadores, o direito de controlar "em nome do Rei" um determinado setor econômico, por assim dizer, que para além de altos lucros financeiros proporcionava uma distinta posição social.

À arrematação precedia um edital e, até o início da década de 1730, alguns contratos poderiam ser arrematados nas Provedorias das capitanias, enquanto outros ficavam a cargo do Conselho Ultramarino, em Lisboa. Uma prática modificada em 1731, mediante uma determinação régia para promover a centralização das arrematações que passaram a ser realizadas apenas no Conselho Ultramarino. Essa medida vigorou até 1761, sendo novamente modificada tendo em vista a criação do Erário Régio, quando as arrematações foram transferidas do Conselho Ultramarino para as Juntas das Fazendas que, por seu turno, foram instituídas na mesma época (cf. ARAÚJO, 2008, p. 85).

Após a arrematação o contrato era formalizado. No documento eram arroladas as cláusulas da sua jurisdição; portando, dessa forma, os direitos e deveres atribuídos ao arrematador e seus sócios, que variavam conforme as necessidades de cada contrato.[154] De modo geral, dentre as determinações a que o contratador estava obrigado figuravam as despesas envolvendo a sua arrecadação (custeio das instalações, despesas e pagamento de funcionários), sendo reservadas à Real Fazenda apenas os ordenados "que possuíssem documentos assinados pelo punho real" (cf. ELLIS, 1958, p. 447). O contratador, no ato da arrematação, deveria in-

---

153 De acordo com Myriam Ellis: "A velha prática de arrendamento das rendas reais a particulares, segundo a qual, o rei fazia-os temporariamente, sócios da Real Fazenda, mediante contrato. De acordo com este antigo hábito, a Coroa cedia certos privilégios, recebendo, adiantadamente os respectivos rendimentos líquidos, para o gasto imediato e para a solução de eventuais aperturas financeiras. Era uma fórmula muito cômoda e prática usada para o recebimento de proventos, sem outros encargos" (ELLIS, 1958, p. 463).

154 Para Luiz Antônio Silva Araújo: "Os contratadores, atuando em nome do Rei, estavam submetidos a um conjunto de mecanismos de controle e, portanto, limitados em sua ação de busca nos lucros dos contratos, principal objetivo dos que o arrematavam. O que queremos afirmar é que tais contratadores possuíam limites à sua ação definidos juridicamente. De saída vale lembrar que existia um contrato, assinado ou na Provedoria local ou no Conselho Ultramarino, definindo as liberdades e as obrigações dos contratadores. Além disto, existiam as determinações régias principalmente por meio de Alvarás, que regulamentavam os contratos. Estas, muitas vezes, variavam de contrato para contrato, definindo as formas de cobrança de um tributo ou de comércio de um produto submetido à condição de estanco. Contudo, se existiam restrições, muitas delas não eram levadas a termo" (ARAÚJO, 2008, p. 142).

dicar um fiador da décima para o contrato, que assim como ele e os seus procuradores estavam obrigados ao pagamento à Fazenda Real do valor do contrato, caso este não fosse liquidado pelo arrendatário, inclusive, com a execução de seus bens (cf. ARAÚJO, 2008, p. 148).

Em contrapartida, os contratadores e seus procuradores tinham licença para adotar os procedimentos necessários à melhor execução do direito tributário ou estanco arrematado, como a criação de novos postos de Registros (Entradas) ou o arrendamento das cobranças para terceiros (cf. ELLIS, 1958; ARAÚJO, 2008). A eles também estavam reservados o privilégio de juízo privativo nas causas cíveis e criminais, com direito a nomeação do juiz conservador do contrato. Sendo que, "Na maioria dos casos cabia às provedorias locais a condição de fórum privilegiado para os contratadores".[155] (ARAÚJO, 2008, p. 142)

Assim como as disposições contratuais, os preços das arrematações também variavam conforme o tipo de arrendamento. Entre os sete contratos régios arrendados a particulares nas Minas setecentistas, três possuíam valores elevados: o das Entradas, dos Dízimos Reais e o monopólio da Extração de Diamantes.[156] O contrato das Entradas arrematado por Francisco Ferreira da Silva e Cia., entre 1748 a 1751, que sucedeu àquele arrematado por Jorge Pinto de Azeredo, por exemplo, alcançou o expressivo montante anual de Rs. 191:018$000 (cf. ARAÚJO, 2008, p. 91).

Tendo em vista os elevados valores e os grandes riscos de um contrato régio, a prática dos contratadores era a formação de sociedades que, por seu turno, dividiam tanto os lucros quanto o ônus sobre o monopólio, mediante sua repartição em cotas. Essa, de fato, foi uma ação comumente adotada, sendo o principal desafio

---

155 Conforme perscrutou Myriam Ellis para o caso do contrato das Entradas das Minas: "Ainda quanto ao contratador, poderia ele arrendar ou transpassar 'o contrato das entradas de todas as minas' (...), (...) 'em partes ou em todo' (...), aceitando ou formando sociedades com que lhe aprouvesse. E, para a arrecadação dos respectivos rendimentos, poderia nomear meirinhos, escrivães, feitores que achasse necessários, os quais seriam providos nos respectivos cargos pelo Conselho Ultramarino ou pelos Provedores da Fazenda e seriam subvencionados pelo próprio contratador. Ele, os seus possíveis sócios arrendatários, oficiais e mais pessoas ligadas ao 'contracto das entradas de todas as minas' (...) gozariam de todos os privilégios, isenções, e liberdades que pelas Ordenações do Reino e pelo Regimento da Fazenda lhes eram concedidos; e, em todas as causas cíveis e crimes em que pudesse ser autores ou réus, os Provedores da Fazenda Real seriam seus juízes privativos. Estes últimos ainda lhe passariam mandados gerais para que tivessem autoridade para cobrança executiva do que fosse devido ao contrato ainda que findo" (ELLIS, 1958, p. 450).

156 Os contratos da capitania eram: Entradas das Minas; Dízimos Reais; Diamantes; Passagens do rio das Mortes; Passagens do Rio Grande; Passagens do Rio Verde; e Passagens da comarca de Sabará (cf. ARAÚJO, 2008, p. 92).

Das Minas à Corte, de caixeiro a contratador

para quem se debruça sobre este tema, ao que parece, o mapeamento da trama entretecida em torno dos monopólios. Precisamente, o desvelamento da hierarquização dos negociantes, pois quase sempre o "verdadeiro dono" de um determinado contrato poderia não ser o seu arrematante.[157]

Ainda quanto ao complexo sistema de repartição e redistribuição dos chamados "interesses" nos contratos régios, esta era uma ação determinante para definir a hierarquia no universo dos homens de negócios do Império português:

> Contudo, certas especulações – o grosso trato propriamente dito e, em particular, as operações de financiamento do Estado – não estavam ao alcance de todos, pelo contrário, eram reservadas a um círculo mais restrito, que podia depois redistribuir os benefícios. A adjudicação dos grandes contratos de cobrança de direitos ou de exploração de monopólios públicos, para além de proporcionar consideráveis proveitos aos arrematantes, colocava-os numa posição central, pois os termos das concessões permitiam-lhes a nomeação de sócios ou a cedência de participações no negócio, que muitas faziam em pequenas quotas. A repartição dos contratos era, portanto, decisiva para definir a hierarquia interna do meio comercial e para forjar uma verdadeira elite mercantil (PEDREIRA, 1995, p. 150).

---

157 Luiz Antônio Silva Araújo chamou a atenção para a figuração de "Testas de Ferro" que, embora fosse passível de identificação, era difícil mensurar o motivo que levava o verdadeiro dono a se portar como "anônimo". Em suma: "Muitas vezes o 'verdadeiro dono' do contrato era o fiador ou um negociante que detinha uma procuração que lhe dava plenos poderes na execução do mesmo. Por vezes, nem o fiador nem o procurador eram os 'verdadeiros donos', velando a condição de mandatário efetivo de maneira mais intensa. Cabe salientar que a prática de Testas de Ferro pode ser identificada nas relações entre negociantes em Lisboa, entre negociantes de Lisboa e da colônia, e entre agentes coloniais" (ARAÚJO, 2008, p. 249). Também a este respeito, o mesmo autor resgatou uma importante passagem retirada dos mapas cronológicos dos contratos reais do Conselho Ultramarino. Nela, essa questão fica bem iluminada, pois: "Também se não pode saber ao certo, quaes são os verdadeiros donos, e interessados em todos estes contractos; porque a maior parte dos arrematantes são testas de ferro, e os fiadores à décima também às vezes são. Conhecem-se estes porém em algumas arrematações pela notícia que há (...) de que João Francisco não tem cabedal próprio para costiar semelhantes contractos, e se faz arrematante pela porção que lhe dá de luvas o verdadeiro (...)"(Mapas Cronológicos dos contratos reais do Conselho Ultramarino 1641-1758, p. 3. *Apud* ARAÚJO, 2008, p. 121).

Quadro 4.1. Relação de documentos nos cartórios de Lisboa em nome de Jorge Pinto de Azeredo (1739 – 1747)

Documento	1739	1740	1741	1742	1743	1744	1745	1746	1747
Cessão									1
Obrigação				1				7	1
Procuração (Outorgante)	3			1	1	3	1	2	1
Procuração (Outorgado)	1							1	
Recibo									1
Renúncia									1
Testamento e Codicilos									1
Navio (compra)	3								

Fonte: IANTT – Cartórios Notariais de Lisboa – Livros do Distribuidor – Livros 101 a 110.

O Quadro 4.1 informa-nos acerca dos documentos que conseguimos localizar em nome de Jorge Pinto de Azeredo nos cartórios de Lisboa, no correr do período em que viveu na capital do Império português. A maior parte dos registros referiu-se aos negócios destinados aos contratos régios, como era de se esperar. Tal o caso de uma obrigação passada em conjunto com Manoel Nunes da Silva Tojal e o sargento-mor João Fernandes de Oliveira, "Contratadores e Caixas do contrato dos Diamantes", a José Carvalho da Costa, em Janeiro de 1746, no cartório de Theotônio Ribeiro de Melo. No mesmo sentido, foram produzidas outras três obrigações por parte destes sócios da segunda companhia arrendatária do contrato de Extração de Diamantes: uma endereçada ao convento de Nossa Senhora dos Remédios de Campolide, outra ao convento das Carmelitas de Carnaxide e a última a José Martins Figueira.[158]

Partindo de uma movimentação parcialmente entrevista pelas relações sobre as procurações registradas nos livros do distribuidor, é possível conhecer alguns dos outorgados para quem os homens de negócios confiavam a resolução dos seus negócios, ou ainda, estabeleciam como sócios. Das primeiras procurações outorgadas por Jorge Pinto de Azeredo em Lisboa estava uma passada a Domingos Ramos da Cruz e outro, em abril de 1739, e mais outra, nesse mesmo mês, a Francisco Ferreira da Silva e outro.

---

158 Não foi possível conhecer o conteúdo das aludidas obrigações, pois os livros de notas foram destruídos no terremoto que atingiu a cidade de Lisboa, em novembro de 1755. IANTT – Registros Notariais de Lisboa – Livros do Distribuidor – Caixa 32 – Livros 107 a 108.

Das Minas à Corte, de caixeiro a contratador

De outra parte, Estêvão Martins Torres outorgou no referido mês de abril poderes em uma procuração a Jorge Pinto de Azeredo.[159] Mas as de maior número, no decurso do decênio em tela, foram as procurações emitidas por Jorge Pinto outorgadas ao capitão Domingos Ferreira da Veiga, que no período transitava entre as Minas e o Rio de Janeiro. Além destas, encontramos uma procuração passada para o primo José Pinto Vieira, homem de negócios na cidade do Porto.

Em 1742, outorgaram Estêvão Martins Torres, Jorge Pinto de Azeredo e José Ferreira da Veiga uma procuração em nome do sargento-mor João Fernandes de Oliveira e outros que, avançando no campo das conjecturas, certamente foi atribuída aos negócios envolvendo o contrato de Extração de Diamantes. Em 1743, um ano depois, foi a vez de Estêvão Martins Torres e Jorge Pinto de Azeredo registrarem outra procuração em nome do capitão Domingos Ferreira da Veiga.

Já uma indicação mais precisa, por assim dizer, foi o registro da compra de três navios de negociantes estrangeiros (G^{me} Bell, Faruhes Naish[sic] e Clais Claisen Pas), que fizeram Estêvão Martins Torres e os mais interessados no contrato da Dízima da Alfândega do Rio de Janeiro, em 1739, destinados, obviamente, às demandas com o aludido monopólio.[160]

Por fim, poucos dias antes de falecer, em maio de 1747, Jorge Pinto de Azeredo registrou seu testamento e dois codicilos além de passar uma procuração para José Ferreira da Veiga e renunciar ao hábito da Ordem de Cristo em favor da afilhada Antônia Margarida da Escócia, filha do homem de negócios Manoel Gomes de Campos.[161]

A mudança de Jorge Pinto de Azeredo para a capital lusitana representou, de fato, o alargamento das oportunidades, visto o dinamismo proporcionado pela principal praça mercantil do Império, provocando a expansão dos investimentos da sua casa, abarcando o negócio *por grosso* a longa distância e a sua participação nas sociedades de variados contratos régios. A leitura do seu inventário colocou em destaque a habilidade de reunir em torno de si uma rede mercantil composta por importantes homens de negócios do mesmo Império. Sendo o principal traço, no correr de quase dez anos de atuação na Corte portuguesa, o controle de cotas em contratos régios de envergadura, dos quais fazia a redistribuição, muitas vezes,

---

159 IANTT – Registros Notariais de Lisboa – Livros do Distribuidor – Caixa 29 – Livros 101.
160 IANTT – Registros Notariais de Lisboa – Livros do Distribuidor – Caixa 29 – Livros 101.
161 IANTT – Registros Notariais de Lisboa – Livros do Distribuidor – Caixa 29 – Livros 108.

Alexandra Maria Pereira

em pequenos percentuais para negociantes da sua teia mercantil, afirmando, dessa maneira, uma posição privilegiada no corpo da elite mercantil portuguesa.[162]

No que diz respeito à prática dos contratadores em torno dos monopólios arrendados pela Coroa, o exemplo do contrato das Entradas das Minas, arrematado por Jorge Pinto de Azeredo para o triênio de 1745 a 1747, traz a lume características relevantes, ao menos para aqueles que foram arrematados no decênio de 1740. De início, a concessão régia deste privilégio ocorreu no Conselho Ultramarino, pela arrematação feita por Jorge Pinto de Azeredo, em fevereiro de 1744, tendo como fiador da décima José Ferreira da Veiga.[163] Já a administração nas Minas ficou sob a alçada do capitão Domingos Ferreira da Veiga, enquanto na Corte coube a função de caixa geral a Estêvão Martins Torres que, muito provavelmente, figurava como o principal sócio do aludido monopólio. O Quadro 4.2 diz respeito à repartição dos interesses e as propinas que os sócios tiveram de dispor para receber os respectivos percentuais e muito esclarece a hierarquia dos negociantes à volta do monopólio em questão.

---

162 De acordo com o Quadro 3.2 do terceiro capítulo, sobre os negociantes da praça mercantil de Lisboa inseridos na rede mercantil de Jorge Pinto de Azeredo, foi possível acompanhar parte da trajetória de 11 negociantes. Dentre eles, seis estavam na lista dos 100 grandes negociantes do período pombalino. Acresce ainda a esse quadro o fato de que três deles fossem falecidos, assim como Jorge Pinto de Azeredo, quando Pombal assumiu o cargo de 1º ministro de Dom José. Quais sejam: Afonso Ginabel, Francisco Ferreira da Silva e Pedro da Costa Guimarães que, por esse motivo, certamente não apareceram na listagem elaborada por Jorge Pedreira.

163 AESP – Sesmarias, provisões, cartas e instruções régias – Livro 51.

Das Minas à Corte, de caixeiro a contratador

Quadro 4.2. Repartição do contrato das Entradas da capitania de Minas Gerais (1745-1747)

Nome	Interesse	Propina (Réis)
José e Domingos Ferreira da Veiga	2/8	1:087$048
Estêvão Martins Torres	1/8	543$524
Francisco Ferreira da Silva	1/8	543$524
Jorge Pinto de Azeredo	1/8	543$524
Antônio Marques Gomes	1/32	135$880
Francisco Ferreira da Silva	1/32	135$880
Jacinto Dias Braga	1/32	135$880
João Carneiro da Silva	1/32	135$880
João Fernandes de Oliveira	1/32	135$880
Manoel de Bastos Vianna e Francisco Xavier Braga	1/32	135$880
Manoel Gomes de Campos	1/32	135$880
Manoel Matheus Tinoco	1/32	135$880
Antônio Fernandes Fontes	1/64	67$940
Custódio Ferreira Goios	1/64	67$940
Domingos de Bastos Vianna	1/64	67$940
Domingos Gomes da Costa	1/64	67$940
Felipe Antunes Lima	1/64	67$940
Francisco Moreira Carneiro	1/64	67$940
João da Costa Guimarães	1/64	67$940
Jorge Pinto de Azeredo	1/128	33$970
Luiz Rodrigues de Souza	1/128	33$970

Fonte: IANTT – Feitos Findos – Inventários Orfanológicos – Maço 494 – Número 01 – Fl. 67 verso e 68.

O rol de negociantes que receberam cotas no contrato das Entradas, apresentado no Quadro 4.2, mais que a hierarquia dos envolvidos nesse importante monopólio da capitania de Minas, demonstra a rede de negociantes entretecida por Jorge Pinto de Azeredo, com destaque para aqueles que receberam desta repartição os percentuais de 1/8 e 1/32.[164]

Ao fim do decênio de 1750, José Ferreira da Veiga como inventariante de Jorge declarava que sobre o aludido contrato pendia a conta final sob a incumbência dos herdeiros de Estêvão Martins Torres, o seu caixa geral. Naquela altura, constava apenas uma pequena parcela dos seus lucros após o pagamento à Real Fazenda, na quantia de Rs. 2:238$453, dos quais pertenceram à herança de Jorge pela sua comissão Rs. 484$440, restando Rs. 1:754$013 para ser dividido com os demais interessados.

---

164 Os comentários a serem tecidos a partir do que foi apontado nesse quadro serão apresentados mais adiante, quando tratarmos dos negócios envolvendo essa teia de negociantes e Jorge Pinto de Azeredo, conforme os esclarecimentos sobre as contas pelo seu inventariante José Ferreira da Veiga.

Não sabemos como nem quando, ao certo, começou a parceria entre Jorge Pinto de Azeredo e Estêvão Martins Torres. Os primeiros contatos aconteceram antes de Jorge estabelecer-se definitivamente na Corte, pois em 1738, como cessionário de Manoel Martins da Costa no contrato dos Dízimos de Goiás, Estêvão repassava a ele 3/32 de interesse, além de uma procuração dando-lhe poder para nomear o administrador local do contrato.[165]

Nesse mesmo ano de 1738, Jorge arrematou o contrato dos Dízimos Reais para todas as comarcas das Minas e, assim como Manoel Martins da Costa, arrematante dos Dízimos Reais de Goiás, outorgou no cartório de Manoel de Oliveira um documento de cessão em favor de Estêvão Martins Torres, para o exercício de caixa geral e administrador na Corte. Esse fato nos faz supor que Jorge Pinto de Azeredo teria figurado como "testa de ferro" de Torres, que seria então o dono dos contratos dos Dízimos Reais de Minas e de Goiás, para o triênio de 1739-1741.[166]

Em relação à repartição do contrato dos Dízimos, ficou sob a alçada de Estêvão e seus filhos uma cota de 17/32 de interesse. Já a distribuição das funções para a administração do mesmo, Jorge seria o caixa nas Minas e, na sua ausência, João Fernandes de Oliveira, o que "administrando algum tempo o dito Jorge Pinto veio por a fim a concluir a administração o mesmo João Fernandes, o qual na conta que deu disse haver de perda Rs. 41:155$043". Uma perda que os herdeiros de Estêvão Martins Torres cobravam à herança de Jorge Pinto o montante de Rs. 26:236$341 de principal e Rs. 4:101$312 de juros, balanceados até o mês de outubro de 1751.[167]

---

165 Assim procedeu Jorge Pinto, nomeando seu irmão Antônio Pinto de Távora para a referida função. Referência: IANTT – Feitos Findos – Inventários Orfanológicos – Maço 494 – Número 01 – Fl. 94.

166 Luiz Antônio da Silva Araújo assinalou que Estêvão Martins Torres teria controlado diversos contratos régios na década de 1740, como o estanco do sal do Brasil e os Dízimos Reais da Bahia, mediante a atuação de testas de ferro como Luiz de Abreu Barbosa (cf. ARAÚJO, 2008, p. 155-156).

167 IANTT – Feitos Findos – Inventários Orfanológicos – Maço 494 – Número 01 – Fl. 95.

Das Minas à Corte, de caixeiro a contratador

Quadro 4.3. Cotas consignadas por Estêvão Martins Torres a Jorge Pinto de Azeredo

Contrato	Triênio*	%
Dízima da Alfândega do Rio de Janeiro	1738	3/32
Dízima da Alfândega da Bahia	1739	3/64
Direitos que pagam os escravos que saem de Pernambuco para as Minas	1739	1/8
Rs. 3$500 que pagam por entrada na Bahia os escravos da Costa da Mina	1744	1/8
Rs. 1$000 que pagam por entrada os escravos da Costa da Mina na cidade da Bahia para a Fortaleza da Ajuda	1744	1/8
Sal do Reino para o Brasil	1744	3/32
Dízimos Reais da Bahia	1744	1/8
Sisa das Herdades de Lisboa	1744	3/32
Consulado da Alfândega de Lisboa	1745	1/16
Pesca do Seco de Lisboa	1745	3/64
Direitos que pagam os escravos que saem do Rio de Janeiro, Bahia e Pernambuco para as Minas**	1745	5/32
Dízima da Alfândega de Pernambuco	1746	3/32

* Essa data corresponde à indicada pelo inventariante e seria, provavelmente, a data que marcava o início dos contratos.
** Trata-se, na verdade, de três contratos distintos, reunidos pelo inventariante; o que não nos permite distinguir o repasse das cotas para cada um.
Fonte: IANTT – Feitos Findos – Inventários Orfanológicos – Maço 494 – Número 01.

A observação do Quadro 4.3 diz-nos que Estêvão Martins Torres, como adjudicatário ou caixa geral dos contratos (tendo em vista as cessões que os arrematadores faziam a seu favor), repassou cotas em 14 contratos régios para Jorge Pinto de Azeredo. A maioria dos repasses, a partir de 1738, foi de percentuais que poderiam ser redistribuídos para outros homens de negócios da sua esfera mercantil, como, por exemplo, as três parcelas de 1/32 no contrato da Dízima da Alfândega do Rio de Janeiro. Tal prática, observada nos negócios entre Estêvão e Jorge, foi assinalada por Jorge Pedreira em sua análise acerca dos negociantes da praça mercantil de Lisboa. Em suas palavras:

> (...) Aos adjudicatários apresentava-se a oportunidade de operarem como mediadores, administrando o acesso ao negócio chorudo das finanças do Estado, o que lhes conferia um notável ascendente na comunidade mercantil. Para tanto concorria também um sistema de formação e circulação do capital, a que já aludimos, que, mesmo quando no clausulado dos contratos não ficava expressamente consentida a admissão de novos sócios, adoptava com frequência o trespasse de participações nas concessões obtidas, às vezes em pequenas

parcelas, correspondendo a 1/32, 1/64 e até 1/128 dos rendimentos arrematados (…) (PEDREIRA, 1995, p. 159-160).

O sistema desvelado por Pedreira aponta para a centralidade de Estêvão Martins Torres na rede mercantil associada a Jorge Pinto de Azeredo que, por sua vez, redistribuía os interesses adjudicados por Estêvão. É, de fato, inquestionável a aptidão de Estêvão Martins Torres de reunir em torno de si um grande número de contratos régios, fosse pela arrematação dos mesmos ou por meio de cessão, fazendo as vezes de caixa geral de contratos arrematados por terceiros.

Ao mesmo tempo em que a repartição de um contrato e o sistema de redistribuição em pequenas cotas era determinante para forjar a hierarquia da elite mercantil portuguesa, também era uma estratégia fundamental no sentido de diminuir os riscos caso o arrendamento sofresse perda, protegendo os grandes negociantes de um revés que, certamente, poderia comprometer suas casas mercantis.

Um exemplo desse complexo sistema de repartição foi o caso explicitado nos 3/32 concedidos por Estêvão Martins Torres a Jorge Pinto de Azeredo, no contrato da Dízima da Alfândega de Pernambuco (1746), cujo contrato obteve um lucro de Rs. 24:003$800 a ser repartido entre os sócios. No entanto, como esclareceu José Ferreira da Veiga, os herdeiros de Estêvão pretendiam utilizar parte desse mesmo lucro como abatimento sobre a perda sofrida no contrato dos navios soltos de Pernambuco, para o ano de 1749, que alcançou o valor de 28.000 cruzados (Rs. 11:200$000), sob a alegação de que esse novo arrendamento teria sido em nome dos mesmos sócios da Dízima da Alfândega; o que segundo Veiga não houve clarezas e papéis certificando as condições, pendendo sobre a demanda uma causa no Juízo da Comissão.[168]

---

168 IANTT – Feitos Findos – Inventários Orfanológicos – Maço 494 – Número 01 – Fl. 96 e 96 verso.

Quadro 4.4. Cessão de Contratos Régios a favor de Estêvão Martins Torres nos cartórios de Lisboa (1739-1749).

Cedente	Cessionário	Contrato	Ano
José de Barros Vale	Estêvão Martins Torres e José Ferreira da Veiga	Contrato na Bahia (Sem especificação)	1739
Antônio da Silva Pereira	Estêvão Martins Torres	Pescado Seco	1742
Luís de Abreu Barbosa	Estêvão Martins Torres	Sal do Brasil	1743
Luís de Abreu Barbosa	Estêvão Martins Torres	Do que pagam os escravos da Bahia	1743
Domingos de Bastos Vianna	Estêvão Martins Torres e Filhos	Consulado da Alfândega	1745
José de Barros Vale	Estêvão Martins Torres	Contrato em Pernambuco (Sem especificação)	1745
Manoel Ferreira Marques	Estêvão Martins Torres e Filhos	Contratos em Angola (Sem especificação)	1745
Luís de Abreu Barbosa	Estêvão Martins Torres	Dízimos na Bahia	1746
Antônio de Oliveira Guimarães	Estêvão Martins Torres e Filhos	Contratos da Alfândega da Bahia (Sem especificação)	1747
João Francisco	Estêvão Martins Torres e Filhos	Direitos da Saída de Escravos nos Brasis	1747
Antônio de Oliveira Guimarães	Estêvão Martins Torres	Contratos na Paraíba e Pernambuco (Sem especificação)	1748
Antônio de Oliveira Guimarães	Estêvão Martins Torres	Contrato na Paraíba (Sem especificação)	1749
João Francisco	Estêvão Martins Torres	Sisa das Herdades	1749

Fonte: IANTT – Cartórios Notariais de Lisboa – Livros do Distribuidor – Livros 101 a 110.

A proeminência de Estêvão Martins Torres controlando importantes contratos régios do Império português é reiterada, mais uma vez, com a observação do Quadro 4.4. Nele, é possível vislumbrar, no correr da década de 1740, nada menos que o trespasse de 13 cessões a seu favor em diversos contratos registrados nos cartórios de Lisboa. Além das cedências, foram produzidas várias procurações outorgadas por ele a outros negociantes, tanto do ultramar quanto do Reino, sem contar aquelas em que fazia as vezes de procurador.

Corroborando, ainda mais, a grandeza dos investimentos de Estêvão Martins Torres, especialmente quanto aos seus negócios pelo ultramar, em janeiro de 1744 ele adquiriu dois navios (um comprado a Julião Marisc e outro a João da Cunha e Lima).[169] Um ano depois, ele e seus filhos investiram numa operação mercantil de grande envergadura, pois compraram um navio "apresado com suas

---

169 IANTT – Cartórios Notariais de Lisboa – Livros do Distribuidor – Livro 105.

fazendas", vendido por Samuel Conrisk e João Ambrósio,[170] enquanto em 1746 foi registrado em seu nome o frete de duas embarcações estrangeiras destinadas ao desempenho da atividade mercantil de sua casa.[171]

Para encerrar o esboço acerca dos investimentos de Estêvão destacamos que, certamente para as atividades envolvendo algum monopólio régio, foi registrada, em 1747, uma escritura de sociedade com José Ferreira da Veiga, Custódio Ferreira Goios e Companhia, Jacinto Dias Braga, Manoel Gomes de Campos e Domingos Gomes da Costa no cartório notarial de Manoel Dias do Nascimento, em Lisboa.[172] Tudo indica que esta teria sido uma sociedade notável no eixo mercantil português; afinal, todos os negociantes da mesma sociedade estavam entre os 100 mais importantes daquela praça mercantil no período pombalino (cf. PEDREIRA, 1995, pp. 164-167).

É inegável que os monopólios compensavam largamente àqueles que conseguiam se inserir no universo dos contratos régios. A partir deles, os homens de negócios aumentavam suas fortunas que favoreciam a ascensão econômica e a projeção social. Por outro lado, nem sempre as contas dos contratos eram finalizadas nos prazos estimados, aliás, muitas poderiam se arrastar por décadas e longas ações judiciais. Nesse caso, particularmente, a morosidade que pendia sobre as contas finais de alguns contratos, como bem esclareceu José Ferreira da Veiga, impossibilitava o cálculo final das contas havidas entre Jorge Pinto de Azeredo e Estêvão Martins Torres, uma vez que:

> (…) este cálculo final se não pode ainda fazer enquanto não findarem as duas causas que pendem sobre os princípios [sic] havidos nos dois Contratos dos Dízimos das Minas Gerais, e das de Goiás e também enquanto se não purificar a conta em que esta testamentaria do Contrato das Entradas que se está averiguando.[173]

Do mesmo modo como aconteceu com as contas havidas entre Jorge e Estêvão, que aguardavam a apresentação das contas finais de alguns contratos régios ou de sociedades mercantis, outras mais foram incorporadas na última seção do inventário dos bens em tela, por José Ferreira da Veiga. Assim, o capitão Antônio

---

170 IANTT – Cartórios Notariais de Lisboa – Livros do Distribuidor – Livro 106.

171 Tratava-se de um navio que pertenceu a Jacob Onis e o outro a Lothe Hofker. IANTT – Cartórios Notariais de Lisboa – Livros do Distribuidor – Livro 107.

172 IANTT – Cartórios Notariais de Lisboa – Livros do Distribuidor – Livro 109.

173 IANTT – Feitos Findos – Inventários Orfanológicos – Maço 494 – Número 01 – Fl. 100.

Das Minas à Corte, de caixeiro a contratador

Lopes da Costa e seu sócio Gabriel Prim, homens de negócios da cidade do Rio de Janeiro, alegaram algumas contas por ajustar. Cobranças que aguardavam um ajuste final, como os lucros e o produto das vendas dos seus escravos, que foram matriculados em nome de Jorge Pinto de Azeredo, na primeira e segunda companhia do contrato de Extração de Diamantes. De igual modo, esperavam receber os gastos sobre várias despesas que fizeram com o Frei Cosme Cardoso, irmão mais velho de Jorge e religioso no convento de Santo Antônio no Rio de Janeiro. Em contrapartida, destas somas deveria ser abatido o produto de três anéis de ouro com diamantes remetidos para a venda no Rio de Janeiro e que pertenceram a este espólio, a preço de Rs. 96$000 cada.[174]

O capitão João Carneiro da Silva, outro homem de negócios morador no Rio de Janeiro, ao longo de sua vida manteve importantes negócios com Jorge Pinto de Azeredo. Uma parceria desde o tempo em que Jorge atuava como sócio da loja em Vila Rica, quando fazia empréstimos a João Carneiro e pagamentos de pequenas quantias nas ações judiciais que o mesmo movia nas Minas. A última conta ajustada entre ambos ocorreu dias antes do falecimento de Jorge, precisamente aos nove dias do mês de maio de 1747 e estava relacionada a uma carregação de baetas enviada a João Carneiro da Silva, avaliada em Rs. 12:160$436, de cujo produto final a ser repassado no valor de Rs. 11:736$086 ainda pendia o pagamento de Rs. 1:617$732 que deveria ser satisfeito pelo seu herdeiro e filho homônimo João Carneiro.[175]

Das cotas que a Jorge foram adjudicadas nos contratos dos Dízimos Reais da capitania de Minas e de Goiás (1739-1741), ele fez o repasse do percentual de 1/32 de cada um para João Carneiro da Silva. E desse percentual, pelas perdas que ambos os contratos sofreram, a herança de João estava comprometida a satisfazer a quantia de Rs. 2:974$279 e Rs. 419$594, respectivamente.[176]

Para o caso do monopólio dos diamantes, porém, os herdeiros de João Carneiro esperavam o cálculo da conta final a fim de serem ressarcidos pelos 18 escravos que João possuiu e estavam matriculados em nome de Jorge Pinto de Azeredo, no primeiro e segundo contrato da Extração de Diamantes.[177] Além dis-

---

174 IANTT – Feitos Findos – Inventários Orfanológicos – Maço 494 – Número 01 – Fl. 65.

175 IANTT – Feitos Findos – Inventários Orfanológicos – Maço 494 – Número 01 – Fl. 73 verso.

176 IANTT – Feitos Findos – Inventários Orfanológicos – Maço 494 – Número 01 – Fl. 76.

177 A conta final do primeiro contrato da Extração de Diamantes ficou sob a responsabilidade de Domingos de Bastos Vianna "a quem Sua Majestade foi servido encarregar a última liquidação dela". Enquanto para o segundo, a última conta estava em análise na Contadoria da Junta do

so, os herdeiros de João Carneiro da Silva aguardavam também as contas sobre 1/16 no contrato dos Direitos Novos e Velhos que pagam por saída os escravos em Angola, cujo contratador, caixa e administrador geral na Corte era Estêvão Martins Torres (1742 e 1747). Ou ainda, sobre 1/32 no contrato das Entradas das Minas iniciado em 1745.[178]

Dentre as contas que ficaram sem ajuste entre Francisco Ferreira da Silva e Jorge Pinto de Azeredo estava o repasse dos lucros alusivos ao percentual de 1/8 no contrato da Entrada das Minas (1745-1747) que, por sua vez, aguardava a conta final do administrador Domingos Ferreira da Veiga e herdeiros do caixa geral Estêvão Martins Torres.[179]

José Ferreira da Veiga, como arrematante do contrato da Dízima da Alfândega do Rio de Janeiro (1744-1746), repartiu para Jorge Pinto de Azeredo, o fiador da décima, dez parcelas de 1/64. Destas, duas parcelas pertenceram a Francisco Ferreira da Silva, que em contrapartida teve que desembolsar Rs. 98$206 de propinas. Mas o contrato acumulou uma perda avaliada Rs. 87:498$179, onerando a seus sócios conforme o percentual de cada um, cabendo à herança de Jorge o montante de Rs. 13:671$590, que distribuído entre os receptores das cotas, coube aos herdeiros de Francisco Ferreira da Silva Rs. 2:734$318.[180]

Assim como Francisco Ferreira da Silva, o homem de negócios Pedro da Costa Guimarães amealhou considerável fortuna na passagem pelas minas do ouro, durante a primeira metade do século XVIII.[181] Muito embora pouco se saiba da sua vida na capital lusitana, o vínculo estreitado com Jorge durante o período de estada nas Minas foi mantido, como se vê mediante o repasse de pequenas cotas de contratos régios como o percentual de 1/96 no contrato dos Direitos Novos e

---

Comércio do Reino. IANTT – Feitos Findos – Inventários Orfanológicos – Maço 494 – Número 01 – Fl. 77 verso.

178 IANTT – Feitos Findos – Inventários Orfanológicos – Maço 494 – Número 01 – Fl. 78 verso.

179 IANTT – Feitos Findos – Inventários Orfanológicos – Maço 494 – Número 01 – Fl. 79 verso.

180 Todavia, esclareceu o inventariante e arrematador do aludido contrato, José Ferreira da Veiga, que sobre a mesma perda havia ele movido uma causa com a Real Fazenda, para pedido de revista, da qual aguardava uma decisão final. Fato que o impedia de averiguar a última conta, "tanto a respeito da mais despesa que com a dita causa vai fazendo como de alguma diminuição que possa haver no caso de que a mesma Real Fazenda seja condenada", e estava nas mãos de um desembargador havia quatro anos a fim de responder sobre "os embargos que pela sentença da revista se mandavam atender". Referência: IANTT – Feitos Findos – Inventários Orfanológicos – Maço 494 – Número 01 – Fl. 80 e 80 verso.

181 Ver capítulo 3.

Velhos que os escravos que saem do Reino de Angola pagam a Sua Majestade, que teve como caixa na Corte Estêvão Martins Torres.[182]

O inventariante José Ferreira da Veiga declarou ainda que Pedro estava interessado em 1/64 no contrato do Subsídio dos Vinhos e Aguardente de Pernambuco, arrematado por Domingos da Costa Ribeiro (1742), cujo contrato Jorge recebeu Rs. 395$594 de lucro respectivo a 1/16 que lhe cabia, de qual montante deveria ser reservado o correspondente a 1/64 do interesse de Pedro da Costa, ou seja, Rs. 98$898.[183] Assim foi repassado o mesmo percentual no contrato do Subsídio do Açúcar de Pernambuco, também arrematado em 1742 pelo mesmo Domingos, que do lucro por Jorge, de Rs. 1:134$586, pertenceu a Pedro da Costa a quantia de Rs. 284$646.[184]

Ao contrário dos contratos anteriores com repasse de lucros, os Dízimos Reais das Minas (1739-1741) tiveram uma perda considerável. Neste caso, Pedro da Costa teria que satisfazer Rs. 1:286$095 por conta de 1/32 que a ele foram reservados por Jorge Pinto de Azeredo.[185] Da mesma forma se viu obrigado a desembolsar Rs. 224$246 pelo principal e seus juros no contrato dos Dízimos Reais de Goiás, para o mesmo triênio, sobre 1/64 de interesse a ele destinado.[186] Quanto ao percentual de 1/32 de interesse na Dízima da Alfândega do Rio de Janeiro (1739-1741), essa inventariação esperava, ainda, a liquidação com os herdeiros de Estêvão Martins Torres pelo Juízo da Comissão.[187]

Tal como João Carneiro da Silva e Pedro da Costa Guimarães, os negócios entre João Fernandes de Oliveira e Jorge Pinto de Azeredo remontam às movimentações mercantis da loja em Vila Rica, nos meados do decênio de 1730. E figurava também como uma parceria de sucesso, pois que estas articulações enquadram-se no conjunto de atividades que levaram ambos a tornarem-se destacados homens de negócios da praça mercantil de Lisboa, com negócios envolvendo somas avultadas.

Uma das contas entre esses proeminentes negociantes do Império português dizia respeito a um assento realizado no dia 7 de maio de 1747, já mencionado no testamento de Jorge, cujo montante era devedor João Fernandes de Oliveira e alcançou a elevada soma de Rs. 20:432$944, como reafirmou José Ferreira da

---

182 IANTT – Feitos Findos – Inventários Orfanológicos – Maço 494 – Número 01 – Fl. 81 verso.

183 IANTT – Feitos Findos – Inventários Orfanológicos – Maço 494 – Número 01 – Fl. 82 verso.

184 IANTT – Feitos Findos – Inventários Orfanológicos – Maço 494 – Número 01 – Fl. 83.

185 IANTT – Feitos Findos – Inventários Orfanológicos – Maço 494 – Número 01 – Fl. 85.

186 IANTT – Feitos Findos – Inventários Orfanológicos – Maço 494 – Número 01 – Fl. 85 verso.

187 IANTT – Feitos Findos – Inventários Orfanológicos – Maço 494 – Número 01 – Fl. 84.

Veiga.[188] Além deste valor, também cabia a João Fernandes o pagamento de Rs. 2:448$281 pela comissão que recaía em Rs. 9:793$125, por conta da administração do contrato dos Dízimos Reais das Minas (1739-1741), pelo qual foi passada uma obrigação em 1739.[189]

No que diz respeito ao monopólio dos diamantes, como assinalamos anteriormente, tanto o primeiro como o segundo contrato aguardavam a liquidação a ser efetivada com a apresentação da conta final. Uma atividade já sob os auspícios da Coroa, que por meio de decretos nomeou a Manoel de Bastos Viana para a avaliação e cálculo alusivo ao primeiro contrato, enquanto a contadoria da Junta Geral do Comércio apresentaria àquela atinente ao segundo. Contas que, por sua vez, estavam relacionadas a importantes dívidas desta testamentaria.[190]

Em boa medida, essas dívidas estavam relacionadas ao aluguel de escravos matriculados nas duas companhias do Contrato de Extração de Diamantes, utilizados para o serviço de exploração mineral, pois, "João Fernandes de Oliveira era devedor a esta herança por balanço de uma conta armada por ele inventariante a respeito dos alugueres que venceram os escravos de conta do defunto".[191] Assim, ao rendimento das 39 praças matriculadas em nome de Jorge Pinto de Azeredo, para as atividades no primeiro contrato, também seria incorporado o rendimento de outras três, compradas de José Lopes Ribeiro, além de Rs. 2:800$000 procedidos de dez "escravos falhados" na mesma companhia.[192] De igual modo, os herdeiros de Jorge Pinto e assim mais aqueles proprietários de alguns dos 49 escravos matriculados em seu nome, no segundo contrato de Extração de Diamantes, esperavam receber pelos rendimentos obtidos com o aludido aluguel.

Já as orientações deixadas por Jorge Pinto de Azeredo em seu primeiro codicilo em relação à sua função de caixa na Corte e evocadas pelo seu inventariante, esclarecem que, além dos aluguéis dos escravos, João Fernandes de Oliveira estava obrigado a satisfazer a esta herança 10.000 cruzados (Rs. 4:000$000), "em atenção ao maior trabalho que havia de ter nas dependências do 2º contrato da Extração dos Diaman-

---

188 IANTT – Feitos Findos – Inventários Orfanológicos – Maço 494 – Número 01 – Fl. 104 verso.

189 IANTT – Feitos Findos – Inventários Orfanológicos – Maço 494 – Número 01 – Fl. 106.

190 Acerca da trajetória de Manoel de Bastos Viana, ver: (ELLIS, 1982). IANTT – Feitos Findos – Inventários Orfanológicos – Maço 494 – Número 01 – Fl. 109 e 109 verso.

191 IANTT – Feitos Findos – Inventários Orfanológicos – Maço 494 – Número 01 – Fl. 106 verso.

192 Ou seja, por seis escravos mortos, dois forros pelo prêmio de tirarem pedras de "maior estimação", um fugido e outro que com o fim da companhia estava "com o mal de São Lázaro". Referência: IANTT – Feitos Findos – Inventários Orfanológicos – Maço 494 – Número 01 – Fl. 107.

tes e nos particulares do mesmo João Fernandes de Oliveira", e mais o percentual de um e meio pela comissão sobre o rendimento deste mesmo contrato.[193]

Quadro 4.5. Cotas repassadas por Jorge Pinto de Azeredo ao sargento-mor João Fernandes de Oliveira

Contrato	Triênio	%
Dízimos Reais da capitania de Minas	1738	¼
Dízimos Reais de Goiás	1738	¼
Dízima da Alfândega do Rio de Janeiro	1738	1/32
Direitos que pagam os escravos que da Bahia vão para as Minas	1739	3/64
Direitos que pagam os escravos que de Pernambuco vão para as Minas	1739	1/16
Dízima da Alfândega da Bahia	1739	3/122
Passagens dos rios Paraíba e Paraibuna	1739	1/16
Direitos Novos e Velhos que pagam os escravos que saem do Reino de Angola	1742	1/96
Dízima da Alfândega de Pernambuco	1742	1/64
Dízimos Reais do Pará	1742	1/32
Subsídio do Açúcar de Pernambuco	1743	1/32
Dízima da Alfândega da Bahia	1744	1/32
Rs. 3$500 que pagam por entrada na Bahia os escravos da Costa da Mina	1744	1/32
Rs. 1$000 que pagam os escravos da Costa da Mina por entrada na Bahia para a Fortaleza de Nossa Senhora da Ajuda	1744	1/32
Sal que do Reino vai para o Brasil	1744	1/32
Subsídio dos Vinhos e Água Ardente de Pernambuco	1744	1/64
Direitos que pagam os escravos que do Rio de Janeiro vão para as Minas	1745	5/64
Direitos que pagam os escravos que da Bahia vão para as Minas	1745	5/64
Direitos que pagam os escravos que de Pernambuco vão para as Minas	1745	5/64
Dízima da Alfândega do Rio de Janeiro	1745	1/32
Entradas da capitania de Minas	1745	1/32

Fonte: IANTT – Feitos Findos – Inventários Orfanológicos – Maço 494 – Número 01.

A tabulação do Quadro 4.5 diz-nos que Jorge Pinto de Azeredo repassou a João Fernandes de Oliveira interesses em 21 contratos régios, além de duas ações na Companhia do Macau. Merecem especial menção, dentre eles, os ajustes para o contrato dos Dízimos Reais da capitania de Minas, arrematado por Jorge Pinto de Azeredo em 1738. Aliás, o aludido contrato foi muito importante, pois projetava os negócios de ambos para o universo dos monopólios régios, demonstrando, mais uma vez, a substanciosa parceria que entre eles existiu. Basta lembrar que se tratava de uma arrematação com o maior valor lançado para os Dízimos Reais da capitania até aquele momento (Rs. 308:736$000) (cf. ARAÚJO, 2008; e LAMAS, 2005).

Mas o que seria um empreendimento de sucesso acabou marcado pelas grandes perdas. Certamente um dos motivos que teria levado ao revés que assolou este

---

193 IANTT – Feitos Findos – Inventários Orfanológicos – Maço 494 – Número 01 – Fl. 107 verso e 108.

contrato residiu na mudança de rumo dos negócios de João Fernandes de Oliveira e Jorge Pinto de Azeredo, naquele mesmo ano de sua arrematação. Uma mudança associada às necessidades da administração do primeiro contrato de Extração de Diamantes, principiado em 1739 e arrematado por João Fernandes de Oliveira. Melhor dizendo, o contrato dos Dízimos Reais foi relegado para segundo plano, passando, dessa forma, por mudanças administrativas determinantes.[194]

Por essa perda, João Fernandes moveu uma ação judicial contra a herança de Jorge Pinto de Azeredo, alegando ter despendido para o pagamento do contrato à Real Fazenda, por ordem do inventariado, o valor de Rs. 30:342$416 e a este montante também deveriam ser acrescidos os juros correspondentes. Com a contenda levada para a justiça, o inventariante e os mais herdeiros de Jorge Pinto, a sua vez, citaram para autoria os herdeiros de Estêvão Martins Torres, por ter sido o caixa geral na Corte. Em síntese, somente a partir do ajuste final das contas sobre o contrato é que João Fernandes de Oliveira, como credor da soma que alegava, poderia ser embolsado do valor mencionado.[195]

A fim de concluir a exposição das contas que deu José Ferreira da Veiga envolvendo os ajustes dos negócios entre Jorge e o sargento-mor João Fernandes, assinalamos que "(...) o mesmo defunto em o ano de 1739 viera das Minas a esta Corte vender uma partida de Diamantes em que era interessado o dito João Fernandes de Oliveira em Rs. 52:047$876 (...)". Pela partida de diamantes, esperava o sargento-mor receber um "prêmio" que incidiu dos lucros dessa aludida soma, tendo em vista o risco estabelecido pelo percurso do Rio de Janeiro até Lisboa.[196]

---

194 Jorge Pinto de Azeredo regressou para Portugal, de onde passou a administrar como caixa na Corte o primeiro contrato da Extração de Diamantes. João Fernandes, por sua vez, mudou-se para o Serro Frio a fim de assumir as atividades de contratador e caixa desse primeiro contrato, abdicando da administração dos Dízimos Reais em favor de Manoel Matheus Tinoco e do coronel Caetano Álvares Rodrigues. Segundo as disposições testamentárias do sargento-mor João Fernandes de Oliveira, em 1753, os novos administradores não cumpriram com as condições estabelecidas sobre a sua concessão. IANTT – RGM – Livro 300 – Fls. 28 verso a 34 verso.

195 João Fernandes de Oliveira também esperava receber desta herança Rs. 2:000$000 e seus juros, por uma cobrança ajuizada pelos herdeiros do caixa geral Estêvão Martins Torres sobre o contrato dos Dízimos Reais das Minas. Uma quantia despendida com os suprimentos do mesmo contrato: "(...) no espaço de dois anos, e que como tal o houvera do dito João Fernandes de Oliveira ao tempo que cedeu nele a administração e caixa e voltava para este Reino sendo que na realidade o dito defunto administrara pouco tempo". Referência: IANTT – Feitos Findos – Inventários Orfanológicos – Maço 494 – Número 01 – Fl. 127 verso.

196 IANTT – Feitos Findos – Inventários Orfanológicos – Maço 494 – Número 01 – Fl. 126.

Das Minas à Corte, de caixeiro a contratador

Em nome de Manoel Matheus Tinoco, ilustre negociante nas Minas setecentistas, Jorge Pinto de Azeredo repassou o percentual de 1/64 no contrato da Dízima da Alfândega do Rio de Janeiro (1745-1747); 1/64 no contrato do sal do Reino para o Brasil (1745-1747); e 1/32 no contrato das Entradas das Minas (1745-1747). A estes interesses que ainda aguardavam a "purificação" e conta final para a repartição dos lucros, acresciam os lucros sobre duas ações da Companhia do Macau, que estavam em nome de Jorge Pinto de Azeredo, desde 1741, e já contava com um montante parcial calculado em Rs. 1:010$150.[197]

Com Manoel Lopes da Costa, homem de negócios na cidade do Porto, Jorge manteve vários negócios. O primeiro registro que encontramos relacionando o envolvimento de ambos foi em 1728, quando Manoel arrematou um imóvel na cidade do Porto para ele. Desde então esses negociantes mantiveram uma estreita relação, sendo que à época da sua morte, Jorge possuía a oitava parte de um navio encabeçado por Manoel, que levava carregações para os portos brasileiros como, por exemplo, uma "partida de vinagres carregada no navio Prazeres" que aguardava a última conta, cuja metade dos lucros pertenceu à herança em tela.[198] De outra parte, Manoel Lopes da Costa esperava receber pela cota de 1/64 no contrato dos Direitos do Consulado do Porto, principiado em janeiro de 1747, sob o qual pendia uma causa contra o caixa Manoel Peixoto da Silva, "o que é difícil por ser o dito Peixoto falecido sem bens de raiz".[199]

Já o primo José Pinto Vieira, homem de negócios na praça mercantil do Porto, figurou na organização das viagens da galera Nossa Senhora da Soledade e do iate Nossa Senhora do Porto, dos quais Jorge Pinto era dono da oitava parte. E, por conta de uma dessas viagens pelas rotas do Brasil, José Pinto Vieira deveria satisfazer os fretes cobrados na Galera Soledade, da Bahia para Lisboa.[200]

Da cidade do Porto não só embarcavam portugueses do norte para o Brasil em busca de melhores condições de vida, como também era intenso o comércio *por grosso* para a costa brasileira ao longo da centúria setecentista. De lá saíram diversas embarcações com produtos da região e de mercadorias negociadas pelas casas mer-

---

197 IANTT – Feitos Findos – Inventários Orfanológicos – Maço 494 – Número 01 – Fl. 129 verso.
198 IANTT – Feitos Findos – Inventários Orfanológicos – Maço 494 – Número 01 – Fl. 130.
199 IANTT – Feitos Findos – Inventários Orfanológicos – Maço 494 – Número 01 – Fl. 131.
200 IANTT – Feitos Findos – Inventários Orfanológicos – Maço 494 – Número 01 – Fl. 131 verso.

cantis, algumas delas estrangeiras, que permitiram à praça tornar-se um importante entreposto comercial de abastecimento da colônia portuguesa na América.[201]

Ao que tudo indica, o comércio estabelecido através da cidade do Porto foi o ponto de partida para que Jorge Pinto de Azeredo e seus familiares, como Antônio Pinto de Miranda e José Pinto Vieira, entre outros, se inserissem no universo dos homens de negócios do Império português.[202] Essa ligação também fica explicitada nos parágrafos anteriores, assim como é reforçada pela cobrança de fazendas enviadas da mesma cidade na primeira esquadra dos navios soltos que deveria dar conta a esta herança Antônio Marques Gomes.[203] Esse mesmo senhor também devia à herança Rs. 1:651$438, pelos rendimentos das cotas de contratos recebidos por Jorge.[204] Na outra ponta dos negócios, entretanto, Antônio esperava receber pelo percentual de 1/32 que teve na repartição do contrato das Entradas das Minas (1745-1747), de cuja conta final estava em averiguação pelo administrador Domingos Ferreira da Veiga e o caixa geral Estêvão Martins Torres.[205]

A parceria de José Ferreira da Veiga e Jorge Pinto de Azeredo começou quando este último ainda residia no Brasil, o que se comprova pela terça parte do rendimento líquido do ofício de tabelião em Vila Rica, adquirido em julho de 1736 por Veiga e concedida a Jorge.[206] Desde então, a gama de negócios entre ambos tornou-se intensa e diversificada, marcada por uma parceria revelada nas sociedades para arrematação de contratos régios e os generosos percentuais nas repartições desses mesmos monopólios, bem como no comércio *por grosso*. Nesse rol, verificamos a sociedade em uma carregação de baetas enviada para o Rio de Janeiro e consignada ao capitão Domingos Ferreira da Veiga, com um rendimento líquido aos herdeiros de Jorge de Rs. 25:568$650, "os quais tem ele inventariante recebido e feito bons a esta herança na conta que tem apresentado dos recebimentos que tem feito".[207]

---

201 A este respeito ver o artigo de: (SANTOS, 1994).

202 Eugênio dos Santos, em um artigo voltado para as relações entre a cidade do Porto com o Rio de Janeiro e as Minas, traz uma importante contribuição acerca da trajetória mercantil de Antônio Pinto de Miranda (SANTOS, 1994).

203 Nesse rol não consta o ano que saiu a esquadra dos navios soltos.

204 Quanto aos contratos, estes eram o contrato do Subsídio dos Vinhos e Aguardentes na Bahia; Dízima do Tabaco e mais gêneros que da mesma Bahia se embarcam para a Costa da Mina; Dízimas da Chancelaria da relação da mesma cidade da Bahia; e Direitos que rendessem a Dízima na Alfândega de Pernambuco.

205 IANTT – Feitos Findos – Inventários Orfanológicos – Maço 494 – Número 01 – Fl. 92 verso e 93.

206 IANTT – Feitos Findos – Inventários Orfanológicos – Maço 494 – Número 01 – Fl. 134 verso.

207 IANTT – Feitos Findos – Inventários Orfanológicos – Maço 494 – Número 01 – Fl. 136.

Mesmo depois da morte de Jorge, José Ferreira da Veiga transferiu à sua herança a metade da oitava parte que possuía no contrato dos Dízimos Reais de Goiás, arrematado por José Bezerra de Seixas, em 1748. Ou ainda em 1747, como cessionário de Antônio Marques Gomes, arrematante do contrato do Consulado da Saída e Entrada da Índia, do qual transferiu 3/64 para a mesma herança.[208]

De acordo com os termos para a concessão dos contratos régios, estes deveriam ter um fiador que assim como o contratador assumia a condição de abonador do monopólio à Real Fazenda, como já foi referido. Assim, o papel ocupado pelo fiador era, de fato, muito importante para a dinâmica das sociedades voltadas à arrematação dos contratos. Nessa medida, José Ferreira da Veiga protagonizou como o fiador da décima dos contratos dos Dízimos Reais para as comarcas de Sabará e Rio das Mortes (1739-1741), além das Entradas das Minas (1745-1747), arrematados por Jorge Pinto de Azeredo. Em contrapartida, Jorge foi o fiador do contrato dos Direitos dos escravos que do Rio de Janeiro saem para as Minas (1739-1742) e da Dízima da Alfândega do Rio de Janeiro (1745-1747), ambos arrematados por Veiga (cf. ARAÚJO, 2008, p. 285 e 287).

Com a repartição do contrato da Dízima da Alfândega do Rio de Janeiro (1745-1747), Jorge Pinto de Azeredo recebeu de José Ferreira dez cotas de 1/64, de cujo percentual a sua herança deveria satisfazer Rs. 3:457$820, tendo em vista a "perda considerável" sobre a qual corria uma ação contra a Real Fazenda e já estava em "grão de revista", pelo principal que faltou para completar o preço da arrematação no valor de Rs. 51:117$000 "de que ele inventariante se tem embolsado pelo dinheiro que a esta testamentaria tem vindo a sua mão".[209]

O capitão Domingos Ferreira da Veiga, caixa e administrador do contrato das Entradas da capitania de Minas, 1745-1747, apresentou a esta testamentaria algumas contas que restavam por arrecadar nas mãos dos administradores dos registros do mesmo contrato no valor de Rs. 14:015$609. Dentre elas, destacamos as dívidas de Antônio Gomes de Oliveira, "administrador na Contagem" (Rs. 1:519$226); Manoel da Silva Guimarães, no Zabelê (Rs. 214$745); Custódio Teixeira da Silva,

---

208 Provavelmente, pela proximidade com a data da sua morte, acreditamos que esses repasses já teriam sido articulados entre ambos. IANTT – Feitos Findos – Inventários Orfanológicos – Maço 494 – Número 01 – Fl. 137.

209 IANTT – Feitos Findos – Inventários Orfanológicos – Maço 494 – Número 01 – Fl. 141.

no Serro Frio (702$700); José dos Santos Freire, em Paracatu (Rs. 1:000$828); ou ainda, Manoel Correa de Sá "caixa do ramo de Goiás" (Rs. 3:127$101).[210]

Em uma das últimas contas deste espólio, José Ferreira afirmava existir algumas dívidas incobráveis, como o caso de uma contenda colocada em juízo contra Dom Lourenço de Almeida e seus herdeiros, que resultou em uma penhora nos rendimentos de uma quinta em Loures. Um esforço em vão, visto que a esposa de Dom Manoel Caetano Lourenço de Almeida, filho de Dom Lourenço, apresentou embargos alegando a posse dos rendimentos para os seus alimentos, "e se lhe julgaram por provados, e não sabe ele inventariante de outros bens do mesmo devedor que estejam livres de credores e por essa razão lhe pareceu incobrável".[211]

Destacamos, por fim, um episódio que traz a lume os riscos tão propalados acerca dos negócios a longa distância e que gerou uma cobrança intentada em uma ação judicial na Correição do Cível, em Lisboa. Tratava-se de um libelo promovido contra o desembargador Manoel Novais da Silva Leitão, como marido de Dona Mariana Clara do Espírito Santo, viúva de José da Costa Pereira que, por sua vez, tinha sido morador "na praça da colônia".

Através desse litígio, José Ferreira da Veiga e José Pinto Vieira, como inventariantes da herança, desejavam recuperar o prejuízo de uma partida de diamantes rosa remetida a Dom Bernabé de La Torre, um castelhano que viveu em Buenos Aires. Como mediador dessa negociação, José da Costa Pereira, morador na cidade do Rio de Janeiro, foi responsabilizado por entregar os diamantes sem receber o seu pagamento, contrariando, dessa maneira, o ajuste da venda e vindo a falecer algum tempo depois sem satisfazer a dívida sobre esse negócio mal sucedido. Diante desse motivo, o juiz condenou o réu, o Desembargador Manoel Novais, mas não definiu o prazo do pagamento cuja razão compeliu os autores a embargarem a mesma, fazendo um pedido de dilação para o Rio de Janeiro, onde estava correndo a prestação de contas do inventário dos bens de José da Costa.[212]

No entanto, o embaraço em relação a esse malogrado negócio era bem mais complexo, pois a maior parte dos diamantes pertenceu a Sebastião Wanderton, um dos responsáveis pela venda dos diamantes na Europa e com quem Jorge Pinto

---

210 IANTT – Feitos Findos – Inventários Orfanológicos – Maço 494 – Número 01 – Fl. 138 verso.

211 IANTT – Feitos Findos – Inventários Orfanológicos – Maço 494 – Número 01 – Fl. 156.

212 IANTT – Feitos Findos – Inventários Orfanológicos – Maço 494 – Número 01 – Fl. 157.

Das Minas à Corte, de caixeiro a contratador

teve contas relacionadas ao monopólio das pedras preciosas.[213] Diante dessa situação, Diogo Aurial, como cessionário de Sebastião Wanderton, demandou contra o espólio em tela uma cobrança pelos 440 quilates de "diamantes lavrados", correspondentes à parte que cabia a Sebastião, restando 160 quilates para os herdeiros de Jorge, o que tudo perfazia o valor de 11.632 pesos duros.[214] Dessa forma, o inventariante como réu desta causa foi condenado a emitir um documento de cessão em favor do autor, com efeito de recuperados os tais diamantes ou o seu produto, transferir o montante correspondente à parcela destinada a Sebastião Wanderton.[215]

Arrecadação da herança: um balanço

Aproximadamente duas décadas após a morte de Jorge Pinto de Azeredo e um ano antes do falecimento de José Ferreira da Veiga, ou seja, em 1766, Manoel Cardoso Pinto e Josefa Tomázia Raimunda, irmãos e herdeiros de Jorge, apresentaram

---

213 Dentre tais contas uma obrigação passada por Jorge Pinto de Azeredo e Manoel Nunes da Silva Tojal, referente ao 2º contrato da Extração dos Diamantes, a Sebastião Wanderton em outubro de 1746, no valor de 100 mil cruzados (Rs. 40:000$000) e seus juros de 6,25%. Em contrapartida, Wanderton, em sete de abril de 1747, passou uma obrigação a favor de Jorge Pinto de Azeredo sobre Rs. 9:600$000. IANTT – Feitos Findos – Inventários Orfanológicos – Maço 494 – Número 01 – Fl. 24.

214 Moeda espanhola vigente no período.

215 Uma análise pormenorizada sobre a contenda encontra-se no testamento de Manoel Cardoso Pinto, onde o mesmo afirmava que: "O dito meu irmão em sua vida remeteu para a colônia uma partida de diamantes rosa para que chegada que fosse a mão e poder de José da Costa Pereira a entregar a um castelhano chamado D. Bernabé de La Torre dando-lhe ele ao mesmo tempo a sua importância que era de onze mil pesos, porém como os ditos diamantes chegaram a dita paragem a tempo que o dito José da Costa Pereira estava de viagem para este reino, recebeu-os e entregou--os a um seu amigo homem de negócio da mesma praça para este os entregar ao dito D. Bernabé no caso de este lhe dar ao mesmo tempo os ditos onze mil pesos. Porém não sucedeu assim porque o dito castelhano induziu a esta tal pessoa para que lhos deixasse levar a Buenos Aires para serem mostrados a pessoa que lá os queria comprar e satisfeito isso era certo o vir logo a importância da prata porque estavam justos que era a referida quantia dos ditos onze mil pesos. Ele sim recebeu os diamantes pela indigna paficidade [sic] daquele homem digo falsidade daquele homem, porém até hoje se não viram mais nem diamantes nem pesos e da mesma sorte o dito D. Bernabé. Nestes termos parece que está obrigado este homem a satisfação dos ditos onze mil pesos o visto ter a impactuável facilidade de entregar os diamantes sem se lhe dar a sua importância faltando a si e as ordens que se lhe deram. O dito homem não me lembro o seu nome mas entre os meus papéis se acham documentos suficientes nos quais se acha bem explicado este negócio, e o nome dele, porém de tudo poderá informar melhor João da Costa Valle, que foi quem tratou judicialmente esta dependência sobre uma ação que se propôs a este respeito contra a viúva do dito José da Costa Pereira e seu segundo marido, o ministro chamado Fulano de Novaes, e se acaso se cobra a dita quantia dela se darão oito mil pesos aos herdeiros de Sebastião Wanderton, e os três mil restantes me pertencem, como herdeiro de meu irmão". Referência: IANTT – Registro Geral de Testamentos – Livro 326 – Fls. 235 verso a 240 verso – Fl. 238 verso.

Alexandra Maria Pereira

uma petição à Sua Majestade evocando providências para a partilha dos bens do seu irmão, pois:

> (…) falecendo um dos testamenteiros [Afonso Ginabel], o outro, que ficou vivo, José Ferreira da Veiga, administrando toda a herança, que tem metido em si, sem que até ao presente se tenha feito partilha dela, e porque os suplicantes antes de outra coisa querem que o dito testamenteiro finde o inventário, e faça partilha da herança nos termos em que estiver, e depois de feitas se averiguarão as contas que o dito dá pela parte que tocar aos suplicantes do tempo que tem administrado e não tem Juiz a quem requeiram por o dito Desembargador que o era se achar aposentado; assim pede a Vossa Majestade se digne prover aos suplicantes de remédio, determinando se deve assim a dita comissão, e distribuir-se o dito inventário e Autos de Contas a um dos corregedores do Cível da cidade, ou no caso de não dever cessar nomear lhe Juiz, que conheça do dito inventário e partilhas e contas que dá o suplicado testamenteiro.[216]

Como resultado desse pedido, José Ferreira da Veiga recebeu uma notificação que sem demora respondeu, explicitando o andamento do inventário, das ações líquidas e daquelas ainda por liquidar. Mas dizia, também, que os testamenteiros de Manoel Cardoso Pinto (pai e primeiro herdeiro do espólio), falecido em 1752, deveriam comparecer para com ele dar conta da aludida testamentaria, embora o primeiro deles, José Pinto Vieira, também fosse falecido.[217]

Dando sequência a estes fatos, numa outra petição Veiga explicava que tudo estava preparado para melhor esclarecer a situação do inventário e auto das contas, com as cobranças autuadas e em poder do escrivão José Ferreira Batalha. Assim mais, tudo poderia ser concluído no prazo de oito dias, conforme a determinação judicial, desde que o escrivão tomasse as referidas declarações por termo, inclusive, o de encerramento "com o protesto de fazer todas as mais que pelo tempo em diante puder alcançar sem lhe prejudicar o juramento por ser a herança que se trata das mais intrincadas e laboriosas que tem vindo a Juízo".[218]

Mesmo com a brevidade solicitada pelos herdeiros, a situação só foi resolvida no início de 1767, quando aos 14 de janeiro José Ferreira da Veiga apresentou uma

---

216 IANTT – Feitos Findos – Inventários Orfanológicos – Maço 494 – Número 01 – Fl. 168.

217 IANTT – Feitos Findos – Inventários Orfanológicos – Maço 494 – Número 01 – Fl. 170.

218 IANTT – Feitos Findos – Inventários Orfanológicos – Maço 494 – Número 01 – Fl. 172 e 172 verso.

procuração nomeando João da Costa Valle nos autos do inventário dos bens de Jorge Pinto de Azeredo e também para fazer o "(…) termo de declaração que faço de importarem os lucros do Contrato do Consulado da Saída e Entrada da Casa da Índia principiado em janeiro de 1747, Rs. 125:288$217 na forma da conta que me deu o caixa Antônio Marques Gomes (…)".[219]

Dessa forma, foi no último dia daquele mesmo mês de janeiro que João da Costa Valle emitiu um termo importando os lucros do contrato do Consulado da Saída e Entrada da Casa da Índia, no valor de Rs. 125:288$217 a favor da herança de Jorge Pinto de Azeredo.[220] Sem esclarecimentos adicionais acerca da partilha do montante repassado, o aludido termo encerrou o inventário dos bens e, de certa maneira, nos diz que os herdeiros receberam o valor indicado pelo seu principal inventariante.[221]

O testamento de Manoel Cardoso Pinto, redigido em 1787, traz informações inestimáveis para um balanço final inerente ao espólio de Jorge Pinto de Azeredo; permite-nos, sobretudo, avaliar a arrecadação de um substancioso patrimônio composto nomeadamente por dívidas ativas depois de 40 anos de seu falecimento e início de inventariação dos seus bens.

Na altura, Manoel, com riqueza de detalhes, fez uma relação das dívidas ativas ainda por arrecadar, alegando, inclusive, que as mesmas eram o principal componente do seu patrimônio. Nesse rol estava uma cobrança perpetuada em um libelo posto em Juízo "contra João Fernandes de Oliveira avô do atual do mesmo nome", sobre duas partes de Rs. 20:432$000, ou seja, Rs. 13:622$000, por empréstimos com vencimento de juros desde sete de maio de 1747. Da mesma forma, informava existir outro libelo contra os herdeiros deste sargento-mor, do qual pedia por várias parcelas "que todas juntas compõem de um corpo de vinte e sete ou vinte e oito contos de réis", mas que dessa cobrança lhe cabia apenas duas partes. Além de mais dois libelos, um no valor de Rs. 6:000$000, e outro no valor de Rs. 2:000$000, dos quais era escrivão o guarda-mor da relação Luís André de Couto.[222]

---

219 IANTT – Feitos Findos – Inventários Orfanológicos – Maço 494 – Número 01 – Fl. 173.

220 IANTT – Feitos Findos – Inventários Orfanológicos – Maço 494 – Número 01 – Fl. 173 verso.

221 Outro dado que corrobora uma possível partilha feita com o montante dos rendimentos do contrato do Consulado, deve-se ao fato de que em 1787 ao realizar seu testamento, Manoel Cardoso Pinto não mencionava qualquer evidência que indicasse uma situação contrária àquela partilha. Referência: IANTT – Registro Geral de Testamentos – Livro 326 – Fls. 235 verso a 240 verso.

222 IANTT – Registro Geral de Testamentos – Livro 326 – Fls. 235 verso a 240 verso – Fl. 237 verso.

Como da maior importância para sopisarmos as dificuldades atravessadas com as contas alusivas aos contratos régios, destacamos a cláusula testamentária a respeito de uma ação contra os herdeiros de Estêvão Martins Torres, envolvendo os contratos "em que o dito meu irmão levou as partes que se declaram nas obrigações":

> (...) em cujos contratos são interessados nas partes que tocaram ao dito meu irmão o mesmo João Fernandes de Oliveira e os mais que se declaram no livro que tem por título: "Livro em que se assentam todas as dívidas que devo e se me devem como também outras lembranças e clarezas e a tudo se dará inteiro crédito" cuja declaração se acha assinada por meu irmão Jorge Pinto de Azeredo.[223]

Não encontramos qualquer menção no inventário dos bens em tela a uma dívida que levou Manoel Cardoso Pinto a impetrar uma Execução contra Pedro de Morais Alam, que tinha sido "ouvidor de Alemquer", cuja ação reivindicava "umas terras sitas no distrito da Vila do Cadaval a qual se acha parada há muito tempo", como forma de pagamento de um empréstimo no valor de Rs. 6:080$000.[224]

Ainda nessa sistematização esquadrinhada por Manoel, vêm à luz as pendências já relacionas pelo inventariante José Ferreira da Veiga, como a dívida de João Carneiro da Silva (Rs. 1:600$000); o ajuste de contas de uma sociedade "a qual se praticou há muitos anos" com o capitão Antônio Lopes da Costa e Gabriel Prim (Rs. 400$000); os percentuais de Jorge Pinto de Azeredo e José Pinto Vieira no contrato do Consulado da cidade do Porto, em nome de Manoel Peixoto da Silva (Rs. 900$000); os negócios com Antônio Marques Gomes (Rs. 1:140$000); além dos papéis e obrigações que deixava em poder de Baltazar Pinto de Miranda, seu primo, primeiro testamenteiro e herdeiro, para cobranças no Brasil que somavam um expressivo numerário, estimado em mais de 60.000 cruzados (Rs. 24:000$000); e, por fim, a partida de diamantes rosa que pertenceu à herança de Jorge em sociedade com Sebastião Wanderton.[225]

***

---

223 IANTT – Registro Geral de Testamentos – Livro 326 – Fls. 235 verso a 240 verso – Fl. 237 verso.

224 IANTT – Registro Geral de Testamentos – Livro 326 – Fls. 235 verso a 240 verso – Fl. 237 verso e 238.

225 A este respeito ver nota 211. IANTT – Registro Geral de Testamentos – Livro 326 – Fls. 235 verso a 240 verso – Fl. 238 verso.

Das Minas à Corte, de caixeiro a contratador

Considerando as análises feitas ao longo deste capítulo, podemos dizer que alguns pontos foram esclarecidos, muito embora o inventário dos bens de Jorge Pinto de Azeredo seja, de fato, de difícil avaliação.

Há que considerar, primeiramente, a história da família dos Luízes de Santa Marinha do Zêzere, a vida que levavam na região e a sua relação com o comércio de vinhos, às margens do rio Douro, como da maior importância para o sucesso das trajetórias mercantis dos membros da mesma família. O tino comercial e o cuidado com a alfabetização dos filhos, neste sentido, favoreceram àqueles que se aventura-ram pelo ultramar e se serviram do comércio alentado pelos descobertos auríferos da colônia portuguesa na América, no alvorecer do século XVIII.

Para o caso da segunda geração de parentes que tiveram seus negócios a partir de uma passagem pelo ultramar, também na primeira metade do Setecentos, não há dúvida que a acolhida e experiência dos que foram primeiro concorreram para o aprendizado no trato mercantil daquele continente. Assim foi o caso de Jorge Pinto de Azeredo e Manoel Cardoso Pinto, recebidos pelo primo segundo João da Costa Resende.

Por sua vez, o envolvimento de Azeredo com o comércio de abastecimento das Minas e a sua passagem pela mesma região, numa época quando a mineração atingia os seus mais elevados níveis de produção, ou seja, o decênio de 1730, foi imprescin-dível para a sua inserção no universo dos homens de negócios do Império português. Isto porque o ambiente extremamente favorável aos negócios mercantis, conjugado ao esforço pessoal, permitiu-lhe amealhar fortuna e entretecimento social, projetan-do-o para o lucrativo negócio dos monopólios régios. Outrossim, vimos que não so-mente Jorge Pinto de Azeredo, mas alguns dos seus sócios de passagem pelas Minas setecentistas e outros mais que se beneficiaram do comércio para a região tornaram--se importantes homens de negócios do Império português.[226]

Apesar de ter falecido relativamente jovem e envolvido numa intensa ativi-dade que marcava uma carreira mercantil em plena ascensão, Azeredo conseguiu amealhar em aproximadamente duas décadas um avultado patrimônio. Para além da expressiva fortuna, destacamos a centralidade na rede mercantil em que estava inserido, notadamente, pela capacidade de reunir em torno de si percentuais na

---

226 Tal o caso de João Fernandes de Oliveira, José Ferreira da Veiga, Domingos Ferreira da Veiga, Francisco Ferreira da Silva, José Álvares de Mira, Manoel Gomes de Campos, Antônio Pinto de Miranda, Baltazar Pinto de Miranda e José Bezerra de Seixas, entre outros. A este respeito ver o capítulo 3.

repartição dos contratos régios que em cotas menores eram distribuídos a outros membros da sua teia mercantil.

Mais que a ascensão econômica, Azeredo foi capaz de transformar o seu capital mercantil em capital simbólico, ocupando uma posição social privilegiada entre os homens de negócios do Império português, exteriorizada com o título de cavaleiro da Ordem de Cristo (já alcançado em fins da década de 1730), e sendo irmão de importantes irmandades religiosas de Lisboa, como foram as de São Francisco e Nossa Senhora do Carmo.

Como evidenciado, a observação do seu inventário *post mortem* aponta um quadro contrário a algumas fortunas de negociantes falecidos na mesma época e que experimentaram a dispersão do patrimônio pela dificuldade de arrecadação das dívidas ativas, como parece ter sido o caso de Francisco Ferreira da Silva. Melhor dizendo, os herdeiros de Jorge Pinto de Azeredo conseguiram recuperar uma significativa parcela do espólio, embora o discurso evocado pelo derradeiro herdeiro e irmão, Manoel Cardoso Pinto, tenha sido um tanto quanto pessimista em relação a tal arrecadação. É importante ter em conta, neste caso, que praticamente todo o seu patrimônio estava empenhado em negócios e dívidas ativas que comumente arrastavam-se por anos, como assim aconteceu com diversas contas apresentadas nesse mesmo inventário.

Nesse sentido, vale dizer que a arrecadação dos seus bens foi bem sucedida. Um fato fortemente relacionado com a necessidade de indicar um substituto para suas atividades que, como pôde ser assinalado no correr deste capítulo, eram intensas. Assim, o papel de José Ferreira da Veiga como primeiro testamenteiro, sucedendo-o nos negócios da sua casa como as atividades de caixa no segundo contrato da Extração de Diamantes foi uma escolha acertada para esse bom desempenho.

A análise levada a cabo considera a sucessão dos negócios de Jorge Pinto de Azeredo por José Ferreira da Veiga como uma escolha que favoreceu a arrecadação do espólio, vindo a alcançar a expressiva quantia de Rs. 125:288$217. De outra parte, proporcionou inúmeras vantagens à Veiga que se tornou um dos 100 grandes negociantes do período pombalino.

Quanto ao montante arrecadado que, seguramente, chegou a um valor considerável dentro do universo de possibilidades e os riscos dos negócios, parece ter-se dispersado com o tempo. Por isso, encerramos nossa avaliação com aquele que certamente foi o último registro envolvendo a arrecadação dos bens amealhados por Jorge Pinto de Azeredo, em sua trajetória de sucesso como homem de negócios do Império português. Trata-se, pois, de uma passagem registrada no codicilo de Manoel Cardoso Pinto, poucos dias antes de falecer no início de setembro de 1788, ou seja:

> Agora passo a lembrar que eu entrei no grande trabalho e labirinto das dependências da minha herança falto de todos os meios precisos para me conduzirem com brevidade do inteiro desarranjo em que caminhava por meio de tantos desgostos a procurar o seu último fim, e assim confesso e declaro com toda a verdade que me foi preciso fazer muitas e graves despesas as quais deixarei de referir pelo meu dito para que se não venha no conhecimento das pessoas que me emprestaram o tal dinheiro e como este tem sido necessário para alargar somas que se tem despendido com os advogados, procuradores delas, escrivães, louvados e custas e outras mais despesas além da minha necessária assistência pois só eu fui quem nas dependências desta herança tenho concorrido com toda a despesa e cuidado não lhe faltando com coisa alguma em que se tem despendido o melhor de 50 mil cruzados nos largos anos que tem decorrido e que de toda esta importância deve pagar a terça parte o herdeiro de minha madrasta que é o clérigo da Cidade do Porto chamado o Padre José Pinto Ferreira (…).[227]

Figura 4.1. Árvore de geração paterna de Jorge Pinto de Azeredo

A figura, que irá envelopada na contracapa, é uma árvore de geração paterna de Jorge Pinto de Azeredo. Nela, encontram-se explicitados os laços de parentesco, em linha direta, para boa parte dos seus familiares que se tornaram homens de negócios do Império português e descendentes dos Luízes, como era comumente conhecida essa família em Santa Marinha do Zêzere. Para a elaboração da aludida árvore, baseamo-nos em uma árvore genealógica anexa ao processo para familiar do Santo Ofício de Jorge Pinto de Azeredo, e incorporamos a ela informações adicionais apuradas mediante a consulta em documentos relacionados a alguns membros dessa família, como habilitações para a Ordem de Cristo, Santo Ofício, Testamentos e Inventários *post mortem.*

---

227 IANTT – Registro Geral de Testamentos – Livro 326 – Fls. 235 verso a 240 verso – Fl. 240.

Considerações Finais

No início da pesquisa, quando tivemos um primeiro contato com a fonte que deu origem a nossa tese, em 2005, buscávamos um estudo norteado pela atividade de uma loja em Vila Rica setecentista, através da análise de seu borrador. Algum tempo depois, demo-nos conta pela expressividade dos negócios explicitados que a empresa despontava como uma importante casa de comércio no abastecimento dos principais núcleos de mineração da capitania de Minas Gerais, assim como transpareceu uma clientela abastada e uma rede mercantil de grande fôlego entretecidas aos seus negócios.

A cada descoberta que remetia à grandeza da rede e dos negócios dessa loja desejávamos conhecer a identidade de quem estava à frente do substancioso negócio. Um conhecimento que só veio a lume um ano depois de nosso ingresso no doutorado, em fins de 2009, quando analisamos uma ação judicial que moveu Jorge Pinto de Azeredo contra Ana Gonçalves da Silva, como já assinalamos na introdução.

A descoberta de Jorge Pinto de Azeredo como seu principal sócio alterou a proposta inicial da tese que tinha por objetivo investigar a rede mercantil dessa loja no âmbito do comércio da região mineradora, pois se tratava de um homem de negócios já conhecido pela historiografia, por sua atuação no universo dos contratos régios do Império português, nomeadamente por sua participação na companhia que arrematou o primeiro e segundo contratos da Extração de Diamantes, nos primeiros anos do decênio de 1740.

O eixo central deste estudo passou a ser a trajetória de Jorge Pinto de Azeredo. Conduzindo, nesse sentido, os esforços para a busca de informações que projetavam a pesquisa à temática dos homens de negócios do Império, posto que tinha se tornado um negociante da praça mercantil de Lisboa. Mas sem perder de vista a sua ligação com o comércio de abastecimento de Minas Gerais, na década de 1730, período em que seus negócios estavam concentrados na atividade mercantil da região, numa época em que a mineração já começava a apresentar os seus mais elevados níveis de produtividade.

Ao fim deste trabalho, acreditamos haver mostrado a dinâmica que levou à inclusão de Azeredo na elite mercantil portuguesa e que nos traz elementos característicos de uma dinâmica maior mormente trilhada por uma burguesia mercantil que se formou à custa do comércio de *grosso trato* e dos lucros auferidos com os monopólios régios. Burguesia esta que na segunda metade do século XVIII passou a ser associada ao Estado português, protegida pela política assumida por Sebastião José de Carvalho e Melo, que também buscou auferir-lhe títulos de nobilitação.

O estudo sobre a loja de Vila Rica, a partir do seu borrador (1737-1738) e dos bens explicitados no inventário *post mortem* de um dos seus sócios (1746), demonstrou a aptidão dessa casa para o abastecimento dos núcleos de mineração. A começar pela escrituração do borrador, quando perscrutamos a gestão mercantil da loja, sua rotina e fluxo comercial, sobressaindo dessa análise as elevadas movimentações financeiras e os mecanismos que sustentaram a atividade, com operações lastreadas pelo crédito em um circuito de abastecimento que alcançou boa parte das regiões de exploração mineratória. Assim, ao descortinar a sua gestão vimos que, à exceção das vendas à vista (responsáveis por 9% das movimentações da casa), todos os negócios eram realizados mediante o recurso ao crédito, através de um sistema baseado nos livros de escrituração e nas letras que circularam largamente em Minas colonial.

Por seu turno, as vendas a prazo também revelaram que o rol de clientes dessa loja foi extenso e marcado pela acentuada diversidade social. Igualmente demonstraram a capacidade do estabelecimento em atender a variada demanda da clientela, que adquiria luxuosos produtos vindos do Reino, com destaque para os tecidos, aviamentos e artigos de vestuário. De outra parte, mais que uma vasta clientela

Das Minas à Corte, de caixeiro a contratador

comprando produtos no varejo, a casa mercantil em tela figurou no abastecimento por atacado, fornecendo tecidos e outros mais artigos para comerciantes que atuavam nas zonas de mineração, tal como era oferecido pelas casas de comércio do Rio de Janeiro. Por fim, destacamos o empréstimo de dinheiro, observado mediante o fornecimento de pequenas quantidades de ouro em pó para suprir as necessidades prementes de sua variada clientela até as vultosas somas desse precioso metal, restritas aos clientes que mantiveram um vínculo maior com essa casa, como o exemplo do sargento-mor João Fernandes de Oliveira.

Quanto ao processo de liquidação das dívidas ativas, este era quase sempre decorrente dos pagamentos de forma direta pelo cliente. Porém, quando necessário essa loja se serviu da justiça local a fim de assegurar por meio judicial o pagamento de dívidas vencidas. Essas cobranças ficavam sob os auspícios da justiça local através de processos sumários, ou seja, as ações de Alma, Crédito e Justificação, bem como pelos processos de Execução e de Libelo Cível.

O processo de constituição e evolução desta casa mercantil, com dados para os anos iniciais de sua formação, pelo seu borrador (1737-1738), mas também de sua dissociação, pelo inventário *post mortem* de Manoel de Miranda Fraga (1746), nos diz que a empresa atuou como um importante estabelecimento para o mercado de abastecimento da capitania de Minas, que fica patente com o substancioso comércio verificado pelo volumoso estoque de artigos e vultosas somas arroladas com os assentos de créditos. Assim também as negociações a prazo permaneceram ao longo desses dez anos como o principal recurso utilizado na gestão da atividade, enquanto o ouro continuou sendo o instrumento monetário.

Ao debruçarmos sobre as ações judiciais da comarca de Vila Rica envolvendo uma parcela da clientela que foi arrolada no borrador, deparamo-nos com a eminência das ações relacionadas ao comércio local. Isso demonstra, mais uma vez, a pujança do comércio alentado pela mineração e, de igual modo, que os comerciantes da região souberam muito bem utilizar os mecanismos oferecidos pela justiça a favor da arrecadação de suas dívidas ativas que de outra forma dificilmente seriam recuperadas.

Essas ações judiciais permitiram-nos repensar a atividade mercantil já descortinada pelo estudo da loja de Vila Rica e favoreceram o conhecimento da complexidade do comércio em Minas colonial. Como da maior importância a este respeito, estavam as sociedades comerciais (companhias) explicitadas nesses processos e nas letras de crédito. Ao passo que a análise da composição das letras de crédito, pelos seus prazos e pelos ajustes das dívidas entre os credores e os devedores iluminaram uma dinâmica que se inseriu em um movimento maior, ou seja, de uma atividade mercantil e sua relação com o nível de monetização e circulação monetária a movimentar o mercado de abastecimento interno da principal comarca da capitania de Minas. Um movimento, por seu turno vinculado à produção aurífera e sua sazonalidade.

As trajetórias de vida acompanhadas com o nosso universo de pesquisa revelaram que Jorge Pinto de Azeredo reuniu à sua volta abastados mineradores e comerciantes durante sua passagem pelas Minas, além de destacados homens de negócios do Império português, entre os decênios de 1730 e 1740. Ao mesmo tempo, ajudam-nos a entender a relevância dessas relações entretecidas e a sua projeção no eixo mercantil português, no qual Jorge figurou com destaque.

Conseguimos distinguir basicamente dois grupos mais ou menos distintos que formaram a rede em Minas Gerais, se partirmos das atividades econômicas da região. O primeiro composto por agentes da mercancia e o segundo por mineradores e fazendeiros. No entanto, como era de se esperar, esse conjunto de pessoas esteve dentro do que poderíamos delimitar como a elite mineira setecentista.

Em síntese, considerando as motivações de um espaço favorecido pela expansão de sua economia, com a maioria dos casos explicitados, veio a lume a busca pela diversificação dos investimentos. Histórias que ilustram muito bem a trajetória de portugueses vindos quase sempre do norte de Portugal, atraídos pelo ouro e em busca de melhores condições de vida. Além de uma riqueza propalada com suas ocupações e atividades, essa elite mineira buscava a distinção social mediante a atuação nas principais irmandades religiosas do período, a obtenção de patentes militares e a ocupação de cargos no poder local. Os mais notáveis também conseguiram ostentar a familiatura do Santo Ofício e até mesmo o valoroso hábito da Ordem de Cristo.

Das considerações expendidas nomeadamente com a trajetória dos homens de negócios do universo relacional de Jorge Pinto de Azeredo, à exceção de Manoel da Silva Lopes, destacamos que os demais residiam em Lisboa no auge de suas atividades, a principal praça mercantil portuguesa. Dentre eles, apenas Afonso Ginabel, Francisco Ferreira da Silva e Pedro da Costa Guimarães não fizeram parte da lista dos 100 grandes negociantes do período pombalino elaborada por Jorge Pedreira (PEDREIRA, 1995, p. 164-167).

Em linhas gerais, os resultados apontam que a maioria desses agentes já teria estabelecido algum vínculo com Azeredo quando ele ainda residia nas Minas, mas também que a maioria desses negociantes esteve de passagem pelo Brasil, particularmente pelas capitanias de Minas Gerais e Rio de Janeiro. E sem exceção, que todos em algum momento de suas vidas estreitaram negócios com a região das minas de ouro e de diamantes, através do seu substancioso comércio de abastecimento ou da participação na cobrança de tributos régios da capitania. Os que estiveram por lá, circularam nos decênios de 1720 e 1730 e desfrutaram das motivações econômicas oferecidas pelas riquezas minerais da região, o que tornou possível a projeção econômica e o acúmulo de consideráveis cabedais além, é claro, dos vínculos necessários para a inserção no universo dos homens de negócios do Império português.

Os percursos desses homens de negócios jogaram luz sobre um importante grupo de pessoas que se beneficiaram do comércio de abastecimento das Minas, também reforçado pela trajetória trilhada por Jorge Pinto de Azeredo, que se inseriu em uma dinâmica maior: a da expansão do comércio ultramarino estimulado pelos descobertos auríferos que incrementaram as atividades mercantis favorecendo a constituição e o fortalecimento dessa burguesia em Portugal.

Ao longo desta pesquisa estudamos a atividade mercantil das Minas e as trajetórias de pessoas que, em algum momento ou ao longo de suas vidas, estiveram entrelaçadas aos negócios de Jorge Pinto de Azeredo. Essa conjugação se nos apresentou importante para entendermos como ele tornou-se um destacado homem de negócios.

Para esse propósito também consideramos a história de sua família em Santa Marinha do Zêzere. A vida que levavam na região e a ligação com o comércio de vinhos, às margens do rio Douro, que demonstraram o tino comercial e o cuidado com a alfabetização dos filhos como fatores determinantes para os Luízes que se aventuraram pelo ultramar e se serviram do comércio alentado pelos descobertos auríferos da colônia portuguesa na América, no alvorecer do século XVIII. Acresce ainda para a segunda geração de pessoas dessa família com negócios a partir da passagem pelo ultramar, também na primeira metade do Setecentos, que a acolhida e experiência dos primeiros aventureiros concorreram para o aprendizado no trato mercantil da região mineradora.

Jorge Pinto de Azeredo faleceu relativamente jovem, envolvido numa intensa atividade que marcava uma carreira mercantil em plena ascensão, o que lhe permitiu amealhar em aproximadamente duas décadas um valioso patrimônio. Mais que a expressiva fortuna, ressaltamos a sua brilhante atuação no universo mercantil, pela centralidade que manteve entre os homens de negócios e pela desenvoltura ao reunir em torno de si percentuais na repartição dos contratos régios redistribuídos em cotas menores para os negociantes da sua teia mercantil.

A fim de coroar a ascensão econômica, Azeredo foi capaz de transformar o seu capital mercantil em capital simbólico, numa sociedade ávida por insígnias que pudessem ascender socialmente os membros da elite mercantil. Assim, ocupando uma posição econômica privilegiada no seio dessa elite portuguesa, Jorge foi capaz de exteriorizá-la com a ostentação do cobiçado título de cavaleiro da Ordem de Cristo (já alcançado em fins da década de 1730), mas também como irmão de importantes irmandades religiosas de Lisboa.

Se o referencial vislumbrado com a trajetória de alguns homens de negócios entrelaçados à sua teia mercantil revela-nos, em certa medida, a dispersão e as dificuldades de arrecadação das dívidas ativas que representavam a maior parte da composição dos patrimônios desse grupo, a observação do inventário *post mortem* de Jorge apresenta-nos um quadro satisfatório. Melhor dizendo, os herdeiros conseguiram recuperar uma significativa parcela do espólio empenhado em negócios e dívidas ativas que, comumente arrastavam-se por anos, como assim aconteceu com diversas contas apresentadas nesse mesmo inventário.

Interessa-nos a este respeito assinalar que esse relativo sucesso esteve fortemente relacionado com a necessidade de indicar um substituto para as atividades após a sua morte. Por isso, o papel de José Ferreira da Veiga como primeiro testamenteiro estendeu-se à sucessão dos negócios da sua casa e foi uma escolha acertada. A análise levada a cabo considera a sucessão dos negócios de Jorge Pinto de Azeredo por José Ferreira da Veiga como uma estratégia que favoreceu a arrecadação da herança, vindo a alcançar a expressiva quantia de Rs. 125:288$217. De outra parte, o controle das movimentações financeiras deste espólio e os negócios que passaram para as mãos de Veiga, como a participação no monopólio dos diamantes, contribuíram para que ele se tornasse um dos 100 grandes negociantes do período pombalino.

Esta pesquisa confirmou o que vários estudiosos já disseram acerca do estímulo econômico proporcionado pelo ouro e pelos diamantes no correr do século XVIII e que favoreceu o comércio de Portugal com seus domínios ultramarinos, particularmente com o Brasil. Assim como o descortinamento desta teia mercantil e, em especial, da trajetória de Jorge Pinto de Azeredo nos revelam que esse comércio alentado pela exploração mineratória foi o ponto de partida para os mais brilhantes agentes engajados nessa atividade se tornarem importantes homens de negócios do Império português.

Apêndice

Fontes e Metodologia

A construção da nossa pesquisa apoiou-se num conjunto diversificado de fontes primárias, analisadas, em boa medida, caso por caso, que se constituiu em base profícua para a composição dos elementos norteadores da argumentação proposta. Assim sendo, uma apresentação desse corpus documental e metodologia para a sua utilização mediante a montagem de um banco de dados, torna-se imprescindível para iluminar as associações que fizemos no evolver deste estudo.

Borrador de loja de comerciante anônimo

O ponto de partida, como dissemos algumas vezes, foi a leitura de um dos livros de escrituração contábil de uma loja em Vila Rica, identificado como borrador de loja de comerciante anônimo. Trata-se, pois, de um livro que está sob a custódia do Arquivo Público Mineiro, no qual foi lançada a escrituração da atividade mercantil de uma sociedade comercial que existiu entre Jorge Pinto de Azeredo e seu irmão Manoel Cardoso Pinto, com registros para pouco mais de um ano, entre fevereiro de 1737 e agosto de 1738.

O primeiro passo foi a transcrição integral do aludido livro diário, quando então procedemos a um mapeamento da contabilidade da loja e vimos que ela estava dividida basicamente em três funções. A primeira função ateve-se ao registro e controle das vendas de mercadorias, prestação de serviços e empréstimos de ouro em pó. Uma atividade disposta na primeira parte do livro (folhas 03 a 190), onde foram arroladas as vendas a prazo, e a terceira parte (201 verso a 222), onde estavam as vendas à vista. A segunda função foi o balanço anual apresentado no mês de dezembro de 1737, no qual constava uma relação do estoque de mercadorias e bens daquela sociedade, que compõe a segunda parte do livro (folhas 190 verso a 201). Por fim, uma última função do borrador reuniu as informações sobre o sistema de cobranças, com registros atinentes à emissão das letras de créditos e livranças ou ordens de pagamento (folha 222 verso a 232) que a empresa fazia a seus clientes.

Um exemplo dos lançamentos das contas correntes desse livro pode ser apreciado com a Figura 1.1 que segue adiante.

Figura A.1. Lançamento de conta corrente.

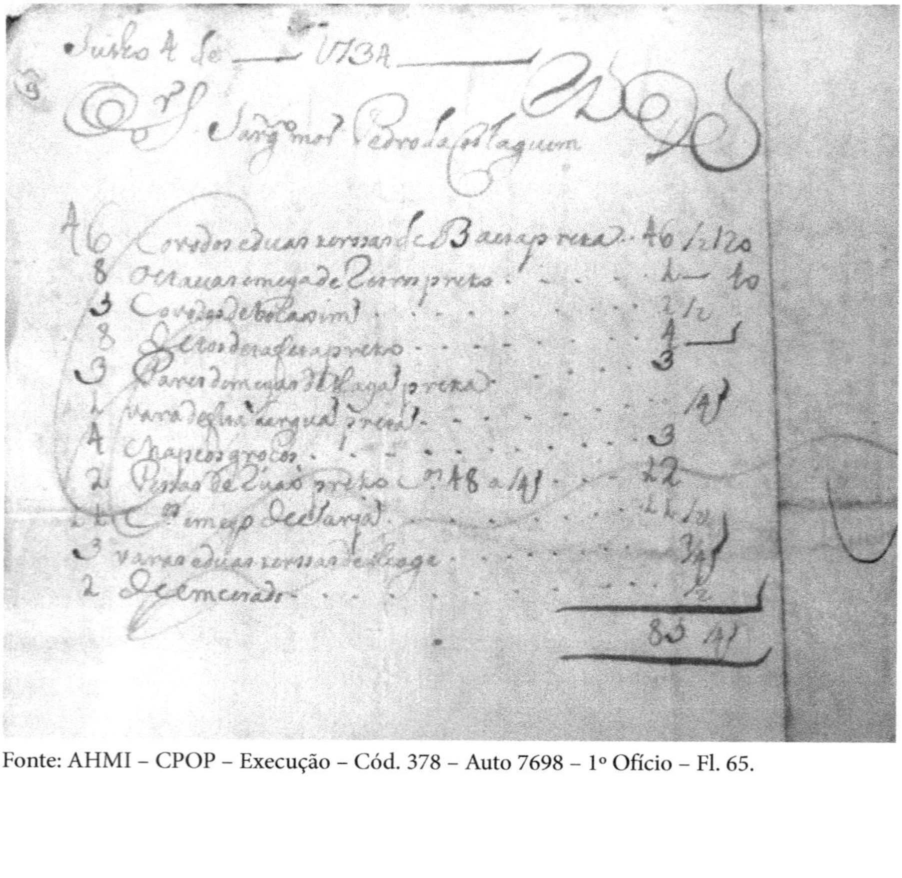

Fonte: AHMI – CPOP – Execução – Cód. 378 – Auto 7698 – 1º Ofício – Fl. 65.

Das Minas à Corte, de caixeiro a contratador

Em seguida à transcrição do borrador, iniciamos o tratamento da informação e a transferência dos registros para uma base eletrônica, uma atividade que se revelou demorada e complexa. Destarte, fizemos algumas tentativas a fim de encontrar um programa de contabilidade em condições de gerenciar os registros, mas todas resultaram infrutíferas. A fonte mostrou-se avessa a qualquer programa porque os valores das operações de venda estavam quase exclusivamente lançados em oitavas de ouro. Desconhecíamos, pois, um software que permitisse o lançamento deste tipo de informação na sua forma original, os dados teriam de já estar convertidos previamente em réis. E isto tornaria a tarefa de transferência de dados muito demorada, uma vez que para cada cifra em oitavas de ouro teríamos de efetuar a conversão.

Muito tempo se consumiu com essa fase até optarmos pela construção de um banco de dados utilizando as planilhas do Microsoft Excel, que permitiu a conversão automática dos valores em oitavas de ouro para réis.

Ainda assim, o lançamento dos dados foi um procedimento trabalhoso, mas que ao fim produziu os melhores resultados, ou seja, um banco de dados capaz de gerar relatórios em séries.

O exemplo abaixo, Quadro 1.1, é um trecho da transcrição que fizemos de uma conta corrente lançada no borrador, enquanto o Quadro 1.2 é o seu lançamento em nosso banco de dados, com a utilização do programa Microsoft Excel.

Quadro A.1. Conta corrente – Transcrição

Setembro 29 de 1737
O Senhor Capitão Francisco da Silva Neto Deve
2 peças de fita de bispo...............................1/2 - 6
3 côvados de chamalote carmesim................1- ½
2 cartas de alfinetes...................................1/4 – 4
2 côvados 1/3 de chamalote carmesim............1 – 1/4 – 5
½ resma de papel....................................1 – 4

Fonte: APM – Coleção Casa dos Contos – CC 2018 – Fl. 115 verso.

Alexandra Maria Pereira

Quadro A.2. Conta corrente – Planilha do Microsoft Excel

#	Cliente	Ano	M	D	Quanti dade	Medi da	Mercad oria	Oita va	Fração	Vintém	Réis
133	Francisco da Silva Neto	1737	9	29	2,0000	Peça	fita de bispo		0,50	6	1.03 1,25
133	Francisco da Silva Neto	1737	9	29	3,0000	Côvad o	chamalot e carmesi m	1	0,50		2.25 0,00
133	Francisco da Silva Neto	1737	9	29	2,0000	Carta	alfinetes		0,25	4	562, 50
133	Francisco da Silva Neto	1737	9	29	2,3333	côvad o	chamalot e carmesi m	1	0,25	5	2.10 9,38
133	Francisco da Silva Neto	1737	9	29	0,5000	Resm a	papel	1			1.68 7,50

Fonte: APM – Coleção Casa dos Contos – CC 2018.

A tabulação do Quadro 1.2 ilustra os desdobramentos em colunas de cada conta corrente para os clientes da loja. Por seu turno, a coluna # (número) foi criada com o objetivo de permitir o relacionamento entre os dados gerados em duas ou mais planilhas. Isto porque a natureza dos registros obrigou a que a transferência dos dados se fizesse, inicialmente, em duas planilhas. Numa primeira planilha foram criadas as colunas do número, nome e informações para a identificação de cada cliente, tais como a ocupação (patente, ofício) e a indicação da sua residência. Esses dados, por sua vez, não foram lançados na segunda planilha, a qual relacionava o número e o nome do cliente além das informações relativas às compras propriamente ditas.

Assim, a segunda planilha (Quadro 1.2) foi criada com as colunas do # (número), cliente, ano, mês, dia, quantidade, medida, mercadoria e o seu valor – apresentado em oitavas de ouro e em réis. A fim de permitir a conversão automática do valor do ouro para réis, mediante uma fórmula aplicada na coluna dos valores em réis, os valores em oitavas de ouro tiveram que ser lançados em colunas separadas. Ou seja, uma para os algarismos inteiros, outra para as frações de oitavas e uma terceira para os vinténs de ouro.[1] De maneira semelhante elaboramos mais duas

---

1   Os valores em oitavas de ouro arrolados nas operações do borrador, com a feitura do banco de dados, foram convertidos para réis, que era a moeda oficial corrente à época. Cada oitava foi

Das Minas à Corte, de caixeiro a contratador

planilhas, uma para alocarmos as vendas à vista e a outra para o balanço anual da loja, excluindo, obviamente, as colunas indicativas do número e nome dos clientes.

Com a feitura dessas planilhas foi possível gerar relatórios que geraram tabelas e gráficos para uma análise em série da gestão e fluxo mercantil da loja dos irmãos Jorge e Manoel. Nessa medida, os relatórios proporcionaram tanto uma análise voltada especificamente para as mercadorias (os produtos mais vendidos, os valores, as quantidades, a qualidade), quanto uma análise focada nos clientes da loja (quem comprava mais, quem tinha mais empréstimos, quais eram as preferências de cada cliente e assim por diante). Já para o caso das vendas à vista, acompanhamos as mercadorias mais vendidas e os meses em que a demanda por parte dessa clientela que adquiria seus produtos à vista era mais frequente. Por fim, com a planilha alusiva ao balanço anual da loja foi possível gerar relatórios conforme o estoque de mercadorias da loja, como, por exemplo, os produtos que tinham uma maior quantidade disponível para as vendas.

Ações judiciais

As ações judiciais foram o tema norteador do segundo capítulo desta pesquisa. A amostra com a qual trabalhamos compreende documentos que estão sob a custódia do Arquivo Histórico da Casa Setecentista de Mariana, na cidade de Mariana, e do Arquivo Histórico do Museu da Inconfidência – Casa do Pilar, na cidade de Ouro Preto. O critério adotado para o levantamento dessa documentação primária ateve-se a uma busca nominal para a qual nos servimos dos nomes dos clientes da loja de Jorge Pinto de Azeredo e Manoel Cardoso Pinto, arrolados no borrador (1737-1738). Localizamos 103 processos distribuídos entre ações de Alma (7), Crédito (52), Execução (24), Justificação (10) e Libelo (10) num lapso temporal que foi de 1724 a 1778.[2] Com essa documentação procedemos a uma análise estatística, bem como selecionamos aqueles processos mais significativos para o estudo de casos.

---

avaliada em Rs.1$500, pois o período desses lançamentos compreende aquele que prevaleceu o tributo da capitação, de 1735 a 1751, quando então cada oitava de ouro valia Rs. 1$500 (cf. ZEMELLA, 1951, p. 158).

2   Uma análise alusiva à composição e diferenciação desses processos pode ser apreciada ao longo do capítulo 2.

Inventários *post mortem*

Os inventários *post mortem* também foram um corpus documental explorado em nosso universo de pesquisa. A expectativa inicial com esta fonte primária era a composição de séries estatísticas elaboradas a partir da amostragem de inventários envolvendo a clientela da loja e de pessoas que fizeram parte da rede relacional de Jorge Pinto de Azeredo, fosse ela familiar ou mercantil. No entanto, nosso intuito viu-se frustrado já nas primeiras perquirições em busca dos inventários *post mortem* para as relações entretecidas por Jorge Pinto de Azeredo nas Minas setecentistas, guardados na Casa Setecentista de Mariana e no Arquivo Histórico do Museu da Inconfidência, pois o número de documentos compulsados foi bastante limitado, com apenas cinco processos localizados.

Infelizmente essa situação foi fortemente agravada para o caso dos inventários daquelas pessoas do universo relacional de Jorge Pinto de Azeredo na capital do Império português, visto que não conseguimos encontrar os processos envolvendo a nossa listagem no acervo documental do Instituto dos Arquivos Nacionais/Torre do Tombo.[3] Assim, o único processo localizado foi aquele alusivo ao espólio de nosso personagem central que, acrescido àqueles compulsados na Casa Setecentista de Mariana e no Arquivo do Museu da Inconfidência perfizeram um número total de seis inventários *post mortem*.

Por seu turno, essa realidade remeteu-nos a uma análise metodológica desse conjunto de documentos com uma abordagem exclusivamente qualitativa, mediante os chamados estudos de casos.

---

3   Chegamos a obter algumas referências de inventários *post mortem* a partir da consulta ao índice dos inventários orfanológicos do IANTT, mas lamentavelmente alguns não foram localizados pelos servidores com a referência indicada enquanto outros eram processos de natureza diversa, como, por exemplo, ações judiciais.

Figura A.2. Capa do Inventário *post mortem* de Jorge Pinto de Azeredo

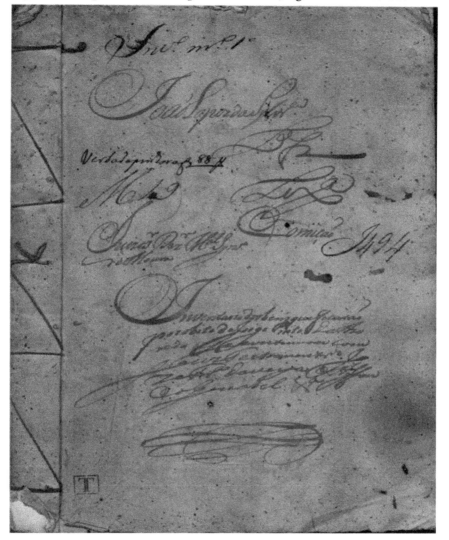

Fonte: IANTT – Feitos Findos – Inventários Orfanológicos – Maço 494 – Número 01.

Testamentos

A sua vez, o quadro apresentado com o levantamento dos testamentos obteve uma pequena melhora em relação àquele obtido como os inventários *post mortem*, ou seja, conseguimos localizar 16 testamentos. Quatro deles envolveram o universo relacional nas Minas (Casa Setecentista de Mariana e Arquivo Histórico do Museu da Inconfidência – Casa do Pilar) e 12 para Lisboa (Instituto dos Arquivos Nacionais/Torre do Tombo).

Como bem descreveu Maria Lucília Araújo:

> Os testamentos eram redigidos a partir de frases padronizadas por décadas. No primeiro parágrafo, o testador declarava sua fé, a seguir declarava sua naturalidade, o nome dos pais, o estado civil, o nome dos filhos e a razão do testamento. As declarações de filhos naturais invariavelmente vinham seguidas do arrependimento-padrão. Alguns testadores davam informações gerais sobre o espólio, por exemplo, o estado das dívidas, os imóveis possuídos, ou o local das cadernetas com créditos; em seguida, faziam as revelações, declaravam as particularidades sobre os filhos, o cônjuge, os parentes, etc., citavam três nomes para testamenteiros e iniciavam os pedidos do funeral (número de missas, de padres, hábito, local do enterro, etc.) e dos legados a descontar-se da terça (para os casados com filhos), ou de toda a herança (para os solteiros sem herdeiros forçados). Embora os testamentos indiquem as intenções de legar, as contas dos testamenteiros não estão anexadas aos processos (ARAÚJO, 2006, p. 63).

Considerando esse conjunto de informações declarado nos testamentos, a sua utilização para a construção da nossa tese foi bastante frutífera na medida em que vislumbramos elementos circunstanciais para a composição das trajetórias de vida perscrutadas, mediante os estudos de casos.

Figura A.3. Primeira folha do testamento de Jorge Pinto de Azeredo

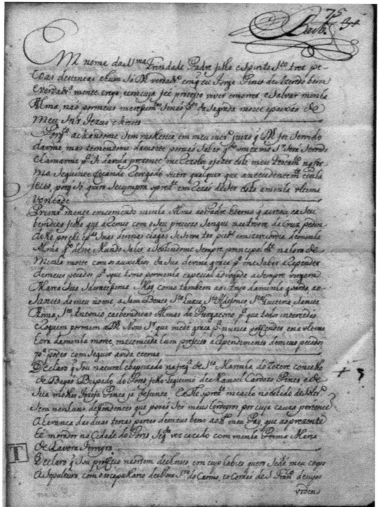

Fonte: IANTT – Feitos Findos – Inventários Orfanológicos – Maço 494 – Número 01.

Processos de Habilitação para familiar do Santo Ofício

Os processos de habilitação para familiar do Santo Ofício fazem parte do acervo documental do Instituto dos Arquivos Nacionais/Torre do Tombo, em Lisboa. Eram documentos produzidos pelo Tribunal do Santo Ofício e visavam a uma investigação minuciosa na vida pregressa do candidato, mediante a inquirição de testemunhas, a fim de verificar a limpeza de sangue e a capacidade do postulante, sendo estes os requisitos indispensáveis para servir ao Santo Ofício na qualidade de familiar.[4]

Em boa medida, os processos de habilitação do Santo Ofício iluminam trajetórias de vida e muito contribuem para os estudos de casos e para aqueles de abordagem prosopográfica. Sobretudo, porque contém informações pessoais dos candidatos, explicitadas na petição inicial apresentada ao Santo Ofício, além dos relatos de testemunhas na terra natal e ainda na localidade onde o mesmo residia na época da candidatura, que muitas vezes descrevem com riqueza de detalhes histórias envolvendo o universo relacional do aspirante a familiar. Nesse sentido, este grupo de fontes foi de grande importância para a composição das trajetórias de vida investigadas em nosso estudo, com destaque para os processos de habilitação de Jorge Pinto de Azeredo, de seus parentes e daqueles relacionados às pessoas com as quais manteve laços mais estreitados. Assim, o estudo de cada caso permitiu desvelar o percurso trilhado por eles, conhecer mais de perto as suas origens, como foi principiado o envolvimento com a atividade mercantil, a forma como desenvolveram suas atividades econômicas e qual o papel alcançado no seio da sociedade de que fizeram parte.

Ao todo foram 13 processos de habilitação distribuídos da seguinte forma: cinco relacionados à rede relacional de Jorge Pinto de Azeredo em Minas Gerais, cinco para os membros da sua rede em Lisboa e três processos de parentes. Também encontramos nas habilitações incompletas o seu processo de habilitação e outros dois relacionados a pessoas de sua rede mercantil.

Processos de habilitação para cavaleiro da Ordem de Cristo

Os processos de habilitação para a Ordem de Cristo também fazem parte do acervo documental do Instituto dos Arquivos Nacionais/Torre do Tombo, em Lisboa. Eram produzidos pela Mesa de Consciência e Ordens, em Lisboa, e tinham como objetivo justificar a mercê do hábito que era concedida ao candidato pelos anos de serviços prestados a favor da Coroa ou ainda havia aquelas mercês recebidas por terceiros e renunciadas em benefício do candidato. Para tanto, era realizada uma devassa mediante a interrogação de testemunhas no intuito de verificar se o

---

4 A composição desses processos foi apresentada no capítulo 3.

Das Minas à Corte, de caixeiro a contratador

postulante possuía a nobreza necessária para ostentar o valoroso hábito de cavalheiro da Ordem de Cristo. Mais que os processos de habilitação para a familiatura do Santo Ofício, os processos da Ordem de Cristo trouxeram a lume as questões direcionadas às atividades econômicas do candidato, uma vez que o seu foco era verificar se o mesmo carregava a mácula mecânica, ou seja, o trabalho manual, em sua pessoa e até mesmo na de seus pais e avós. Por esse motivo, os relatos quase sempre explicitavam detalhadamente as atividades econômicas do candidato bem como de alguns de seus ascendentes.

O procedimento metodológico adotado mais uma vez foi o estudo de caso. Dos dez processos compulsados, dois eram de primos de Jorge Pinto de Azeredo enquanto os demais de homens de negócios que fizeram parte de seu universo mercantil, despontando nesse grupo os agentes que estiveram de passagem pela capitania de Minas Gerais, mas que regressaram para a metrópole e estabeleceram residência na capital do Império no auge de suas atividades econômicas.

Livros do Distribuidor

Os livros do Distribuidor pertencem ao acervo documental do Instituto dos Arquivos Nacionais/Torre do Tombo, em Lisboa. Grosso modo, esses livros serviram para lançar mensalmente a relação de todas as atividades dos cartórios de Lisboa. Ou seja, relacionavam as procurações, as escrituras de empréstimos, de compra e venda, cessões, sociedades, entre outros documentos que eram registrados em cartório na cidade de Lisboa.

O critério para a construção da nossa amostragem foi uma busca nominal relacionada às operações envolvendo Jorge Pinto de Azeredo, bem como aquelas envolvendo os membros que fizeram parte de seu universo relacional. Tendo em vista a morosidade de um levantamento nominal como este, nossa consulta aos livros foi limitada a pouco mais de uma década, ou seja, entre 1736 a 1750, e um total de 11 livros. Como critério adotado para esse lapso temporal, selecionamos os livros que compreenderam o período em que nosso personagem permaneceu em Lisboa. A consulta aos livros do Distribuidor foi, de fato, muito instigante para a afirmação da nossa tese posto que as informações compulsadas explicitaram as operações envolvendo os negócios dessa rede mercantil na cidade de Lisboa, a principal praça mercantil do Império português.

Contrato das Entradas da capitania de Minas Gerais arrematado por Jorge Pinto de Azeredo em 1745

O contrato das Entradas arrematado por Jorge Pinto de Azedo em 1745 foi um dos mais importantes contratos relacionados a esse homem de negócios do Império português. Consultamos uma cópia deste contrato que está guardada no Arquivo do Estado de São Paulo e o procedimento adotado foi a transcrição integral do documento para a sua análise na seção sobre os contratos régios do capítulo 4.

Figura A.4. Contrato das Entradas da capitania de Minas Gerais - 1745

Fonte: AESP – Ordem 379 – Caixa 21 – Livro 51.

Das Minas à Corte, de caixeiro a contratador

Registro Geral de Mercês

Os livros de Registro Geral de Mercês fazem parte do acervo documental do Instituto dos Arquivos Nacionais/Torre do Tombo e serviram para o registro de todas as mercês que eram concedidas pelos monarcas. Para esta pesquisa nos servimos das informações de alguns registros envolvendo as pessoas que fizeram parte do universo relacional estudado e que compreenderam os períodos do reinado de D. João V (8 livros), Dom José (2 livros) e Dona Maria I (1 livro).

Fontes e Referências Bibliográficas

Fontes

Fontes Impressas

Código Philipino ou Ordenações do Reino compiladas por mandado Del Rey D. Phillipe II. XIV edição. RJ: Tipografia Instituto Philomático, 1870.

Revista do Arquivo Público Mineiro. Memórias históricas da Província de Minas Gerais. Belo Horizonte: Imprensa Oficial de Minas Gerais, Volume 13, Ano 1908.

Fontes Manuscritas
Arquivo Público Mineiro

Coleção Casa dos Contos:

APM   Coleção Casa dos Contos   CC 2018
APM   Coleção Casa dos Contos   CC 2027

Arquivo Histórico do Museu da Inconfidência – Casa do Pilar de Ouro Preto

Inventários:1º Ofício

Códice 04   Auto 43   Manoel Fernandes de Araújo   1751

Códice 59	Auto 710	Gonçalo Francisco Neves	1747
Códice 106	Auto 1336	Manoel de Miranda Fraga	1746

Testamentos

C460	Domingos de Amorim	1762

Ações Cíveis

1° Ofício

Códice 152	Auto 2041	Libelo	1752
Códice 163	Auto 2214	Libelo	1741
Códice 163	Auto 2217	Libelo	1741
Códice 210	Auto 2967	Crédito	1746
Códice 210	Auto 2970	Crédito	1748
Códice 210	Auto 2978	Crédito	1749
Códice 210	Auto 3015	Crédito	1741
Códice 211	Auto 3001	Crédito	1733
Códice 211	Auto 3032	Crédito	1744
Códice 215	Auto 3253	Crédito	1740
Códice 215	Auto 3221	Crédito	1740
Códice 216	Auto 3288	Crédito	1742
Códice 216	Auto 3319	Crédito	1745
Códice 247	Auto 4192	Crédito	1742
Códice 247	Auto 4196	Crédito	1750
Códice 247	Auto 4210	Crédito	1750
Códice 248	Auto 4258	Crédito	1778
Códice 249	Auto 4306	Crédito	1741
Códice 249	Auto 4311	Crédito	1743
Códice 249	Auto 4326	Crédito	1743
Códice 250	Auto 4359	Crédito	1746
Códice 253	Auto 4484	Crédito	1740
Códice 254	Auto 4511	Crédito	1740
Códice 254	Auto 4519	Crédito	1740
Códice 254	Auto 4563	Crédito	1744
Códice 255	Auto 4592	Crédito	1742
Códice 256	Auto 4657	Crédito	1741

Códice 256	Auto 4681	Crédito	1742
Códice 257	Auto 4721	Crédito	1748
Códice 260	Auto 4867	Crédito	1741
Códice 261	Auto 4971	Crédito	1753
Códice 263	Auto 5053	Crédito	1742
Códice 263	Auto 5077	Crédito	1745
Códice 263	Auto 5080	Crédito	1746
Códice 263	Auto 5087	Crédito	1746
Códice 263	Auto 5095	Crédito	1747
Códice 269	Auto 5227	Crédito	1736 (dívida)
Códice 271	Auto 5281	Alma	1742
Códice 271	Auto 5292	Alma	1754
Códice 275	Auto 5609	Alma	1755
Códice 275	Auto 5590	Alma	1741
Códice 275	Auto 5575	Alma	1755
Códice 276	Auto 5730	Alma	1745
Códice 276	Auto 5637	Alma	1752
Códice 356	Auto 7388	Execução	1750
Códice 378	Auto 7698	Execução	1736
Códice 295	Auto 6342	Ação de Escritura	1738

2º Ofício

Códice 103	Auto 1344	Execução	1761
Códice 103	Auto 1347	Execução	1738
Códice 136	Auto 1998	Justificação	1742
Códice 144	Auto 2165	Alma	1774
Códice 151	Auto 2516	Justificação	1738
Códice 154	Auto 2436	Justificação	1742
Códice 157	Auto 2506	Justificação	1742
Códice 158	Auto 2561	Justificação	1737
Códice 178	Auto 3244	Crédito	1739
Códice 181	Auto 3355	Crédito	1745
Códice 183	Auto 3419	Crédito	1741
Códice 184	Auto 3432	Crédito	1746
Códice 184	Auto 3453	Crédito	1741
Códice 185	Auto 3464	Crédito	1740

Códice 185	Auto 3501	Crédito	1742
Códice 186	Auto 3508	Crédito	1742
Códice 187	Auto 3574	Crédito	1743

Casa Setecentista de Mariana

Inventários

1º Ofício

Códice 37	Auto 0429	José de São Boaventura Vieira	1757

2º Ofício

Códice 75	Auto 1629	Martinho de Freitas Guimarães	1767

Testamentos

1º Ofício

Livro 50	Folha 96v	Gabriel Fernandes Aleixo	1756
Livro 65	Folha 03	Manoel de Queirós Monteiro	1738
Livro 72	Folha 132v	José de Queirós Monteiro	1743

Ações Cíveis

1º Ofício

Códice 172	Auto 4181	Notificação	1733
Códice 300	Auto 6118	Justificação	1750
Códice 375	Auto 8214	Libelo	1746
Códice 377	Auto 8230	Crédito	1749
Códice 407	Auto 8882	Crédito	1744
Códice 409	Auto 8930	Libelo	1744
Códice 432	Auto 9350	Libelo	1764
Códice 454	Auto 9852	Crédito	1750
Códice 455	Auto 9897	Crédito	1739
Códice 460	Auto 10099	Crédito	1768
Códice 461	Auto 10120	Crédito	1778
Códice 464	Auto 10274	Crédito	1765
Códice 469	Auto 10412	Crédito	1756

Códice 480	Auto 10706	Crédito	1738
Códice 481	Auto 10740	Crédito	1736
Códice 483	Auto 10786	Execução	1746
Códice 484	Auto 10801	Execução	1742
Códice 487	Auto 10860	Execução	1742
Códice 487	Auto 10862	Execução	1767
Códice 488	Auto 10888	Execução	1742
Códice 492	Auto 10946	Execução	1742
Códice 494	Auto 10969	Execução	1766
Códice 494	Auto 10976	Execução	1766
Códice 494	Auto 10964	Execução	1765
Códice 494	Auto 10970	Execução	1765
Códice 494	Auto 10977	Execução	1766
Códice 494	Auto 10967	Execução	1766
Códice 494	Auto 10973	Execução	1765
Códice 494	Auto 10979	Crédito	1767
Códice 494	Auto 10970	Execução	1765
Códice 495	Auto 11000	Execução	1766
Códice 495	Auto 11003	Execução	1765
Códice 495	Auto 11006	Execução	1762
Códice 495	Auto 10887	Execução	1765
Códice 495	Auto 11001	Execução	1765
Códice 495	Auto 11003	Execução	1765
Códice 496	Auto 11005	Execução	1767

Instituto dos Arquivos Nacionais/Torre do Tombo

Habilitações da Ordem de Cristo

Letra A	Maço 45	nº 11	Afonso Ginabel	1751
Letra A	Maço 29	nº 2	Antônio Pinto de Miranda	1771
Letra B	Maço 3	nº 15	Baltasar Pinto de Miranda	1760
Letra D	Maço 13	nº 34	Domingos Ferreira da Veiga e Castro	1740
Letra J	Maço 89	nº 19	João Carneiro da Silva	1752
Letra J	Maço 24	nº 4	João Gomes de Campos	1763
Letra J	Maço 95	nº 14	José Alves de Mira	1735
Letra M	Maço 17	nº 11	Manoel Gomes Ribeiro	1767
Letra P	Maço 11	nº 89	Pedro da Costa Guimarães	1732

Letra S   Maço 4   nº 2   Simão da Rocha Pereira   1769

Habilitações do Santo Ofício

Maço 77	Diligência 1499	Antônio Dias da Costa	1733
Maço 136	Diligência 2257	Antônio Pinto de Miranda	1760
Maço 30	Diligência 563	Domingos Ferreira da Veiga e Castro	1737
Maço 34	Diligência 144	Francisco Ferreira da Silva	1740
Maço 44	Diligência 911	Francisco Ribeiro da Fonseca	1720
Maço 160	Diligência 1316	João de Queirós Monteiro	1781
Maço 65	Diligência 1216	João Gomes de Campos	1733
Maço 31	Diligência 502	José Ferreira da Veiga	1729
Maço 121	Diligência 2177	Manoel da Silva Lopes	1742
Maço 93	Diligência 1747	Manoel Gomes de Campos	1727
Maço 163	Diligência 1784	Manoel Luís dos Santos	1758
Maço 97	Diligência 1817	Manoel Matheus Tinoco	1738
Maço 23	Diligência 460	Pedro da Costa Guimarães	1738

Habilitações incompletas

Maço 59	Diligência 2524	João Fernandes de Oliveira	1745
Maço 70	Diligência 2993	Jorge Pinto de Azeredo	1738
Maço 113	Diligência 9645	Manoel Teixeira Sobreira	1742

Registro Geral de Testamentos:

Livro 256	Folhas 111v a 113	Afonso Ginabel	1753
Livro 258	Folhas 138 a 142v	Antônio Pinto de Távora	1754
Livro 323	Folhas 133 a 136v	Brígida Maria da Silva Vieira	1786
Livro 247	Folhas 49 a 52	Estevão Martins Torres	1750
Livro 286	Folhas 52 a 57	Francisco Ferreira da Silva	1764
Livro 300	Folha 28v a 34v	João Fernandes de Oliveira	1787
Livro 321	Folha 170	João Fernandes de Oliveira	1770
Livro 352	Folha 39	João Fernandes de Oliveira Grijó	1803
Livro 239	Folhas 167 a 175	Jorge Pinto de Azeredo	1747
Livro 294	Folha 140	José Ferreira da Veiga	1767
Livro 326	Folhas 235v a 240v	Manoel Cardoso Pinto	1788
Livro 309	Folha 21v	Manoel Gomes de Campos	1777

Registro Geral de Mercês

Das Minas à Corte, de caixeiro a contratador

Reinado de D. João V

Livros 7, 30, 31, 32, 35, 37, 38 e 40.

Reinado de D. José

Livros 13 e 19.

Reinado de Dona Maria I

Livro 27

Inventários Orfanológicos

Letra J   Maço 494   Documento 01   Jorge Pinto de Azeredo

Índice Geral do Cartório do Distribuidor

Livros 100 a 111   Data-limite 1736 a 1750

Arquivo do Estado de São Paulo

Sesmarias, provisões, cartas e instruções régias

Ordem 379   Caixa 21   Livro 51

Referências Bibliográficas

ALMEIDA, Carla Maria Carvalho. *Homens Ricos, Homens Bons: produção e hierarquização social em Minas Colonial (1750-1822)*. Tese (doutorado em História) – UFF, Niterói, 2001.

_____, Carla M. Carvalho; FRAGOSO, João Luís Ribeiro; SAMPAIO, Antônio Carlos Jucá de (org.). *Conquistadores e negociantes: Histórias de elites no Antigo Regime nos trópicos. América lusa, séculos XVI a XVIII*. Rio de Janeiro: Civilização Brasileira, 2007.

ANTONIL, André João. *Cultura e Opulência do Brasil*. Rio de Janeiro: Ed. Itatiaia, 1997.

ANTUNES, Álvaro de Araújo. "Palco e Ato: o exercício e a administração da justiça nos auditórios da Câmara de Mariana". In: CHAVES, Cláudia Maria das Graças; PIRES, Maria do Carmo; MAGALHÃES, Sônia Maria de (org.). *Casa de Vereança de Mariana. 300 anos de História da Câmara Municipal*. Ouro Preto: Editora UFOP, 2008.

ARAÚJO, Luiz Antônio. *Em Nome do Rei e dos Negócios: Direitos e Tributos nas Minas setecentistas (1730-1789)*. Tese (doutorado em História) – UFF, Niterói, 2008.

ARAÚJO, Maria Lúcia Viveiros. *Os caminhos da riqueza dos paulistanos na primeira metade do oitocentos*. São Paulo: Hucitec, 2006.

ARQUIVO NACIONAL. *Normas técnicas para transcrição e edição de documentos manuscritos*. [1993]. Disponível em: < http://www.arquivonacional.gov.br/Media/Transcreve.pdf. Acesso em: janeiro de 2013.

BICALHO, Maria Fernanda; FERLINI, Vera Lúcia Amaral (org.). *Modos de Governar: Ideias e Práticas Políticas no Império Português. Séculos XVI a XIX*. 2ª ed. São Paulo: Alameda, 2007.

BLAJ, IIana. *A trama das tensões: o processo de mercantilização de São Paulo colonial (1681-1721)*. São Paulo: Humanitas/FAPESP, 2002.

BLUTEAU. D. Raphael. *Vocabulário Portuguez e Latino*. Coimbra: Collegio das Artes da Companhia de Jesus, 1712 (CD-ROM).

BORREGO, Maria Aparecida de Menezes. *A teia mercantil: Negócios e Poderes em São Paulo colonial (1711-1765)*. Tese (doutorado em História) – FFLCH – USP, São Paulo, 2006.

BOSCHI, Caio César. *Os leigos e o poder (Irmandades leigas e política colonizadora em Minas Gerais)*. São Paulo: Ática, 1986.

BOXER, Charles. *A Idade de Ouro do Brasil:Dores de crescimento de uma sociedade*

colonial. Trad. Nair Lacerda. 3ª ed. Rio de Janeiro: Nova Fronteira, 2000.

_____, Charles Ralph. *O Império Marítimo Português 1415-1825*. Trad. Anna Olga de Barros Barreto. São Paulo: Cia das Letras, 2002.

BRAUDEL, Fernand. *Civilização material, economia e capitalismo – séculos XV a XVIII: Os jogos das trocas*. São Paulo: Martins Fontes, 1998.

CAMARINHAS, Nuno. "O aparelho judicial ultramarino português. O caso do Brasil (1620-1800)". *Almanack braziliense*, São Paulo, no 9, maio de 2009, p. 84-102.

CAMPOS, Maria Verônica. *Governo de mineiros: "de como meter as minas numa moenda e beber-lhe o caldo dourado" (1693-1737)*. Tese (doutorado em História) – FFLCH – USP, São Paulo, 2002.

CARRARA, Ângelo Alves. *Minas e Currais. Produção Rural e Mercado Interno de Minas Gerais*. Juiz de Fora: Editora da UFJF, 2007.

_____, Ângelo Alves. *Receitas e Despesas da Real Fazenda no Brasil – século XVIII*. Juiz de Fora: Editora da UFJF, 2009.

_____, Ângelo Alves (Organizador). *À vista ou a prazo: comércio e crédito nas Minas setecentistas*. Juiz de Fora: Editora da UFJF, 2010a.

_____, Ângelo Alves. "Amoedação e oferta monetária em Minas Gerais. As casas de Fundição e Moeda de Vila Rica". *Varia História*, Belo Horizonte, no 43, vol. 26, jan/jun 2010b, p. 217-239.

CHAVES, Cláudia Maria das Graças. *Perfeitos comerciantes: Mercadores nas Minas setecentistas*. São Paulo: Annablume, 1999.

COELHO, José João Teixeira. *Instrução para o governo da Capitania de Minas Gerais*. Belo Horizonte: Fundação João Pinheiro, Centro de Estudos Históricos e Culturais, 1994.

COELHO, Maria Helena; MAGALHÃES, Joaquim Romero. *O poder concelhio: das origens às cortes constituintes*. Coimbra: Centro de Estudos e Formação Autárquica, 1996.

COSTA, Leonor Freire e ROCHA, Maria Manuela. "Remessas de ouro brasileiro: organização mercantil e problemas de agência em meados do século XVIII". *Análise Social*, Lisboa, vol. XLII (182), 2007, p. 77-98.

DAUMARD, Adeline. *Hierarquia e riqueza na sociedade burguesa*. São Paulo: Perspectiva, 1985.

DONOVAN, William. *Commercial Enterprise and Luso-Brazilian Society during the brazilian gold rush: the mercantile house of Francisco Pinheiro and the Lisbon to Brazil trade, 1695-1750*. Tese (doutorado em História) – Johns Hopkins University, Baltimore, 1990.

ELLIS, Miriam. "Contribuição ao estudo do abastecimento das zonas mineradoras no século XVIII". *Revista de História*, São Paulo, v. 17, no. 36,1958, p. 429-464.

_____, Miriam. "Comerciantes e Contratadores no passado colonial". *Revista do Instituto de Estudos Brasileiros*, São Paulo, 1982, p. 97-122.

ESPÍRITO SANTO, Cláudia Coimbra do. *"Economia da palavra: ações de alma nas Minas setecentistas". Dissertação (mestrado em História) – FFLCH – USP, São Paulo, 2005.*

FARIA, Sheila de Castro. *A Colônia Brasileira. Economia e Diversidade*. São Paulo: Moderna, 1997 (Coleção Polêmica).

FIGUEIREDO, Luciano Raposo. *O avesso da memória*. Rio de Janeiro: José Olympio; DF: Ed. UnB, 1993.

FISHER, E. H. S. *De Methuen a Pombal. O comércio Anglo-Português de 1700 a 1770*. Lisboa: Gradiva, 1984.

FLORY, Rae. *Bahian society in the mid-colonial period: the sugar planters, tabocco, growers, merchants, and artisans of Salvador and the Recôncavo, 1680-1725.* Tese (doutorado em História) – Austin, Texas, 1978.

FRAGOSO, João Luís Ribeiro. *Homens de grossa aventura: Acumulação e hierarquia na praça mercantil do Rio de Janeiro. 1790-1830.* Rio de Janeiro: Civilização brasileira, 1998.

_____, João e GOUVÊA, Maria de Fátima (org.). *Na trama das redes: política e negócios no Império português, séculos XVI-XVIII.* Rio de Janeiro: Civilização Brasileira, 2010.

_____, João e FLORENTINO, Manolo. *O arcaísmo como projeto: mercado atlântico, sociedade agrária e elite mercantil em uma economia colonial tardia.* Rio de Janeiro: Civilização Brasileira, 2001.

_____, João Ribeiro; BICALHO, Maria Fernanda; GOUVÊA, Maria de Fátima (org.). *O Antigo Regime nos Trópicos: a dinâmica imperial portuguesa (séculos XVI-XVIII).* Rio de Janeiro: Civilização Brasileira, 2001.

FURTADO, Júnia Ferreira. *Homens de negócio: a interiorização da metrópole e do comércio nas Minas setecentistas.* São Paulo: Hucitec, 1999.

_____, Junia Ferreira. *Chica da Silva e o Contratador dos diamantes – o outro lado do mito.* São Paulo: Companhia das Letras, 2003.

_____, Junia Ferreira. "Família e relações de gênero no Tejuco: o caso de Chica da Silva". *Varia História,* Belo Horizonte, no 24, Jan.2001, p. 33-74.

GERVAIS, Pierre. "Neither imperial, nor Atlantic: A merchant perspective on international trade in the eighteenth century". *History of European Ideas,* Paris, 2008, p. 465-473. Disponível em: http://dx.doi.org/10.1016/j.histeuroideas.2008.08.001 Acesso em: 30 de junho de 2013.

GINZBURG, Carlo. "O nome e o como. Troca desigual e mercado historiográfico". In: *A micro-história e outros ensaios.* Lisboa: Difel, 1991, p. 169-178.

GODELIER, Maurice. *O Enigma do Dom.* Rio de Janeiro: Civilização Brasileira, 2001.

GODINHO, Vitorino Magalhães. "Portugal, as frotas do açúcar e as frotas do ouro (1670-1770)". *Revista de História,* São Paulo, FFLCH-USP, ano IV (15): 80 jul./set 1953.

_____, Vitorino Magalhães. *Estrutura da Antiga sociedade portuguesa.* 3ª ed. Lisboa: Arcádia, 1977.

GODOY, Marcelo Magalhães. *No país das minas de ouro a paisagem vertia engenhos de cana e casas de negócio: um estudo das atividades agroaçucareiras tradicionais mineiras, entre o Setecentos e o Novecentos, e do complexo mercantil da província de Minas Gerais*. Tese (doutorado em História) – FFLCH – USP, São Paulo, 2004.

GUIMARÃES, Carlos Magno e REIS, Liana Maria. "Agricultura e escravidão em Minas Gerais (1700-1750)". *Revista do departamento de História*, Belo Horizonte, no 2, jun. 1986.

GUIMARÃES, Carlos Magno e REIS, Liana Maria. "Agricultura e caminhos de Minas (1700-1750)". *Revista do departamento de História*, Belo Horizonte, no 4, 1987, p. 7-36.

HEINZ, Flávio Madureira. *Por outra história das elites*. Rio de Janeiro: FGV, 2006.

HOLANDA, Sérgio Buarque de. *História Geral da civilização brasileira*. T.1 v. 2, São Paulo: Difel, 1968.

LAMAS, Fernando Gaudereto. *Os contratadores e o Império colonial português: um estudo dos casos de Jorge Pinto de Azevedo e Francisco Ferreira da Silva*. Dissertação (mestrado em História) – UFF, Niterói, 2005.

LARA, Sílvia Hunold. "Sedas, panos e balangandãs: O traje de senhoras e escravas nas cidades do Rio de Janeiro e de Salvador (século XVIII)". In: SILVA, Maria Beatriz Nizza (org.). *Brasil: colonização e escravidão*. Rio de Janeiro: Nova Fronteira, 2000. p. 177-191.

LEVY, Maria Bárbara. História financeira do Brasil Colonial. Rio de Janeiro: IB-MEC, 1979.

LISANTI F., Luís. *Negócios coloniai:;uma correspondência comercial do século XVIII*. Brasília: Ministério da Fazenda: São Paulo: Visão Editora, 1973.

LUNA, Francisco Vidal; COSTA, Iraci del Nero da. *Minas Colonial: Economia & Sociedade*. São Paulo: FIPE, 1982.

MACEDO, Jorge Borges de. *A situação econômica no tempo de Pombal*. Lisboa: Gradiva, 1989.

MARTINEZ, Cláudia Eliane Parreira Marques. *Riqueza e escravidão: vida material e população no século XIX. Bonfim do Paraopeba/MG*. São Paulo: Annablume; Fapesp, 2007.

MAURO, Frédéric. *Nova História e novo mundo*. 3a ed. São Paulo: Perspectiva, 1973.

MAXWELL, Kenneth. *A devassa da devassa. A Inconfidência Mineira. Brasil – Portugal, 1750-1808.* Rio de Janeiro: Paz e Terra, 1977.

MCWATTERS, Cheryl. "Local and Global Merchant Networks: Accounting Across Space and Time". Conference APIRA, Sydney, Australia, July 2010; Disponível em: http://apira2010.econ.usyd.edu.au/conference_proceedings/APIRA-2010-123-%20McWatters-Local-and-global-merchant-networks.pdf. Acesso em 30 de junho de 2013.

MENESES, José Newton C. *O continente rústico. Abastecimento alimentar nas Minas Gerais setecentistas.* Diamantina: Maria Fumaça Editora, 2000.

MONTEIRO, Nuno Gonçalo; CARDIM, Pedro; CUNHA, Mafalda Soares da. (Org.). *Optma pars: elites ibero-americanas do Antigo Regime,* Lisboa: ICS, 2005.

OLIVAL, Maria Fernanda. *As Ordens Militares e o Estado Moderno. Honra, mercê e venalidade em Portugal (1641-1789).* Lisboa: Estar, 2001.

Ordenações Filipinas. Livros IV e V. Lisboa: Fundação Calouste Gulbenkian (A edição é uma reprodução fac-símile da edição feita por Candido Mendes de Almeida, Rio de Janeiro, 1870).

PAULA, João Antônio de. "A mineração de ouro em Minas Gerais no século XVIII". In: RESENDE, Maria Efigênia Lage de; VILLALTA, Luiz Carlos (org.). *História de Minas Gerais. As Minas setecentistas.* Vol. I. Belo Horizonte: Autêntica, 2007.

PEDREIRA, Jorge Miguel Viana. *Os homens de negócio da praça de Lisboa de Pombal ao Vintismo (1755-1822): diferenciação, reprodução e identificação de um grupo social.* Tese (doutorado em Ciências Sociais) – ICS – UNL, Lisboa, 1995.

PEREIRA, Alexandra Maria. *Um mercador de Vila Rica: atividade mercantil na sociedade do ouro (1737-1738).* Dissertação (mestrado em História) – IC-UFJF, Juiz de Fora, 2008.

PESAVENTO, Fábio. *Um pouco antes da Corte: a economia do Rio de Janeiro na segunda metade do setecentos.* Tese (doutorado em Economia) – UFF, Niterói, 2009.

PINTO, Virgílio Noya. *O ouro brasileiro e o comércio anglo-português.* São Paulo: Nacional; Brasília: INL, 1979.

REBELO, Francisco A. *Erário Régio de S.M.F. de 1768.* Org. por Tarquínio J. B. de Oliveira. Brasília: Escola de Administração Fazendária – ESAF, 1976.

REIS, Flávia Maria da Mata. *Entre faisqueiras, catas e galerias: Explorações do ouro, leis e cotidiano das Minas no século XVIII (1702-1762)*. Dissertação (mestrado em História) – FAFICH – UFMG, Belo Horizonte, 2007.

RESENDE, Maria Efigênia Lage de; VILLALTA, Luiz Carlos (org.). *História de Minas Gerais. As Minas setecentistas*. Vol. I. Belo Horizonte: Autêntica, 2007.

REVEL, Jacques (org.). *Jogos de Escala. A experiência da microanálise*. Rio de Janeiro: Fundação Getúlio Vargas, 1998.

ROCHA, Maria Manuela Ferreira Marques. *Crédito privado num contexto urbano. Lisboa, 1770-1830*. Tese (doutorado em História) – Instituto Universitário Europeu, Florença, 1996.

_____, Maria Manuela Ferreira Marques. "Actividade creditícia em Lisboa (1770-1830)". *Análise Social*, vol. XXXI (136-137), 1996 (2o -3o), p. 579-598.

RODRIGUES, Aldair Carlos. *Sociedade e Inquisição em Minas Colonial: os familiares do Santo Ofício (1711-1808)*. São Paulo: FFLCH/USP, 2007 (dissertação de mestrado).

_____, Aldair Carlos. *Poder eclesiástico e inquisição no século XVIII luso-brasileiro: agentes, carreiras e mecanismos de promoção social*. Tese (doutorado em História) – FFLCH – USP, São Paulo, 2012.

ROMEIRO, Adriana. *Um visionário na corte de d. João V. Revolta e milenarismo nas Minas Gerais*. Belo Horizonte: Editora da UFMG, 2001.

RUSSEL-WOOD, A. J. *Fidalgos e filantropos: A Santa Casa da Misericórdia da Bahia, 1550-1755*. Brasília: Editora da Universidade de Brasília, 1981.

_____, A. J. R. "O governo local na América portuguesa: um estudo de divergência cultural". *Revista de História*. São Paulo, v. 55, 1977, p. 25-80.

_____, A. J. R. "Centro e Periferia no mundo luso-brasileiro". *Revista Brasileira de História,* São Paulo, v. 18, no 36, 1998, p. 187-249.

_____, A. J. R. "Identidade, etnia e autoridade nas Minas Gerais do século XVIII: leituras do Códice Costa Matoso". *Varia Historia* Belo Horizonte, no 21, 1999, p. 100-118.

SAMPAIO, Antônio Carlos Jucá de. *Na encruzilhada do Império: Hierarquias sociais e conjunturas econômicas no Rio de Janeiro (1650-1750)*. Rio de Janeiro: Arquivo Nacional, 2003.

SANTOS, Eugênio dos. "Relações da cidade e região do Porto com o Rio de Janeiro e Minas Gerais no século XVIII". *Anais do I Colóquio de Estudos Históricos Brasil-Portugal* – PUC MG, Belo Horizonte, 1994.

SANTOS, Raphael Freitas. *"Devo que pagarei": sociedade, mercado e práticas creditícias na comarca do Rio das Velhas (1713-1773).* Dissertação (mestrado em
História) – FAFICH – UFMG, Belo Horizonte, 2005.

SCHWARTZ, Stuart. *Segredos Internos. Engenhos e escravos na sociedade colonial:
1550-1835.* São Paulo: Companhia das Letras, 1995.

SILVA, Andrée Mansuy-Diniz. *Une voie de connaissance pour l´histoire de la socie-
té portugaise au XVIIIe siècle: les micro-biographies (sources – méthode – étude
de cas),* Lisboa, no 1, 1979, p. 21-65 (separata de Clio – Revista de História
da Universidade de Lisboa).

SILVA, Flávio Marcus da. *Subsistência e poder: a política de abastecimento alimentar nas Minas setecentistas.* Tese (doutorado em História) – FAFICH –
UFMG, Belo Horizonte, 2002.

SILVA, Maria Beatriz Nizza da. *Ser nobre na colônia.* São Paulo: Editora da Unesp,
2005.

SILVEIRA, Marco Antônio. *O Universo do Indistinto: Estado e Sociedade nas Minas setecentistas (1735-1808).* São Paulo: HUCITEC, 1997.

SLENES, Robert Wayne. "Os múltiplos de porcos e diamantes: a economia escrava de Minas Gerais no século XIX". *Estudos Econômicos,* São Paulo, vol. 18,
no 3, set./dez. 1988, p. 449-495.

SOUSA, Rita Martins de. *Moeda e metais preciosos no Portugal setecentista. 1688-
1797.* Lisboa: Imprensa Nacional – Casa da Moeda, 2006.

SOUZA, Laura de Mello. *O Sol e a Sombra. Política e administração na América
Portuguesa do século XVIII.* São Paulo: Companhia das Letras, 2006.

_____, Laura de Mello e. *Os desclassificados do ouro.* São Paulo: Graal, 1982.

_____, Laura de Mello e. *Norma e conflito. Aspectos da História de Minas no
século XVIII.* Belo Horizonte: Editora UFMG, 1999.

_____, Laura de Mello e; FURTADO, Junia Ferreira; BICALHO, Maria Fernan-
da (org.). *O Governo dos Povos.* São Paulo: Alameda, 2009.

STONE, Lawrence. "The past and the present revisited", *Routledge,* Londres e
Nova York, Kegan Paul, 1987.

TÚLIO, Paula Regina Albertini. *Falsários d´el Rei: Inácio de Souza Ferreira e a
casa de moeda falsa do Paraopeba.* Dissertação (mestrado em História) –
UFF, Rio de Janeiro, 2005.

VENÂNCIO, Renato Pinto, FURTADO, Júnia Ferreira. "Comerciantes, tratantes
e mascates". In: PRIORE, Mary Del (org). *Revisão do Paraíso: os brasileiros e
o Estado em 500 anos de História.* Rio de Janeiro: Campus, 2000.

Das Minas à Corte, de caixeiro a contratador

_____. "Comércio e fronteira em Minas Gerais colonial". In: FURTADO, Júnia Ferreira (org.). *Diálogos oceânicos: Minas Gerais e as novas abordagens para uma história do Império Ultramarino*. Belo Horizonte: Editora da UFMG, 2001.

WEBER, Max. *A ética protestante e o espírito do capitalismo*. São Paulo: Martin Claret, 2001.

ZEMELLA, Mafalda Pereira. *O abastecimento da Capitania de Minas Gerais no século XVIII*. Tese (doutorado em História) – FFLCH – USP, São Paulo, USP, 1951.

Agradecimentos

Este livro foi escrito originariamente como tese de doutorado em História Econômica, defendida em março de 2014, na Faculdade de Filosofia, Letras e Ciências Humanas da Universidade de São Paulo. Sua publicação é resultado de uma iniciativa da Associação Brasileira de Pesquisadores em História Econômica – ABPHE. Ao realizar concurso para seleção de pesquisas defendidas em programas de Pós-Graduação em História Econômica do Brasil, a Associação proporciona extraordinário estímulo e brinda o pesquisador com a chancela de ter um trabalho associado ao crivo de importante instituição na área. Agradeço à ABPHE e à Diretoria 2015-2017 pela premiação e auxílio financeiro para a publicação de minha tese!

Sou grata à Coordenação de Aperfeiçoamento de Pessoal de Nível Superior (Capes) pela concessão das bolsas de estudo, no Brasil e em Portugal, que viabilizou o desenvolvimento da pesquisa.

Ao meu orientador, professor José Flávio Motta, agradeço por ter aceitado me orientar no doutorado. Sua erudição e rigor analítico muito contribuíram para o meu amadurecimento profissional e aprimoramento da pesquisa. A ele o meu agradecimento especial!

Agradeço ao Professor Joaquim Romero Magalhães por me acolher como sua orientanda em Portugal. Sinto-me muito agraciada por ter recebido sua preciosa atenção. Seus cuidados para que pudesse desfrutar da melhor forma possível do ambiente de pesquisa em terras lusitanas fizeram diferença no resultado deste trabalho.

Confesso que com a finalização deste trabalho já acumulo uma dívida impossível de se remir e que venho a contrair desde os tempos de graduação com o professor Ângelo Alves Carrara. Para ele é difícil encontrar as palavras de agradecimento. Nesse momento, gostaria de expressar que sua presença sempre constante foi e é de grande importância para a formação de minha vida acadêmica e profissional. Durante o doutorado, inúmeras foram as vezes que pude contar com sua amizade tão generosa, seu apoio e solicitude todas as vezes de que precisei, desde a leitura dos meus textos, indicação de caminhos metodológicos, bibliografia e fontes. Muito obrigada!

Aos professores Iraci del Nero da Costa e Nelson Nozoe, membros da banca de qualificação, agradeço pelas críticas e sugestões que contribuíram expressivamente para a conformação do trabalho.

Agradeço ao Coordenador do Programa de Pós-Graduação em História Econômica, professor Rodrigo Monteferrante Ricupero, e aos funcionários da secretaria de Pós-Graduação. Agradeço muito à professora Vera Ferlini e à equipe da Cátedra Jaime Cortesão, especialmente a Patrícia Machado que com simpatia e solicitude esclareceu dúvidas e ajudou na preparação da documentação para o PDEE da Capes.

Agradeço ao professor Tiago dos Reis Miranda e à professora Fernanda Olival que gentilmente auxiliaram com esclarecimentos e a indicação de fundos documentais para essa pesquisa em Portugal.

Aos funcionários das instituições onde pesquisei (Arquivo Histórico do Museu da Inconfidência, Casa Setecentista de Mariana, Arquivo Público Mineiro, Arquivo do Estado de São Paulo e Instituto dos Arquivos Nacionais/Torre do Tombo), agradeço pela atenção e pelo auxílio na localização da documentação consultada.

Em Lisboa, Maria Margarida Ruas recebeu-me com muito carinho, dedicação e amizade. Com a querida Migui aprendi imensamente. Conheci histórias e lugares fantásticos, apaixonei-me pela sua luta a favor da preservação da água e do belo Aqueduto das Águas Livres de Lisboa e tive a alegria de conhecer a seus pais, Sr. José e Dona Guidinha, exemplos de vida. Ao seu primo Gustavo Almeida fico muito agradecida pela agradável companhia e inestimável ajuda com a consulta aos livros paroquiais de Santa Marinha do Zêzere.

Agradeço a Analu e a sua mãe, Dona Shirley, pessoas especiais que estiveram ao meu lado sempre que precisei.

Ao colega de orientação, Paulo Roberto, que se tornou um querido amigo, muito obrigada pela amizade e apoio.

À amiga Fernanda Domingos Pinheiro que foi uma colega de graduação reencontrada durante a estada em Lisboa. Fico muito feliz e agradecida pela companhia e pelas histórias divertidas que partilhamos durante as nossas viagens por Portugal, passeios por Lisboa e conversas nas pausas para o almoço.

À minha "afilhada" Graciela Soares, muito obrigada pela amizade, paciência e companhia divertida durante os cafés, brejas e passeios.

Ao Dhiego Medeiros, deixo o meu sincero agradecimento pelo seu companheirismo, apoio e amizade.

Às amigas de sempre: Aída, Cristina, Josiane, Keila e Maíra, muito obrigada! Às meninas de Ponte Nova: Celine, Cidinha, Carminha, Ge, Drica, Camila e Vivi sou grata pela amizade e por tornarem as diferentes fases de desenvolvimento desta pesquisa mais leves.

À minha mãe pelo seu amor incondicional, o meu porto seguro, muito obrigada por existir! Ao meu pai que não pôde me acompanhar em mais esta etapa de minha vida, mas que se faz presente no meu coração e na doce lembrança de uma infância muito feliz. Meus queridos irmãos Francisco, Vânia, Nivalda e Luciana, pelo amor que nos une, amizade e companheirismo de sempre. Aos sobrinhos, alegrias de minha vida!

Alameda nas redes sociais:

Site: www.alamedaeditorial.com.br
Facebook.com/alamedaeditorial/
Twitter.com/editoraalameda
Instagram.com/editora_alameda/

Esta obra foi impressa em São Paulo no inverno de 2017. No texto foi utilizada a fonte Minion Pro em corpo 10,25 e entrelinha de 15,5 pontos.